ANIMALES
de NUESTRAS
CIUDADES

ANIMALES de NUESTRAS CIUDADES

Dirección
ANNA OMEDES
JUAN CARLOS SENAR
FRANCESC URIBE
Museo de Zoología de Barcelona

Coordinación
JORDI DOMÈNECH

Fotografías de
ORIOL ALAMANY

Ilustraciones de
JORDI CORBERA

PLANETA

© Oriol Alamany, 1997
© Jordi Corbera, 1997
© Amigos del Museo de Zoología, 1997
© Editorial Planeta, S. A., 1997
  Córcega, 273-279, 08008 Barcelona (España)
Diseño colección: Cristina Rovira
Realización cubierta: Mont Marsà y Departamento de Diseño de Editorial Planeta
Ilustración cubierta: Oriol Alamany
Diseño del interior: Mont Marsà

Procedencia de las ilustraciones: *fotografías*, Oriol Alamany, Javier Andrada/Incafo, José Luis Arias, Xavier Bellés, Antoni Borràs, Juan Manuel Borrero, Jordi Corbera, Lluís Dantart, Óscar De Paz, Ramón Folch/ERF, Miquel Gaju, Antoni Garcia-Rubies, Josep Maria Gili, Antonio Guillén, Paul Kay/Firo-Foto, Alan Liosi/Sincronia, Juan Carlos Martínez, Gregori Muñoz-Ramos, Xavier Parellada, Víctor Sarto, Joan Carles Senar, Antonio Serra y Domingo Trujillo; *ilustraciones*, Jordi Corbera

Primera edición: mayo de 1997
Depósito Legal: B. 21.185-1997
ISBN 84-08-02023-4
Diagramación: Àrea Preimpressió
Impresión: Gaybán Gráfic, S. L.
Encuadernación: Cervantes Encuadernación, S. L.
Printed in Spain - Impreso en España

El Museo de Zoología de Barcelona mantiene desde hace años una línea de investigación sobre la fauna urbana. El museo, a través de sus publicaciones y de sus colecciones de investigación, tiene una larga tradición de relación con especialistas de todas las ramas de la zoología y con los distintos equipos de investigación de España. Desde esa situación idónea aborda ahora una obra como la presente.

ANNA OMEDES, doctora en Zoología por el University College of Walles de Gran Bretaña, es responsable del Departamento de Publicaciones del museo y de su Fonoteca Zoológica desde 1987.

JUAN CARLOS SENAR, doctor en Biología por la Universidad de Barcelona, es responsable desde 1990 del Departamento de Investigación y Bases de Datos del museo.

FRANCESC URIBE, doctor en Biología por la Universidad Autónoma de Barcelona, es director del museo desde 1988 y responsable desde 1983 del Departamento de Vertebrados.

SUMARIO

Presentación

En mi época de estudiante de biología (treinta años después, de hecho, sigo siéndolo) alcancé una cierta notoriedad entre mis familiares encontrando arañas, insectos y elementos faunísticos equivalentes en muchos rincones de las casas supuestamente impolutas de amigos y parientes. Dignísimas tías, abuelas o amigas de toda la vida se escandalizaban, encantadas, de mi capacidad cinegética en sus inmaculados aposentos. Descubrían, incrédulas, que había (que hay) bichos por todas partes, sobre todo en verano. Se trataba de una cacería benigna que, por otra parte, reforzaba su convencimiento de que los hombres habíamos venido al mundo para cumplir grandes cometidos. Era algo que saltaba a la vista.

La realidad era otra, desde luego. Mi ínfima virtud se limitaba a reflejar la evidencia: la vida tiene alma de gas, porque tiende a ocupar todo el espacio disponible, víctima de una voracidad territorial exenta de toda continencia. Si bien se mira, los humanos somos los primeros en dar mal ejemplo. Nacidos para vivir a pelo en los acogedores ambientes tropicales, hemos ocupado la Tierra del Ecuador a los Polos embutidos en todo tipo de indumentarias adecuadas al caso, todas ellas zoológicamente improcedentes. Sin llegar a tanto, los otros animales también tratan de conquistar el espacio por entero, indiferentes a cualquier prejuicio que preferiría verlos circunscritos a ambientes políticamente correctos, o sea, fuera de las casas, de las ciudades y de otros lugares civilizados.

Si no hay más animales urbanos u hogareños es porque no les dejamos. En realidad, las casas y las ciudades son sitios muy convenientes. Al fin y al cabo, las construimos para ser habitadas. La relación de especies animales o vegetales urbanas y periurbanas es impresionante. En términos de diversidad, una ciudad mediterránea, por ejemplo, arroja inventarios faunísticos o florísticos a veces más considerables que algunas comunidades naturales consideradas ricas. Obviamente, la biomasa total ya es otra historia. Pero la admiración de mis parientes no se basaba en la cantidad de piezas cobradas, sino en el hecho mismo de que compartiéramos el hábitat doméstico con aquel variopinto cortejo de residentes insospechados.

Creo que la sorpresa se fundamentaba en la supuesta hostilidad del ambiente urbano. Algo hay de cierto en ello, por supuesto, pero más cierto aún es que nuestros baremos de valoración son muy subjetivos y sesgados. En las zonas húmedas próximas a algunos aeropuertos, parece que los aviones tienen más problemas por riesgo de colisión con las aves que las aves con el ruido de los aviones. Siempre recordaré una pareja de palomas confortablemente anidada en la letra «O» de un enorme rótulo luminoso que anunciaba el Hotel Buenos Aires, situado en pleno centro bonaerense, justo al lado de mi ventana, impertérritas ante el constante parpadeo de los *fluorescentes que las rodeaban de un halo intermitente, mientras yo no conseguía pegar ojo. Por no hablar de las dos salamanquesas que viven en compañía de seis murciélagos y hordas inextinguibles de caracoles en mi terraza de Barcelona, un ático que por lo demás acoge cada año a varios mosquiteros, colirrojos y jilgueros migradores, amén de algún afable petirrojo, de un par de mirlos desvergonzados y de varias imprevisibles mariposas, entre otros personajes.*

Podría pensarse, desde luego, que todo eso son anécdotas recreativas. Yo creo que no. Más bien todo lo contrario. Pienso que son síntomas inequívocos del carácter sistemático y poliédrico de la ciudad, pruebas elocuentes de que seguimos incardinados en el complejo biosférico incluso cuando nos sumergimos en el más complejo de nuestros artificios habitacionales. No estamos hablando de la media docena de animales propiamente domésticos que mantenemos en cautividad o en libertad vigilada, sino de seres perfectamente libres que comparten su vida con nosotros, desde los recurrentes vencejos hasta las insidiosas hormigas estivales. Estamos hablando de fauna urbanícola, más o menos ubicuista. En todo caso, nos referimos a la que está plenamente integrada en el sistema urbano.

En determinados casos, se trata de animales que prefieren los parques o las zonas verdes, pero en otros se trata de individuos que escogen oquedades arquitectónicas para construir sus nidos con la misma complacencia con que se meterían en grietas de peñascos o en cuevas recoletas. La fauna urbana no es lo que queda de lo que hubo, sino lo que hay de lo que es. No son los jirones zoológicos de una agónica naturaleza desgarrada por la ciudad, sino la reserva faunística que comparte con nosotros el espacio urbanizado. La ciudad también son mis salamanquesas, que están ahí sin que yo se lo haya pedido, al igual que mi vecino de enfrente, al que nunca invité a venir. Y si desaparecieran esas salamanquesas y las gaviotas y las ratas y los vencejos y las cotorras naturalizadas y, por supuesto, toda la cohorte de plantas espontáneas o cultivadas que crecen en parques, baldíos, parterres, solares y terrazas, la ciudad ya no sería la ciudad, sino sólo casas y personas, o sea un insólito engendro reduccionista impropio del planeta Tierra.

Así que el hecho de que un libro como éste tenga escasos precedentes no deja de ser algo anómalo. Únicamente la desconcertante manera de ser de los humanos puede habernos llevado a publicar docenas de guías sobre animales o plantas que no hay forma de encontrar, mientras se negaban el pan y la sal bibliográficos a los seres que constituyen el entorno cotidiano de la mayoría de nosotros, urbanitas a fin de cuentas. O por lo menos, vecinos de pequeños núcleos urbanos, afectos entonces de una naturaleza periurbana pletórica de oferta faunística.

Miren por la ventana y traten de ver un aguilucho lagunero o un zorro plateado. Lo más probable es que se les cruce la fugaz sombra generosa de una paloma o la diminuta silueta de un modesto insecto. Echen mano de esta Guía, entonces, y sabrán de su vida y milagros. Y aquí es donde ustedes mismos pueden ubicar los elogios hacia los autores que les prestan tan señalado servicio. No teman que yo lo haga en su lugar: esto es un texto introductorio, no los aplausos grabados de una teleserie.

Y, sin embargo, podría hacerlo: sin duda lo merecen.

RAMON FOLCH
Doctor en Biología
Barcelona, marzo de 1997

PRÓLOGO

El medio urbano está en constante expansión. Año tras año, engulle extensas zonas naturales. No obstante, pese a su reputación de destructor de vida, este medio acoge una cantidad ingente de animales, que en muchos casos pasan totalmente inadvertidos. Con esta Guía, intentamos aproximar al ciudadano a esta abundante fauna con la que convive día a día.

El medio urbano se define aquí en su sentido más amplio, es decir, como cualquier asentamiento de gran tamaño que ha modificado profundamente el hábitat. Así pues, engloba todo aquello que en general se entiende por ciudad, incluyendo las zonas periféricas, los basureros o los puertos.

Sin embargo, aunque resulte sencillo definir qué es una ciudad, marcar sus límites es tarea más complicada, puesto que raras veces quedan claros, y probablemente sea ésta la razón de que muchos animales encuentren en ese difuso ecosistema zonas adecuadas para la satisfacción de sus necesidades vitales. Por todo ello, no ha sido fácil seleccionar los animales que pueden considerarse urbanos y que, en consecuencia, debían ser incluidos en esta Guía.

Para llevar a cabo esta selección, hemos utilizado varios criterios. En primer lugar, hemos puesto especial énfasis en los animales más comunes y fáciles de ver, aquellos que el ciudadano tiene más posibilidades de encontrar.

En segundo lugar, hemos dado prioridad a la facilidad con que las distintas especies del grupo pueden ser identificadas. Los vertebrados, por tanto, han cobrado mayor importancia que los invertebrados. Estos últimos, si bien son mucho más importantes en número, están comparativamente poco representados y sólo se han escogido los más típicos o los más fáciles de identificar. Este criterio explica la heterogeneidad de las fichas que aparecen en el texto, desde las de especie, que describen una de ellas con detalle, hasta las de grupo, donde se describe un género, una familia, un orden, una clase o incluso un tipo, y en las que se presentan algunas especies como ejemplo.

Por último, hemos excluido a los animales domésticos, como perros o gatos, puesto que esta Guía trata únicamente de especies salvajes adaptadas en mayor o menor grado al entorno humano. Por idéntico motivo las especies salvajes mantenidas en cautividad por el hombre tampoco tienen cabida en este libro.

Para facilitar la identificación y la lectura de las fichas, al principio de cada capítulo aparecen dibujos esquemáticos que permiten localizar las distintas partes morfológicas de los animales. Al final de la Guía también se incluye un glosario de los términos empleados.

Cada ficha está formada por varios apartados: identificación, distribución, hábitat, biología y, si es relevante, consejos para la observación e interacciones con el ser humano. Las fichas han sido elaboradas por un equipo de más de sesenta autores, todos ellos especialistas españoles en los distintos grupos tratados. Con ello se ha conseguido un gran rigor en los textos, a expensas de la homogeneidad entre las distintas fichas, y también que los datos que contienen estén totalmente actualizados y referenciados a nuestro territorio geográfico. Con la misma finalidad, en muchas de las fichas se ha incluido un apartado de notas que intenta aproximar al ciudadano a las anécdotas de animales, siempre bajo un prisma claramente ibérico. Gracias a ello, se puede afirmar que esta guía sí es de la península Ibérica.

Antes de acabar, deseamos recordar que, aun siendo el medio urbano tan próximo, en realidad sabemos muy poco sobre los animales que viven en las ciudades. Debido a ello, y a pesar del gran esfuerzo que los autores han llevado a cabo para circunscribirse al marco urbano, es posible que existan ciertas lagunas. Por ejemplo, en varios casos los mapas de distribución han debido ser confeccionados a partir del área de distribución de la especie en su medio natural, pero podría ser que dicha especie no apareciera en determinadas ciudades, o al revés.

Por ello queremos pedir a los lectores que nos hagan partícipes de sus observaciones y de sus hallazgos, a fin de incorporarlos en futuras ediciones. De esta forma será más exacta la mirada de los ciudadanos sobre la riqueza de la vida urbana.

ANNA OMEDES, JUAN CARLOS SENAR y FRANCESC URIBE
Barcelona, marzo de 1997

USO DE LA OBRA

Este ejemplo muestra cómo se organiza el contenido de una página:

Nombre o nombres de la especie o grupo en castellano. En el caso de fichas de grupo se ha obviado el nombre castellanizado cuando existe uno vulgar (p. ej. murciélagos y no quirópteros).

Nombre científico de la especie o grupo tratado.

Descripción de la morfología de la especie o del grupo: forma, color, tamaño y diferencias entre machos y hembras.

Distribución mundial, en la península y en Baleares de la especie o grupo.

Relación entre las especies tratadas y el hombre; beneficios y daños que le reportan.

Consejos para la observación de la especie.

Hábitat de la especie o grupo referido a ecosistemas urbanos.

Comportamiento sexual, época y características de la reproducción, comportamiento social, movimientos estacionales, ritmo de actividad diurno y alimentación de la especie.

Grupos taxonómicos a los que pertenece la especie o grupo con el nombre científico y el castellano. En caso de existir un nombre común, se ha utilizado éste en vez de la castellanización del científico.

Ilustración principal de la ficha. En caso de fichas de grupo, corresponde a cualquiera de las especies tratadas.

Nombre vulgar de la especie o grupo en catalán, euskera, gallego, portugués, francés, italiano e inglés.

Ritmo de actividad de la especie o grupo, según sea el destacado en negro: (1) crepuscular, (2) diurno, (3) nocturno. Se resalta en gris el momento de actividad ocasional.

Densidad de la especie o grupo, según sea el destacado en negro: (1) escasa, (2) común, (3) abundante o (4) plaga. Se destaca en gris la densidad ocasional que puede alcanzar.

Meses en que la especie o grupo está presente en la península Ibérica e Islas Baleares (destacados en negro).

Distribución de la especie o grupo en la península e Islas Baleares, según señala la trama. Aparecen punteadas las 17 ciudades más pobladas (más de 150.000 habitantes): Alicante, Barcelona, Bilbao, Granada, La Coruña, Lisboa, Málaga, Madrid, Murcia, Palma de Mallorca, Porto, Santander, Sevilla, Valencia, Valladolid, Vigo y Zaragoza.

CODORNIZ
Coturnix coturnix

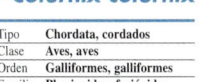

Tipo	**Chordata, cordados**
Clase	**Aves, aves**
Orden	**Galliformes, galliformes**
Familia	**Phasianidae, fasiánidas**

Coturnix coturnix

Identificación
La codorniz es la más pequeña de las faisánidas. Tiene el cuello corto, el pico es corto y robusto, y las patas son de longitud media o corta. El plumaje es color arena, listado de oscuro y pálido en cabeza, flancos y dorso; la garganta, las marcas en las mejillas y el collar son negros; las alas son sorprendentemente largas y ligeramente puntiagudas; la cola es muy corta y redondeada. Mide entre 18 cm y 20 cm.

Distribución
Ocupa todo el continente europeo salvo el norte de Inglaterra, Escandinavia e Islandia. Por el este, llega hasta China septentrional y por el sur, hasta el norte de la India, Pakistán, Irán, Turquía y África. Inverna en África, al norte del Ecuador. En la península Ibérica e islas Baleares, se encuentra en ciudades que tengan cultivos cerealistas o forrajeros a su alrededor. Durante el paso migratorio primaveral, también se la encuentra ocasionalmente en ciudades situadas en la ruta de migración.

Hábitat
Como otras especies de esta familia, es un ave de costumbres marcadamente terrestres que en medios urbanos ocupa campos de cultivo cerealistas o forrajeros de la periferia. Existen citas de codornices observadas en núcleos urbanos –sobre todo en jardines y parques– situados en la ruta de migración durante el paso de primavera, pero se trata de un fenómeno inusual.

Biología
Se reproduce de abril a agosto en espacios abiertos (generalmente cultivos cerealistas) anexos a las ciudades. Las hembras crían de 7 a 12 pollos al año y a veces tienen segundas puestas. La codorniz es la única faisánida que realiza migraciones. Es relativamente solitaria y, aunque no es gregaria, acostumbra formar grupos muy esparcidos. La mayor actividad cantora tiene lugar al alba y al atardecer, pero también canta durante todo el día y, en menor grado, durante la noche. Aunque en un sentido estricto no cría en ciudades.

Interacción con el ser humano
En ocasiones se come esta especie.

Observación
Es muy difícil de observar, ya que su ciclo biológico transcurre al amparo de densos cultivos de cereal; es mucho más fácil captar su presencia auditivamente, ya que los machos emiten un canto trisílabo muy conspicuo y de fácil identificación.

● Nota
Son famosas las bíblicas *lluvias de codornices* en el desierto. Indudablemente se trataba de migrantes que, exhaustas, caían a tierra y servían de inesperado *maná*. En 1880, se produjo una notable *lluvia de codornices* en la ciudad de Valencia.

PERDIZ ROJA
ALECTORIS RUFA
La perdiz roja tiene un plumaje bastante oscuro y es fácilmente diferenciable de la perdiz pardilla –la otra especie de perdiz ibérica– por su cabeza marcadamente contrastada y su dorso grisáceo. Su longitud varía de 30 a 34 cm. El carácter no migratorio de esta especie invalida la posibilidad de encontrar individuos instalados en la ciudad pero, por compartir los mismos hábitats de cría que la codorniz, es factible encontrarla en campos de cultivo de la periferia.

(M. Puigcerver, J. D. Rodríguez-Teijeiro, S. Gallego)

Cat. **Guatlla**
Eusk. **Galeper**
Gal. **Paspallás**
Por. **Codorniz**
Fr. **Caille des blés**
It. **Quaglia**
Ing. **Quail**

1 2 3

1 2 3 4

E F M A M J
J A S O N D

Ejemplar macho de *Coturnix coturnix*

Ejemplar hembra de *Coturnix coturnix*

243

Comentarios, anécdotas, leyendas o hechos históricos relacionados con la especie o grupo.

Características de una especie semejante en las fichas de una sola especie, y de las especies más comunes en el caso de fichas de grupo.

Autor o autores de la ficha.

Ilustraciones adicionales. En las fichas de una especie ilustran aspectos puntuales. Si las fichas son de grupo ilustran las especies tratadas.

CÓMO ES EL MEDIO URBANO

Un nuevo medio

La especie humana, más allá de una simple adaptación a las condiciones ambientales, se ha mostrado capaz de modificar su entorno para reducir riesgos y aumentar la probabilidad de satisfacer sus necesidades. Desde el inicio de la agricultura, los rastros humanos han ido proliferando en el entorno natural. En el extremo de la transformación, se encuentran las áreas urbanas. Los espacios urbanos en su versión más desarrollada son relativamente recientes y aportan un sinfín de nuevas oportunidades para los organismos vivos ya existentes en los alrededores periurbanos o para otros organismos inmigrantes, casuales o no. Los factores que atraen o repelen a unos u otros organismos al medio urbano contribuyen a formar una composición florística y faunística peculiar a cada área.

Si la composición de flora urbana responde sobre todo a los gustos y necesidades de la población humana, en la fauna de las ciudades hay muchos imprevistos: desde animales establecidos antes de la urbanización del espacio (los menos), junto con las especies que se desplazan de los alrededores inmediatos y los nuevos migrantes hasta las introducciones artificiales. Todos ellos componen el cóctel faunístico de cada ciudad. Puede deducirse de ello que la historia local es importante para la interpretación de la fauna urbana.

La expansión del medio urbano

El crecimiento de las áreas urbanas está asegurado debido a la presión demográfica. La tendencia humana a concentrarse en ciudades es evidente en todos los continentes y no parece que el fenómeno vaya a frenarse. Cerca de un cuarto de la población mundial vive en ciudades de más de 100.000 habitantes.

A pesar de la pobreza disuasoria (según Médicos sin Fronteras, aproximadamente la mitad de la población urbana de los países en vías de desarrollo vive en la más absoluta miseria), el medio urbano ejerce una función de atractor poblacional.

En Europa occidental, se considera que el predominio de lo urbano se inició hace dos siglos, tanto con la formación de nuevos núcleos de población urbana como con el crecimiento acelerado de las ciudades ya existentes. La industrialización, dependiente de combustibles fósiles, el progreso en la productividad agraria y el desarrollo de los medios de transporte son factores determinantes para entender la concentración demográfica en torno a las ciudades en plena revolución industrial.

Las ciudades se fueron haciendo más complejas, con un incremento en nuestros días del sector terciario y con una gran influencia extraterritorial motivada por los nuevos medios de

El medio urbano crea nuevos espacios útiles para los animales. En la foto, una bandada de estorninos descansando.

transporte y por las nuevas tecnologías de la comunicación.[6]

Pero, ¿qué define las ciudades? En realidad, no existe una frontera precisa entre medio natural y medio urbano, como tampoco entre sociedad rural y urbana. Las ciudades suelen identificarse por parámetros poblacionales, superficie, tipo de actividad económica, intercomunicación y otros factores semejantes. La frontera entre lo urbano y lo no urbano a veces se resuelve de forma arbitraria por necesidades de gestión con el condicionante de que no pueden aplicarse los mismos criterios de clasificación a culturas e historias distintas. Para la presente Guía, lo urbano se reconoce en un sentido muy amplio: se define como un asentamiento humano colectivo y moderno de un país desarrollado.

¿Un nuevo ecosistema?

Muy a menudo se interpreta el medio urbano como un espacio donde la naturaleza ha sido y sigue siendo atacada, con lo cual

La ciudad proporciona fuentes permanentes de agua, en las que se concentran numerosos animales.

la ciudad se convierte en un hábitat degenerado o decadente. Esta conclusión es obvia si los criterios de análisis son los que tradicionalmente se aplican a la descripción de medios naturales. Sin embargo, el apriorismo de definir lo urbano por lo que no es, en lugar de por lo que aporta de nuevo, oculta lo que de interesante pueden albergar los hábitats urbanos, auténticos talleres experimentales en constante cambio. Se debe rechazar la creencia de que en los medios urbanos no hay nada que hacer para los naturalistas y convencerse, por el contrario, de que hay que aprender a observar con una mirada nueva para tener agradables sorpresas.[4]

El medio urbano es un ecosistema que crea nuevas oportunidades de vida, al tiempo que limita otras. El balance de creación y destrucción debe interpretarse a la luz de factores tanto antropogénicos como bióticos. Por ejemplo, un valor de creación importante en la calidad del medio urbano es el estético, puesto que su diseño está en manos de las personas y es su responsabilidad directa. Esto no ocurre necesariamente en otros medios, aunque la intervención humana sea muy intensa.

Creado por y para el hombre

La ciudad es un ejemplo clarísimo de medio caracterizado por una especie dominante, con un dominio aplastante además. Por tanto, para percatarse de los factores que condicionan la fauna urbana, será necesario incluir a las personas y a sus actividades urbanas. Veamos a continuación cuáles pueden ser las características principales y más comunes de los medios urbanos, organizadas según la opinión de Avery.[1]

Perturbaciones agudas

En las ciudades, el impacto humano causa perturbaciones destructivas para otras especies por muchos medios: vehículos, motorizados o no, vertidos, creación de perfiles muy inclinados, transeúntes, excavadoras, herbicidas, etc.

Las perturbaciones causan pérdidas de especies, lo que comporta una reducción de la competencia. Por esta razón, pueden abrirse las puertas de las ciudades a otros organismos. En los medios urbanos, el impacto humano es intenso y errático para los animales y también para las plantas. Pero las perturbaciones provoca-

Durante los períodos de migración, el ciudadano puede verse sorprendido con la aparición de especies inusuales. En este caso, un martín pescador (Alcedo atthis) en el parque de la Ciudadela de Barcelona.

das por la actividad humana también pueden conducir, paradójicamente, a que durante las primeras etapas de recolonización de un espacio alterado se congregue una mayor diversidad biológica que en períodos más maduros. Este efecto puede observarse en un solar abandonado después de haber realizado movimientos de tierra, aunque en realidad este fenómeno también se reproduce en entornos no urbanos, como en los bosques después de un incendio.

Diversidad de hábitats

La diversidad de usos y personas que convergen en una ciudad acarrea la proliferación de lo que se denominan *mosaicos de hábitats diversos a pequeña escala*, cercanos unos de otros. En el mismo sentido, influye el hecho de que haya mayor número de especies vegetales en las ciudades comparado con el número en un entorno no urbanizado. Es importante saber que entre un 60 % y un 70 % de la vegetación urbana ha sido plantada expresamente, con lo cual la variedad de gustos personales y de requerimientos técnicos suponen

un grado mayor de diversidad florística. La multiplicidad de decisiones urbanísticas, económicas, de transporte o ajardinamiento proporcionan un medio abiótico en apariencia, pero el tejido subyacente está dotado de diversidad.

Un medio algo más cálido

En algunas ciudades, se ha calculado que la temperatura promedio a lo largo de un año es casi 1,5 °C mayor en el centro que en los alrededores. En Londres, durante noches despejadas, la diferencia puede alcanzar los 5 °C.[2] Los materiales empleados en la construcción de edificios o el pavimento de las calles almacenan calor y éste se disipa a lo largo de la noche. Junto a la capacidad de carga térmica de estos materiales, interviene la escasez relativa de vegetación, de suelo y de superficies húmedas, lo que provoca un bajo consumo de calor para la transpiración y la evaporación. Las ciudades son pues una especie de isla de calor, un factor que podría tenerse en cuenta en el diseño urbano.[7]

Los organismos vivos son sensibles a estas condiciones térmicas. Los vegetales prolongan el período de crecimiento activo y parece que algunos animales anticipan el inicio de las conductas reproductivas comparados con los ejemplares de la misma especie en áreas naturales.

Otros factores climáticos

El viento podría causar la destrucción de la isla de calor que se forma en los ecosistemas urbanos, pero para ello requeriría una cierta velocidad. Sin embargo, en las ciudades, se observa a lo largo del año una reducción de entre el 10 % y el 20 % en la velocidad del viento. Sólo en los días muy calmados, parece que el aire corre algo más en la ciudad que en los alrededores.[5] Los edificios son responsables de provocar unas fricciones en los movimientos del aire que debilitan la velocidad del viento.

A pesar de que se detecta una leve reducción en la humedad relativa medida en las ciudades, no parece que llegue a afectar seriamente a la flora y la fauna urbanas. Contradictoria con el dato de humedad parece la comprobación de que en las ciudades se incrementan las lluvias hasta en un 10 % de litros de agua caída al año. Sin embargo, estas precipitaciones tienden a tomar formas tormentosas, propensas a un rápido drenaje y evacuación del agua.

Por último, cabe reseñar que los cielos cubiertos son más frecuentes en las ciudades. Así pues, no puede extrañar que la radiación solar sea menor, de un 15 % a un 20 %.

Otra circunstancia hídrica importante en las ciudades es que para su subsistencia se deben importar grandes caudales de agua con el fin de mantener a la población humana residente. A pesar de que es un factor que excede la estricta interpretación de la fauna urbana, no es menos importante recordar el alto consumo y desperdicio de agua que se produce en los medios urbanos a costa de otros territorios.

Energía y alimentos de origen no urbano

Al igual que ocurre con el agua, la energía y los alimentos que sostienen la vida humana en las ciudades proceden de ámbitos no urbanos. Desde el punto de vista de la fauna urbana, cabe considerar el hecho de que la producción y el transporte de energía y alimentos a la ciudad tiene a menudo un efecto sobre el entorno de la misma (proliferación de arterias de transporte, alejamiento progresivo de los centros de producción, etc.), con lo cual el efecto urbano se extiende y se crean numerosas formas de hábitats de transición.

Contaminación del aire

Es conocido el grado de gravedad de los daños causados en la salud humana por la contaminación del aire. También el deterioro de los sillares de las catedrales y otros monumentos ha concienciado a la opinión pública sobre los efectos de la contaminación del aire en las ciudades, hasta 25 veces mayor que en las áreas adyacentes. Sin embargo, las consecuencias sobre la otra fauna urbana son menos conocidas, sin duda menos que las que afectan a la vegetación. Por lo que se sabe, el aire contaminado no parece producir grandes daños directos sobre la fauna invertebrada debido al efecto tóxico de la contaminación. Su efecto se percibe a través de la reducción, por ejemplo, de la flora epífita, como los líquenes, lo que ocasiona la eliminación de insectos especializados en su consumo. En sentido contrario, incluso se han descrito especies de insectos que se ven favorecidas por niveles ligeros de contaminación.[4]

El interés por la calidad del aire en medios urbanos ha favorecido la adopción de medidas de contaminación más biológicas. En primer lugar, se emplea la presencia de una u otra especie como bioindicadores de contaminación. Los metales pesados que se desprenden durante los procesos de combustión de carburantes se acumulan en los tejidos vivos; para sopesar esta acumulación se ha recurrido en algunas ciudades a estimarla a partir de poblaciones de aves urbanas, sobre todo de las palomas.

Suelo urbano

En las ciudades, predomina el substrato duro, que hace inaccesible el acceso al suelo más profundo. Edificaciones y pavimentos recubren una parte muy importante del suelo urbano. No obstante, en una ciudad pueden llegar a observarse numerosos tipos de suelo. Según Avery,[1] pueden considerarse tres tipos de suelos, con sus subdivisiones. En algunos casos, se encuentran suelos con una gran capa de humus, producto de vertidos masivos de abono, materias minerales o residuos domésticos. Suelos así se encuentran en jardines y patios antiguos, vertederos de basura, etc. En otros casos, el suelo tiene unas características idóneas para un tipo concreto de vegetación, sea hierba, arbustos o árboles. Este tipo de suelo se forma en áreas recién ajardinadas. Por último, encontramos los denominados *suelos litomórficos*, cuyas subdivisiones reflejan el tipo de material que los forma: derribos, ladrillos, cenizas de hornos, escorias industriales, residuos químicos, cementos, asfaltos y un largo etcétera.

Entre las características del suelo urbano, cabe citar su gran compactación, mayor alcalinidad, elevada contaminación y el hecho de que no consiguen el grado de madurez de los suelos no urbanos.

Un espacio ciudadano con animales

La historia nos demuestra que las culturas que han alcanzado un nivel artístico notable, un uso amplio de la escritura y el desarrollo de teorías científicas disponían también de una vida urbana floreciente.

La ciudad significa concentración y densificación, a veces o en algunas zonas, por encima de lo saludable. La ciudad acoge los centros de poder y los servicios asistenciales y sanitarios más complejos, junto con los centros de formación especializada.

Un factor innegable del éxito de las ciudades es el aumento de la información circulante y de la creatividad, tanto personal como colectiva. También la concentración supone riesgos, como el que se deriva de la radical dependencia externa en materias primas para la supervivencia y la mayor probabilidad de catástrofes.

En este contexto, viven y sobreviven numerosas especies animales. Quienes viven en ciudades tienen derecho a conocer qué compañeros de viaje les siguen en el curso de crear y mantener el medio urbano. Y quizá los ciudadanos tengan también el deber de respetarlos gracias al conocimiento de los mismos.

Referencias

1. Avery, B. W. (1980), "Soil classification for England and Wales (Higher categories)", en *Soil Survey Technical Monograph*, 14, Harperden.
2. Chandler, T. J. (1965), *The climate of London*, Londres, Hutchinson.
3. Gilbert, O. L. (1971), "Some indirect effects of air pollution on bark-living invertebrates", en *J. Appl. Ecol.*, 8:77-84.
4. Gilbert, O. L. (1989), *The ecology of urban habitats*, Londres, Chapman & Hall.
5. Horbert, M. (1978), "Klimatische und Lufthygienische Aspekte der Stadt-und Landschafts planung", en *Natur und Heimat*, 38:34-49.
6. Johnson, J. H. (1980), *Geografía urbana*, Barcelona, Oikos-Tau.
7. Stopa-Boryczka, M., M. Kopacz-Lembowicz y J. Boryczka (1990), "Influence of the city on field of meteorological variable", en *Urban Ecological Studies*, Proc. Int. Symposium Polish Academy Sciences.

F. URIBE

LOS VERDADEROS CIUDADANOS

Preadaptaciones al medio urbano

En el mundo animal existe una enorme diversidad de formas de vida y cada una de ellas adaptada a una u otra característica de los distintos ecosistemas. Por tanto, aunque el ecosistema urbano haya aparecido muy recientemente, no nos ha de resultar extraño encontrar algunas especies dispuestas a sobrevivir sobre todo en este medio. Es el caso de determinados invertebrados, como polillas o pequeños escarabajos (ej. derméstidos o antrenus), adaptados a consumir restos orgánicos que ya ningún otro animal utiliza, como trozos de piel, pelos o restos vegetales secos. En la naturaleza, estos elementos no son especialmente abundantes, pero en todas las casas hay un armario con cantidades ingentes de estas materias: jerseys de lana, vestidos de lino, abrigos de piel, prendas de algodón etc., donde estas especies, si no se pone remedio, encuentran un medio ideal para vivir.

Por tanto, el medio urbano, que suele ser hostil para la mayoría de las especies, presenta una serie de características para las que se pueden encontrar buenas predisposiciones, de hecho preadaptaciones, que hacen que la especie que las posee pueda subsistir perfectamente en este medio. Poseer una dieta omnívora, o sea alimen-

Para las grajillas (Corvus monedula), las antenas de televisión pueden ser tan buen lugar de descanso como cualquier otro.

tarse indistintamente de materia vegetal o animal (ej. la gaviota o el ratón) es claramente ventajoso en un medio en el que el alimento puede aparecer de la forma más insospechada. Las especies ubiquistas y las no especializadas, como moscas o ratas, que no son nada exigentes a la hora de buscar una zona donde asentarse, tendrán también ventaja sobre las especies especialistas, que raramente podrán satisfacer sus necesidades. Ser capaz de adaptarse a condiciones nuevas es otra de las formas de aprovechar un medio como el urbano. Es el caso de las especies oportunistas, como la urraca y otros córvidos. Debido a que en la ciudad las fuentes de alimento aparecen distribuidas en el espacio de forma no continua, pero, una vez se encuentran, son abundantes (por ejemplo, contenedores de basura, almacenes de grano o mercados), el ser gregario es otra preadaptación beneficiosa, ya que permite una mayor eficiencia en la localización y explotación de esos recursos alimentarios. Todo este tipo de especies encontrarán en el ecosistema urbano un medio en el que pueden vivir sin problemas.

En algunas especies, se llega al extremo de que sus características son ideales para habitar en el medio urbano. Éste es el caso de la gaviota argéntea o de patas amarillas. En sus colonias habituales de cría, las parejas nidifican tan juntas que el canibalismo (un adulto puede matar a los pollos del vecino) es muy común. Ello supone una cierta regulación del tamaño de sus poblaciones. Sin embargo, los continuos salientes y recovecos de los tejados de las ciudades impiden que las colonias de gaviotas urbanas puedan tener los nidos tan próximos como para que el canibalismo pueda producirse con facilidad. Debido a esto,

el éxito reproductor de las colonias urbanas es significativamente más alto que el de zonas naturales.[17] Si a ello unimos el hecho de que las gaviotas encuentran en los basureros próximos a las ciudades su principal fuente de alimento,[22] podemos concluir que la gaviota está casi más adaptada al ecosistema urbano que a su medio natural.[17]

La sinurbanización como verdadera adaptación

Ciertas especies no solamente presentan unas características útiles para vivir en el medio urbano (preadaptaciones), sino que además algunas de sus subpoblaciones han sido capaces de adaptarse a las características específicas de este medio. Este proceso de adaptación, que puede ser debido tanto a variaciones en la conducta, como a los parámetros demográficos y que incluso llega a tener consecuencias genéticas, ha sido acuñado con el nombre de *sinurbanización*.[1]

Las cigüeñas aprovechan las ciudades desde antaño como lugar seguro de nidificación.

Adaptaciones ecológicas y conductuales

Las restricciones impuestas por el medio urbano afectan a muy distintos aspectos de la vida de todo animal. El medio urbano, por ejemplo, es deficitario en sotobosque y estrato arbustivo, y presenta un exceso de especies vegetales exóticas[2, 11] (véase apartado 1). En consecuencia, presenta una baja diversidad y densidad de insectos, lo que hace que las especies insectívoras encuentren en este medio menos alimento.[2] A fin de compensar este déficit, algunas especies de aves aumentan el tamaño de sus territorios, y disminuye por tanto la densidad de la especie. Es el caso del carbonero común en Tokio.[18] En especies sociales no territoriales, que en general son más oportunistas en la selección del alimento, el efecto puede ser inverso: la corneja cenicienta ha incrementado la densidad de una pareja por km^2 en medios naturales a más de treinta en medios urbanos, como en la ciudad de Moscú.[14] La menor presión de los predadores en el medio urbano también lleva aparejada una reducción de la altura a la que las aves construyen sus nidos.[14]

Debido al menor temor a la presencia humana, la distancia de huida (aquella a partir de la cual empiezan a huir) de muchas especies también ha disminuido. Es el caso del mirlo o la corneja, que en el medio urbano permiten que una persona se les acerque a una distancia de 2 m a 3 m, mientras que en su medio natural a los 30 m o 50 m ya empiezan a huir.[14, 15, 27] El hecho de que la distancia de huida disminuya a medida que aumenta el tamaño de la ciudad demuestra claramente que esta adaptación conductual es fruto del proceso de sinurbanización.[20]

Para aprovechar mejor los recursos que ofrecen los medios urbanos, muchas especies han variado su alimentación: los zorros[9] o las gaviotas[22] de las zonas urbanas se alimentan sobre todo de basuras. En otro sentido totalmente distinto, pero que también ejemplifica este cambio, los cernícalos[9] o los cárabos[10] urbanos se han amoldado a una alimentación basada en pequeños pajarillos (ej., gorriones), muy abundantes en este medio, que sustituyen a los micromamíferos, anfibios o reptiles. Otro buen ejemplo es el caso de las gaviotas de patas amarillas, que se han especializado en la cap-

tura de palomas.[7, 26] Dada la mayor constancia y estabilidad del suministro de alimento que pueden obtener del medio urbano (los basureros o comederos artificiales les abastecen por igual todo el año), y en parte también a la mayor temperatura que caracteriza a estos medios (véase capítulo 1), algunas subpoblaciones han llegado a variar sus hábitos migratorios y han pasado a ser sedentarios. Es el caso de los carboneros comunes en Frankfurt,[21] de los jilgueros en Ontario[16] o de las cigüeñas en el sur de España.[24]

Las restricciones del medio urbano también suponen como consecuencia una variación en los parámetros demográficos. Se ha descrito que tanto en aves como en mamíferos o anfibios, las subpoblaciones urbanas presentan un menor tamaño de puestas o camadas, y una mayor mortalidad juvenil. Por el contrario y posiblemente debido a la menor densidad de depredadores en ese medio,[9, 23] los individuos adultos presentan una tasa mayor de supervivencia, lo que ayuda a compensar la menor productividad reproductiva.[3, 12, 15, 21, 25] A su vez, se ha visto que la variación de los parámetros demográficos puede afectar a los patrones de organiza-

El gorrión común (Passer domesticus) está tan adaptado a los medios humanizados que para sobrevivir casi depende exclusivamente de ellos.

ción social de la especie. Es el caso de los zorros en varias ciudades británicas. En el medio urbano los zorros sufren una altísima tasa de mortalidad (hasta el 60 %), debida sobre todo al tráfico rodado. Esta alta tasa de renovación de la población conduce a que, si bien en medios naturales la especie vive en grupos familiares estables, en los que se agrupan, además de la pareja, grupos de hembras no reproductoras, en las ciudades no hay tiempo para que se lleguen a formar estos grupos. Fuera de las ciudades, los vínculos de pareja duran años, mientras que en las zonas urbanas, los machos son con frecuencia sustituidos por sus hijos y las hembras, por sus hermanas o hijas. El territorio de deambulación del grupo se desdibuja y está cambiando continuamente.[9]

Las adaptaciones más interesantes son aquellas que suponen la adquisición de conductas innovadoras. Hay numerosos ejemplos de aves típicamente diurnas que aprenden a utilizar la luz del alumbrado público para alargar su período de actividad hasta bien entrada la noche.[5, 6, 15, 19] Más curiosa es la perspicacia de las cornejas de Moscú, que utilizan el encendido y el apagado del alumbrado público como señal sincronizadora para ir en masa a los dormideros o para empezar su dispersión matutina por la ciudad.[14] Los carboneros comunes y los herrerillos británicos también han demostrado una buena dosis de capacidad adapta-

tiva: han aprendido a quitar la tapa de aluminio de las botellas de leche que el repartidor deja cada mañana delante de la puerta de las casas para aprovechar la pequeña capa de nata que se acumula en la parte superior.[13] El fenómeno se ha calificado casi de cultural, ya que esta habilidad va pasando de generación en generación. No deja de resultar impresionante observar a estos pequeños pájaros mientras siguen al coche del repartidor en sus deambulares matutinos. Parecido es el caso de las urracas, que en ese mismo país han aprendido a abrir las hueveras de cartón que también se suelen dejar en las puertas de las casas.[9] Otro magnífico ejemplo de adaptación innovadora a la frenética vida urbana son los gorriones de Hamilton, en Nueva Zelanda, que han aprendido a abrir las puertas automáticas de algunas cafeterías, revoloteando frente a los emisores de infrarrojos que las controlan,[4] para así aprovechar las migas y pequeños restos de la actividad humana.

Pero no hay duda de que la mejor prueba de la adaptación de los animales a la vida urbana es que esas variaciones se fijen en el genoma. Es ya conocida la variación de las frecuencias génicas de mariposas o ranas, en las que las formas oscuras o pardas son mucho más exitosas en el entorno de la contaminación urbana, y por tanto más abundantes que en zonas naturales.[9, 25] En este sentido, el caso de los mirlos es especialmente interesante. Después de concienzudos experimentos en los que se comparaban mirlos urbanos y salvajes, criados en cautividad y aislamiento para eliminar posibles efectos del aprendizaje, se comprobó que los mirlos urbanos mostraban varias características *heredables* que les permitían estar mejor adaptados a la vida en la ciudad: poseían una mayor capacidad de aprendizaje y mayor habilidad y rapidez de adaptación ante situaciones nuevas.[15]

El caso extremo de adaptación a los medios humanizados es el de algunos animales que ya no pueden

sobrevivir sin la presencia del hombre. Conocido es el caso de los gorriones, que no logran subsistir en pueblos abandonados,[8] o el de los ratones de la isla de Santa Kilda, una especie diferenciada de ratón (*Mus muralis*) que sólo se encontraba en dicha isla y que se extinguió cuando Santa Kilda fue abandonada por sus últimos habitantes.[9]

El ecosistema urbano tiene por tanto sus propios animales, a los que podemos considerar verdaderos ciudadanos.

Referencias

1. Andrzejewski, R., J. Babińska-Werka, J. Gliwicz y J. Goszczyński (1978), "Synurbanization processes in population of *Apodemus agrarius I.* Characteristics of populations in an urbanization gradient", en *Acta Theriologica* 23:341-358.
2. Beissinger, S. R. y D. R. Osborne (1982), "Effects of urbanization on avian community organization", en *Condor* 84:75-83.
3. Berressem, K. G., H. Berressem y K. H. Schmidt (1983), "Vergleich der Brutbiologie von Höhlenbrütern in innerstädtischen und stadtfernen Biotopen", en *Journal für Ornithology* 124:431-445.
4. Breitwisch, R. y M. Breitwisch (1991), "House Sparrows open an automatic door", en *Wilson Bulletin* 103:725-726.
5. Brooke, R. K. (1973), "House Sparrows feeding at night in New York", en *Auk* 90:206.
6. Broun, M. (1971), "House Sparrows feeding young at night", en *Auk* 88:924.
7. Cordero, P. J. (1986), "Las gaviotas se integran en la ciudad", en *La Vanguardia* 37.459.
8. Cordero, P. J. y J. M. Moraleja (1981), "Introducción a las aves de las casas, torres, iglesias y masías de el Maresme", en *L'Atzavara* 3:13-52.
9. Gilbert, O. E. (1989), *The ecology of urban habitats*, Londres, Chapman & Hall.
10. Gozczynski, J., P. Jablonski, G. Lesinski y J. Romanowski (1993), "Variation in diet of Tawny Owl *Strix aluco* L. along an urbanization gradient", en *Acta Ornithologica* 27:113-123.
11. Green, R. J. (1984), "Native and exotic birds in a suburban habitat", en *Australian Wildlife Research* 11:181-190.
12. Hamann, H. J., K. H. Schmidt y S. Simonis (1989), "Der Einfluss der Höhenlage auf Ei-und Gelegegrösse bei Kohlmeisen (*Parus major*)", en *Journal für Ornithology* 130:69-74.
13. Hinde, R. A. y J. Fisher (1952), "Further observations on the opening of milk bottles by birds", en *British Birds* 44:393-396.
14. Ilyichev, V. D., V. M.- Konstantinov y B. M. Zvonov (1990), "The urbanized landscape as an area for mutual relations between man and birds", en *Urban ecological studies*, Varsovia, Polish Academy Sciences, Inst. Zool., pp. 122-130.
15. Luniak, M., R. Mulsow y K. Walasz (1990), "Urbanization of the European Blackbird - Expansion and adaptations of urban population", en *Urban ecological studies*, Varsovia, Polish Academy Sciences, pp. 187-200.
16. Middleton, A. L. A. (1977), "Increase in overwintering by the American Goldfinch, *Carduelis tristis*, in Ontario", en *Canadian Field-Naturalist* 91:165-172.
17. Monaghan, P. (1982) "The breeding ecology of urban nesting gulls", en R. Bornkamm, J. A. Lee y M. R. D. Seaward, eds., *Urban Ecology*, Oxford, Blackwell Scientific Publs.
18. Numata, M. (1982), "Changes in ecosystem structure and function in Tokyo", en R. Bornkamm, J. A. Lee y M. R. D. Seaward, eds., *Urban Ecology*, Oxford, Blackwell Scientific Publs.
19. Prescott, D. R. C. (1985), "Feeding at night by wintering Pine Siskins", en *Journal of Field Ornithology* 56:419.
20. Redondo, A. J. (1991), "Tamaño de grupo y distancia de huida en el gorrión común (*Passer domesticus*) con relación a la densidad de población humana", en *Ardeola* 38:51-54.
21. Schmidt, K. H. (1986), "Site fidelity and isolation of Great Tits (*Parus major*) in urban habitats", en *Proc. 19 Int. Ornithol. Congr.*, vol. 2, pp. 1794-1801.
22. Sol, D. y J. C. Senar (1994), *Ecologia del gavià argentat: causes de la seva expansió i bases per a la planificació d'un programa de control*, Barcelona, Dept. Medi Ambient, Generalitat de Catalunya.
23. Tomialojc, L. (1982), "Synurbanization of birds and the prey-predator relations", en *Animals in urban environment*, Varsovia, Polish Academy Sciences.
24. Tortosa, F. S., M. Máñez y M. Barcell (1995), "Wintering White Storks (*Ciconia ciconia*) in South West Spain in the years 1991 and 1992", en *Die Vogelwarte* 38:41-45.
25. Vershinin, V. L. (1990), "Features of amphibian populations of an industrial city", en *Urban ecological studies*, Varsovia, Polish Academy Sciences.
26. Vincent, Th. y C. Guiguen (1989), "Prédation sur des Pigeons domestiques *Columba livia*, par les Goélands, *Larus argentatus* et *Larus cachinnans*, et conséquences éventuelles pour la pathologie humaine", en *Nos Oiseaux* 417:129-140.
27. Walasz, K. (1990), "Experimental investigations on the behavioural differences between urban and forest Blackbirds" en *Acta Zoologica Cracoviense* 33:235-271.

J. C. SENAR

Animales urbanos asociados

Entre los diversos conceptos que tratan sobre las asociaciones de animales en un espacio común, uno de los más clásicos es el de comunidad. Pero ¿se puede hablar de comunidades urbanas? De entrada debe decirse que el concepto de comunidad es algo ambiguo. Puede asimilarse al de *biocenosis* (conjunto de organismos que interactúan entre sí y con el medio en un lugar y en un momento dados[14]), pero normalmente se usa para definir muestras de organismos seleccionados de modo arbitrario. En la jerga ecológica, estas muestras se denominan *asociaciones o taxoceosis*.[9] Tal selección está condicionada por problemas de accesibilidad (no se puede observar de forma simultánea a la fauna del suelo y a los reptiles), metodológicos (no se cuantifica por el mismo método a los mamíferos y a las aves) y taxonómicos (los investigadores no conocen por igual el conjunto de taxones presentes en una biocenosis). Por ello, los ornitólogos, mirmecólogos o lepidopterólogos hablan de comunidades de aves, hormigas o mariposas. Estos

condicionantes metodológicos explican la falta de datos sobre las comunidades de los grupos taxonómicos más complejos y la dificultad de describir las características de las comunidades urbanas sin caer en el trato preferente de los grupos mejor conocidos (ej., las aves). También se presentan problemas a la hora de interpretar el significado de las comunidades. Hay quien piensa que son meros agregados de especies que coinciden en un determinado lugar y momento, mientras que otros opinan que, a través de procesos de competencia, depredación, etc., configuran un delicado entramado de interrelaciones que les confiere una identidad propia.[10] Como ocurre casi siempre, ambas aproximaciones tienen su parte de verdad ya que, según los grupos en estudio y las circunstancias ambientales, puede primar una u otra organización. En cualquiera de los casos, las comunidades se ofrecen a nuestros ojos como agregados de especies que, a su vez, están representadas por un número diferente de individuos.

Las distintas especies animales no forman entidades aisladas, sino que se asocian entre sí para compartir recursos. En la foto, gaviota patiamarilla (Larus cachinnans) y gaviota sombría (Larus fuscus) descansando bajo el sol en una misma azotea.

Interés de las comunidades

Pese a los problemas de método comentados, las comunidades pueden ser buenas indicadoras de las condiciones ambientales de los lugares que ocupan. Esta afirmación se basa en dos argumentos. En primer lugar, porque la variedad y abundancia de las especies suele ser un claro indicador de la diversidad de matices ambientales presentes en el área estudiada. Cada especie presenta unos determinados requerimientos ambientales para sobrevivir, por lo que su abundancia reflejará la disponibilidad de esos recursos. Por idéntica razón, una gran variedad de especies reflejará una gran diversidad de condiciones ambien-

Cucarachas, gorriones y ratas son ejemplos clásicos de organismos que han viajado con el hombre de un continente a otro y se han convertido en especies dominantes en sus respectivas comunidades.

tales y la presencia de especies dependientes de recursos infrecuentes será prueba de condiciones excepcionales. En segundo lugar, porque la organización de una comunidad puede reflejar las propiedades del resto de las incluidas en la biocenosis en estudio, sin necesidad de que ésta sea estudiada en su conjunto. Por ejemplo, la variedad o rareza: de la comunidad de mariposas de un parque suele deducirse la diversidad y rareza de la comunidad de plantas allí presente. Pero esto exige que las comunidades seleccionadas sean segmentos representativos de las biocenosis en las que se integran, pues puede ocurrir que la peculiaridad del grupo taxonómico en estudio la hagan incapaz de desempeñar este papel bioindicador.[12]

La organización de las comunidades urbanas es el resultado de la interacción entre las características de los recursos ofrecidos por las urbes y las preadaptaciones al medio urbano de los animales de esa región. Como se indica en el apartado 1 (Características del ecosistema urbano: un medio nuevo), el creciente proceso de urbanización se caracteriza por una modificación considerable de las condiciones climáticas, el aumento de la contaminación, el predominio de bruscos relieves de substrato duro, la notable acumulación de materia orgánica (alimentos y sus desperdicios) y una creciente pérdida de los componentes naturales de la vegetación en beneficio de plantas de jardín predominantemente alóctonas (véase también[7]). Estos rasgos, que tienden a la uniformidad de las ciudades por su continuada réplica a lo largo del paisaje urbano, hacen que sean pocas las especies capaces de prosperar en estas circunstancias, por lo que suele asistirse a un deterioro pro-gresivo de las comunidades animales previas al proceso de urbanización (tabla I). Puede ocurrir incluso que las especies dominantes no sean originarias del área donde se instala la urbe, sino que se hayan extendido desde otras regiones más o menos lejanas a medida que el hombre ha extendido sus construcciones por el planeta (véase apartado 4, Adaptaciones al medio urbano: los verdaderos ciudadanos). Las poblaciones de las especies capaces de adaptarse bien a este medio nuevo suelen ser muy numerosas, en detrimento de las especies propias de condiciones más naturales. Las ratas, los gorriones o las cucarachas son ejemplos clásicos de esos organismos que han viajado con el hombre de un continente a otro y que se han convertido, por su gran abundancia, en especies dominantes en sus respectivas comunidades. Se estructuran así comunidades cada vez menos diversas y más desequilibradas numéricamente por el dominio de unas pocas especies (tabla II).

Tabla I Pérdida de especies de reptiles terrestres a lo largo de un gradiente de urbanización en Madrid (según [8]). Las cantidades expresan la distribución porcentual de las observaciones según cuatro tipos de medios: campos en la periferia de la ciudad, solares, parques y edificios.

	campos	solares	parques	edificios
Blanus cinereus	16,6	83,3	–	–
Tarentola mauritanica	–	6,0	3,0	90,9
Chalcides chalcides	100,0	–	–	–
Acathodactylus erythrurus	100,0	–	–	–
Lacerta lepida	85,7	14,2	–	–
Podarcis hispanica	15,5	32,0	6,7	45,6
Psammodromus algirus	35,2	64,7	–	–
Psammodromus hispanicus	16,6	72,2	11,1	–
Coluber hippocrepis	100,0	–	–	–
Elaphe scalaris	100,0	–	–	–
Hacroprotodon cuculatus	100,0	–	–	–
Malpolon monspessulanus	60,0	30,0	6,6	3,3
Natrix maura	85,7	–	14,3	–
Número total de especies	12	7	5	3

Tabla II Diferencias en la estructura de las comunidades reproductoras de aves de dos tipos de medios de la ciudad de Madrid sujetos a un grado diferente de urbanización (según [2]). Los números por especie se refieren a los individuos observados en una serie de censos.

casco urbano sin jardines

Especie	Individuos
Passer domesticus	2 599
Apus apus	2 168
Columba livia	503
Delichon urbica	115
Sturnus unicolor	20
Pica pica	15
Hirundo rustica	14
Turdus merula	7
Carduelis chloris	3
Serinus serinus	2

parques arbolados

Especie	Individuos	Especie	Individuos
Passer domesticus	1 910	*Picus viridis*	10
Columba livia	305	*Streptopelia turtur*	9
Sturnus unicolor	186	*Certhia brachydactyla*	8
Turdus merula	175	*Sylvia atricapilla*	5
Pica pica	134	*Hippolais polyglotta*	5
Columba oenas	61	*Carduelis carduelis*	3
Serinus serinus	55	*Fringilla coelebs*	3
Carduelis chloris	40	*Clamator glandarius*	2
Passer montanus	37	*Emberiza cirlus*	1
Parus ater	29	*Troglodytes troglodytes*	1
Parus caeruleus	25	*Otus scops*	1
Parus major	24	*Athene noctua*	1
Corvus monedula	21	*Tyto alba*	1
Columba palumbus	18	*Streptopelia decaocto*	1
Hirundo rustica	16		

Gradientes de diversidad en el medio urbano

En el primer capítulo se ha comentado la consideración negativa que el medio urbano tiene para algunos naturalistas. Hay quien considera que las urbes son *pústulas* de empobrecimiento biológico que surgen aquí y allá eliminando la diversidad biológica de los hábitats a los que sustituyen y en las que sobreviven, casi heroicamente, algunas especies al amparo de determinados relictos ambientales.[1] Como el grado de urbanización suele aumentar desde la periferia hacia el interior,[7] es frecuente encontrar un empobrecimiento progresivo de las comunidades animales a lo largo de este gradiente (figura 1). Los insectos del suelo sufren de forma extrema una reducción en el número de especies, debido a las perturbaciones. Además, a medida que aumenta el tamaño de las urbes, el interior se empobrece debido a las dificultades de intercambio con los medios naturales de la periferia. Hay ciertas aves, como las cigüeñas, palomas, grajillas o estorninos, que pueden utilizar las ciudades como lugares de nidificación o de descanso, pero que se ven obligadas a abandonarlas al aumentar las distancias que deben recorrer en las rutinas

La tórtola turca (Streptopelia decaocto) es un claro ejemplo de expansión de una especie al amparo del medio urbano.

diarias.[2] Sin embargo, el proceso de urbanización no siempre tiene un efecto empobrecedor sobre las comunidades naturales. En sus fases iniciales, el poblamiento humano puede dar lugar a enclaves que alberguen una mayor diversidad de especies con respecto a los medios circundantes, o por lo menos configurar comunidades animales radicalmente distintas que contribuyan al enriquecimiento del acervo regional de especies. Es el caso de los pequeños asentamientos agrícolas, que pueden desempeñar un papel importante en la dinámica estacional de las comunidades animales de los medios circundantes. Por ejemplo, las granjas de muchos sectores agrícolas centroeuropeos reciben durante el otoño a diversas especies de mamíferos y aves que superan la mala época al abrigo de sus peculiares condiciones microclimáticas y de la siempre garantizada fuente de recursos alimentarios.[3, 11] También la expansión de los barrios residenciales ajardinados en ciudades ubicadas en áreas xéricas contribuyen a crear verdaderos oasis donde, al abrigo de los jardines regados, prosperan comunidades animales más densas y diversificadas, aunque también muy diferentes a las instaladas en los hábitats naturales (ej., [5]).

Otra fuente inesperada de diversidad se debe a la hibridación. En un medio urbano, a veces se reúnen especies que no tienen áreas de distribución solapadas. En este caso, la mano del ser humano consigue salvar barreras geográficas naturales. La hibridación en ciudades es conocida y significativa en el caso de las plantas, pero también se han documentado en ciudades americanas cruces entre perros y coyotes, o entre perros y chacales o lobos en Grecia.

Expansión urbana y fragmentación de los hábitats

La expansión urbana suele englobar fragmentos de vegetación que son cuidados con más o menos esmero (parques y zonas ajardinadas) o que quedan abandonados a su suerte. En ambos casos, son islas de vegetación en las que se acantonan comunidades animales mucho más diversificadas que las pertenecientes al medio urbano que las circunda (tablas I y II) y que, en muchas ocasiones, reúnen unas condiciones de desarrollo de la vegetación (ej., arbolado) y de diversificación de recursos difíciles de encontrar en el entramado de medios no urbanizados de los alrededores de las ciudades. Estos fragmentos suelen asimilarse a las islas oceánicas, por presentar superficies relativamente reducidas y estar aisladas entre sí, separadas por un mar de cemento y asfalto tan poco transitable para muchas especies como el agua que rodea a las islas. No debe extrañarnos, por lo tanto, que la organización de las comunidades animales de estos jardines y solares presente patrones semejantes a los descritos en los estudios de biogeografía insular.[6, 13] Se observa, por ejemplo, que en caso de igualdad de condiciones ambientales (ej., tipo de vegetación), el número de especies presentes tiende a disminuir al reducirse el tamaño de los fragmentos (figura 2). Esto ocurre porque se extinguen los organismos que necesitan superficies mayores para sobrevivir (ej., desaparecen los animales grandes antes que los pequeños, los carnívoros antes que los herbívoros, los endotermos antes que los ectotermos, etc.) o que tienden a sufrir grandes oscilaciones numéricas con desplomes periódicos de sus poblaciones. También se sabe que es más fácil que desaparezcan las especies menos móviles, porque son incapaces de compensar sus posibles extinciones en los fragmentos con el aporte de colonizadores nuevos. Cuando los retazos de vegetación así arrinconada no están sujetos a ningún plan de conservación, esta pérdida de especies se ve acentuada por el deterioro progresivo de la vegetación a causa del pisoteo, la acumulación de escombros y los fuegos fortuitos. Puede haber, además, una presión añadida sobre ciertos organismos, como la caza por los vecinos de los barrios periféricos o por animales de compañía u otros depredadores favorecidos por la expansión urbana. Por eso, el tiempo transcurrido desde el momento del aislamiento del fragmento suele ser un buen predictor de la variedad de organismos que alberga (figura 2).

Figura 1

Relación entre el grado de urbanización y la abundancia de especies de aves y caracoles en Londres (según[4]).

ÍNDICES DE EDIFICACIÓN

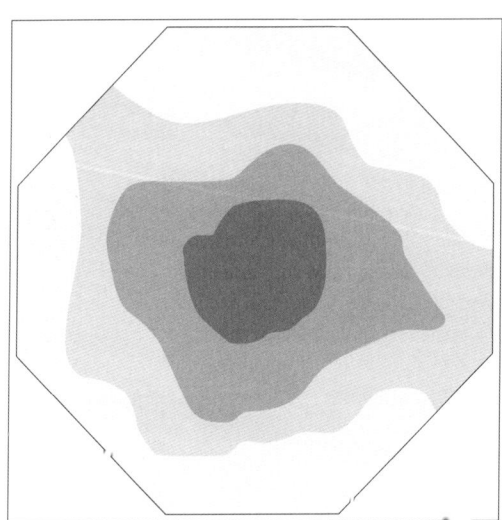

NÚMERO DE ESPECIES DE AVES

NÚMERO DE ESPECIES DE CARACOLES

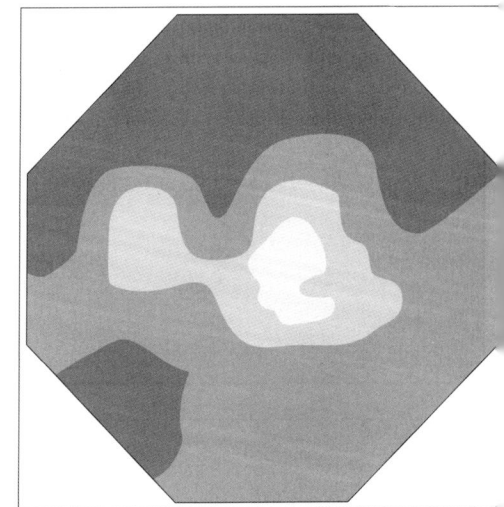

Figura 2

Evolución en el número de especies de aves nidificantes en fragmentos de chaparral resultantes del desarrollo urbano de San Diego (California) en función de la superficie de bosque conservada y del tiempo transcurrido desde su aislamiento (según[13]).

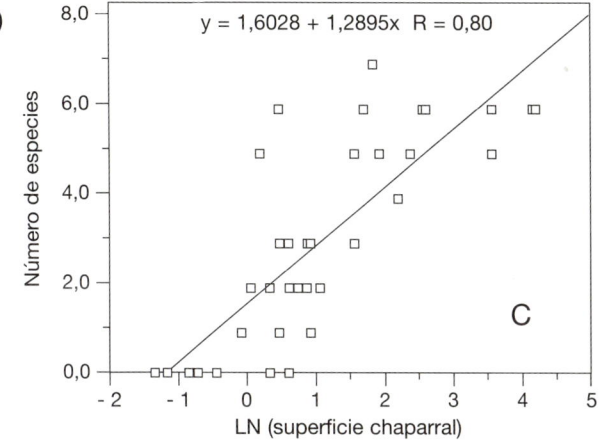

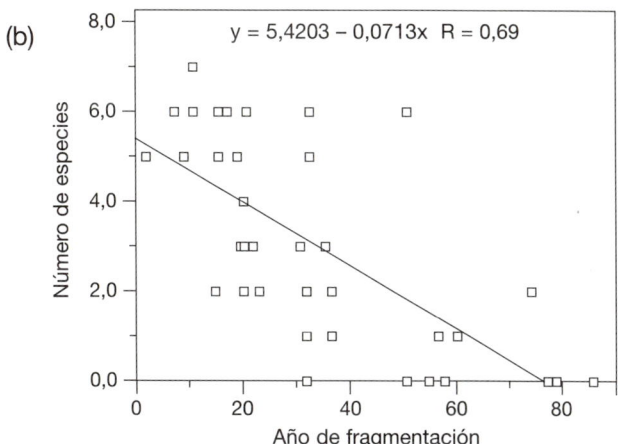

Referencias

1. Bernis, F. (1988a), "El medio urbano como receptor de fauna", en F. Bernis, ed., *Aves de los medios urbano y agrícola*, Madrid, Sociedad Española de Ornitología.

2. Bernis, F. (1988b), "Aves del medio urbano en las mesetas castellanas", en F. Bernis, *Aves de los medios urbano y agrícola*, Madrid, Sociedad Española de Ornitología.

3. Bezzel. E. (1985), "Bird life in intensively used rural and urban environments", en *Ornis Fennica* 62:90-95.

4. Cousins, S. H. (1982), "Species size distributions of birds and snails in an urban area" en R. Bornkamm, J. A. Lee y M. R. D. Seaward, eds., *Urban Ecology*, Oxford, Blackwell.

5. Emlen, J. T. (1974), "An urban bird community in Tucson, Arizona: derivation, structure, vegetation", en *Condor* 76:184-197.

6. Faeth, S. H. y T. C. Kane (1978), "Urban biogeography. City parks as islands for Diptera and Coleoptera", en *Oecologia* 32:127-133, Berlín.

7. Forman, R. T. T. y M. Godron (1986), *Landscape ecology*, Nueva York, J.Wiley & Sons.

8. García-París, M. y C. Martín (1987), "Herpetofauna del área urbana de Madrid", en *Revista Española de Herpetología* 2:131-144.

9. Margalef, R. (1974), *Ecología*, Barcelona, Omega.

10. McIntosh, R. P. (1985), "The Background of Ecology", en *Concept and Theory*, Cambridge University Press.

11. Pelikan, J. y J. Nesvadbova (1979), "Small mammal communities in frams and surrounding fields", en *Folia Zool.* 28:209-217.

12. Prendergast, J. R., R. M. Quin, J. H. Lawton, B. C. Eversham y D. W. Gibbons (1993), "Rare species, the coincidence of diversity hostspots and conservation strategies", en *Nature* 365:335-337.

13. Soulé, M. E., D. T. Bolger, A. C. Alberts, J. Wright, M. Sorice y H. Scott (1988), "Reconstructed dynamics of rapid extinctions of chaparral-requiring birds in urban habitat islands", en *Conservation Biology* 2: 75-92.

14. Whittaker, R. H. (1989), *Communities and Ecosystems*, Nueva York, Macmillan.

J. Tellería

USO (Y ABUSO) DEL MEDIO URBANO

Al atardecer, los cielos en plazas y otras zonas arboladas de muchas ciudades oscurecen con las bandas de estorninos que se agrupan para dormir.

Las dos necesidades básicas de todo animal son disponer de alimento y de un refugio donde criar y protegerse de las inclemencias del tiempo. Si estas necesidades son satisfechas, las distintas especies pueden proliferar sin problemas. El uso que los animales hacen de la ciudad, sin embargo, puede ser muy variable según las especies y se puede convertir a veces en un verdadero problema o abuso.

¿Ciudad para toda la vida, ciudad dormitorio o ciudad restaurante?

Una gran parte de los animales que viven en la ciudad consigue satisfacer todas sus necesidades dentro del medio urbano. Es el caso de muchos de los artrópodos comensales de las casas, del sapo partero, de los mirlos o de las ratas. La mayoría de especies, sobre todo las aves, son diurnas, mientras otras (ej., la mayoría de mamíferos) son de hábitos nocturnos o crepusculares. Los usos pueden variar a lo largo del día. Las palomas de Barcelona, por ejemplo, tienden a concentrarse a lo largo de la mañana en plazas y otras zonas abiertas para alimentarse, mientras que por la tarde prefieren dedicarse a descansar en los aleros. También hay que tener en cuenta que no todas las zonas de la ciudad son igualmente aptas. Siguiendo con el ejemplo de las palomas, se sabe que estos animales tienen una preferencia especial por las áreas más antiguas de la ciudad: en los edificios de esas áreas encuentran muchos agujeros donde descansar y además las casas suelen estar habitadas por personas de edad avanzada, que son los que a menudo les dan de comer.

En ocasiones, la preferencia de una especie por un determinado microhábitat choca con las predilecciones de otra especie. Se producen entonces fenómenos de competencia y, como en una guerra entre mafias, la especie dominante se queda con la zona elegida. Es el caso de la rata negra y la rata gris. La rata negra llegó a Europa, proveniente de la India, hacia el siglo XII o XIII y ocupó la mayoría de villas y ciudades de la época, donde no tenía competidor. Hacia la segunda mitad del siglo XVIII, llegó a Europa la rata gris (a España, en 1800), una especie proveniente de China y Siberia que era de mayor tamaño que la rata negra. La rata gris desplazó entonces a su congénere negra, de manera que, mientras la primera se ha especializado en vivir en las cloacas, donde el alimento es muy abundante y nadie las molesta, y deambulan libremente por todo el subsuelo de la ciudad, la rata negra se ha conformado con las azoteas, desvanes y zonas ajardinadas, que explota sobre todo durante la noche.[18]

Algunas especies, sin embargo, no encuentran suficiente alimento en la ciudad o el que encuentran no es el más adecuado y deben desplazarse fuera del medio urbano para alimentarse. Es el caso de las palomas en ciertas ciudades centroeuropeas, que crían y descansan en el interior de las ciudades, pero se desplazan a alimentarse a las zonas periféricas.[7, 9] Lo contrario también sucede: existen especies que acuden a la ciudad sólo para alimentarse. El halcón peregrino, por ejemplo, de vez en cuando se aventura por el centro de la ciudad de Barcelona para depredar sobre los dormideros de estorninos. Otro ejemplo lo constituyen las grajillas de Córdoba, que, si bien no viven en la ciudad, cada mañana se concentran decenas de ellas en el zoo para aprovechar la abundante comida de que disponen los animales que allí viven.

Varias especies de aves utilizan la ciudad sólo para dormir. Es típico el ejemplo de los estorninos o las lavanderas, en cuyos dormideros invernales de las arboledas de avenidas y plazas se pueden concentrar miles de individuos. Los dormideros urbanos son un

Los agujeros en edificaciones, monumentos o muros son un refugio importante para muchas especies de aves.

fenómeno relativamente reciente, propiciado por la falta de depredadores y la indiferencia del hombre cuando habita en este medio. En Londres, por ejemplo, los primeros dormideros de estorninos fueron identificados en 1894 y las lavanderas empezaron a utilizar las ciudades a partir de 1930.[4]

Cuando los animales nos causan problemas

Numerosos animales se están adaptando cada vez mejor al medio urbano (véase apartado 2). Muchos de ellos están proliferando en este medio como no lo habían hecho en ningún otro. Por ejemplo, Moscú alberga, entre cornejas y grajillas, a más de

800 000 córvidos.[8] En Barcelona, viven unas 180 000 palomas, lo que equivale a unos 2 850 individuos por km^2.[15] La densidad de una rata por habitante, según censos realizados en Barcelona,[13] también resulta un dato bastante impresionante. Y como dato curioso, podemos señalar que el 42 % de los campos de golf norteamericanos están copados por gansos del Canadá, unos 250 individuos como promedio por campo. Estos animales aprovechan unos preciosos pastos en los que cada vez es más difícil jugar al golf...[2] Lo peor es que las poblaciones de varias de estas especies siguen creciendo de forma exponencial. En varias ciudades británicas la tasa de incremento de las poblaciones de gaviotas se sitúa entre el 30 % y el 40 % anual.[11] En Barcelona, y durante los últimos años, la población de cotorras argentinas está aumentando un 45 % anual (D. Sol, informe no publicado), lo que significa que la población de Barcelona, en sólo diez años, ¡podría llegar a albergar más de 10 000 cotorras! (Afortunadamente parece que la tasa de incremento está empezando a remitir.)

Estas densidades tan altas suelen ir asociadas a diversos problemas: acumulación de excrementos, contaminación acústica, transmisión de enfermedades de animal a animal y al hombre, daños excesivos en la vegetación o arquitectura urbana etc.[1, 19]

Los animales marcados son ideales para realizar estudios útiles en el control de plagas. En la foto, palomas marcadas para un estudio llevado a cabo por el Museo de Zoología de Barcelona.

Debido a que los ecosistemas urbanos están poco estructurados y son muy inestables, a que tienen pocos depredadores y, en definitiva, a que poseen una capacidad escasa de autorregulación, el hombre ha de intervenir repetidamente con el fin de mantener de forma artificial el equilibrio del sistema creado por él. El éxito de las operaciones de control y seguimiento ha sido muy variable (ej., [3, 5, 6, 10, 12, 14, 16, 17, 18]). Sin embargo, cada día está más claro que el verdadero éxito sólo se podrá conseguir cuando tratemos el ambiente urbano como un verdadero ecosistema[19] y entendamos que la salud física y mental de sus ciudadanos no sólo depende de la calidad de los servicios, sino también del equilibrio ecológico entre sus otros conciudadanos, los ani-

Los basureros han facilitado en gran medida la expansión de varias especies, entre ellas las gaviotas.

Referencias

1. Baldaccini, N. E. (1989), "Il ruolo degli uccelli nel grado urbano", en *Proceedings of International Symposium on Environmental pollution and animal populations*, Pisa.
2. Conover, M. R. y G. G. Chasko (1985), "Nuisance Canada goose problems in the eastern United States", en *Wildlife Society Bulletin* 13:228-233.
3. Feare, C. J. (1991), "Control of bird pest populations", en C. M. Perrins, J.-D. Lebreton y G. J. Hirons, eds., *Bird population studies*, Oxford, Oxford University Press.
4. Gilbert, O. E. (1989), *The ecology of urban habitats*, Londres, Chapman & Hall.
5. Haag-Wackernagel, D. (1993), "Street pigeons in Basel", en *Nature* 361:200.
6. Hawthorne, D. W. (1980), "Wildlife damage and control techniques" en S. D. Schemnitz, *Wildlife management techniques manual*, Washington D. C., The Wildlife Society.
7. Hetzer, D. (1985), "Die verwilderten Haustauben Columba livia domestica L. in Braunschweig (Niedersachsen) bis 1976", en *Braunschw. Naturk. Schr.* 2:269-287.
8. Ilyichev, V. D., V. M.- Konstantinov y B. M. Zvonov (1990), "The urbanized landscape as an area for mutual relations between man and birds", en *Urban ecological studies*, Varsovia, Polish Academy Sciences, Inst. Zool., pp. 122-130.
9. Janiga, M. (1987), "Seasonal aspects of intensity and course of daily translocations of pigeons (*Columba livia f. domestica*) for food from Bratislava to its surroundings", en *Acta Facultatis Rerum Naturalium Universitatis Comenianae-Zoologia* 32:47-59.
10. Kautz, J. E. (1985), "Effects of harvest on Feral pigeon survival, nest success and population size", Ph. D. Thesis, Cornell University, Ithaca.
11. Monaghan, P. (1982), "The breeding ecology of urban nesting gulls", en R. Bornkamm, J. A. Lee y M. R. D. Seaward, eds., *Urban Ecology*, Oxford, Blackwell Scientific Publs., pp. 111-121.
12. Murton, R. K., R. J. P. Thearle & J. Thompson (1972), "Ecological studies of the feral pigeon Columba livia var.: I. population, breeding biology and methods of control", en *Journal of Applied Ecology* 9:835-874.
13. Parés, M., G. Pou y J. Terradas (1985), *Descobrir el medi urbà. 2. Ecologia d'una ciutat. Barcelona*, Barcelona, Ajuntament de Barcelona.
14. Putman, R. J. (1989), *Mammals as pests*, Londres, Chapman & Hall.
15. Senar, J. C. y D. Sol (1991), "Censo de Palomas *Columba livia var.* de la ciudad de Barcelona: Aplicación del muestreo estratificado con factor de corrección", en *Butlletí Grup Català d'Anellament* 8:19-24.
16. Sol, D. y J. C. Senar (1992), "Comparison between two censuses of Feral pigeon *Columba livia var.* from Barcelona: an evaluation of seven years of control by killing", en *Butlletí Grup Català d'Anellament* 9:29-32.
17. Sol, D. y J. C. Senar (1994), *Ecologia del gavià argentat: causes de la seva expansió i bases per a la planificació d'un programa de control*, Barcelona, Dept. Medi Ambient, Generalitat de Catalunya.
18. Twigg, G. (1975), *The Brown Rat*, Londres, David & Charles.
19. Van Druff, L. W., E. G. Bolen y G. J. San Julián (1994), "Management of urban wildlife", en T. A. Bookhout, eds., *Research and management techniques for wildlife and habitats,* Bethesda, The Wildlife Society, pp. 507-530.

J. C. SENAR

LA CIUDAD: REFUGIO DE ESPECIES EXÓTICAS

La ciudad como esponja

Las aves son el grupo zoológico mejor conocido de los medios urbanos. Su vistosidad y su legendaria y polifacética relación con los humanos les confiere el don de ser los animales más presentes en la retina de las personas que pasean por las ciudades. Un ingrediente añadido a la atracción ejercida por las aves urbanas es la incorporación de especies exóticas en los paisajes ciudadanos. Las especies exóticas extreman la diversidad biológica urbana. En realidad, son muchos los organismos que constantemente penetran en la ciudad procedentes del exterior.

Para comprender el fenómeno de las especies exóticas de animales adaptadas a medios urbanos hay que tratar dos aspectos. Uno son los vectores que facilitan el transporte y llegada de estas especies a las ciudades. El segundo factor tiene que ver con las condiciones que los animales importados o inmigrados encuentran para sobrevivir y aclimatarse.

La población humana de una ciudad requiere un trasiego constante de mercancías y de recursos básicos. La circulación de materiales de llegada y de salida es vertiginosa. La ciudad absorbe y escupe materiales de manera constante, como una enorme esponja llena de poros y galerías. El origen de las mercancías puede ser próximo o lejano, según el temperamento y la tradición con que cada ciudad absorbe recursos de países remotos. A veces estos materiales van acompañados de organismos vivos, sobre todo de invertebrados en lo que se refiere a los animales. En los últimos tiempos, este trasiego mundial no ha dejado de crecer, con lo cual las probabilidades de servir de vehículo de propagación de especies de animales y plantas también han aumentado.

La relación entre especies exóticas y comercio urbano tiene un correlato con lo que ocurre en las islas. Es sabido que la fauna de las islas varía de forma significativa a partir del momento en que son colonizadas por la especie humana, puesto que su presencia viene acompañada por la de otras especies animales. Las islas urbanas también padecen las consecuencias de sus vínculos externos: la implantación humana reduce las especies autóctonas pero introduce organismos nuevos.

El símil tiene valor para comprender el fenómeno urbano desde un punto de vista biológico, como ya se ha apuntado en el apartado 3 (Animales urbanos asociados). Las ciudades aparecen como islas para las especies que han derivado a fórmulas de vida exclusivamente urbanas. Estos animales están atrapados en las ciudades y la dinámica de sus pobla-

Uno de los mayores éxitos de colonización de la ciudad ha sido el protagonizado por la hormiga argentina (Linephiteme humile).

ciones está fuertemente condicionada por esta circunstancia. Entre las especies animales introducidas, un grupo importante lo constituyen las especies domésticas. Éstas se relacionan con la producción de alimento, la vigilancia o el simple hecho de hacer compañía. En las ciudades, se ha erradicado la producción de carne y la vigilancia por medio de animales es escasa y muy especializada. Resta sin embargo un enorme sector de animales de compañía que va en aumento. Su magnitud y función social no entran dentro de los planes de la presente Guía, sin embargo hay una consecuencia que sí debe comentarse.

La demanda de animales de compañía supone permitir todo tipo de caprichos personales; en este caso, se deja una puerta abierta a la introducción de animales vertebrados exóticos en los medios urbanos.

Sea por fuga o por abandono, algunos de estos animales se incorporan a los hábitats urbanos con mayor o menor fortuna.

El éxito de supervivencia de las especies exóticas dependerá del provecho que puedan extraer de las condiciones urbanas. Por otro lado, no se sabe todavía cuál puede ser el impacto de animales exóticos que hayan tenido éxito al introducirse en ambientes urbanos. En medios naturales, la introducción de animales exóticos ocupa el segundo lugar entre las causas de reducción de biodiversidad, por detrás de la destrucción directa de los hábitats y por delante de la contaminación química.[2] Las especies exóticas introducidas pueden atacar la fauna autóctona por depredación directa o por medio de un desplazamiento progresivo y sustitución de las especies locales competidoras y también por contagio de enfermedades ante las cuales los animales originalmente instalados pueden estar indefensos. Por tanto, en los exotismos urbanos hay tanto riesgo faunístico como un estupendo objeto de estudio.

Las historias particulares de cada especie exótica introducida resultan anecdóticas muy a menudo y suelen ir acompañadas de algún hecho fortuito. En realidad, se considera que cada ciudad tiene un abanico de especies exóticas establecidas que le es característica. Buscar razones generales es difícil, puesto que la combinación de particularidades es muy *sui géneris*. Los invertebrados exóticos, sobre todo los insectos, tienen opciones de desarrollo en las áreas ajardinadas, así como en el ámbito doméstico. Los insectos xilófagos encuentran en uno u otro caso medios interesantes de desarrollo. Los vertebrados exóticos suelen depender más de la disposición y espectro vegetal de los parques urbanos, al menos durante los primeros estadios de la colonización.

Hasta el momento, el factor que mejor se conoce de la colonización de especies exóticas es la vegetación. La proporción de especies vegetales exóticas actúa como desencadenante para la permanencia de especies animales exóticas. En el caso extremo, encontramos el ejemplo de la cotorra argentina y el uso de la palmera en el ajardinamiento de algunas ciudades.[1] La presencia de estas aves está asociada a la presencia de palmeras, que les sirven de refugio y de soporte para sus enormes nidos colectivos.

Especies exóticas y especies nativas

La ciudad es un fenómeno de sustitución progresiva de medios naturales por ambientes artificiales. Esto provoca con el tiempo la introducción de especies domésticas, que conviven con las especies que no han sido desplazadas por la formación de la ciudad y por las que, desde sus contornos, han ocupado algunos de los nuevos espacios creados. ¿Qué relación se establece entre este conjunto de especies? Se sabe aún poco sobre el tema.

El hecho de que la comunidad de animales vivos de las ciu

La cotorra de la Argentina (Myopsitta monachus) está convirtiéndose durante los últimos años en un nuevo colono exótico de las ciudades. Los daños que realizan a la vegetación de la ciudad son uno de los ejemplos de sus efectos perniciosos.

dades esté escasamente estructurada permite que las especies exóticas puedan practicar nuevas estrategias de supervivencia que las anteriores especies urbanas no han explotado aún. Se sabe también que las especies exóticas pueden desencadenar conflictos con los ciudadanos o con otras especies vegetales o animales. A menudo, lo que al principio era una sorpresa se convierte en una fuente de preocupación y de quebraderos de cabeza.

Las especies exóticas que colonizan con éxito las ciudades suelen ser muy adaptables tanto desde el punto de vista genético como el conductual. No son muy exigentes para ubicar la fase reproductiva ni en la dieta alimentaria.

Con estas cualidades están en condiciones de explotar los recursos urbanos, que son abundantes pero muy impredecibles.

La potencialidad colonizadora de estas especies exóticas se conjuga en ocasiones con la falta de control biológico por parte de la comunidad faunística urbana. La falta de depredadores y la explotación de un recurso aún no utilizado pueden provocar que la nueva especie prolifere hasta adquirir características de plaga.

Prevención

Algunas especies introducidas de manera involuntaria en los medios urbanos pueden ser atajadas en su crecimiento en una fase inicial, otras no y requieren acciones específicas para controlar sus poblaciones, lo que ocasiona gastos importantes y mucho mal humor entre los ciudadanos perjudicados y los gestores municipales.

Los controles en la importación de animales exóticos deben resultar eficaces. Tanto la legislación sobre el comercio internacional de especies protegidas como los controles sanitarios de animales de compañía y de mercancías importadas pueden servir de obstáculos para introducciones no deseadas. Las limitaciones en la importación de determinadas especies y la identificación segura de las personas responsables de animales de compañía pueden ser medidas útiles para el control de las especies exóticas. En cuanto a la gestión urbana, queda la posibilidad de incrementar el protagonismo de las especies arbóreas y arbustivas que sean autóctonas, con lo cual se reducirá la posibilidad de que los animales exóticos puedan establecerse.

Los estanques de los parques son un lugar de reposo y alimentación para muchas aves.

Referencias

1. Sol, D., D. M. Santos, E. Feria y J. Clavell, "Habitat selection by the Monk Parakeet (*Myiopsitta monachus*) during the colonization of a new area in Spain", en *Condor* (en prensa).

2. Wilson, E. O. (1996), *La diversidad biológica*, Barcelona, Oikos-Tau.

F. URIBE

ECOSISTEMAS URBANOS

El rasgo que mejor define el ecosistema urbano es la preponderancia indiscutible del factor antrópico. Una parte importante de dicho factor está relacionada con la estructura de los hábitats urbanos. Así como en un bosque o en un matorral, la estructura básica está formada en su mayor parte por elementos naturales (los troncos y ramas de los árboles o arbustos, las rocas y el suelo, etc.), lo que más caracteriza al aspecto de la ciudad son los edificios, las aceras, el asfalto, el mobiliario urbano y otros objetos no orgánicos derivados de la actividad humana. Otro rasgo definitorio de los ecosistemas urbanos es su carácter necesariamente abierto, entre otras cosas porque sin los aportes de energía externa y de materia procedente de los ecosistemas agrícolas circundantes o incluso muy lejanos, difícilmente podrían funcionar.

Como otros ecosistemas fluctuantes y explotados por el hombre, los distintos microecosistemas de la ciudad tienen un grado de complejidad relativamente bajo

En el interior de las casas, y en sus balcones y terrazas, habita una gran diversidad de fauna.

(biomasa poco considerable, flujos de energía muy poco importantes) y sólo son estables en la medida en que forman parte de sistemas mucho más amplios. Sin embargo, conviene recordar que, como se indica en el primer capítulo, la diversidad faunística y florística de la ciudad no es menor que la del entorno circundante, sino que casi siempre es más importante. Un estudio efectuado en Berlín muestra que, al aumentar la urbanización, el porcentaje de las especies vegetales introducidas aumenta hasta un 50 %. El resultado general es que las áreas urbanizadas, pese a la gran reducción en cuanto a la cobertura vegetal, acogen un número mayor de especies que las zonas rurales circundantes.

De acuerdo con la diversidad y la abundancia faunística, con el tipo de flora y con el grado de influencia antrópica, la ciudad puede dividirse en cuatro zonas representativas: el centro urbano, polucionado, ruidoso, casi desprovisto de árboles y con una gran influencia antrópica; los barrios residenciales-comerciales, con mayor abundancia de árboles, con numerosos arriates de césped y flores, y con pequeños parques urbanos; la zona exclusivamente residencial, con características antrópicas similares a las zonas periurbanas (casas bajas y ajardinadas, un gran número de árboles y plantas herbáceas de especies distintas); los parques urbanos y periurbanos.

La primera zona, el centro urbano, constituye un sistema abierto que depende en gran medida de los hábitats vecinos, con unas cuantas especies muy antropófilas que viven de forma permanente en ella (ratas, cucarachas, etc.) y otras que nidifican allí (vencejos, gorrión común, murciélago común), pero que se

alimentan principalmente en otras zonas. La segunda, los barrios residenciales-comerciales, que en las ciudades pequeñas son casi inexistentes, constituye un sistema más cerrado y diverso. Los reptiles, casi ausentes en la primera zona, tienen ya cierta importancia e incluso se encuentran anfibios en los estanques de plazas y jardines. La tercera zona, exclusivamente residencial, más rica en especies vegetales, alberga a un número mucho mayor de especies animales, desde invertebrados hasta reptiles y mamíferos; el número de aves es bastante mayor, sobre todo en invierno, cuando acuden los mosquiteros, petirrojos, etc. procedentes del norte y centro de Europa. La cuarta zona, los parques, sobre todo cuando son de gran tamaño o se sitúan en la periferia, pueden tener una gran diversidad faunística y albergar especies tan silvestres como el gavilán, el lagarto ocelado o los lirones, y pueden llegar a poseer una complejidad ecológica nada despreciable.

Por lo demás, en la ciudad hay una amplia gama de hábitats, cada uno con una serie de organismos y comunidades bien diferenciadas, y este conjunto confiere una riqueza faunística y, en general, una complejidad ecológica insospechada con respecto al ecosistema urbano considerado en general. La mayoría de estos hábitats es terrestre, pero también hay hábitats acuáticos, tanto de agua dulce como salada, e incluso hábitats subterráneos, como el metro y las cloacas.

Ecosistemas terrestres

Expuestos en orden decreciente de intervención antrópica, los principales hábitats terrestres de la ciudad son los siguientes:

calles y edificios, solares, jardines, cementerios, y parques forestales umbrosos y secos.

Superficies verticales: paredes y muros

Las paredes y los muros de los edificios reproducen condiciones físicas comparables a las de los ambientes naturales rocosos, hasta el punto de que los centros de las grandes ciudades se han comparado con acantilados. Este símil es bastante justificado en el caso de las aves si se tiene en cuenta la presencia de especies nidificantes tales como el vencejo común y el pálido, la gaviota patiamarilla, los cernícalos y el halcón común, que en los ecosistemas naturales anidan en las paredes rocosas.

Como en estas paredes, la verticalidad de los edificios es un obstáculo para la colonización por vegetales, ya que la acumulación de suelo es difícil y, por tanto, el recubrimiento vegetal es muy escaso. Las zonas más secas de estos ambientes, que en condiciones naturales están recubiertas de líquenes, en las ciudades grandes y/o muy industriales están casi desnudas, porque estos organismos son muy sensibles a la contaminación atmosférica. Las algas, en cambio, son frecuentes en las superficies de escorrentía y los vegetales superiores pueden colonizar las fisuras y relieves en los que se acumula algo de suelo. En todo

caso, la posibilidad de ocupación de las paredes verticales -y también de las calzadas y aceras- depende mucho del substrato, y así las paredes viejas construidas con mortero suelen estar mucho más invadidas por la vegetación que los muros de portland de las construcciones modernas (puede hacerse una comparación análoga entre las calzadas asfaltadas y las calles de adoquines).

Por lo demás, las paredes brindan al naturalista urbano una oportunidad única para observar el fenómeno de la sucesión vegetal, cuya secuencia usual es la siguiente: algas y líquenes, hepáticas y musgos nitrófilos, helechos y plantas suculentas y otras plantas herbáceas. En las distintas fases de esta sucesión, puede apreciarse la presencia de artrópodos, tales como hormigas, dípteros de diversas especies, moluscos pulmonados, isópodos, miriápodos y un

La lagartija roquera (Podarcis muralis) es uno de los habitantes más típicos de los muros.

buen número de especies de arañas. Otro buen ejemplo de sucesión en un microecosistema artificialmente rupestre lo constituyen las tejas y los desagües de los tejados, lugares en los que se acumula fácilmente el suelo.

Superficies horizontales: calles y plazas

De acuerdo con su origen, la vegetación de las zonas más *duras* de la ciudad puede clasificarse en cuatro categorías. En primer lugar, están las plantas silves-

Los muros antiguos, por su profusión de hendiduras y agujeros, atraen a muchos más animales que las paredes modernas.

tres, supervivientes de la época anterior a la urbanización. Ejemplos de ello son el diente de león *Taraxacum officinale*, *Senecio vulgaris* o el saúco *Sambucus nigra*, este último presente sobre todo en la España húmeda. En segundo lugar, encontramos las plantas introducidas en parques y jardines (que, a una escala más global, y no sólo en las zonas duras, representan del 60 % al 70 % de toda la vegetación urbana), cuyas semillas han sido esparcidas por el viento y los animales, por los pies humanos o por los neumáticos de los automóviles (en 1969, un investigador británico contó las semillas de 13 angiospermas en un solo automóvil). En tercer lugar, tenemos las plantas que fueron introducidas como resultado de antiguos procesos industriales o de alimentación humana, como la jabonera (*Saponaria officinalis*), que antiguamente se utilizaba para lavar la ropa o para tratar la tela de los molinos. Finalmente, están las plantas que, como la mercurial (*Mercurialis annua*), la ortiga o la patata, son un resultado directo de las prácticas de horticultura alimentaria u ornamental.

En las superficies horizontales de calles y plazas, la mayor diver-

Una salamanquesa común (Tarentola mauritanica), de caza desde una farola.

sidad faunística se da en las zonas provistas de vegetación ornamental, sobre todo en el caso de interfases o fronteras ecológicas, gracias a la presencia de estanques y otras masas de agua o de distintos perfiles de vegetación. Los ambientes colonizados de forma espontánea por plantas autóctonas también presentan cierta diversidad faunística, proporcional a lo prolongada que sea su historia (cuanto más avanzada esté la sucesión) y, obviamente, a lo ruralizado que sea el medio urbano. Los estudios

efectuados en Hamburgo (Alemania) muestran que aproximadamente un tercio del área urbana está ocupada por calles y pavimentos; en Gran Bretaña, las cifras oscilan entre el 15 % y el 35 %. En las ciudades ibéricas, con una estructura mediterránea más antigua y relativamente carentes de *ciudad jardín*, estas cifras deben de ser bastante superiores.

Por lo demás, la contaminación de estos ambientes no siempre afecta de manera negativa a las poblaciones de animales. Un

La vegetación espontánea está también presente en las calles.

estudio efectuado en una carretera con mucho tráfico cercana a Basilea (Suiza) reveló que las plagas de áfidos (pulgones) en el espino blanco eran mucho más severas que en otras zonas menos contaminadas, en parte a causa de un aumento significativo de la proporción de ácido glutámico frente a la de azúcar en las plantas expuestas a la contaminación. Este fenómeno es, claro está, adverso para las plantas expuestas. Por lo demás, no todos los artrópodos se ven favorecidos por los gases de escape de los coches; en particular, se ha comprobado que afectan de forma negativa a algunas mariquitas y otros coleópteros, a muchas orugas, a himenópteros y ácaros, al tiempo que favorece a varios heterópteros y a otros áfidos.

Otro tema del que se habla a menudo, y muchas veces sin suficiente conocimiento, es el de la mortalidad provocada por el tráfico. En dos experiencias efectuadas en Gran Bretaña con erizos marcados, sólo el 2 % y el 4 % murieron a consecuencia del tráfico. La mortalidad por tráfico rodado, sin embargo, resultó ser mucho más intensa en las pobla-

ciones urbanas de zorros (50 % en Gran Bretaña).

Edificios

En el interior de los edificios vive toda una serie de especies antrópicas, desde parásitos del hombre y de los animales de compañía hasta comensales, como los ratones, las cucarachas o los pececillos de plata. Los balcones son pequeños sistemas insulares a los que llegan semillas y pequeños animales y que a veces pueden recibir la visita de especies tan vis-

El tráfico rodado es una de las causas más importantes de mortalidad en los animales que viven en el medio urbano.

tosas como la esfinge colibrí o el mosquitero común.

Además de las ya citadas para los centros urbanos, hay otras aves que, como la lechuza común, la cigüeña blanca y la grajilla, escogen edificios no tan céntricos como lugares preferentes de nidificación. Otros vertebrados bien

Las edificaciones son también un buen lugar para el asentamiento de los nidos de avión común (Delichon urbica)

La cucaracha es uno de los habitantes más típicos de las viviendas.

roedores (ratas, ratones, topillos) atrae a depredadores de estos mamíferos, como comadrejas, lechuzas y, ocasionalmente, culebras bastardas.

Los espacios que el hombre abandona son ocupados por los animales.

adaptados a los edificios son las salamanquesas, provistas de ventosas con las que se adhieren a las paredes verticales y a los techos, y los murciélagos ratonero y común, que se refugian en desvanes, bodegas y tejados.

Solares

En los solares no es raro que se acumule la basura, lo que atrae a una infinidad de invertebrados y a reptiles y mamíferos (como lagartijas y musarañas), que se alimentan de ellos. Por otra parte, la presencia de varias especies de

encontrarse ambientes muy salvajes en zonas industriales en desuso y en otros lugares pendientes de urbanización no muy alejados del centro urbano.

La mayoría de las plantas que crece en estos lugares se originó a partir de semillas transportadas por el viento. Este aporte puede dar lugar a una diversidad vegetal suficiente para atraer a un gran número de animales, entre ellos culebras, currucas cabecinegras, ruiseñores y otras especies amantes de la tranquilidad. En otro orden de cosas, la acumulación de detritos en este tipo de ambientes crea un suelo de *humus artificial* con una capa superior oscura y bien estructurada, aunque repleto de restos (trozos de cerámica, ladrillo,

Los solares más interesantes para el naturalista son los más extensos y apartados de las calles más pobladas, si bien pueden

Las numerosas hierbas ruderales que crecen en los solares albergan a una gran cantidad de especies animales.

vidrio, etc.). Los suelos urbanos tienden a ser más alcalinos que los de las áreas circundantes, sobre todo a causa del calcio liberado por morteros, cementos, yeso y otros materiales de los escombros procedentes de la edificación.

Jardines y parques urbanos

La mayoría de las especies animales y vegetales de las ciudades está presente en estos ámbitos de un modo incidental, a causa de la preadaptación a los hábitats antrópicos. Pero en los parques urbanos, dotados de una plantilla permanente de jardineros, las posibilidades de manipulación del hábitat para atraer plantas y animales son considerables.

Los jardines y los parques son el hábitat privilegiado de muchas especies de aves (aunque menos que en los solares poco frecuentados, muchas de ellas son presa de los gatos asilvestrados o domésticos), de lepidópteros tan vistosos como las esfinges y los ninfálidos (vulcana, cardera, pavo real, pachá de dos colas, este último presente en los grandes parques mediterráneos) y de una amplia gama de invertebrados, entre los cuales destacan las lombrices, y los caracoles y babosas. La presencia de huertas, o simplemente de crucíferas y fabáceas en los parterres, atrae a varios lepidópteros de la familia de los piéridos, como la

En los jardines, y gracias a la acción del hombre, en poco espacio se concentra una gran diversidad vegetal y, en consecuencia, faunística.

mariposa y la blanquita de la col, la blanca verdinervada o la colia común.

JARDINES

Una de las claves de la riqueza de un jardín urbano es su variedad. La coexistencia de senderos, viejos frutales, setos vivos, paredes, céspedes, estanques y otros elementos proporciona un mosaico de microhábitats que atrae a una gran variedad de insectos y de aves.

Las mariposas, las moscas helicóptero, los sírfidos y otros insectos antófilos se ven beneficiados por la presencia de especies vegetales que producen grandes suministros de néctar y de polen, mientras que la riqueza ornítica depende en gran medida de la existencia de ecotonos o interfases ecológicas que, obviamente, está en relación directa con la variedad paisajística del jardín. Un rasgo único de estos ambientes es la presencia de lepidópteros, cuyas larvas se alimentan de especies vegetales exóticas y que, por esta razón y por no hallarse o ser muy raras en los ambientes naturales circundantes, podrían denominarse *especialistas de los jardines*. Un ejemplo de ello es el taladro del geranio (*Cacyreus marshalli*), que, en el caso de la provincia de Barcelona, es mucho más frecuente en las zonas ajardinadas de la capital que en cualquier otra zona.

La utilización de cajas-nido y comederos es una de las mejores maneras de facilitar la observación de aves en los jardines.

PARQUES

Los parques son los hábitats que acogen un mayor número de especies animales, sobre todo los de gran tamaño y los que se sitúan en las zonas más externas de la ciudad.

Con todo, en este tipo de ambientes se produce un fenómeno aparentemente paradójico: aunque viven o acuden muchos animales procedentes de los bosques (cárabos, gavilanes, zorros, que, a diferencia de los primeros, no crían allí, etc.) y de otros hábitats naturales circundantes, el número de aves nidificantes es muy bajo en comparación con el de especies que los frecuentan para comer. Sin embargo, este hecho no debe sorprendernos ya que, si bien estos hábitats atraen a numerosas aves debido a la relativa escasez de depredadores y a las grandes posibilidades de disponer de alimento, debido a la afluencia humana, no ofrecen las condiciones de tranquilidad que poseen los hábitats naturales e incluso muchos hábitats urbanos.

En todo caso, las especies que gozan de más éxito en los parques son las que se alimentan de una combinación de semillas, frutos, insectos fitófagos e invertebrados de la capa de hojas muertas, junto con comida aportada por el hombre. De ahí la abundancia de gorriones comunes, mirlos o peti-

rrojos, mientras que los insectívoros estrictos, como las currucas, no son tan comunes. La abundancia de las especies depende claramente de la gama de hábitats ofrecidos y de cómo se manejan estos hábitats.

Cementerios

Los grandes cementerios constituyen un hábitat intermedio entre las calles muy arboladas y los jardines y parques, ya que los elementos arquitectónicos superan por su importancia al elemento vegetal. Sin embargo, a diferencia de otros hábitats urbanos, gozan de una gran tranquilidad y ello permite que aniden numerosas aves que no lo harían en los concurridos parques y jardines.

En términos generales, cuanto más antiguo es un cementerio, mayor es su diversidad faunística.

Paseo de los Tilos en el Parque de la Ciudadela de Barcelona.

Los cementerios antiguos, en especial si están invadidos por la vegetación, pueden atraer a un buen número de especies de aves, incluidas urracas, grajillas y ruiseñores, o depredadores, como cernícalos y cárabos, que se alimentan de la numerosa población de ratones que viven en ellos.

Con el buen tiempo, la tranquilidad de este tipo de ambientes atrae a otros animales que debido a su carácter asustadizo, difícilmente pueden observarse en parques y jardines.

Durante el día, pueden encontrarse mariposas nocturnas mientras reposan.

ECOSISTEMAS ACUÁTICOS

Estanques y lagos artificiales

La diferencia entre estanques y lagos suele radicar en la profundidad: los primeros son lo bastante someros para que la vegetación llegue al fondo en toda su extensión y en sus orillas no se aprecia nunca el oleaje; en los lagos, sucede lo contrario. Por su menor profundidad, los estanques son más propensos a los problemas de eutrofización y, si el agua no se renueva, pueden convertirse rápidamente en anóxicos.

Los estanques y lagos artificiales de parques y jardines constituyen auténticos microecosistemas acuáticos que a veces contienen una gran diversidad faunística; en ellos abundan las larvas de libélulas, los coleópteros acuáticos y otros insectos, y a veces los renacuajos de varias especies de anfibios (sapos partero común, pintojo ibérico, sapo de espuelas, rana común, gallipato). También son comunes

El barbo es una de las especies más típicas de las aguas superficiales de la ciudad.

algunos peces, como el carpín dorado, la carpa común, el pez sol o la gambusia y, en algunos estanques grandes y apartados, los ánades, porrones y otras aves acuáticas.

Debido a su especial pureza, los lagos artificiales, sobre todo cuando no contienen peces, pueden constituir un hábitat ideal para varias especies de anfibios.

Ríos y canales

Los ríos y canales que atraviesan las ciudades tienen tanta mayor variedad faunística cuanto menos contaminadas estén sus aguas. Si además las orillas de los ríos reproducen o conservan los bosques de ribera naturales, la riqueza de este

Las fuentes y estanques de los parques sirven como lugar de reproducción para muchos anfibios.

tipo de hábitats aumenta en consecuencia con las numerosas especies de insectos, anfibios, aves y muchos otros animales que colonizan estos ambientes.

Los ríos, en particular, forman importantes corredores de hábitats mixtos cuando cruzan las ciudades y, si la canalización no es muy drástica ni la contaminación demasiado alta, pueden ser las zonas más abundantes en fauna de toda la ciudad. La abundancia y la diversidad de la fauna de una ciudad fluvial pueden valorarse

incluso mediante la observación y el seguimiento biológico del río.

En efecto, el número de especies animales o vegetales de un río depende de su nivel de contaminación y son varias las especies de organismos que sirven como indicadores biológicos. Así, por ejemplo, la presencia de larvas de mosquitos quironómidos o de moscas *Eristalis* –o del alga *Euglena viridis*– indica que se trata de unas aguas muy contaminadas, mientras que la de crustáceos *Gammarus* o de insectos *Perla* y *Ephemera* indica que el agua está muy depurada. En un nivel intermedio, más típico de la mayoría de nuestras ciudades fluviales, se sitúan ríos que tienen aguas medianamente contaminadas, que contienen organismos tales como las algas *Chlorella* y *Euglena*, el crustáceo *Daphnia pulex* o peces como los barbos.

Playas, puertos y escolleras

Las ciudades marítimas ofrecen excelentes puntos de observación en sus playas, puertos y escolleras.

La reciente recuperación de una parte de la fachada marítima y el mayor control de la calidad de sus aguas supone una mayor presencia de peces bentónicos, como lagartinas, congrios, serranos, salmonetes y lubinas, y de múltiples especies de esponjas, moluscos, equinodermos y crustáceos.

ECOSISTEMAS SUBTERRÁNEOS

Los hábitats subterráneos incluyen un ecosistema semiacuático muy contaminado, el de las cloacas, y otro seco, de temperatura constante y elevada, que es el metro.

Alcantarillas

Las alcantarillas contienen una población muy abundante de ratas comunes, aunque estos roedores también frecuentan los parques forestales umbrosos, las calles y muchos otros ambientes, a los que acuden sobre todo durante la noche para comer.

Justo a la salida del sistema subterráneo del alcantarillado, las plantas de tratamiento de aguas residuales tienen una riqueza faunística nada despreciable. La materia en descomposición genera calor y los lodos residuales, que no se hielan nunca, acogen grandes números de invertebrados de los que se alimentan muchas especies de aves. Una de las especies más habituales es la gaviota patiamarilla, que, en estos últimos años, se ha vuelto muy común en varias ciudades de Cataluña y de Baleares. Los lodos residuales contienen a menudo semillas de frutos y verduras que, tras haber pasado por el sistema digestivo humano, no han perdido su capacidad de germinación y que, una vez desarrolladas, servirán de soporte a una gran diversidad de insectos.

Metro

El metro se caracteriza por tener sistemas de ventilación y climatización que mantienen las temperaturas entre los 28 °C y los 35 °C y por una humedad elevada. Constituye un ecosistema singular en el que vive toda una gama insospechada de artrópodos (arañas, varias especies de coleópteros y de mariposas nocturnas, grillos, cucarachas, etc.) y, por supuesto, la ubicua rata gris.

Las escolleras y puertos mantienen en las ciudades una pequeña representación de la fauna marina. En la foto, lapas (Patella rustica).

BIBLIOGRAFÍA

Díaz, R. e I. Díez (1985), *Las aves urbanas*, Madrid, Penthalon Eds.
Domínguez, L. M. (1994), *Guía de la fauna callejera*, Barcelona, RTVE y Rubes Ed. S.L.
Freethy, R. (1986), *Wildlife in towns*. A nature guide, Marlborough, The Crowood Press.
Garber, S. D. (1987), *The urban naturalist*, Nueva York, John Wiley & Sond Inc.

Gilbert, O. L. (1989), *The Ecology of Urban Habitats*, Londres, Chapman & Hall.
Goode, D. (1986), *Wild in London*, Londres, Michael Joseph Ltd.
Jenkins, A. C. (1982), *Wildlife in the city*, Exeter, Webb & Bower.
Margalef (1981), *Ecología*, Barcelona, Editorial Planeta S.A.

A. OMEDES

CLASIFICACIÓN SISTEMÁTICA

A continuación indicamos la ordenación de los taxones según los criterios sistemáticos de la obra y la página en que se describen.

ESPONJAS Y CNIDARIOS

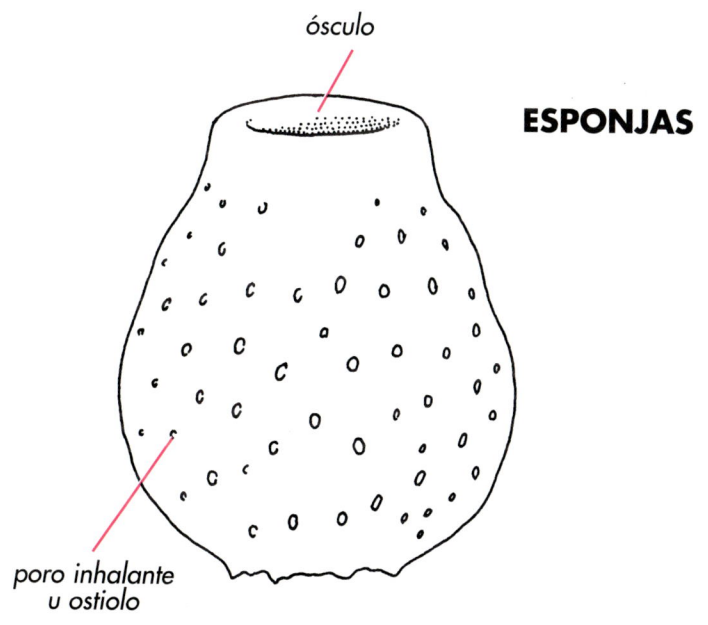

ósculo

ESPONJAS

poro inhalante
u ostiolo

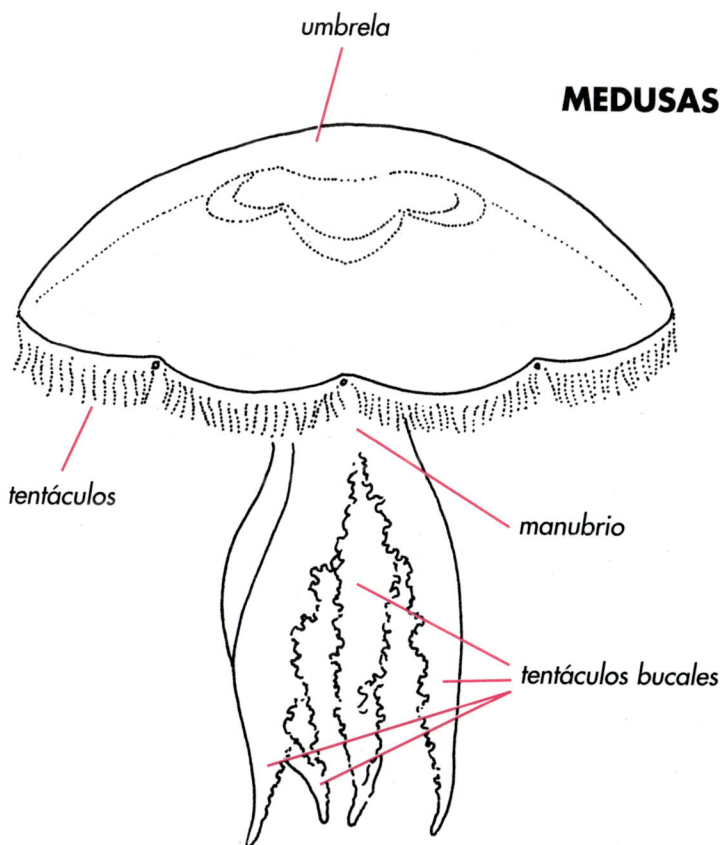

umbrela

MEDUSAS

tentáculos

manubrio

tentáculos bucales

ESPONJAS
Tipo Porifera

Identificación
La morfología de este grupo abarca formas incrustantes, pequeñas masas sacciformes, revestimientos o masas irregulares, digitiformes, globulosas, en forma de copa o ramificadas. El tamaño varía desde unos pocos milímetros hasta más de 1 m² de superficie (formas incrustantes); más de 1 m de

Sycon cíllatum

Cat. **Esponges**
Eusk. **Belakiak**
Por. **Esponjas**
Fr. **Spongiaires**
It. **Spunge**
Ing. **Sponges**

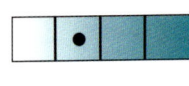

altura (formas masivas y erectas), aunque la mayoría de especies tan sólo alcanza unos pocos centímetros.

Hábitat
Se encuentra en puertos no demasiado contaminados, en paredes verticales y bloques del fondo, o sobre algas, mejillones y balanos.

Biología
En la mayoría de especies, se desconocen las características de la reproducción sexual.
Son animales sedentarios que sólo pueden desplazarse y colonizar nuevos ambientes durante la fase larvaria. Se alimentan de materia orgánica particulada de pequeño diámetro que obtienen filtrando el agua. Las esponjas pueden competir por el alimento con otros invertebrados filtradores (sobre todo, briozoos y ascidias) aunque por lo general utilizan partículas muy pequeñas que no pueden ser retenidas por los filtros de estos últimos. También pueden competir por el substrato con otros organismos sedentarios.

Observación
La mejor época es durante el invierno y la primavera, en paredes del puerto, entre las algas.

LEUCOSOLENIA VARIABILIS
Es una esponja calcárea (clase Calcáreas) de color blanquecino que forma pequeños tubos de paredes muy finas y organización simple que terminan en un ósculo. Los tubos se comunican y ramifican, lo que da al conjunto un aspecto cespitoso. Los tubos pueden

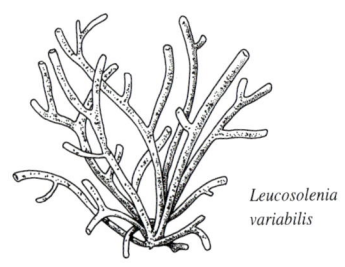

Leucosolenia variabilis

alcanzar 2 cm de largo y de 1 mm a 2 mm de diámetro, y pueden formar revestimientos de hasta 10 cm de diámetro. Es una especie cosmopolita. En la península Ibérica, es muy abundante tanto en la costa atlántica como en la mediterránea. Soporta bien un cierto grado de contaminación de carácter orgánico. Forma colonias por confluencia de varios individuos.

SYCON CILIATUM
Es una esponja calcárea de forma cilíndrica, a menudo pedunculada, con un ósculo apical rodeado de una corona de espículas verticales. La superficie es ligeramente híspida y de color blanco crema o, a veces, algo verdoso. Por lo general, mide de 1 cm a 1,5 cm de altura; en ambientes resguardados, puede alcanzar varios centímetros. Es una especie cosmopolita. En la península Ibérica, es muy abundante tanto en la costa atlántica como en la mediterránea. Soporta bien un cierto grado de contaminación de carácter orgánico. Se

reproduce sobre todo en invierno y primavera. Puede vivir solitaria o formar grupos de varios individuos.

SYCON RAPHANUS

Es una esponja calcárea de forma sacciforme, con una corona de espículas

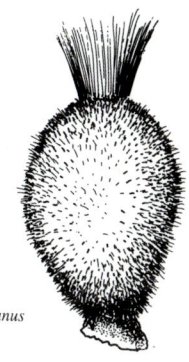

Sycon raphanus

perioscular muy marcada y claramente oblicua a la pared del cuerpo. La superficie es muy híspida y el color, blanco cremoso. No suele superar 1 cm de longitud por 0,5 cm de anchura. Es una especie cosmopolita. En la península Ibérica, es frecuente en puertos no demasiado contaminados, tanto en la costa atlántica como en la mediterránea. Se reproduce sobre todo en invierno y primavera. Suele vivir solitaria, aunque a veces forma grupos de 2 o más individuos.

PAN DE GAVIOTA
HALICHONDRIA PANICEA

Esponja silícea (clase demosponjas) que forma revestimientos de grosor variable, con proyecciones cilíndrico-

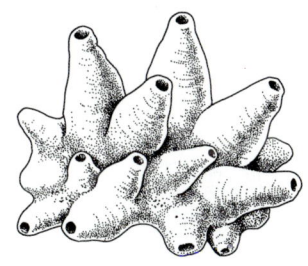

Halichondria panicea

cónicas terminadas en un ósculo. Tiene una superficie glabra al tacto, de apariencia ligeramente rugosa. El ecto-

soma (membrana dermal externa) es translúcido, fácilmente separable del resto de la esponja y con espículas tangenciales. El color varía según la intensidad de la luz del ambiente en que vive; puede ser amarillo crema, anaranjado pálido o verdoso debido a la presencia de microflora simbionte. Puede alcanzar varios centímetros de diámetro. Es una especie cosmopolita. En la península Ibérica, es frecuente en puertos poco contaminados, sobre todo del litoral atlántico. Puede quedar al descubierto durante la marea baja. Se reproduce principalmente en verano. Suele vivir solitaria.

HYMENIACIDON SANGUINEA

Esponja silícea de forma y tamaño muy variables, alcanzan hasta 25 cm^2 de diámetro. Puede formar revestimientos con pequeñas prominencias cónicas en las que se abren los ósculos. En zonas

Hymeniacidon sanguinea

protegidas, crece de forma masiva y las prominencias se transforman en largas expansiones foliáceas o digitiformes. El ectosoma es translúcido. Tiene una superficie apenas híspida y unos ósculos de 1 mm a 2 mm de diámetro. La textura es carnosa y flexible. El color es anaranjado, más pálido en ambientes con menos luz y a veces verdoso debido a la presencia de microalgas simbiontes. Es una especie cosmopolita. Puede quedar al descubierto en la marea baja. En la península Ibérica, es frecuente en puertos poco contaminados, especialmente en el litoral atlántico. Se reproduce sobre todo en verano. Suele vivir solitaria.

(M. J. URIZ)

MEDUSAS
Clase Scyphozoa

Tipo	**Cnidaria, cnidarios**

Identificación

Las medusas son organismos de vida totalmente pelágica, de consistencia gelatinosa y en forma de campana (umbrela). De la parte basal, se prolongan una serie de estructuras en forma de tentáculos que rodean la boca. Pre-

Chrysaora hyoscella

Cat. **Meduses**
Eusk. **Marmokak**
Por. **Alforrecas**
Fr. **Méduses**
It. **Meduse**
Ing. **Jellyfishes**

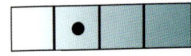

sentan células urticantes denominadas *cnidocistos*.

Distribución

Las especies citadas viven en aguas marinas europeas. En la península Ibérica, se las puede encontrar en aguas marinas situadas frente a ciudades costeras, hasta los 500 m de profundidad. Son bastante comunes.

Hábitat

Se encuentran en playas, escolleras y puertos.

Biología

Las medusas tienen un carácter gregario debido a su tipo de reproducción, ya que numerosos individuos de la población permanecen cerca de los progenitores. Algunas especies incluyen en su ciclo de vida una fase de pólipo y se fijan en el fondo. Estas especies son realmente litorales y se las puede encontrar durante varios meses del año mientras forman densos enjambres en el interior de bahías litorales, puertos o cerca de playas. Las medusas sin forma de pólipo en su ciclo vital sólo aparecen en playas y puertos en grandes cantidades cuando las condiciones climáti-

cas son favorables.

Las medusas forman enjambres que se acercan a la costa durante la primavera y el verano, de forma ocasional en algunos años y con frecuencia en otros. Son estacionales y pueden ser comunes en playas y puertos durante la segunda mitad de la primavera y en verano. Tienen gran capacidad depredadora de zooplancton, nadan muy despacio y generalmente son arrastradas por las corrientes. Desarrollan su máxima actividad a unos 10 m por debajo de la superficie; cuando llegan a las playas, carecen de capacidad de reacción y, por lo general, mueren.

Interacción con el ser humano

Son urticantes y las picadas que producen son peligrosas, aunque ninguna de las especies más comunes en la Península es mortal. Tan sólo en ocasiones se las puede ver mientras forman enjambres cerca de la costa que pueden causar problemas a las poblaciones humanas y a los ecosistemas litorales.

Observación

Durante el verano, pueden observarse en playas y el resto del año también en puertos, aunque la mejor época para observarlas es la primavera y el verano.

PELAGIA
PELAGIA NOCTILUCA

Mide de 20 cm a 30 cm. La umbrela es transparente con numerosas manchas

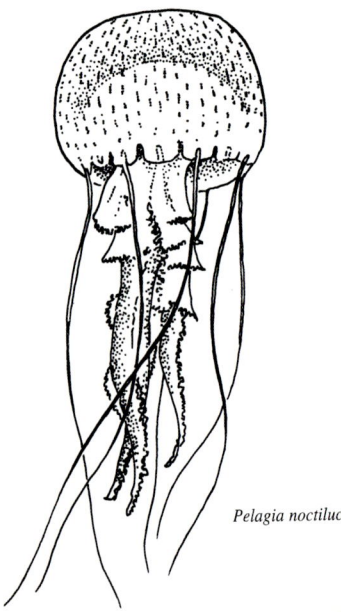

Pelagia noctiluca

rosadas. Tiene 16 lamelas marginales, 8 tentáculos marginales que salen directamente de la umbrela y 4 tentáculos bucales. Forma *plagas* que recubren las playas cada 8 a 10 años. Es la especie dominante en las costas catalanas.

AGUAMAR, PULMÓN DE MAR
RHIZOSTOMA PULMO

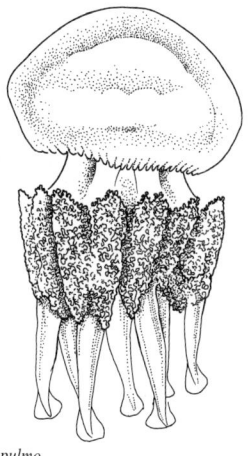

Rhizostoma pulmo

Puede medir hasta 60 cm. La umbrela es blanca, con 80 franjas también blancas; tiene 8 tentáculos gruesos y masivos.

AGUACUAJADA, HUEVO FRITO
COTYLORHIZA TUBERCULATA

Mide hasta 35 cm. La umbrela tiene forma de huevo frito y es de color amarillo; tiene numerosos tentáculos, algunos de ellos terminados en un botón

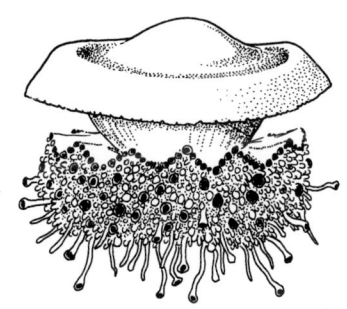

Cotylorhiza tuberculata

violeta. En su ciclo de vida, aparece una fase pólipo. Es la especie dominante en las aguas de Levante.

AURELIA
AURELIA AURITA

Mide hasta 40 cm. La umbrela tiene 4 manchas centrales de color rosado violeta en forma de círculo (gónadas). En su ciclo de vida, aparece una fase pólipo. Es más común en zonas estancadas, como por ejemplo el Mar Menor de Murcia y otras bahías grandes.

CRISAORA
CHRYSAORA HYOSCELLA

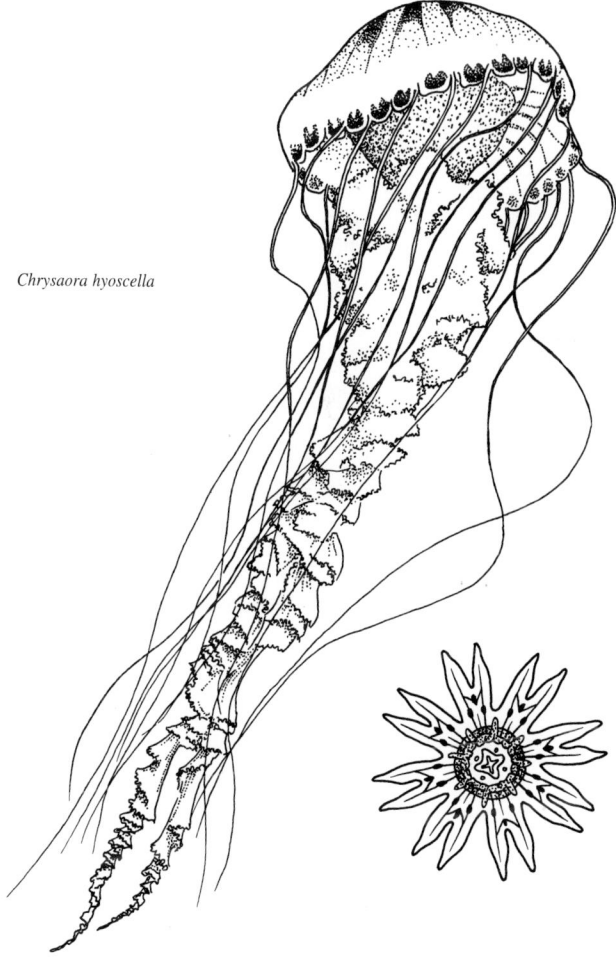

Chrysaora hyoscella

Mide hasta 60 cm. La umbrela tiene 16 franjas marrones y 24 tentáculos marginales en 8 grupos, 2 de ellos mucho más largos. Es la especie dominante en las costas cantábricas.

(J. M. Gili)

ACTINIAS Y ANÉMONAS
Orden Actiniaria

Tipo	Cnidaria, cnidarios
Clase	Anthozoa, antozoos

Actinia equina

Cat. **Actínies i anèmones**
Eusk. **Aktiniak**
Por. **Actinias y Anémonas do mar**
Fr. **Actinies et anémones**
It. **Attinie e anemone**
Ing. **Actinians and anemones**

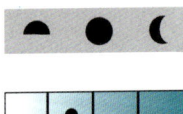

Identificación
Las actinias tienen el cuerpo cilíndrico y macizo, con una base adherente y un conjunto de numerosos tentáculos ordenados en círculos que rodean la boca. La cavidad interna está dividida en septos y presenta una fuerte musculatura que permite contraer los tentáculos en el interior de la cavidad gastrovascular. Presentan células urticantes o cnidocistos.

Distribución
Las dos especies son muy comunes en el Mediterráneo y el Atlántico norte. Son comunes en aguas marinas situadas frente a ciudades costeras de toda la península Ibérica.

Hábitat
Viven en puertos y escolleras, pero pueden desaparecer por completo cuando el índice de contaminación es alto. Ocupan la zona litoral hasta unos 20 m de profundidad, pero son más comunes cerca de la superficie. Viven en zonas donde la agitación o renovación del agua es constante y que están bien iluminadas.

Biología
Muestran los sexos separados y la reproducción puede ser interna o externa.

Las actinias suelen ser gregarias y forman agrupaciones de algunos o de muchos individuos. Las especies aquí citadas, debido en gran parte a su tipo de reproducción y a las condiciones ambientales especiales del hábitat donde proliferan, forman densas poblaciones. Son sedentarias. Se alimentan de los organismos que el oleaje arranca de las paredes o arrastra de otros lugares. Su dieta incluye cualquier tipo de presas animales, incluso insectos. El ritmo de actividad está condicionado al ritmo de las mareas o del oleaje moderadamente fuerte que provoca el retraimiento de las actinias. Sólo cuando la intensidad de la corriente disminuye, los animales recuperan su actividad.

TOMATE DE MAR, ACTINIA ROJA
ACTINIA EQUINA

Mide 6 cm de altura y 12 cm de diámetro. Vive justo en el nivel donde rompen las olas, zona en la que se adhieren fuertemente a la roca o a las escolleras gracias a un disco basal provisto de una fuerte musculatura. Incuba los huevos hasta que los individuos alcanzan la forma adulta. Estas actinias juveniles salen por la boca de la madre y se instalan rápidamente en el mismo hábitat de los progenitores. Forman agrupaciones de algunos individuos. Viven en una banda estrecha en la cual quedan cubiertos por el agua o disfrutan de una humedad mínima. Cuando el oleaje es fuerte o quedan fuera del agua, retrae sus tentáculos y cierra la boca formando una masa muy dura. Si el calor o la desecación son altos, el animal se contrae y llena su cavidad gástrica de agua, lo que le permite sobrevivir algunas horas, incluso cuando la temperatura estival es muy alta. Cuando la corriente es moderada y el agua contiene posibles presas, despliega sus tentáculos. Es urticante.

Actinia equina

ANÉMONA COMÚN
ANEMONIA SULCATA

Mide 8 cm de altura y 25 cm de diámetro. Se la encuentra hasta los 15 m de profundidad. Emite larvas que tienen pocas horas de vida y que deben instalarse no muy lejos de los progenitores para asegurarse de que vivirán en el mismo hábitat. Forman agrupaciones de muchos individuos. Esta especie reacciona de forma similar a la actinia roja ante el oleaje, pero no llega a retraer completamente los tentáculos. Aunque es urticante, algunas personas la recolectan para comerla frita. Es visible cuando el agua está calmada y transparente.

(J.M. GILI)

Anemonia sulcata

MOLUSCOS

PULPO

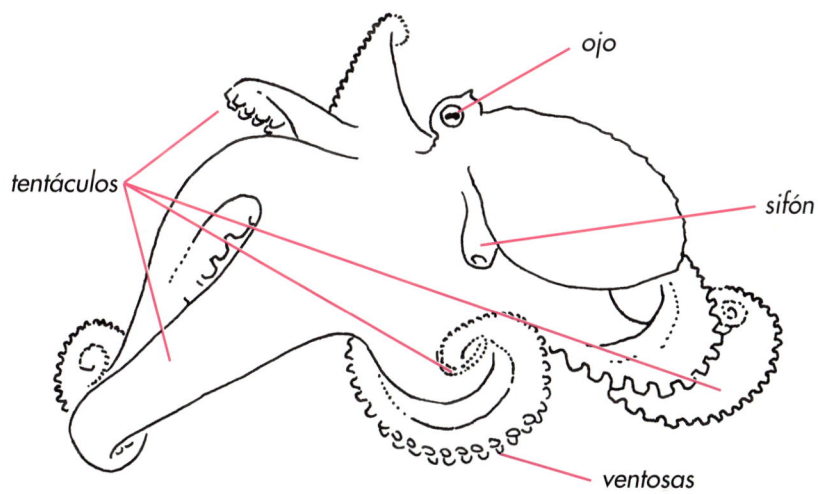

ojo

tentáculos

sifón

ventosas

GASTERÓPODOS

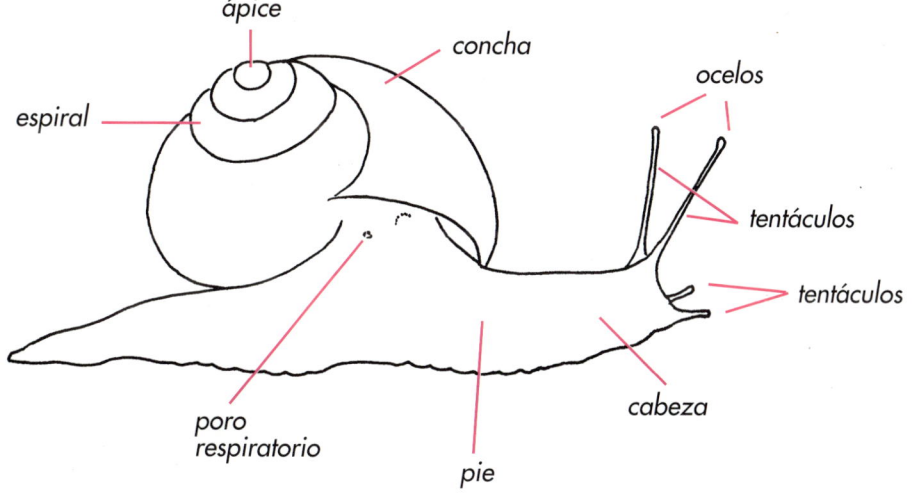

ápice

concha

ocelos

espiral

tentáculos

tentáculos

poro respiratorio

pie

cabeza

LAPA
Patella caerulea

Tipo	**Mollusca, moluscos**
Clase	**Gastropoda, gasterópodos**
Orden	**Archaeogastropoda, arqueogasterópodos**
Familia	**Patellidae, patélidos**

Identificación
La lapa es un caracol marino cuya concha cónica no tiene forma de espiral.

Patella caerulea

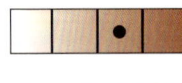

La concha está bastante aplanada y es algo más estrecha en la región anterior. La escultura de la concha está formada por costillas radiales numerosas y de desarrollo desigual. Las estrías de crecimiento concéntricas están poco marcadas. El color de la concha es pardo grisáceo y con algunas bandas radiales más oscuras; la cara interna es blanco amarillenta con irisaciones azuladas. Es una especie muy variable en cuanto a forma y color, y puede alcanzar los 6 cm de longitud.

Distribución
Esta especie es propia del Mediterráneo y es más frecuente en la zona occidental. Vive en todo el litoral mediterráneo peninsular y en el balear.

Hábitat
Es muy abundante en substratos rocosos de puertos y escolleras en la zona de rompientes. Vive fuertemente adherida a las rocas gracias a su pie; su concha se adapta perfectamente al substrato rocoso, por lo que resiste la desecación.

Biología
Se reproduce durante la primavera y el verano; los gametos se emiten al exterior y la fecundación es externa. Es una especie gregaria, sedentaria y de régimen herbívoro. Está activa cuando queda cubierta por la marea o por las olas. Se alimenta de las algas que crecen sobre las rocas del litoral y de los espigones.

Interacción con el ser humano
Se consume cruda y recién capturada.

PATELLA RUSTICA
Se caracteriza por su aspecto cónico más elevado que otras especies de lapas y por la existencia de puntuaciones negruzcas a lo largo de las costillas de la concha. Alcanza de 2 cm a 3 cm. Es frecuente en litorales rocosos y espigones. Vive en todas las costas de la península Ibérica e islas Baleares.

PATELLA VULGATA
Tiene la concha de color verduzco, con las estrías radiales poco marcadas. Es común en litorales rocosos y espigones. Es una especie típicamente atlántica.

(M. Ballesteros)

Patella caerulea

PEONZA
Monodonta turbinata

Identificación

Este caracol marino tiene una concha espiralada más o menos cónica, gruesa y con 5 o 6 vueltas de contorno redondeado. En cada vuelta espiral, hay varios cordones espirales muy finos. La abertura de la concha es continua, sin canal sifonal, y hay un opérculo córneo. La base de la columela carece de ombligo. La concha tiene un color gris o verdoso con manchas cuadrangulares, de color verde oscuro o violáceo, que a veces forman bandas en zigzag. La mayoría de los ejemplares mide de 2 cm a 3 cm de altura.

Tipo	Mollusca, moluscos
Clase	Gastropoda, gasterópodos
Orden	Archaeogastropoda, arqueogasterópodos
Familia	Trochidae, tróquidos

Distribución

Esta especie vive en las zonas costeras del Mediterráneo y en las áreas atlánticas adyacentes. Está presente en todo el litoral mediterráneo, tanto peninsular como balear.

Hábitat

Es muy común en costas rocosas, muelles y espigones, en la franja mediolitoral hasta 1 o 2 metros de profundidad. A veces se congregan numerosos ejemplares en las grietas de los bloques de los espigones.

Biología

Se reproduce en primavera y verano. Los gametos se emiten al exterior, por lo que la fecundación es externa. Es una especie gregaria, sedentaria y de régimen herbívoro. Se alimenta de algas que crecen en las rocas litorales y en los bloques de las escolleras.

Interacción con el ser humano

Es comestible pero no es una especie muy apreciada como marisco.

Monodonta turbinata

PEONZA MEDITERRÁNEA
GIBBULA DIVARICATA

Las vueltas espirales de la concha son bastante convexas y el color del fondo es verde amarillento con líneas espirales formadas por puntuaciones de color rojizo. Puede encontrarse en espigones, entre algas y debajo de piedras a poca profundidad. Es típicamente mediterránea y ocasional en las costas de Portugal.

(M. BALLESTEROS)

Cat. **Baldufa**
Eusk. **Ziba**
Por. **Caramujo**
Fr. **Bigorneau**
It. **Trottola**
Ing. **Turban Shell**

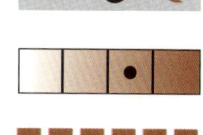

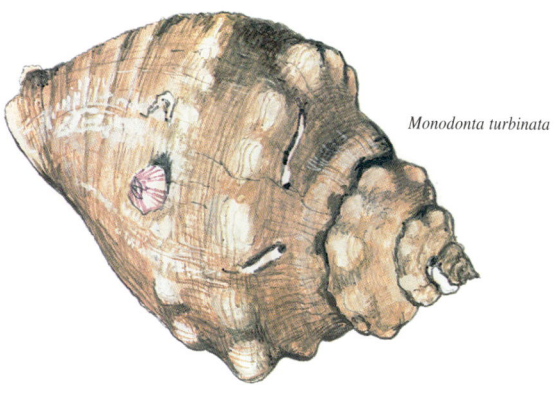

Monodonta turbinata

NUDIBRANQUIOS, BABOSAS DE MAR
Orden Nudibranchia

Tipo	**Mollusca, moluscos**
Clase	**Gastropoda, gasterópodos**
Subclase	**Opisthobranchia, opistobranquios**

Flabellina affinis

Cat. **Nudibranquis, llimacs de mar**
Eusk. **Itsas bareak**
Por. **Lesmas do mar**
Fr. **Nudibranches**
It. **Nudibranchi**
Ing. **Nudibranchs, Sea Slugs**

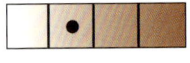

Identificación

Los nudibranquios son moluscos gasterópodos marinos que carecen de concha en estado adulto y que suelen tener formas y coloraciones muy vistosas. Los nudibranquios del suborden eolidáceos tienen el cuerpo alargado y estrecho; en la cabeza, tienen un par de tentáculos orales largos que se dirigen hacia delante y un par de tentáculos dorsales que se denominan rinóforos y que tienen una misión quimiorreceptora. Algunas especies presentan un par adicional de tentáculos cortos cerca de la boca, los tentáculos propodiales. Con todo, lo más característico de los eolidáceos es la presencia de papilas alargadas en el dorso, las denominadas *ceratas*, que forman grupos a ambos lados del cuerpo. Las ceratas tienen una misión defensiva, ya que en su extremo se acumulan las cápsulas urticantes o nematocistos procedentes de los pólipos, anémonas o medusas de los que estos animales se alimentan. Los nudibranquios del suborden doridáceos tienen el cuerpo aplanado dorsoventralmente; por lo demás, muestran un par de rinóforos dorsales y un penacho de hojas branquiales ramificadas en la región dorsal posterior del animal que pueden retraerse dentro del cuerpo.

Distribución

Las dos especies de eolidáceos que sirven como ejemplo son mediterráneas y pueden invadir ligeramente el Atlántico próximo. Viven en las costas mediterráneas de la península Ibérica y en las islas Baleares.

Hábitat

Los eolidáceos son los nudibranquios que se observan con mayor frecuencia sobre las rocas de muelles y escolleras. Pueden ser frecuentes en las rocas del infralitoral superior, sobre colonias de hidrozoos.

Biología

Se reproducen durante todo el verano y a principios del otoño. Son hermafroditas y lo primero que madura es la parte masculina de su aparato reproductor. La cópula se efectúa entre 2 individuos que unen cada uno su parte lateral derecha y la fecundación es cruzada entre ambos individuos. Realizada la cópula, los individuos efectúan una puesta constituida por un cordón gelatinoso que contiene los huevos. Éstos son de color rosado en *F. affinis* y blanco en *C. peregrina*.

Son gregarios y es frecuente encontrar varios ejemplares sobre la misma colonia de hidrarios. Se alimentan de los pólipos de *Eudendrium*, cuyos nematocistos incorporan a la punta de sus ceratas.

FLABELLINA AFFINIS

Es una especie eolidácea de color violáceo que mide entre 3 cm y 5 cm. Vive encima de pólipos del género *Eudendrium*. Se encuentra en las costas mediterráneas.

CRATENA PEREGRINA

Es un nudibranquio eolidáceo de color blanquecino con las ceratas de color naranja. Vive encima de colonias de pólipos del género *Eudendrium*. Es una especie mediterránea.

DORIS VERRUCOSA

Se trata de una especie doridácea de color pardo verdoso que puede alcanzar 4 cm y que se caracteriza por la presencia de aparentes verrugas en el cuerpo. Puede localizarse en los espigones. Vive en todas las costas de la península Ibérica e islas Baleares.

LIMÓN DE MAR
ARCHIDORIS PSEUDOARGUS

Es un nudibranquio doridáceo que llega a alcanzar los 12 cm. Es de color muy variable, aunque es común la variedad amarillenta que le da su nombre. Dispone de numerosos tubérculos en el dorso. Es muy frecuente en todos los litorales atlánticos de las costas europeas, aunque a veces también se encuentra en las costas mediterráneas.

(M. Ballesteros)

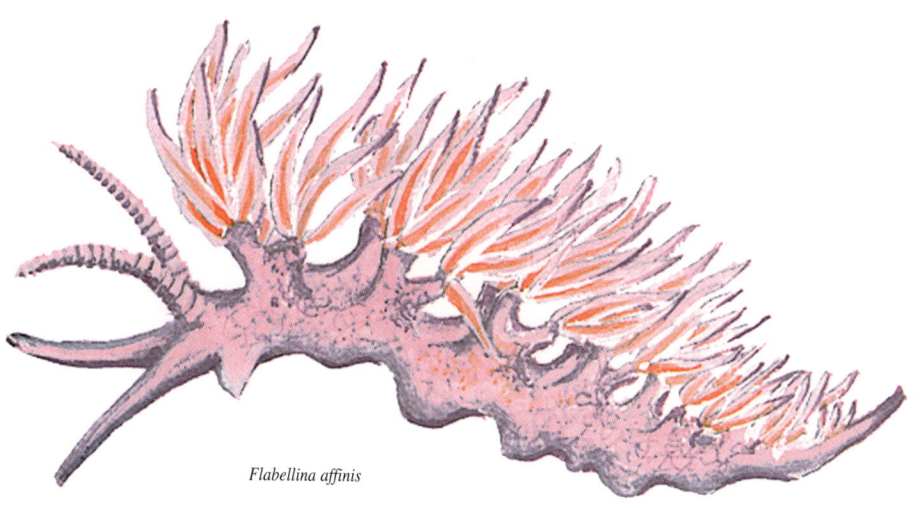

Flabellina affinis

CARACOLES DE AGUA DULCE
Orden Basommatophora, Mesogastropod

Tipo	**Mollusca, moluscos**
Clase	**Gastropoda, gasterópodos**
Subclase	**Pulmonata, pulmonadas**

Identificación

Se trata de un grupo muy heterogéneo. Presentan conchas muy variables en forma, tamaño y textura, por lo general frágiles, relativamente traslúcidas y con

Lymnaea peregra

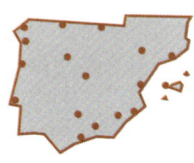

Cat. **Cargols**
Eusk. **Barakuilak**
Gal. **Caracois**
Por. **Caracóis**
Fr. **Escargots**
It. **Chiocciolas**
Ing. **Snails**

coloraciones casi siempre verdosas o amarillentas, si bien se encuentran especies con coloraciones castañas o córneas. La altura de la concha varía de 0,5 mm a 60 mm y el diámetro, de 2 mm a 35 mm. Mantienen la gran variabilidad de medidas incluso dentro de una misma familia. No presentan dimorfismo sexual y son sobre todo hermafroditas.

Distribución

La mayor parte son de distribución holopaleártica, aunque hay especies cosmopolitas. Están presentes en todas las ciudades de la península Ibérica e islas Baleares, hasta altitudes de 2 000 metros sobre el nivel del mar.

Hábitat

Viven en ríos, lagos y estanques, y son capaces de colonizar fuentes y abrevaderos en parques y jardines.

Biología

Las especies de este grupo son sedentarias y se mantienen activas todo el año si persisten las condiciones adecuadas, sobre todo si la temperatura del agua no desciende demasiado. En la mayoría de los casos, son vegetarianos y algunas especies son capaces de alimentarse de materia orgánica en descomposición. Una vez han logrado colonizar un área, gracias al transporte sobre animales o plantas, estas últimas acarreadas por otros agentes (viento, agua, el hombre u otros animales), pueden llegar a ser localmente abundantes. Varias especies actúan como hospedadores intermedios de parásitos de rumiantes y carnívoros.

LIMNÉIDOS
FAMILIA LYMNAEIDAE

Especie ejemplo *Lymnaea peregra*

Esta familia presenta la concha destrógira. Con un tamaño que varía entre 3 mm y 60 mm de altura y entre 2 mm a 35 mm de anchura, posee también 2 tentáculos anchos, cortos, triangulares y con los ojos en la base.

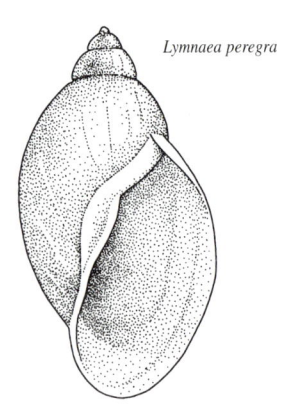

Lymnaea peregra

FISAS
FAMILIA PHYSIDAE
Especie ejemplo *Physa acuta*

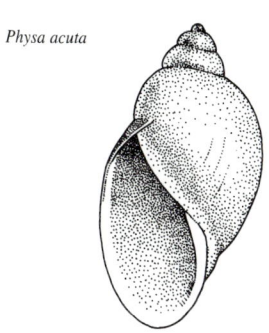

Physa acuta

La concha de este grupo es levógira, ovalada y lisa, con la última vuelta muy grande. Mide entre 5 mm y 12 mm de altura, y entre 4 mm y 10 mm de diámetro. Los tentáculos superiores son largos, filiformes y tienen los ojos en su base. El manto presenta digitaciones y cubre de forma parcial la concha. Sobre esta concha, viven en ocasiones colonias de algas filamentosas, que le ofrecen un camuflaje perfecto.

PLANÓRBIDOS
FAMILIA PLANORBIDAE
Especie ejemplo *Planorbarius corneus*

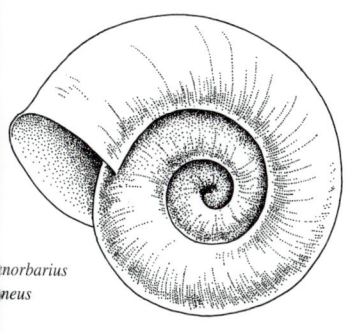

Planorbarius corneus

Concha destrógira y lenticular con alturas de 0,5 mm a 15 mm y diámetros de 2,5 mm a 35 mm. Posee 2 tentáculos filiformes con los ojos en su base.

Numerosas especies de este grupo son introducidas en Europa a través de las plantas para acuarios, con lo que se complica mucho la sistemática de nuestro continente.

ANCÍLIDOS
FAMILIA ANCYLIDAE
Especie ejemplo *Ancylus fluviatilis*

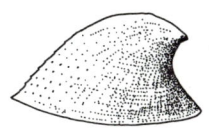

Ancylus fluviatilis

La concha es pequeña, con una altura de 1,7 mm a 3 mm y un diámetro de 2,2 mm a 6,2 mm, en forma de lapa cónica no espiralada, con estrías bien marcadas. Las pseudobranquias que posee le permiten salir fuera del agua y vivir en prados muy húmedos.

HIDRÓBIDOS
FAMILIA HYDROBIIDAE
Especie ejemplo *Potamopyrgus jenkinsi*

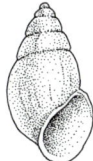

Potamopyrgus jenkinsi

Las conchas son cónicas, con alturas de 5 mm a 6 mm y diámetros de 2,5 mm a 3 mm, y con gran desarrollo de la última vuelta. Posee un opérculo córneo para cerrar la concha cuando se oculta en su interior. Su sistema de reproducción es partenogenética y ovovivípara, y es el único grupo de los vistos aquí sin hermafroditismo. La especie ejemplo es originaria de Nueva Zelanda y ha sido distribuida por el hombre por el resto del mundo.

(M. Larraz)

CARACOLES TERRESTRES
Orden Stylommatophora

Tipo	**Mollusca, moluscos**
Clase	**Gastropoda, gasterópodos**

Gastropoda Helicidae

Cat. **Cargols de terra**
Eusk. **Barakuiluak**
Gal. **Caracois**
Por. **Caracóis terrestres**
Fr. **Escargots**
It. **Chiocciolas**
Ing. **Land Snails**

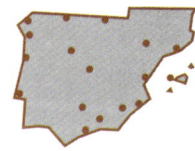

Identificación

Son moluscos gasterópodos protegidos por una concha calcárea arrollada en espiral en la región dorsal. Los pulmonados se caracterizan por la ausencia de branquias y de opérculo, y por tener un pulmón que comunica con el exterior a través de un orificio (pneumostoma) en la región dorsal. La cabeza muestra 2 pares de tentáculos y los ojos están en el segundo par. Su longitud es muy variable. Las diferencias específicas son complejas y ponen en juego la morfología de la concha y del aparato genital.

Distribución

Viven en todo el planeta, a excepción de la Antártida. Se les encuentra en toda la Península, pero son más comunes en zonas calizas y húmedas. Es probable que los microgasterópodos (caracoles de talla pequeña) sean introducidos junto con las plantas de los jardines; las dos primeras especies colonizan la ciudad de modo espontáneo.

Hábitat

Son comunes en parques, jardines y cementerios. Sólo el caracol común manifiesta una clara tendencia antropófila; las demás especies sólo están presentes en el medio urbano cuando encuentran condiciones similares a las de su medio natural.

Biología

Hermafroditas, se reproducen en las mismas zonas en que habitan. Son solitarios, si bien muestran tendencias gregarias en los lugares de refugio. Son sedentarios y tienen costumbres nocturnas, aunque algunas especies pueden entrar en actividad durante el día después de que haya llovido, o cuando hay una elevada humedad ambiental. Para desplazarse, utilizan el pie, con el que reptan por medio de ondas que recorren la suela y empujan al animal hacia delante; para desplazarse sobre superficies ásperas, una glándula pedal segrega un moco que permite al animal deslizarse sobre una

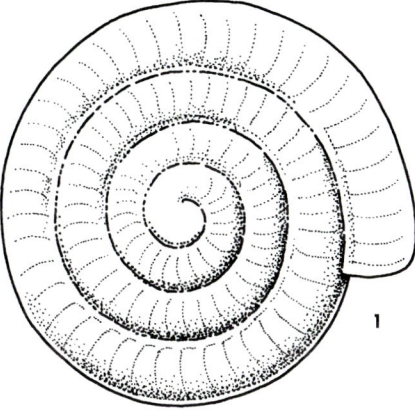

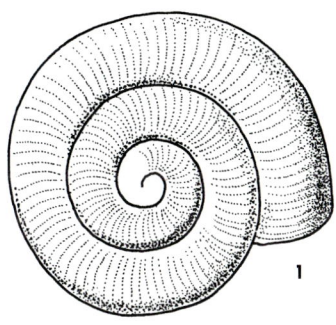

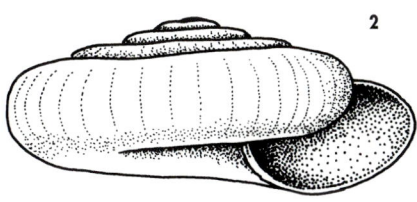

Vitrea contracta
Visión superior (**1**) y lateral (**2**)

Punctum pygmaeum, especie del mismo orden
Visión superior (**1**) y lateral (**2**)

alfombra viscosa. La mayoría de los caracoles son herbívoros y carroñeros.

Interacción con el ser humano
Algunas especies, sobre todo el caracol común, pueden ser comensales del hombre, ya que se alimentan, entre otras cosas, de basura.

OXYCHILUS DRAPARNAUDI
Tiene una concha aplanada, ligeramente cónica, con el ombligo ancho y de color pardo intenso. Mide entre 11 mm y 16 mm de diámetro. Ha colonizado la ciudad de forma espontánea. Se distribuye por toda la península Ibérica y es más abundante en las regiones periféricas.

VITREA CONTRACTA
La concha es aplanada, con el ombligo puntiforme y de color blanco amarillento traslúcido. Tiene un diámetro de 2,5 mm. En la península Ibérica, se distribuye por todo el territorio, aunque es más abundante en la mitad norte.

NESOVITREA HAMMONIS
Presenta la concha aplanada con estrías transversales regulares y patentes, ombligo abierto y de color pardo amarillento. Mide entre 3,5 mm y 4 mm de diámetro. Vive en el norte y occidente de la península Ibérica.

PUNCTUM PYGMAEUM
Concha globosa, de color variable, frecuentemente amarilla o anaranjada y con bandas pardas y negras. El diámetro de la concha es de entre 25 mm y 27 mm y la altura, de entre 18 mm y 19,5 mm. Se distribuye por la mitad norte y occidente de la península Ibérica. Es escasa en el resto.

(A. Outeiro)

CARACOL COMÚN
Helix (Cornu) aspersa

Tipo	Mollusca, moluscos
Clase	Gastropoda, gasterópodos
Orden	Stylommatophora, estilomatóforos
Familia	Helicidae, helícidos

Identificación

Tienen una concha globular con 4,5 vueltas de crecimiento rápido, una

Helix aspersa

Cat. **Cargol comú**
Eusk. **Marraskilo arrunta**
Gal. **Caracol**
Por. **Caracol**
Fr. **Petit gris**
It. **Chiocciola**
Ing. **Snail**

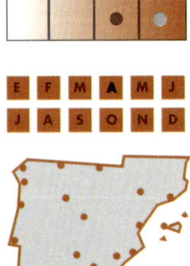

sutura profunda entre las vueltas y una abertura redondeada, ligeramente oblicua. El color de la concha es castaño, de tonalidades variables, con bandas espirales y borde irregular. El animal es de color crema o gris oscuro. La altura de la concha oscila entre los 2,5 cm y los 3,5 cm, y el diámetro, entre los 2,5 cm y los 4 cm.

Distribución

Se encuentra en América del Norte y del Sur, Europa y Oceanía. También está presente en el norte y sur de África y en Asia Menor. Vive en toda la península Ibérica e islas Baleares. Es el molusco terrestre más común, sobre todo en la mitad norte. La colonización es espontánea.

Hábitat

Abundan en parques forestales umbrosos, jardines, orillas de ríos, lagos y estanques, cementerios y solares. Es escaso en parques forestales secos. Especie antropófila, es el caracol más habitual en el medio urbano.

Biología

Es hermafrodita. Se reproduce durante el otoño y la primavera, en las mismas zonas donde habita. Deposita los huevos bajo piedras y en pequeños orificios que hace en el suelo.
Es solitario cuando se alimenta y puede congregarse en grupos numerosos en los lugares de refugio (bajo piedras, plásticos o cartones). Es sedentario, crepuscular y nocturno, aunque puede entrar en actividad durante el día, después de que haya llovido o cuando la humedad ambiental sea elevada. Suele alimentarse de plantas y de restos vegetales, pero también aprovecha la basura. Es presa de algunos pájaros y, sobre todo, de ratones, ratas y topos; entre sus parásitos están los trematodos, que lo utilizan como hospedador intermediario.

Interacción con el ser humano

Comensal y antropófilo, se alimenta de los desperdicios orgánicos que éste produce (basura). Puede constituir una plaga en jardines de ciudades con suelos calizos y clima húmedo. También es protagonista de una rica gastronomía.

● Nota

El popular pareado «Caracol-col-col saca los cuernos al sol» resulta un tanto contradictorio, dado que los hábitos de este animal son nocturnos. Es posible que obedezca al hecho de que el caracol entra en actividad durante el día, cuando deja de llover y el ambiente es húmedo.

(A. OUTEIRO)

BABOSAS
Superfamilia Limacoidea

Tipo	Mollusca, moluscos
Clase	Gastropoda, gasterópodos
Subclase	Pulmonata, pulmonados
Orden	Stylommatophora, estilomatóforos

Limax maximus

Identificación

En las babosas de esta familia, el pneumostoma que sirve de entrada al pulmón está situado en la región posterior del lado derecho del escudo. La cola presenta una carena central que llega hasta el extremo de dicho apéndice.

Distribución

Las babosas tienen una distribución cosmopolita. Se encuentran en toda la Península, pero son más abundantes en la mitad norte. Viven también en las islas Baleares.

Hábitat

Son comunes o incluso abundantes en parques, jardines, orillas de ríos, lagos y estanques, cementerios y solares; son más escasas en edificios, calles y alcantarillas. Su distribución en los distintos hábitats está condicionada a la presencia de refugios, humedad y alimento.

Biología

Todas las especies son hermafroditas y se reproducen en otoño y primavera en las mismas zonas donde habitan. Algunas especies son gregarias y comparten el refugio durante el día; otras son estrictamente solitarias. Son sedentarias y tienen costumbres crepusculares y nocturnas, aunque pueden entrar en actividad durante el día si ha llovido o hay una humedad ambiental elevada. Se alimentan de plantas, restos vegetales y basura. En el medio urbano, son presa habitual de ratas, ratones y topos (estos últimos, en parques y jardines). Entre sus parásitos, se encuentran unos ácaros que viven sobre su tegumento y distintas especies de trematodos que se introducen bajo el tegumento del pie. Pueden constituir una plaga en algunos jardines.

Interacción con el ser humano

Son comensales y aprovechan todo tipo

Cat. **Llimacs**
Eusk. **Bareak**
Gal. **Lesmas**
Por. **Lesmas**
Fr. **Limaces**
It. **Limacidi**
Ing. **Slugs**

| E | F | M | A | M | J |
| J | A | S | O | N | D |

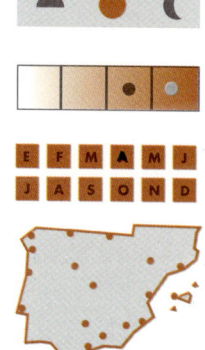

de desperdicios orgánicos, entre ellos la basura. Pueden convertirse en una plaga en algunos jardines.

Observación

Son especialmente activas durante las noches de otoño y de primavera, aunque pueden localizarse durante el día si se busca debajo de piedras, plásticos y cartones húmedos.

viviendas humanas es parásito de las despensas.

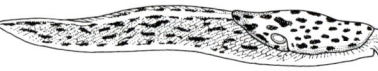

Limax maximus

MILAX GAGATES

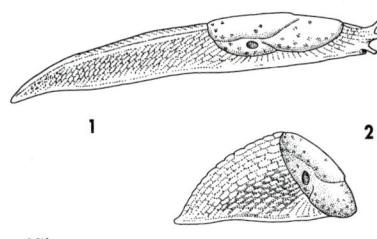

Milax gagates
con el cuerpo estirado (**1**) y recogido (**2**)

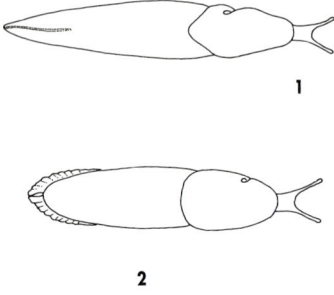

Diferencias entre los géneros *Limax* (**1**) y *Arion* (**2**)

BABOSA AMARILLA
LIMAX FLAVUS

Es una babosa de gran tamaño (mide 15,5 cm de longitud total), de color amarillo y con manchas claras que se distribuyen de un modo irregular. El escudo muestra unas estrías concéntricas. La carena de la cola está poco desarrollada y desprende un poco de moco de color amarillo. Esta especie vive en la región mediterránea, en el oeste de Europa, y ha sido introducida en algunas localidades de África, América y Oceanía. En la Península, se distribuye de forma dispersa por todo el norte y por la franja mediterránea. Es la especie de babosa que vive con más frecuencia cerca del hombre y es común, y a veces abundante, en jardines, cementerios y orillas de ríos, lagos y estanques; por el contrario, es escasa en parques forestales y calles. Se reproduce en primavera, es gregaria y suelen compartir el mismo refugio varios individuos.

LIMAX MAXIMUS

Cuerpo claro con manchas y rayas oscuras. Llega a medir 15 cm. En las

Con el cuerpo estirado, mide entre 5 cm y 6 cm de longitud. Presenta una quilla patente sobre el dorso y por lo general su coloración es negruzca. Se distribuye por toda la península Ibérica.

DEROCERAS RETICULATUM

Cuando está estirada, mide entre 3,5 cm y 5 cm de longitud. Presenta una coloración pardusca, manchada con un retículo oscuro de disposición variable. Está presente en toda la península Ibérica e islas Baleares.

ARION INTERMEDIUS

Arion intermedius

Mide entre 2 cm y 2,5 cm de longitud con el cuerpo estirado. Es de color blanco grisaceo, con bandas oscuras laterales. Es más abundante en la mitad norte y en el oeste de la península Ibérica.

(A. OUTEIRO)

PULPO COMÚN O ROQUERO
Octopus vulgaris

Identificación

El pulpo común tiene el cuerpo globuloso y la piel del manto, de la cabeza y de los brazos rugosa. La coloración es pardo oscura con algunas manchas, aunque el color y la textura de su cuerpo pueden variar según el substrato en el que se encuentre. Alrededor de la boca tiene 8 tentáculos, cada uno con 2 hileras de ventosas; los brazos dorsales (primer par) son algo más cortos. El tercer brazo derecho, el que utilizan los machos para la cópula (brazo ectocotilizado), tiene una lígula pequeña que alcanza únicamente el 2,5 % de la longitud de dicho brazo. En la zona dorsal del manto, hay 4 papilas; 2 son laterales, una es anterior y la otra, posterior. El manto puede alcanzar los 40 cm de longitud y, en conjunto con los brazos, puede alcanzar 1,5 m de longitud en los ejemplares de mayor tamaño.

Tipo	Mollusca, moluscos
Clase	Cephalopoda, cefalópodos
Orden	Octopoda, octópodos
Familia	Octopodidae, pulpos

Octopus vulgaris

Distribución

Es cosmopolita en aguas tropicales, subtropicales y templadas. Vive en todas las aguas marinas de la península Ibérica e islas Baleares, desde el litoral hasta el borde de la plataforma continental, siempre que la temperatura se sitúe entre los 7 °C y los 33 °C y la salinidad, entre el 32 % y el 40 %.

Hábitat

Se encuentra en puertos y escolleras; aunque se le denomina vulgarmente *pulpo de roca*, también es frecuente en substratos blandos, donde es capaz de excavar agujeros en los que se cobija.

Biología

La reproducción se lleva a cabo desde marzo hasta octubre. Después de la fecundación, las hembras ponen los huevos en forma de cordones que cuelgan de oquedades de las rocas. Los huevos son pequeños (2,5 mm x 1 mm), de color blanquecino y su número oscila entre 100 000 y 400 000, según el tamaño de la hembra. El desarrollo es directo, sin formas larvarias, y los juveniles que eclosionan, que miden unos 2 mm, llevan una vida planctónica hasta que miden 6 mm, momento en que se vuelven bentónicos. Tienen un crecimiento muy rápido, ya que en un solo año pueden llegar a pesar más de 1 kg y en 2 años, 6 kg.

El pulpo común es un animal solitario. Es migrante y durante la época reproductora, se producen migraciones verticales hacia aguas menos profundas; posteriormente, el crecimiento y la maduración de los juveniles se efectúa en aguas más profundas. Se alimenta de peces pequeños, moluscos, cangrejos y poliquetos, y a su vez es presa de aves marinas.

Interacción con el ser humano

Es comestible y su peso mínimo de captura es de 500 g.

PULPO ALMIZCLERO
ELEDONE MOSCHATA

Esta otra especie común en el litoral alcanza menor talla que el pulpo común (el cuerpo no supera los 14 cm de longitud) y sólo tiene una hilera de ventosas en cada brazo. El animal, e incluso la tinta, tienen un característico olor a almizcle que es la razón de su nombre. Sobre todo se distribuye por los fondos arenosos de las costas mediterráneas, aunque también se puede localizar en las costas atlánticas del sur de la península Ibérica.

(M. BALLESTEROS)

Cat. **Pop roquer**
Eusk. **Olagarroa**
Gal. **Pulpo da pedra**
Por. **Polvo**
Fr. **Poulpe commun**
It. **Polpo comune**
Ing. **Common Octopus**

| E | F | M | A | M | J |
| J | A | S | O | N | D |

MEJILLÓN
Mytilus galloprovincialis

Tipo	**Mollusca, moluscos**
Clase	**Bivalvia, bivalvos**
Orden	**Mytiloida, mitiloides**
Familia	**Mytilidae, mejillones**

Identificación

La concha del mejillón está formada por 2 valvas articuladas de color pardo oscuro a negruzco en su cara externa y

Mytilus galloprovincialis

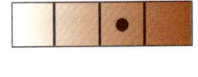

Cat. **Musclo de roca**
Eusk. **Muskuilua**
Gal. **Mexilón**
Por. **Mexilhão**
Fr. **Moule de la Méditerranée**
It. **Mitilo**
Ing. **Mediterranean Mussel**

de color azulado en la interna. La parte anterior de la concha, donde se encuentra el umbo, es ligeramente afilada, mientras que la posterior es redondeada, aunque en conjunto las valvas tienen un contorno triangular o subcuadrangular. La glándula del biso segrega unos filamentos que sirven para que el animal se sujete al substrato. El músculo aductor posterior es mucho mayor que el anterior. Suele medir de 5 cm a 7 cm de largo, pero hay datos de ejemplares que superan los 10 cm.

Distribución

Esta especie es propia del Mediterráneo, pero también ha sido capturada en la Bretaña francesa, en el nivel infralitoral (de 20 m a 50 m de profundidad). Vive en todas las costas mediterráneas peninsulares, en las Baleares y también en las del Atlántico del sur de la Península, hasta los 5 m de profundidad.

Hábitat

Es muy abundante en las escolleras de los puertos. También puede crecer en

los cascos de las embarcaciones que permanecen largo tiempo atracadas o ancladas.

Biología

La madurez sexual se alcanza a partir de los 3 cm de longitud. Los gametos se liberan al agua, donde se realiza la fecundación. Hay 2 épocas de maduración, una en primavera (abril-mayo) y otra en otoño (septiembre-octubre). Una sola hembra puede emitir de 5 a 10 millones de óvulos por año. Es una especie gregaria que forma *piñas* o congregaciones de numerosos individuos adheridos por el biso, en densidades de hasta 1 000 individuos por metro cuadrado. Se nutre filtrando el agua y reteniendo entre sus filamentos branquiales las partículas orgánicas y microorganismos de todo tipo que hay en suspensión.

Interacción con el ser humano

Es comestible y su carne, muy apreciada, se prepara de distintas maneras (al vapor, con salsas, en arroces, enlatada, etc.).

MEJILLÓN EUROPEO
MYTILUS EDULIS

Mytilus galloprovincialis

Esta especie, de distribución atlántica, tiene la concha más estrecha y alargada que el mejillón del Mediterráneo. En España, ha sido muy estudiada en las costas gallegas donde, debido a la importancia de su cultivo, constituye un recurso marino de extraordinario valor económico. Algunos autores consideran la especie mediterránea una subespecie de *M. edulis* o, simplemente, una forma de ésta.

(M. BALLESTEROS)

OSTRA PLANA
Ostrea edulis

Tipo	**Mollusca, moluscos**
Clase	**Bivalvia, bivalvos**
Orden	**Anisomyaria, anisomiarios**
Familia	**Ostreidae, ostras**

Identificación

Las valvas de la ostra plana tienen los contornos redondeados y el umbo en la zona más estrecha. La superficie externa de la concha tiene escamas laminares más o menos concéntricas y es de color grisáceo. La valva superior es plana y puede tener zonas de color violeta. La valva inferior es más convexa y se suelda al substrato rocoso. La impresión del músculo aductor en la cara interna de la valva es de color blanco. Mide de 6 cm a 8 cm de longitud, pero algunos ejemplares excepcionales, que viven a cierta profundidad, pueden alcanzar los 15 cm de longitud.

Distribución

Vive en la costa noratlántica oriental (desde las costas noruegas hasta la península Ibérica), el Mediterráneo y el Mar Negro. Prefiere aguas limpias, de corrientes débiles y con una salinidad comprendida entre el 25 % y el 30 %. Vive en todas las costas rocosas de la península Ibérica e islas Baleares, desde el infralitoral superior hasta los 90 m de profundidad.

Hábitat

Es común en muelles, escolleras y costas rocosas, donde vive fijada a las rocas (y bloques) del infralitoral mediante una de sus valvas, que se suelda al substrato.

Biología

Es hermafrodita proterándrica, es decir, primero madura como macho y después tiene sucesivas inversiones sexuales. Madura sexualmente al año de edad, cuando alcanza un tamaño de 3 cm. Cuando la temperatura del agua sube a 26 ℃, se liberan los gametos, fenómeno que ocurre de junio a septiembre. Los espermatozoides liberados al agua penetran en las cavidades paleales de las hembras y fecundan los óvulos. Los huevos fecundados son incubados durante un par de semanas hasta que se liberan larvas nadadoras. Cada hembra de ostra de unos 8 cm puede liberar hasta un millón de larvas. Es sedentaria y se alimenta filtrando fitoplancton.

Ostrea edulis

Interacción con el ser humano

Es comestible y su carne es muy apreciada como marisco. Se come viva y cruda, sazonada con jugo de limón.

● Nota

En el Delta del Ebro, hay varias empresas dedicadas al engorde de juveniles de ostra plana y de ostra portuguesa. También en el Delta del Ebro y en aguas de Cadaqués (Gerona), se llevan a cabo experiencias de captación de semillas de ostra de bancos naturales.

OSTRA PORTUGUESA
CRASSOSTREA GIGAS

Esta especie alcanza los 20 cm o incluso los 30 cm de longitud y su concha es más alargada que la de *O. edulis,* de la que también se diferencia por tener la impresión del músculo aductor azul violácea. Su carne también es comestible, aunque menos apreciada que la de la ostra plana. Se encuentra en substratos tanto fangosos como rocosos. Es cosmopolita y vive en todas las costas de la península Ibérica e islas Baleares.

Cat. **Ostra**
Eusk. **Ostra arrunta**
Por. **Ostra**
Fr. **Hüitre plate**
It. **Ostrica**
Ing. **Oyster**

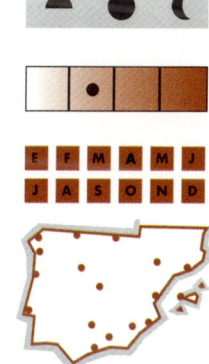

| E | F | M | A | M | J |
| J | A | S | O | N | D |

(M. BALLESTEROS)

ANÉLIDOS

SANGUIJUELAS

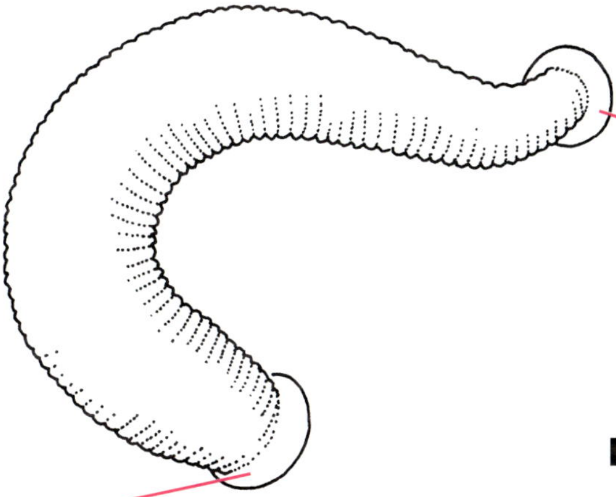

ventosa anterior

ventosa posterior

LOMBRICES

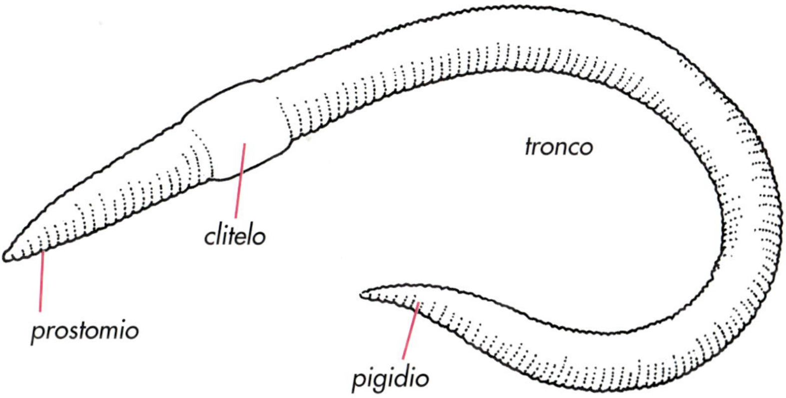

tronco

clitelo

prostomio

pigidio

GUSANOS DE MAR

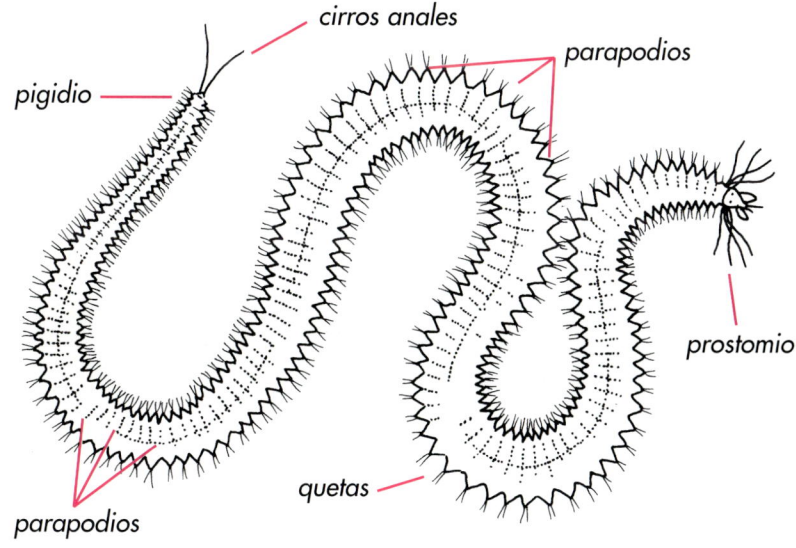

cirros anales

parapodios

pigidio

prostomio

parapodios

quetas

GUSANOS DE MAR
Clase Polychaeta

Tipo	**Annelida, anélidos**

Spirographis spallanzani

Cat. **Cucs marins**
Eusk. **Itsas zizareak**
Por. **Poliquetas**
Fr. **Vers marins**
It. **Verme di mare**
Ing. **Bristle worms, marine worms**

Identificación

La organización básica de los poliquetos es un tubo formado por repeticiones sucesivas de anillos cilíndricos (segmentos), el primero de los cuales se diferencia por formar la cabeza o prostomio, y el último, la cola o pigidio. Los segmentos pueden estar provistos de haces de sedas o quetas y de numerosos apéndices: palpos, antenas, manchas oculares, ojos, opérculos, élitros, branquias, cirros y placas anales. Algunas especies muestran espectaculares penachos o coronas branquiales, como ocurre en el caso del plumero de mar. El tamaño de las especies más comunes en los puertos oscila entre 1 mm y 40 cm. Aunque la mayoría de los poliquetos tiene sexos separados, el macho y la hembra suelen ser indistinguibles. Algunas especies viven en el interior de tubos calcáreos o mucosos que, en el caso de los gusanos tubícolas, forman amasijos de tamaños superiores a 1 m en ocasiones.

Distribución

Son cosmopolitas. Pueden encontrarse gusanos de mar en todas las costas de la península Ibérica e islas Baleares hasta los 500 m de profundidad.

Hábitat

Muchas especies de poliquetos pueden encontrarse en puertos. Algunas familias son típicas de los fangos portua-

rios; otras forman parte del *fouling* portuario, es decir, que viven sobre cualquier superficie dura (cascos de barcos, mojones, boyas, canalizaciones de desagüe, etc.). Otras viven en playas.

Biología

Por lo general, la fecundación es externa y los productos sexuales se liberan directamente al agua.
Hay especies gregarias y especies solitarias. Las especies que viven en los fangos son sedimentarias, oportunistas y se alimentan de toda la materia orgánica que se deposita en el fondo. Los organismos del *fouling* son sedentarios y de crecimiento rápido. Las especies que viven en los espigones pueden ser tanto sedentarias como móviles, mientras que las que se encuentran en las bocanas son sedentarias y filtradoras.

Interacción con el ser humano

Debido a la consistencia calcárea de sus tubos, los poliquetos tubícolas son uno de los componentes más molestos del *fouling* portuario.

CAPITÉLLIDOS
FAMILIA CAPITELLIDAE

Especie ejemplo: *Capitella capitata*
Las especies de esta familia tienen el cuerpo cilíndrico, dividido en 2 regiones: una torácica más corta y algo hin-

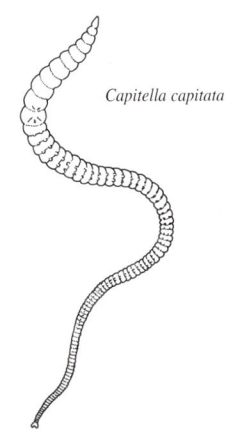

Capitella capitata

chada, y otra posterior más delgada y que se fragmenta con facilidad. Son gregarias y pueden alcanzar grandes densidades en algunas zonas. Debido a la enorme biomasa que pueden formar, son una fuente potencial de alimento muy importante para peces y crustáceos bentónicos. *C. capitata* es abundante sobre todo en ambientes muy ricos en materia orgánica (ej., en salidas de emisarios) y por esta razón es una especie indicadora de contaminación orgánica.

POLINÓIDOS
FAMILIA POLYNOIDAE

Especie ejemplo: *Lepidonotus clava*

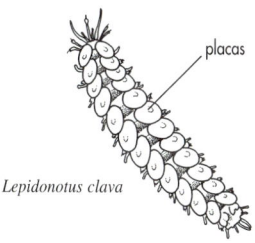

placas

Lepidonotus clava

El cuerpo de los polinoidos, algo ovalado y aplanado, está recubierto total o parcialmente por pares de placas o élitros. *L. clava* mide unos 2 cm y presenta 12 pares de élitros provistos de protuberancias y todos los apéndices con un hinchamiento distal característico y bandas oscuras y claras alternadas. Vive a poca profundidad y siempre bajo piedras.

EUNÍCIDOS
FAMILIA EUNICIDAE

Especie ejemplo: *Eunice aphroditis*

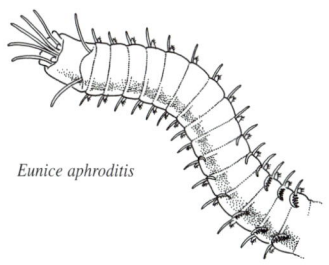

Eunice aphroditis

El cuerpo, alargado y claramente segmentado de las especies de esta familia hace que recuerden a las escolopendras. *E. aphroditis* puede alcanzar 25 cm de longitud, es de color rojizo con manchas blancas, y tiene 5 antenas y 2 cirros tentaculares. Se encuentra bajo piedras, entre algas y en praderas de fanerógamas, en el interior de largos tubos apergaminados. Es capturada en ocasiones como cebo.

GUSANOS TUBÍCOLAS
FAMILIA SERPULIDAE

Especie ejemplo: *Hydroides elegans*
Los serpúlidos tienen el cuerpo dividido en una región torácica muy corta y una abdominal 3 veces más larga. Viven en tubos calcáreos de color blanquecino que se cierran mediante un opérculo cuando se retraen en su interior. Abundan sobre las superficies duras de los fondos portuarios, donde forman amasijos de tubos que a veces alcanzan hasta 1 m. Los agregados de sus tubos constituyen un excelente refugio para pequeños bivalvos y crustáceos, y para otros poliquetos.

ESPIRÓBIDOS
FAMILIA SPIROBIDAE

Especie ejemplo: Gusano tubícola espiral *Janua pseudocorrugata*

Janua sp.
Tubo calcáreo en el que vive

Tienen un cuerpo cónico enrollado en espiral, con una parte torácica muy corta de 3 a 5 segmentos y una abdominal 3 veces más larga. Viven en tubos calcáreos de color blanquecino enrollados en espiral y provistos de opérculo. Son un componente habitual del *fouling* o fondo sólido portuario.

SABÉLLIDOS
FAMILIA SABELLIDAE

Especie ejemplo: Plumero de mar, parmereta o espirógraf *Spirographis spallanzani*
Los sabéllidos tienen el cuerpo cilíndrico, alargado y dividido en una región torácica muy corta y una abdominal mucho más larga. Son tubícolas, y el tubo suele ser mucoso o apergaminado. Pueden ser frecuentes en zonas no excesivamente contaminadas, como las bocanas de los puertos.
Son solitarios, filtradores y sedentarios. El plumero de mar tiene una corona branquial dispuesta en espiral de gran tamaño y muy vistosa, y mide más de 30 cm. Vive con la base del tubo adherida al substrato. En ocasiones, es consumido por los pescadores de arrastre.

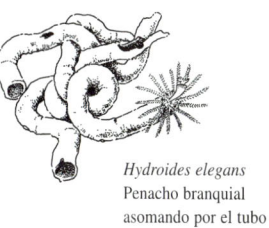

Hydroides elegans
Penacho branquial asomando por el tubo calcáreo

SANGUIJUELAS
Clase Hirudinoidea

Tipo	**Anelida, anélidos**

Identificación

Son unos animales vermiformes con el cuerpo aplanado y dividido en anillos. La anillación externa no coincide con la metamerización interna. La mayoría carece de apéndices o prolongaciones externas, aunque algunos pueden presentar branquias. Presentan 2 ventosas, una anterior y otra posterior. La boca está situada en el fondo de la ventosa anterior y el ano se sitúa en la parte posterior del cuerpo, por encima de la ventosa posterior. En época de madurez sexual, se desarrolla un espesamiento de la pared del cuerpo, el *clitelo*, que formará luego los capullos en los que se depositarán los embriones. El cuerpo presenta un poro masculino, un poro femenino y unos poros nefridianos microscópicos. Son de tamaño variable, desde algunos milímetros hasta los 30 cm.

Distribución

Son cosmopolitas. La mayoría es acuática, dulceacuícola o marina. Se las puede encontrar en todas las ciudades de la península Ibérica y de las islas Baleares. Las especies marinas pueden vivir hasta los 1 000 m de profundidad o más. La sanguijuela medicinal es cada vez menos frecuente debido a la estabulación del ganado y a la contaminación de los ríos.

Hábitat

Se trata de un grupo estrictamente ligado al medio acuático o a hábitats muy húmedos: ríos, lagos y estanques, puertos y, en general, aguas marinas.

Biología

Son hermafroditas y se reproducen durante la primavera y el verano en hábitats acuáticos que varían según las especies. El número de crías por individuo reproductor es variable, pero por lo general es alto. Los juveniles son idénticos a los adultos excepto por los caracteres sexuales. Las sanguijuelas que viven en estanques, lagos o ríos de la ciudad son sedentarias y desarrollan toda su actividad en ellos. Las especies marinas son también más o menos sedentarias, aunque las parásitas de peces pueden ser transportadas por éstos. Suelen tener costumbres solitarias, aunque ciertas especies alcanzan una densidad elevada en zonas favorables y pueden considerarse gregarias. Las formas más conocidas, como la sanguijuela medicinal, son hematófagas (se alimentan de sangre de vertebrados homeotermos), pero hay otras especies que se alimentan de oligoquetos acuáticos, gasterópodos y larvas de insectos. También hay formas ectoparásitas de peces y anfibios.

Interacción con el ser humano

Algunas especies, como la sanguijuela medicinal (*Hirudo medicinalis*), pueden ser ectoparásitas del hombre o de otros vertebrados de sangre caliente. Las especies hematófagas se han empleado durante mucho tiempo en medicina para realizar sangrías, uso que ha desaparecido casi por completo en la actualidad. La saliva de estas especies contiene una sustancia anticoagulante, la hirudina, que ha servido de base para el desarrollo de medicamentos de acción anticoagulante.

Observación

Las especies dulceacuícolas se encuentran bajo las piedras de los hábitats acuáticos. Algunas especies marinas pueden observarse en lonjas y mercados, sobre las rayas y torpedos de mar, a los que parasitan.

SANGUIJUELA COMÚN, SANGUIJUELA MEDICINAL *HIRUDO MEDICINALIS*

Es de forma alargada y algo aplastada. Mide de 80 mm a 120 mm de longitud y de 9 mm a 15 mm de anchura. Es de color verdoso con 6 líneas longitudinales de colores variables (amarillo, rojo, gris) en la cara dorsal, y tiene la cara ventral amarillo verdosa con borde negro. Su distribución es potencialmente muy amplia, pero en la realidad está limitada a zonas muy concretas y en clara regresión por la contaminación de las aguas dulces y la disminución de la ganadería extensiva. Se le encuentra en lagunas, charcas y zonas lénticas.

Cat. **Sangoneres**
Eusk. **Izainak**
Por. **Sanguessuga**
Fr. **Sanguses**
Ing. **Leeches**

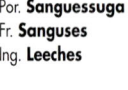

SANGUIJUELA DEL CABALLO
HAEMOPIS SANGUISUGA

Tiene una forma alargada y aplanada.
Mide entre 80 mm y 150 mm de longitud y de 8 mm a 10 mm de anchura. Es
de color variable, gris oscuro uniforme
o con manchas o líneas negras y tiene
la cara ventral gris claro. Se la encuentra por toda la península Ibérica e islas
Baleares. Vive en ríos, lagunas y charcas en aguas someras, bajo piedras o en
las orillas.

HELOBDELLA STAGNALIS

Es de forma ovalada algo afilada en la
parte anterior. Su longitud es de 8 mm
a 12 mm, y su anchura es de 3 mm a
4 mm. El color es blanquecino, a veces
con diminutos puntos grises. Está distribuida por toda la península Ibérica e
islas Baleares. Se la encuentra en todo
tipo de aguas, incluso salobres, entre
las plantas o bajo piedras.

SANGUIJUELA DE LOS PERROS
ERPOBDELLA OCTOCULATA

Tiene una forma alargada y aplastada.
Mide de 30 mm a 40 mm de longitud y
de 4 mm a 6 mm de anchura. Es de
color pardo oscuro, con pequeñas manchas dispuestas en líneas transversales
y tiene la cara ventral pardo clara. Esta
especie es cada vez menos frecuente en
la Península, ya que está siendo desplazada por otros erpobdélidos. Vive en
ríos y arroyos.

(D. Díaz Cosín)

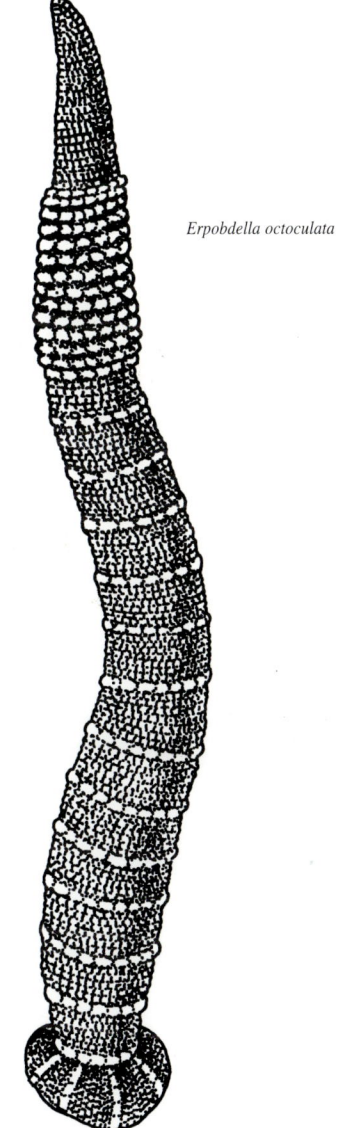

Erpobdella octoculata

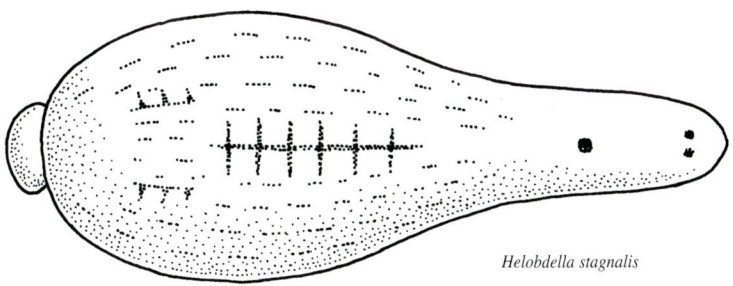

Helobdella stagnalis

LOMBRICES DE TIERRA
Familia Lumbricidae

Tipo	Annelida, anélidos
Clase	Oligochaeta, oligoquetos
Orden	Megadrila, megadrilos

Identificación
Son animales vermiformes de cuerpo cilíndrico, alargado y dividido en segmentos, lo que les da un aspecto anillado. Carecen de apéndices, y tienen el

Lumbricus terrestris

Cat. **Cucs de terra**
Eusk. **Lur-Zizareak**
Gal. **Miñocas**
Por. **Minhocas**
Fr. **Vers de terre**
It. **Lombrichi**
Ing. **Earthworms**

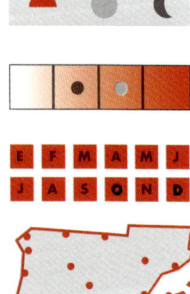

cuerpo liso y brillante debido al carácter iridiscente de la cutícula y al moco que producen. La boca se sitúa en el extremo anterior y el ano, en el posterior. En época de madurez sexual, se desarrolla un espesamiento de la pared del cuerpo, el *clitelo*, que formará luego los capullos en los que se depositarán los embriones. El cuerpo presenta poros de diferentes tipos: masculinos, femeninos, de las espermatecas y nefridianos (de función renal) o poros dorsales intersegmentarios. La longitud varía, según las especies, de 2 cm a 30 cm.

Distribución
Es cosmopolita. Se encuentran en todas las ciudades de la península Ibérica y de las Baleares. La colonización es espontánea. Están ligadas desde siempre a los hábitats no urbanizados de las ciudades, como parques y jardines, donde son comunes y abundantes pese a ser poco visibles, ya que viven en el suelo y sólo en ocasiones aparecen en la superficie.

Hábitat
Son abundantes en parques forestales umbrosos y jardines urbanos, y no tanto en parques forestales secos. Escasas en alcantarillas y solares, a veces aparecen en las macetas de las viviendas. También pueden encontrarse en cúmulos de basura y otros hábitats orgánicos.

Biología
Son hermafroditas y se reproducen sobre todo en parques y jardines. Sus discretas costumbres dificultan la observación de su actividad reproductora. Algunas especies del género *Lumbricus* salen a veces a la superficie para copular durante las noches húmedas. Algunas especies crían durante todo el año, otras lo hacen sólo en época de lluvia. El número de crías anuales por adulto reproductor varía según las especies. Los juveniles son muy similares a los adultos excepto por los caracteres sexuales (clitelo, tubérculos pubertarios, papilas, etc.).
El modo de vida de las lombrices es difícil de precisar, pero debido a su densidad, generalmente alta en los hábitats favorables, pueden considerarse gregarios. Su actividad en el suelo es continua y no distingue entre el día y la noche; en superficie, aparecen de manera ocasional durante la noche en épocas húmedas, sobre todo después de lluvias moderadas a fuertes. Las lombrices son sedentarias: los individuos que se encuentran en hábitats urbanos desarrollan todas sus actividades en éstos, ya que su capacidad de desplazamiento es muy limitada. Se alimentan de la materia orgánica del suelo y de la materia vegetal caída (hojarasca, hierbas, etc.). Las lombrices son presas frecuentes de otros animales, como aves (mirlos, estorninos, etc.) y topos.

Interacción con el ser humano
Son beneficiosas para los cultivos porque facilitan la aireación del suelo.

Observación
Son apropiados los días lluviosos para las especies con actividad en superfi-

cie, como las del género *Lumbricus*. Se pueden observar bajo piedras, hojarasca, cartones, etc., en zonas húmedas.

LOMBRIZ DE TIERRA COMÚN
LUMBRICUS TERRESTRIS

Es de color rojo púrpura más marcado en la cara dorsal. Tiene una longitud de 130 mm a 250 mm y una anchura de 7 mm a 9 mm. Es de la especie típica de la España eurosiberiana, que en la zona mediterránea es sustituida por *Lumbricus friendi*, salvo en algunos enclaves concretos. Vive principalmente en bosques caducifolios y prados.

Lumbricus terrestris

LOMBRIZ DE TIERRA
ALLOLOBOPHORA CALIGINOSA

Su tonalidad es de color pardo oscuro irisado a color claro. Mide de 60 mm a 150 mm de longitud y de 3,5 mm a 4,5 mm de anchura. Vive en toda la península Ibérica e Islas Baleares. Se la encuentra en una gran variedad de suelos.

LOMBRIZ ROJA DE CALIFORNIA, LOMBRIZ DE CEBO
EISENIA FOETIDA

Es de color rojo violeta con franjas amarillentas. Mide entre 45 mm y 130 mm de longitud y de 2,5 mm a 3,5 mm de anchura. Está distribuida por toda la península Ibérica e islas Baleares. Vive en acumulaciones de materia orgánica en descomposición, como pilas de estiércol o basuras orgánicas.

LOMBRIZ ROJA DE CALIFORNIA
EISENIA ANDREI

Es de color rojo vino sin franjas amarillas, lo que la diferencia de su especie gemela *E. foetida*, con la que comparte todas las demás características de forma, tamaño, hábitat y distribución.

(D. Díaz Cosín)

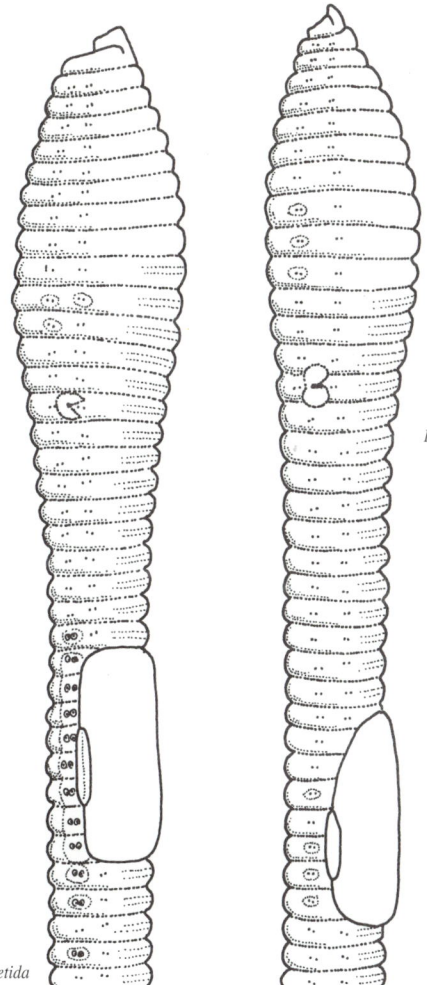

Eisenia andrei

Eisenia foetida

ARÁCNIDOS

OPILIONES

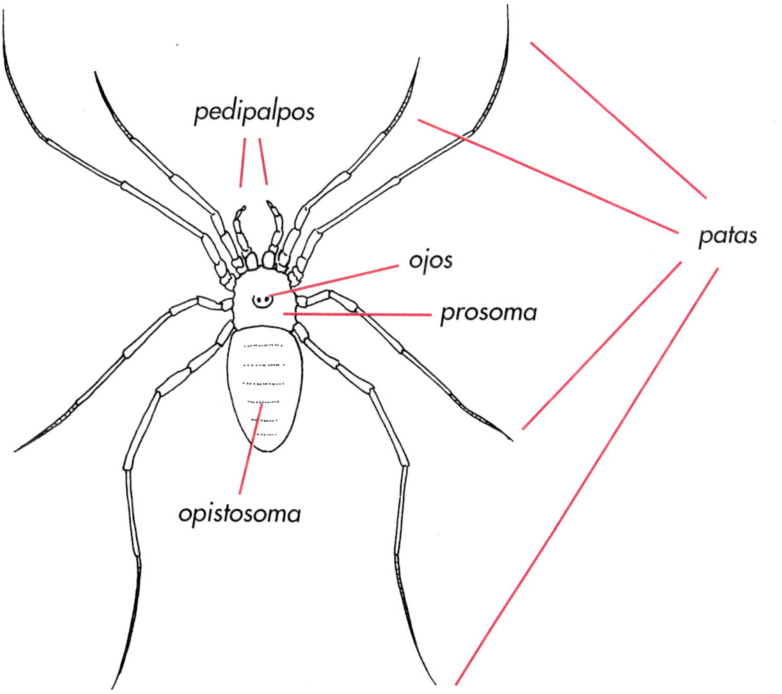

pedipalpos

patas

ojos

prosoma

opistosoma

ESCORPIONES

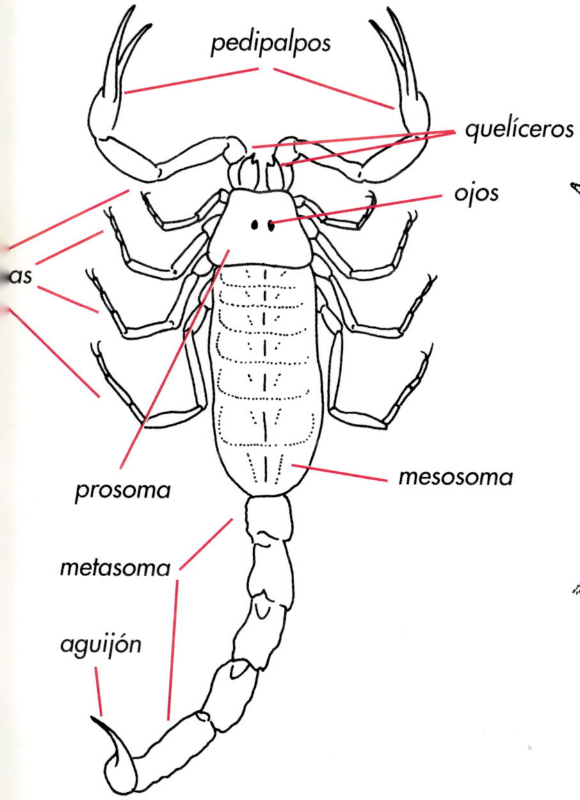

ARAÑAS

pedipalpos

quelíceros

ojos

pedipalpos

ojos

patas

prosoma

as

prosoma

mesosoma

metasoma

aguijón

opistosoma

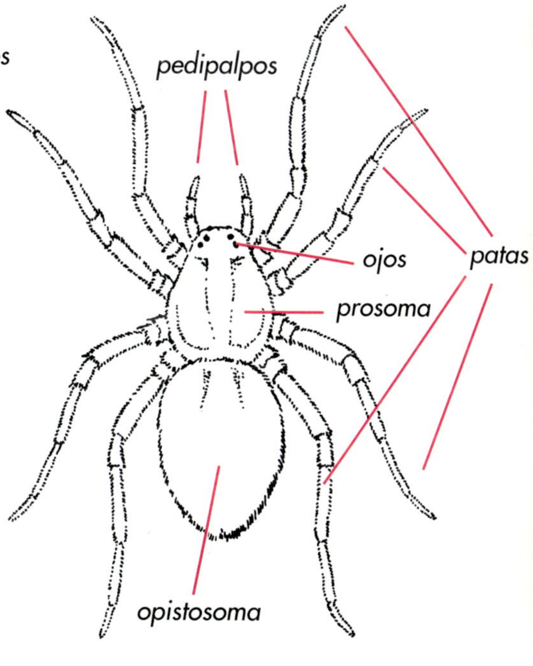

ARAÑAS
Orden Araneida

Tipo	**Arthropoda, artrópodos**
Clase	**Arachnida, arácnidos**

Araneus diadematus

E	F	M	A	M	J
J	A	S	O	N	D

Distribución

El grupo de las arañas es claramente cosmopolita y muy diversificado. En las zonas templadas, hay una fauna abundante y heterogénea que participa en gran medida de las condiciones urbanas y coloniza un gran número de hábitats. Este grupo está presente en todas las ciudades de la Península y de las islas Baleares.

Hábitat

Las arañas son abundantes en parques forestales y jardines, y comunes en cementerios, solares, edificios, alcantarillas y orillas de ríos, lagos o estanques. Son más escasas en playas y puertos, en calles y en el metro.

Biología

La actividad vital de las arañas se ciñe al hábitat que colonizan. Por consiguiente, tanto la reproducción como el desarrollo y la alimentación se realizan en un espacio reducido, que puede ser urbano. El crecimiento se realiza a través de mudas, sin procesos metamórficos asociados. El número de etapas juveniles es variable y, por lo general, oscila entre 5 y 12 estados, según las especies. Las arañas son típicamente solitarias, como es habitual en las formas depredadoras. Suelen ser epiedáficas (viven en la parte más superficial del suelo) y por ello, en las zonas templadas, están sujetas a ritmos de actividad estacional con máximos estivales, o bien en primavera y en otoño; también hay arañas cuya actividad es de forma prioritaria invernal y por lo general están asociadas a la vida endogea. El ritmo de actividad es muy variado; predominan las actividades crepusculares y nocturnas, pero no faltan las especies de hábitos heliófilos, con una actividad sobre todo diurna. Todas ellas se alimentan de otros invertebrados y, por su condición depredadora, constituyen uno de los principales grupos reguladores de estos animales en los espacios naturales o seminaturales.

Interacción con el ser humano

No existe apenas otra interacción que la que se deriva de las molestias de sus

Identificación

Las arañas tienen el prosoma y el opistosoma bien separados por un estrangulamiento acentuado. Los quelíceros son cortos y llevan glándulas venenosas asociadas; los pedipalpos son órganos fundamentalmente táctiles y los 4 pares de extremidades restantes son locomotoras, con lo que se completa la estructura del prosoma recubierto de un escudo dorsal. En el opistosoma, se localizan unos apéndices muy modificados asociados a la secreción de un fluido sérico (las hileras).

El cuerpo es alargado y su longitud suele oscilar entre los 2 mm y los 10 mm, aunque hay numerosas especies que rebasan estas dimensiones. El dimorfismo sexual se manifiesta en las estructuras genitales (epigino opistosómico en las hembras, bulbo copulador en los pedipalpos de los machos) y a menudo por ciertos caracteres secundarios. Éstos pueden afectar al tamaño, pigmentación y proporciones de distintas partes del cuerpo, así como a la aparición de órganos estridulantes, manchas pigmentarias, pilosidades o espinaciones puntuales, más o menos llamativas, en las patas anteriores, etc.

telas y de su presencia en el hábitat humano. Sólo algunas mordeduras, por efecto del veneno que inyectan, pueden suponer algunos trastornos.

PHOLCUS PHALANGIOIDES

Su caparazón es casi circular, muy pálido y con manchas más oscuras. Mide de 8 mm a 10 mm. Las patas son 5 veces más largas que el cuerpo, con pelos largos y finos. Pueden vivir durante varios años. Vive en cavidades naturales o del interior de casas, bodegas, etc. Es muy abundante en la península Ibérica e islas Baleares.

SCYTODES THORACICA

El caparazón, el abdomen y las patas son de color pardo amarillento pálido y con manchas negras. Las patas muestran anillos negros. El caparazón es ovalado y muy alto. La hembra mide de 4 mm a 6 mm y el macho, 4 mm. Vive en el interior de las casas. Está presente en toda la península Iberica e islas Baleares.

STEATODA TRIANGULOSA

Tiene el caparazón de pardo oscuro a negro y el abdomen es blanco y reticulado. Las patas de la hembra son de color pardo pálido y las del macho, pardo anaranjado. Vive en el interior de casas. Se encuentra en toda la península Ibérica e islas Baleares.

ARANEUS DIADEMATUS

El caparazón y el abdomen son de color variable, de negro a jengibre. En la parte media del abdomen, presenta una fila de manchas blancas. La hembra mide 12 mm y el macho, 8 mm. Vive en los jardines. Es común en la península Ibérica e islas Baleares.

PARDOSA PROXIMA

El caparazón es pardo oscuro con franjas amarillas y es más oscuro en los machos. El abdomen es pardo oscuro y las patas son amarillentas, anilladas y oscuras. La hembra mide 6 mm y el macho, 5 mm. Viven en lugares herbosos. Es común en la península Ibérica e islas Baleares.

(J. BARRIENTOS)

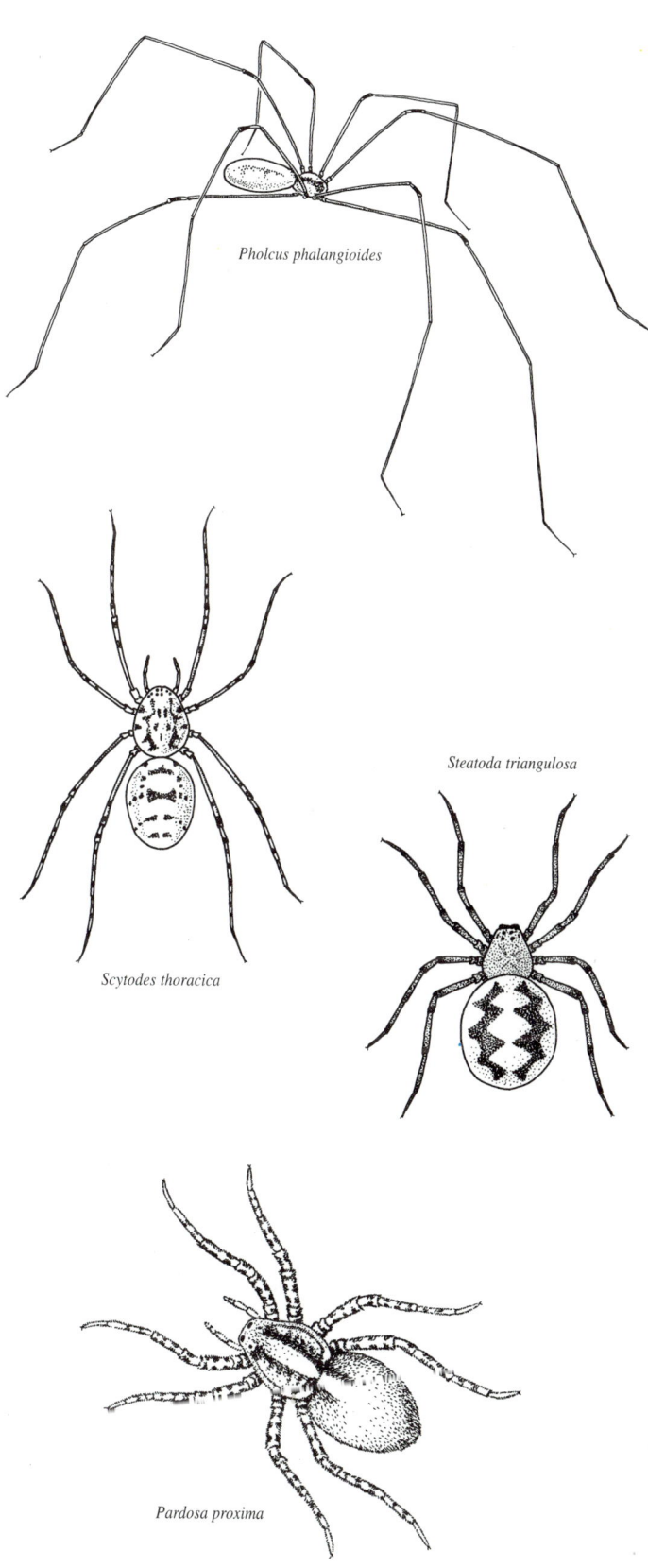

Pholcus phalangioides

Steatoda triangulosa

Scytodes thoracica

Pardosa proxima

ARAÑA DOMÉSTICA
Tegenaria atrica

Tipo	**Arthropoda, artrópodos**
Clase	**Arachnida, arácnidos**
Orden	**Araneae, arañas**
Familia	**Agelenidae, agelénidos**

Identificación
La araña doméstica tiene el cuerpo de color beige, oscurecido en algunas zonas por la presencia de manchas

Tegenaria atrica

Cat. **Aranya domèstica**
Eusk. **Etxe-armiarma**
Por. **Aranha doméstica, aranha caseira**
Fr. **Araignée des maisons**
It. **Ragno**
Ing. **Spider-house**

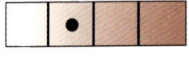

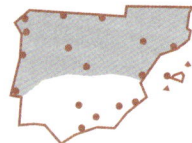

oscuras (en posición subradial en el escudo prosómico y en forma de acentos circunflejos en la mitad posterior del opistosoma). Las patas son largas y estilizadas, miden más o menos el triple de la longitud corporal, y, al igual que el resto del cuerpo, están provistas de abundante pilosidad. En los adultos, el desarrollo de los bulbos copuladores en los machos y del epigino en las hembras permite una fácil diferenciación. Por lo demás, las hembras suelen tener el cuerpo de mayor tamaño y menos estilizado que el de los machos.

Distribución
Esta araña se distribuye por toda Europa occidental. Su presencia en Norteamérica está vinculada a los procesos de migración humana durante su colonización. En la península Ibérica, está presente en la mitad norte.

Hábitat
Es común en parques forestales, cementerios, solares, edificios, playas, puertos e incluso en el metro. Es más escasa en jardines urbanos y alcantarillas, y está ausente de calles y orillas de ríos, lagos y estanques. Se trata de una especie agreste con hábitos antropófilos, por lo que aprovecha bien los rincones umbríos y sin excesiva humedad.

Biología
En nuestras latitudes, la reproducción se lleva a cabo en septiembre. En estas fechas, los machos se desplazan y deambulan en busca de hembras durante las horas nocturnas, por lo que es frecuente que el día los sorprenda en lugares en los que se hacen especialmente patentes. El desarrollo completo desde la eclosión del huevo hasta el imago comprende varias etapas juveniles, condicionadas por la fenología estacional y por las posibilidades alimentarias. En la etapa de subadultos, ya pueden distinguirse los machos por presentar un abultamiento evidente de los tarsos de los pedipalpos.

Es una especie típicamente solitaria, como corresponde a su condición depredadora; cada individuo vive en una tela y no tolera la presencia de otros individuos en ella. También es una forma sedentaria. Su actividad primaveral, dedicada al crecimiento de las poblaciones y los individuos, suele ser poco aparente. En verano y otoño, cuando muchos individuos ya están instalados y desarrollados, su actividad es más fanérica. Durante el día, permanece al acecho en el fondo de su tela amantelada; durante la noche, su actividad es mayor, además de ser el momento que emplea para sus desplazamientos con fines reproductores (los machos) o colonizadores (las hembras). Se alimenta sobre todo de insectos, por lo que es obvio que tiene una función de control y limpieza de sus poblaciones, tanto en nuestro entorno próximo como en el espacio natural.

Interacción con el ser humano
Es frecuente que estas arañas se instalen en lugares tales como buhardillas, sótanos y casas deshabitadas, en los que las prácticas de higiene y limpieza son poco habituales. Su presencia no comporta ningún perjuicio para el hombre, pero es evidente que su permanencia en nuestro medio es incompatible con la limpieza doméstica.

(J. BARRIENTOS)

ESCORPIÓN NEGRO
Euscorpius flavicaudis

Identificación

El nombre de este escorpión viene del color marrón oscuro, casi negro, de su cuerpo que mide de 30 mm a 45 mm de longitud. A diferencia de otros arácnidos, los escorpiones muestran un abdomen u opistosoma dividido en dos regiones. La primera, más ancha y llamada preabdomen, presenta 7 segmentos visibles. A continuación surge el postabdomen, conocido como la cola de los escorpiones, constituido por 6 segmentos, de los cuales el último contiene una vesícula unida a una glándula venenosa que conecta con el aguijón terminal. La cola del escorpión negro es más corta que el resto del cuerpo. Los quelíceros de los escorpiones son muy reducidos, menores que los pedipalpos, representan las grandes pinzas de los escorpiones. Por detrás de los pedipalpos, el cefalotórax articula 4 pares de patas y está cubierto dorsalmente por un escudo esclerosado. En la parte ventral, al principio del abdomen se abre el orificio genital, seguido inmediatamente por dos órganos denominados peines resultan muy indicados para identificar las especies de escorpiones. El escorpión negro tiene de 6 a 12 láminas en los peines.

Distribución

Los escorpiones en general están difundidos por regiones calurosas y áridas, pero algunas especies como el escorpión negro están adaptadas a climas húmedos. La distribución del escorpión negro cubre las regiones húmedas de la Europa meridional. Está presente en toda la península Ibérica e islas Baleares y especialmente en el área mediterránea, de acuerdo con el carácter higrófilo de la especie.

Hábitat

Especie antropófila, se encuentra en el interior de las casas de campo o en viviendas urbanas si éstas son húmedas y existen rocas o piedras en su estructura.

Biología

Durante el día los escorpiones suelen quedar ocultos en las oquedades de las viviendas. Son más activos de noche.

Tipo	**Arthropoda, artrópodos**
Clase	**Arachnida, arácnidos**
Orden	**Scorpiones, escorpiones**
Familia	**Chactidae, cháctidos**

Euscorpis flavicaudis

Por este motivo su capacidad visual es reducida a cambio de disponer de unos eficaces órganos sensoriales en el extremo de los pedipalpos. En los escorpiones del género *Euscopius* se conoce en detalle la complicada ceremonia de cortejo que realizan antes de copular y que puede durar horas e incluso días. Los huevos fecundados se desarrollan en primer lugar en el cuerpo de la hembra. Cuando están ya maduros la hembra pone los huevos para que nazcan las crías. Éstas trepan seguidamente a la espalda de la madre. La reproducción es pues ovovivípara. Las crías nacen con aspecto ya de adulto.

Interacción con el ser humano

En general suele exagerarse la peligrosidad de los escorpiones. De las picaduras del escorpión negro puede decirse además que son prácticamente inofensivas, salvo que se produzcan singulares reacciones alérgicas no previstas, en cuyo caso conviene consultar un médico.

Observación

Junto a paredes rocosas y con algo de humedad, a oscuras preferiblemente.

(F. URIBE)

Cat. **Escorpí Negre**
Fr. **Scorpion domestique**

FALSOS ESCORPIONES
Orden Pseudoscorpiones

Tipo	**Arthropoda, artrópodos**
Clase	**Arachnida, arácnidos**

Neobisium museorum

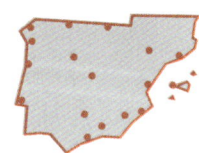

Identificación

El cuerpo de estos arácnidos presenta una unidad formal y carece de estrangulamientos entre prosoma y opistosoma. El primero está recubierto por un escudo dorsal y el segundo no posee una cola diferenciada. Destaca el gran desarrollo de los pedipalpos, acabados en pinza, que los asemeja a diminutos escorpiones sin cola. La longitud corporal oscila entre 1 mm y 9 mm. Hay dimorfismo sexual, pero está muy poco marcado. Las principales diferencias entre las especies de este grupo suelen basarse en caracteres tales como la subdivisión de los tarsos, la forma del escudo prosómico, la pigmentación, el desarrollo ocular, etc.

Distribución

Este grupo es cosmopolita, si bien su mayor grado de heterogeneidad se da en las zonas tropicales y subtropicales. En las zonas templadas, se encuentra muy vinculado al suelo (forma parte de la fauna edáfica), aunque no faltan algunas adaptaciones muy particulares. Este grupo está presente en todas la ciudades de la península Ibérica e islas Baleares.

Hábitat

Los falsos escorpiones son comunes en los parques forestales y en los jardines, e inexistentes en las calles y en los ambientes acuáticos. También pueden encontrarse, aunque son escasos, en playas y puertos, cementerios, edificios, alcantarillas y solares, y en el metro.

Biología

Las especies adaptadas a los hábitats urbanos desarrollan todas sus actividades vitales en ellos, incluida la reproductora. En cuanto a sus etapas de crecimiento, presentan 2 estados ninfales vinculados a la madre, a los que siguen 3 etapas larvarias de vida libre antes de llegar al estado adulto. El ciclo suele durar 1 año.

Los falsos escorpiones pueden considerarse formas solitarias. En las zonas templadas su actividad aumenta durante primavera y el otoño, disminuye en verano y se detiene casi totalmente durante el invierno. El ritmo de actividad a lo largo del día es indeterminado: estos animales mantienen una actividad críptica y generalmente lucífuga, en el interior del suelo o de los lugares donde habitan, de modo que son difíciles de observar. Se alimentan de otros invertebrados diminutos y, como las otras formas depredadoras, tienen un papel importante en la regulación de los equilibrios naturales.

CHEIRIDIUM MUSEORUM

Tiene los pedipalpos pardo rojizos. Mide entre 1 mm y 1,4 mm. Es bastante común en el musgo y manto de detritos. Frecuenta el interior de las casas, invernaderos y graneros. Es cosmopolita.

PSEUDOSCORPIÓN DE LAS BIBLIOTECAS O DE LOS LIBROS
CHELIFER CANCROIDES

Mide 4 mm. Es frecuente en el interior de las casas entre los libros, en bibliotecas, hormigueros, colmenas, nidos de aves, etc. Es una especie cosmopolita.

WITHIUS SUBRUBER

Mide de 2 mm a 3 mm. Tiene la glándula del veneno muy desarrollada entre los 2 dedos de los pedipalpos. Vive sobre todo entre detritos vegetales. Se le encuentra con frecuencia donde hay alimento almacenado.

NEOBISIUM MUSEORUM

Los pedipalpos son pardo rojizos y más largos que el cuerpo. Mide 2,5 mm. Es cosmopolita.

(J. Barrientos)

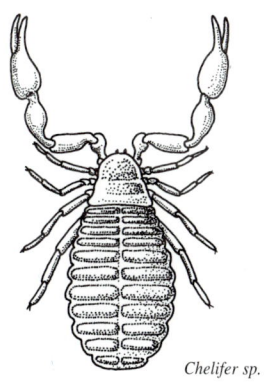

Chelifer sp.

OPILIONES, SEGADORES
Orden Opiliones

Tipo	**Arthropoda, artrópodos**
Clase	**Arachnida, arácnidos**

Phalangium opilio

Cat. **Opilions, frares**
Eusk. **Opilioiak**
Por. **Opiliões, aranhiços**
Fr. **Opilions, faucheurs**
Ing. **Harvestmen**

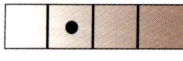

Identificación

El cuerpo de los opiliones es globoso o subesférico, sin estrangulamientos entre prosoma y opistosoma. En el primero, destacan 2 ojos centrales, situados en una prominencia muy aparente. Aunque hay especies de patas cortas, las más frecuentes son las de patas muy largas (en relación con las dimensiones corporales) y con los tarsos muy subdivididos y filiformes. El tamaño corporal oscila entre los 2 mm y los 20 mm, pero la longitud de las patas puede llegar a ser 5 veces superior. Además de las notables distinciones en tamaño, las principales diferencias entre las especies de este grupo responden a los órganos y a su grado de complejidad, a las longitudes y al número de subdivisiones en los artejos de las patas, a la forma de pedipalpos y quelíceros, al desarrollo del pedúnculo ocular, a la posición de las glándulas repugnatorias, etc.

Distribución

Aunque los opiliones son más abundantes y diversos en las zonas tropicales, este grupo puede clasificarse como cosmopolita. En la península Ibérica, dada la heterogeneidad de hábitats que pueden ocupar, están presentes en casi todas las ciudades.

Hábitat

Varias especies de este grupo son comunes en las ciudades y fácilmente identificables. Son abundantes sobre todo en los parques forestales, tanto umbrosos como secos, y comunes en los jardines urbanos y en las orillas de ríos, lagos y estanques. También pueden encontrarse en cementerios, edificios, alcantarillas y solares, y en el metro, aunque en todos estos hábitats son escasas. En cambio, están ausentes de hábitats urbanos muy áridos, como calles, playas y puertos.

Biología

Los opiliones desarrollan todo su ciclo en el marco del hábitat para el que están adaptados. Las especies que viven en la ciudad no son excepción y, por tanto, se reproducen en los mismos hábitats en los que viven. Tras la eclosión, las larvas suelen experimentar un desarrollo posterior que implica de 5 a 7 procesos de muda, antes de efectuar la muda imaginal del adulto; este proceso suele sincronizarse con la dinámica estacional y se sitúa entre la primavera y el otoño.

Como otros depredadores, se trata de formas solitarias; no obstante, en algunos casos se manifiesta un sentido gregario importante y se forman entonces grandes masas de individuos apelotonados, con las patas entrecruzadas. Todas las especies de este grupo pueden considerarse sedentarias; a excepción del invierno, en que permanecen ocultas e inactivas, por lo general es frecuente identificar su presencia (en particular, la de algunas especies de gran tamaño) en espacios naturales o seminaturales, en el suelo, cerca de la superficie. La mayoría de los opiliones es crepuscular o nocturnas, pero no faltan las formas con actividad diurna. Todos ellos son depredadores de invertebrados menores.

PHALANGIUM OPILIO

Presenta una banda coloreada dorsal variable: pardo oscura sobre fondo claro o el dorso entero totalmente pardo. Las patas son de color pardo pálido. El macho tiene un cuerno orientado hacia delante en la parte basal de los quelíceros. La hembra mide de 6 mm a 9 mm y el macho, de 4 mm a 7 mm; las patas del segundo par en la hembra miden 38 mm y en el macho, 54 mm. Vive en vegetacion baja, y es abundante en la península Ibérica e islas Baleares.

ODIELUS TROGULOIDES

Es de color pardo grisáceo. El cuerpo mide 1 cm y, contando las patas, puede llegar a alcanzar de 2 cm a 3 cm. Se le puede encontrar bajo las piedras y entre la hojarasca.

DICRANOPALPUS RAMOSUS

El cuerpo es de color pardo grisáceo. Las patas son rectas y están juntas recubriendo un ángulo pequeño. Son de color pardo amarillento con manchas. Los pedipalpos son igual de largos que el cuerpo. La hembra mide de 4 mm a 6 mm y el macho, de 3 mm a 4 mm, la segunda pata de ambos sexos mide 50 mm. Vive en jardines sobre arbustos y paredes, y en el interior de edificios. Se encuentra en toda la zona mediterránea.

(J. Barrientos)

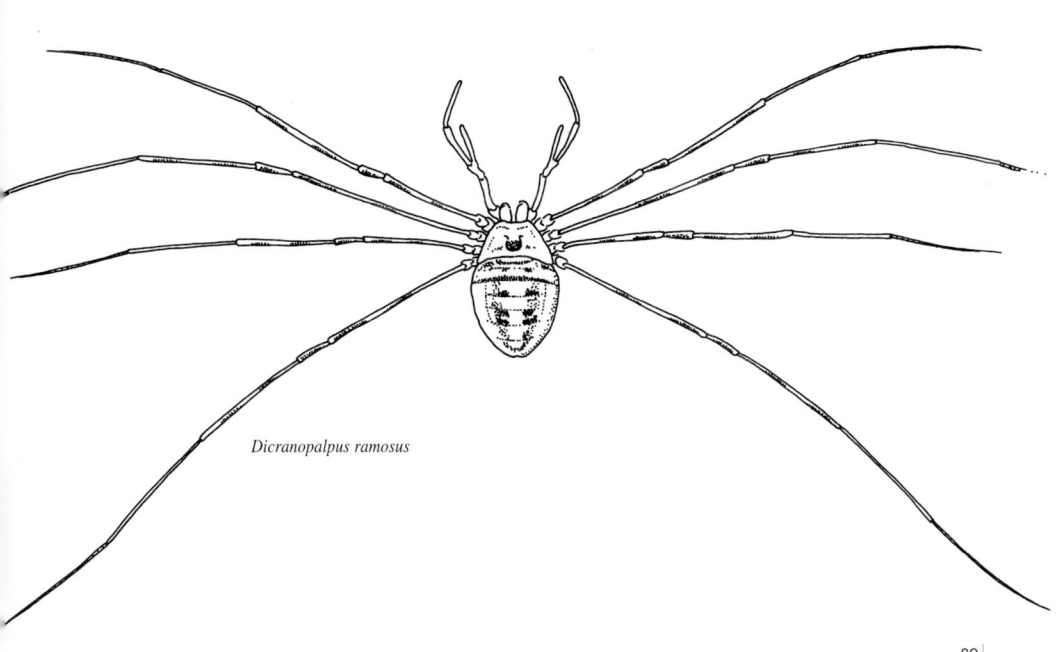

Dicranopalpus ramosus

ÁCAROS
Orden Acari

Cat. **Àcars**
Eusk. **Akaroak**
Por. **Ácaros**
Fr. **Acariens**
It. **Acaros**
Ing. **Mites**

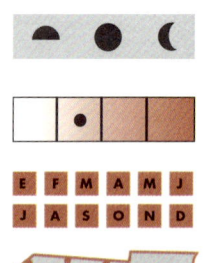

Tipo	**Arthropoda, artrópodos**
Clase	**Arachnida, arácnidos**

Identificación

La subdivisión básica del cuerpo de los arácnidos en 2 regiones (prosoma y opistosoma) suele quedar desdibujada en los ácaros, de modo que a sus pequeñas dimensiones, estos animales añaden la configuración de un cuerpo globoso con 3 zonas: gnatosoma (con los quelíceros y pedipalpos muy modificados), podosoma (que lleva los 4 pares de patas) e idiosoma. Salvo excepciones, se trata de especies muy diminutas, casi microscópicas. La longitud del cuerpo suele oscilar entre 0,4 mm y 3 mm, aunque hay algunas especies excepcionalmente grandes. Las diferencias entre los principales agrupamientos de ácaros responden sobre todo a la posición y número de los estigmas respiratorios o al desarrollo y las modificaciones que afectan al gnatosoma y los apéndices locomotores.

Distribución

Los ácaros forman un grupo muy heterogéneo y claramente cosmopolita. No obstante, y como sucede en otros casos, son pocas las especies que tienen una distribución tan amplia: en su mayoría estas últimas están asociadas al hombre o a los animales domésticos. En la península Ibérica y en las islas Baleares, ocupan todo tipo de altitudes y de hábitats (a excepción del medio marino, al que se han adaptado únicamente algunas especies que viven en hábitats muy concretos) y, en consecuencia, está presente en todas las ciudades.

Hábitat

Los ácaros ocupan todo tipo de hábitats urbanos. Son abundantes en parques y jardines, comunes en orillas de ríos y en lagos o estanques, y escasos en playas, puertos, cementerios, edificios, alcantarillas, calles, solares y en el metro.

Biología

Las especies que viven en el marco urbano desarrollan en él toda su actividad biológica, incluida la reproductora. En estos arácnidos, suelen diferenciarse 2 estados larvarios (prelarva y larva), con 3 pares de patas diferenciadas, y 3 estados ninfales (protoninfa, deutoninfa y tritoninfa), que ya poseen el aspecto del adulto.

Los ácaros son formas solitarias. En casos en los que los recursos alimentarios son abundantes y permiten el desarrollo de poblaciones numerosas, se dan situaciones de gregarismo. La fenología de este grupo es muy variada y está en función de las variaciones del hábitat. En general, las especies edáficas que viven en el suelo de las zonas templadas siguen los ritmos estacionales, con máximos de actividad en primavera y en otoño. El modo de alimentación de los ácaros es también muy variado, así como su gama de interacción con otras especies. En términos generales, este grupo es de gran interés en los equilibrios naturales del suelo.

Interacción con el ser humano

Unas pocas especies parasitan al hombre o a los animales domésticos, y pueden tener incidencias graves por su condición de vectores. Los ácaros son responsables de muchas de las alergias provocadas por el polvo de las casas. Otras especies, de dieta saprófaga, también son perjudiciales porque deterioran los alimentos almacenados. Sin embargo, la mayoría de las especies no tiene interacción directa con el hombre. Muchas de ellas le resultan útiles por su papel regulador de los equilibrios edáficos.

ÁCARO DEL POLVO
GLYCIPHAGUS DOMESTICUS
Puede encontrársele en viviendas húmedas. Provoca asma en el hombre.

GARRAPATA
RHIPHICEPHALUS SANGUINEUS
Mide entre 4 mm y 5 mm, y hasta 1 cm cuando está lleno de sangre. Es comopolita. Es transmisor del agente patógeno que causa la llamada *Fiebre de Marsella.*

ARADOR DE LA SARNA
SARCOPTES SCABEI
Es de aspecto redondeado, con palpos maxilares en forma de tijera. Mide entre 0,2 mm y 0,3 mm. Causa la sarna en el ser humano, viviendo y horadando túneles en las partes más delicadas de la epidermis.

(J. BARRIENTOS)

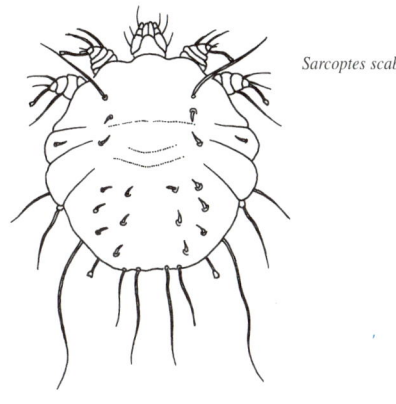

Sarcoptes scabei

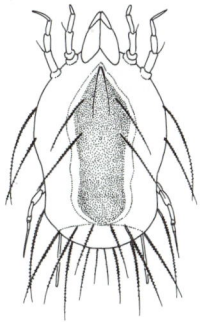

Glyciphagus domesticus

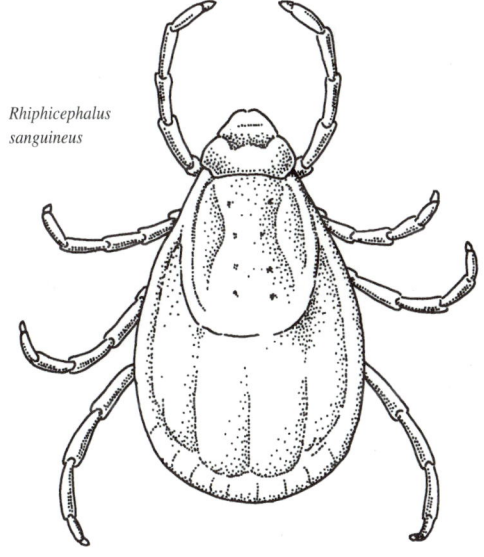

*Rhiphicephalus
sanguineus*

CRUSTÁCEOS

CANGREJOS

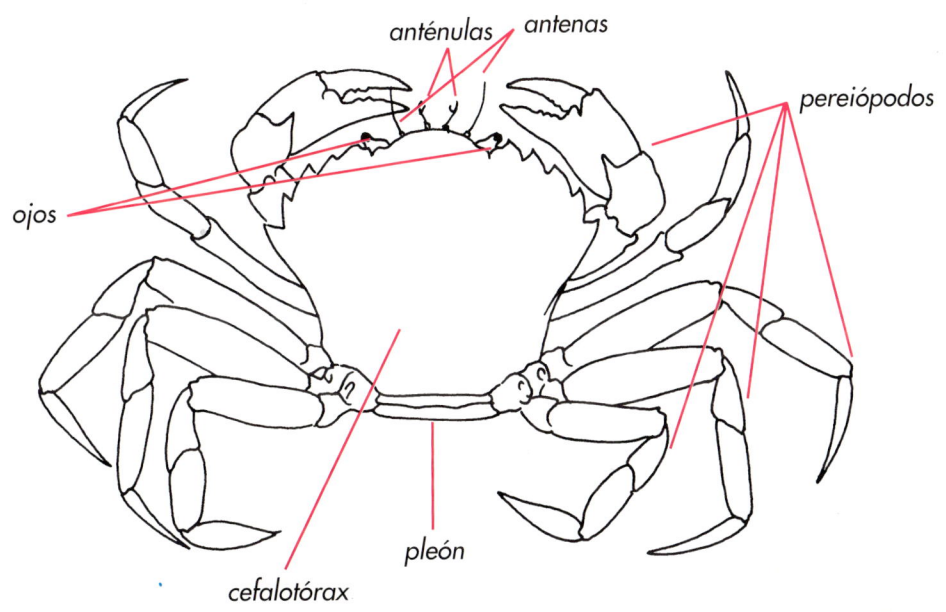

anténulas antenas

pereiópodos

ojos

pleón

cefalotórax

GAMBAS

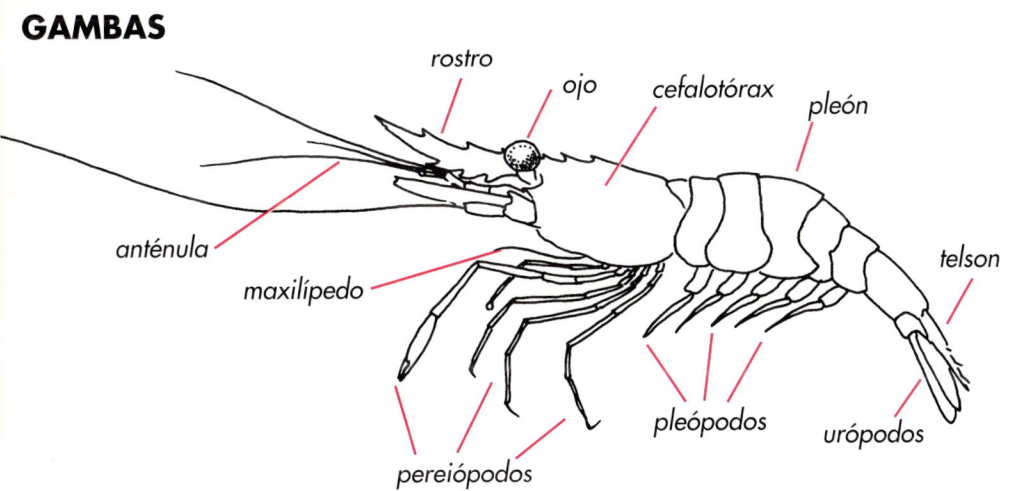

rostro ojo cefalotórax pleón

anténula

maxilípedo

telson

pereiópodos

pleópodos

urópodos

CLADÓCEROS
Orden Cladocera

Cat. **Cladòcers**
Eusk. **Ur-arkakusoak**
Por. **Pulgas de agua**
Fr. **Cladocères**
It. **Cladoceri**
Ing. **Water-fleas**

Tipo	**Arthropoda, artrópodos**
Clase	**Crustacea, crustáceos**
Subclase	**Branchiopoda, branquiópodos**

Identificación

Son unos crustáceos nadadores con el cuerpo protegido por un caparazón transparente de 2 piezas, yelmo cefálico y valvas; estas últimas están unidas dorsalmente y engloban los apéndices torácicos, que son filtradores. De la cabeza sobresalen las potentes segundas antenas, de función nadadora. La parte posterior del cuerpo acaba en un postabdomen provisto de dentículos dorsales y una furca formada por 2 garras. En la parte interior dorsal de las valvas, se encuentra la cámara incubadora, que puede alojar varios embriones partenogenéticos. Durante la reproducción sexual, esta porción de las valvas se transforma en un efipio, que alojará huevos resistentes a la desecación. La longitud total de las distintas especies oscila entre los 0,2 mm y los 5 mm, y el peso, entre los 150 µg y 2 mg. Hay dimorfismo sexual y los machos son más pequeños que las hembras.

Distribución

El grupo es cosmopolita y puede ocupar todas las ciudades de la península Ibérica y de las islas Baleares.

Hábitat

Los cladóceros son abundantes en lagos y estanques.

Biología

En condiciones favorables, las hembras se reproducen mediante huevos partenogenéticos, que dan lugar a nuevas hembras. Parece que los machos se generan cuando disminuye la disponibilidad de recursos o aumenta la densidad de población. El número de huevos es variable según las especies, entre 2 y un centenar.
Son especies filtradoras que llevan una vida fundamentalmente planctónica y se alimentan de fitoplancton. Algunas especies de valvas pegadas se asen por sus antenas a la vegetación sumergida y filtran el agua desde una posición fija. Forman una parte importante del plancton de las aguas dulces, y son por tanto depredados por los peces.

Observación

Se debe observar el contenido de un colador de malla fina bajo una lupa o un microscopio tras algunas pasadas en el agua de un estanque.

PULGA DE AGUA
DAPHNIA PULEX

Tiene las valvas acabadas en una espina posterior. Las garras del postabdomen tienen una serie de denticulaciones basales o *pecten*.

BOSMINA LONGIROSTRIS

Tiene el cuerpo redondeado y el rostro de las hembras está provisto de 2 expansiones en forma de trompa. El caparazón está ornamentado con estructuras poligonales y su extremo posterior distal está provisto de mucrones muy conspicuos. Las garras del postabdomen tienen dentículos aparentes.

ALONA RECTANGULA

El yelmo y las valvas dan a la parte dorsal del cuerpo una silueta semicircular. Las valvas llevan estrías longitudinalmente paralelas. En la parte ventral de la cabeza, aparece una lámina triangular o labro. Las valvas muestran unas sedas marginales ventrales. Las garras tienen un dentículo basal alargado.

(J. PRETUS)

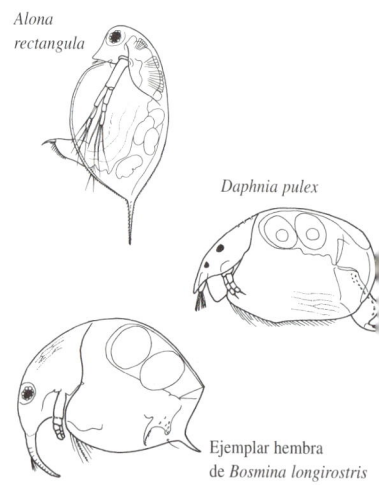

Alona rectangula

Daphnia pulex

Ejemplar hembra de *Bosmina longirostris*

CIPRÍDIDOS
Familia Cyprididae

Tipo	**Arthropoda, artrópodos**
Clase	**Crustacea, crustáceos**
Orden	**Podocopa, podocopos**

Cat. **Ciprídids**
Eusk. **Ziprídidoak**
Por. **Ciprídidos**
Fr. **Cypridides**
It. **Cyprididi**
Ing. **Cypridids**

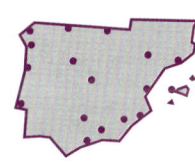

Identificación

Se trata de unos crustáceos acuáticos provistos de un caparazón que cubre todo el cuerpo. El caparazón es calcáreo y consta de 2 valvas articuladas dorsalmente. Cada valva consta de 2 hojas y una cavidad donde se alojan gónadas y ciegos intestinales. Los ostrácodos han perdido la segmentación corporal y han quedado como testimonio 7 pares de apéndices y una furca terminal, a veces atrofiada. De estos 7 pares, 4 corresponden a apéndices cefálicos (anténulas, antenas, mandíbulas y maxilas) y 3 están asociados al tórax, con funciones alimenticias y locomotoras. La longitud total de los distintos miembros del grupo varía de 0,45 mm a 3 mm y el peso, de 100 µg a 5 mg.

Distribución

El grupo es cosmopolita y puede ocupar todas las ciudades de la península Ibérica y de las islas Baleares.

Hábitat

Los ciprídidos son abundantes en lagos y estanques.

Biología

Presentan una alternancia de reproducción partenogenética, en la que sólo nacen hembras, y sexual, en la que intervienen también los machos. Viven sobre el fondo o escalando en la vegetación sumergida. Algunos resisten la desecación y pueden ser buenos colonizadores de aguas temporales efímeras. Se alimentan básicamente de detritos, si bien algunas especies (ej., *Heterocypris*) pueden ser predadoras. Son presa de peces.

Observación

Hay que observar el contenido de un colador de malla fina bajo una lupa o un microscopio tras algunas pasadas en el agua de un estanque.

HETEROCYPRIS INCONGRUENS

Las valvas tienen una altura igual o superior a la mitad de la longitud. La valva derecha tiene granitos marginales en los bordes ventrales anterior y pos-

terior. Las patas segunda y tercera son distintas en morfología y dirección. La

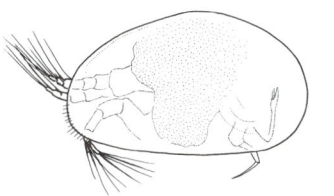

Heterocypris incongruens

furca está bien desarrollada y su longitud es inferior a 18 veces su anchura. El último segmento de la tercera pata forma una tenaza con el penúltimo.

CYPRIDOPSIS VIDUA

La furca está reducida a 2 apéndices setiformes. El caparazón, de forma glo-

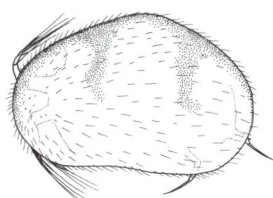

Cypridopsis vidua

bulosa, tiene menos de 1 mm de longitud y está parcheado de manchas oscuras. La pilosidad de las valvas es bien aparente.

HERPETOCYPRIS CHEVREUXI

El caparazón, de formas alargadas, tiene más de 2 mm de longitud y es de

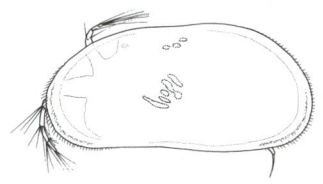

Herpetocypris chevreuxi

color verdoso. La furca está bien formada y muestra peines de espinitas. El último segmento de la tercera pata forma una tenaza.

(J. PRETUS)

95

CICLOPOIDES
Orden Cyclopoida

Cat. **Ciclopoids**
Eusk. **Ziplopoidoak**
Por. **Ciclopes**
Fr. **Cyclopoïdes**
It. **Cyclopoidi**
Ing. **Cyclopoids**

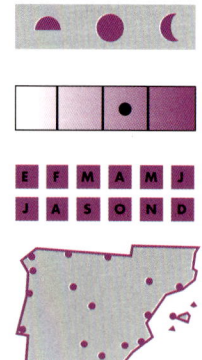

Tipo	**Arthropoda, artrópodos**
Clase	**Crustacea, crustáceos**
Subclase	**Copepoda, copépodos**

Identificación

Son crustáceos nadadores con el cuerpo estructurado en 2 regiones, una anterior maciza y una posterior alargada (urosoma), separadas por una articulación. La parte anterior consta de un cefalotórax con apéndices antenales, bucales, y el primer par de patas nadadoras, y de un metasoma compuesto de 3 segmentos provistos de similares apéndices birrámeos nadadores. El primer segmento del urosoma es portador de un quinto apéndice rudimentario de importancia diagnóstica; del segmento genital, en las hembras fértiles, penden 2 sacos de huevos independientes entre sí. El cuerpo acaba en la parte posterior en una furca de longitud variable provista de 6 sedas, entre las que las 2 centrales son tan largas como el urosoma. En la parte anterior del cuerpo sobresalen las anténulas, formadas por de 12 a 17 artejos, número que posee valor diagnóstico. La longitud total de las distintas especies de este orden varía de 0,5 mm a 2 mm y su peso, de 30 µg a 500 µg.

Distribución

El grupo es cosmopolita y puede ocupar todas las ciudades de la península Ibérica.

Hábitat

Los ciclopoides son abundantes en lagos y estanques.

Biología

La reproducción es sexual. Los machos guardan los espermatozoides en unas cápsulas (espermatóforos) que pegan en la hembra durante la cópula. Cada hembra puede transportar diversos espermatóforos. Las larvas pasan por varios estadios.
Algunas especies viven en aguas libres y se alimentan de partículas orgánicas y algas unicelulares. Otras merodean entre la vegetación acuática. Existen especies carnívoras. *M. albidus*, por ejemplo, ataca incluso a planarias y a pequeños oligoquetos.

Observación

Hay que observar el contenido de un colador de malla fina bajo una lupa o un microscopio tras algunas pasadas en el agua de un estanque.

MACROCYCLOPS ALBIDUS

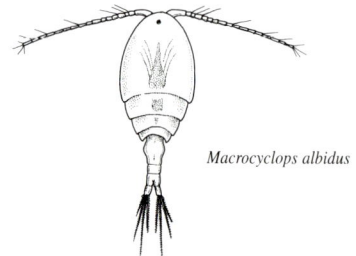

Macrocyclops albidus

Es una especie robusta y con las ramas furcales muy cortas. La anténula tiene 17 artejos y presenta una membrana transparente en los artejos decimoquinto a decimoséptimo.

EUCYCLOPS SERRULATUS

Tiene una coloración anaranjada, excepto en los sacos de huevos, que son azulados. La furca presenta una denticulación a lo largo de su margen externo. Las ramas de la furca son de 4 a 8 veces más largas que anchas. La anténula tiene 12 artejos.

TROPOCYCLOPS PRASINUS

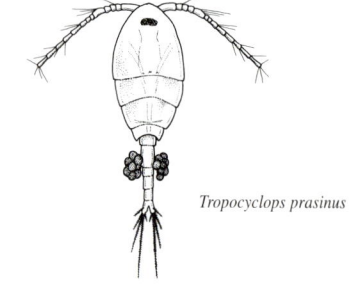

Tropocyclops prasinus

Esta especie es más planctónica que la anterior y tiene una talla menor. Es de color verde grisáceo. Las ramas de la furca son de 2 a 3 veces más largas que anchas. La anténula tiene 12 artejos.

(J. PRETUS)

CAMARÓN CRISTAL
Gastrosaccus spinifer

Tipo	**Arthropoda, artrópodos**
Clase	**Crustacea, crustáceos**
Orden	**Mysidacea, misidáceos**
Familia	**Mysidae, mísidos**

Port. **Camarõe**
Ing. **Opossum Shrimp, Ghost Shrimp**

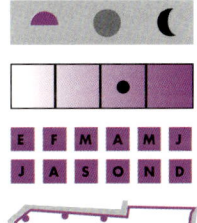

Identificación

Es un pequeño crustáceo nadador con aspecto de gambita y estatocistos en los urópodos (*cola*). Tiene un caparazón fino que recubre el tórax y un largo abdomen de hasta 6 segmentos. Del último segmento sobresale una especie de abdomen o telson. Sus dimensiones varían alrededor de 21 mm de longitud total.

Distribución

Se encuentran en las costas mediterráneas y atlánticas de Europa y África. En la península Ibérica, ocupan el litoral de ciudades costeras hasta los 500 m de profundidad.

Hábitat

Vive en la zona de rompientes de las playas, donde se entierra en la arena con el reflujo de las olas y se pueden observar todo el año.

Biología

Se reproduce en playas. Se alimenta de plancton y es presa de cangrejos y peces litorales.

Observación

Se pueden observar en las playas durante todo el año.

(P. ABELLÓ)

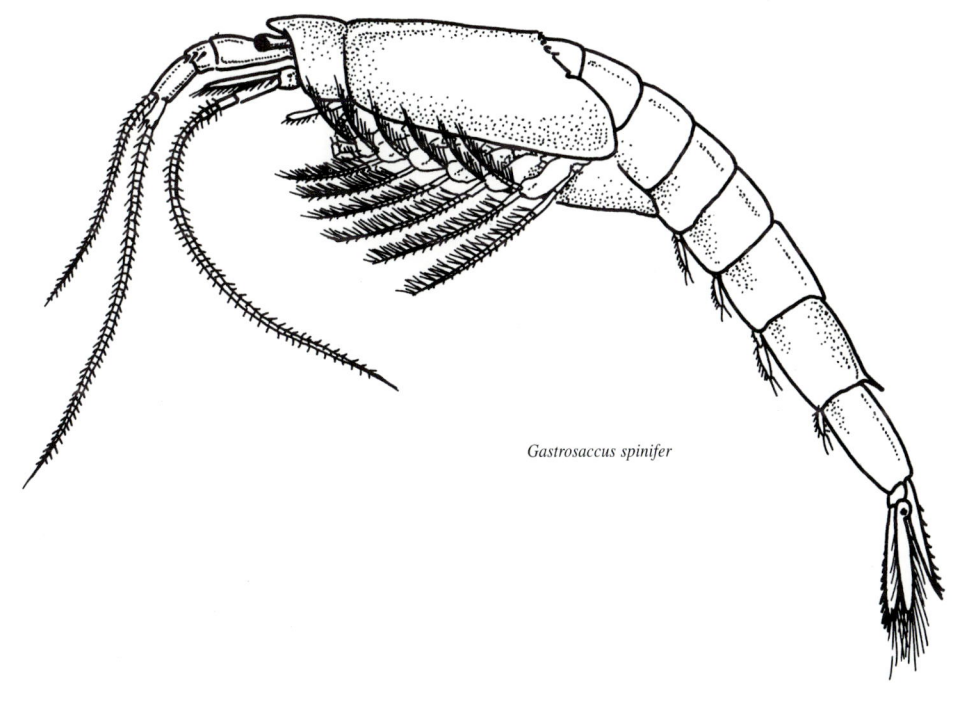

Gastrosaccus spinifer

COCHINILLAS DE LA HUMEDAD
Suborden Oniscidea

Tipo	Arthropoda, artrópodos
Clase	Crustacea, crustáceos
Orden	Isopoda, isópodos

Identificación

Las especies de este grupo tienen el cuerpo aplanado de forma dorsoventral. La cabeza o céfalon lleva los ojos, las antenas y las anténulas. El pereion está

Armadillium vulgare

Cat. **Porquetes de Sant Antoni**
Eusk. **Kukurutzak**
Por. **Bichos-de-Conta**
Fr. **Cloportes**
Ing. **Woodlice**

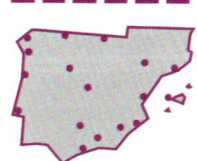

constituido por los 7 segmentos o pereionitos que siguen a la cabeza; de estos segmentos, salen 7 pares de patas o pereiópodos, que sirven para la locomoción. Los 5 segmentos siguientes forman el pleon y en su parte ventral aparecen los pleópodos. Algunos pleópodos se han transformado en pseudotráqueas y su misión es la respiración. El último segmento del cuerpo es el telson, del que salen los urópodos o apéndices caudales. Las dimensiones de las distintas especies oscilan entre los 5 mm y los 20 mm. Los machos y las hembras se diferencian fundamentalmente por los 2 primeros pares de pleópodos. En los machos, estos pleópodos adoptan unas formas características que permiten distinguir unas especies de otras.

Distribución

Son cosmopolitas. Viven en toda la península Ibérica y en las islas Baleares hasta los 500 m de altitud.

Hábitat

Son especies lapidícolas que habitan en grietas o fisuras de muros y paredes de edificios antiguos, bajo piedras, escombros, troncos, cortezas, etc. Siempre habitan en lugares húmedos.

Biología

Se reproducen entre marzo y septiembre, en zonas húmedas de parques, jardines, solares y edificios. Hay 3 puestas al año y el número de huevos por puesta oscila entre 100 y 300.

Los isópodos terrestres son sedentarios e invernantes –todo su ciclo biológico se desarrolla en la ciudad–, son gregarios y, a excepción de *Armadillium vulgare,* que presenta actividad diurna, tienen costumbres nocturnas. Se alimentan de hojas secas, de materia orgánica en descomposición, de restos vegetales, etc. Pueden ser presa de aves, de reptiles y de micromamíferos.

Interacción con el ser humano

Todas estas especies son comensales del ser humano.

COCHINILLA DE LA HUMEDAD, ARMADILLO
ARMADILLIUM VULGARE

Como todas las otras especies del género, *A. vulgare* presenta volvación, es decir, que puede enroscarse a modo de bola. Se la encuentra en toda la península Ibérica. Es abundante en parques, jardines y solares; no habita en edificios.

Armadillium vulgare.
(De un dibujo de A. Cruz)

COCHINILLA DE LA HUMEDAD, ONISCO
ONISCUS ASELLUS

Esta especie no presenta volvación. Se extiende por las regiones atlánticas de Europa occidental y en la península Ibérica, vive en las regiones septentrionales. Es común en parques, jardines y solares, y escasea en edificios.

COCHINILLA DE LA HUMEDAD, ONISCO
PORCELLIO LAEVIS

No presenta volvación. Vive en toda la península Ibérica. Es común en parques y abundante en jardines y solares; es escasa en edificios.

COCHINILLA DE LA HUMEDAD, ONISCO
PORCELLIO SCABER

Esta especie no presenta volvación. Se la encuentra en las regiones septentrionales de la península Ibérica. Es común en parques, jardines y solares; no habita en edificios.

COCHINILLA DE LA HUMEDAD, ONISCO
PORCELLIONIDES PRUINOSUS

No presenta volvación. Vive en toda la península Ibérica. Es abundante en parques, jardines y solares y común en edificios.

(A. Cruz)

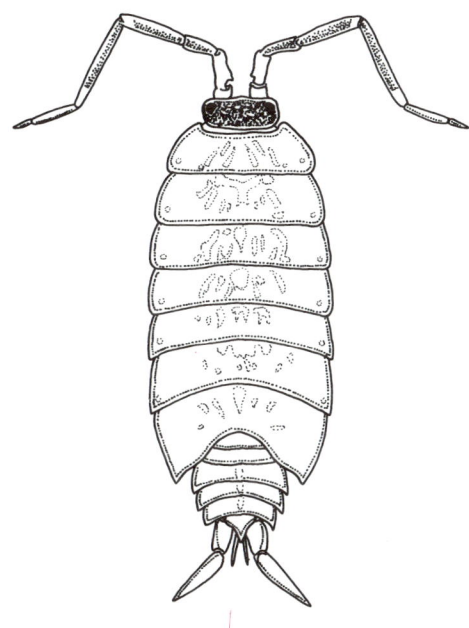

Porcellionides pruinosus. (De un dibujo de A. Cruz)

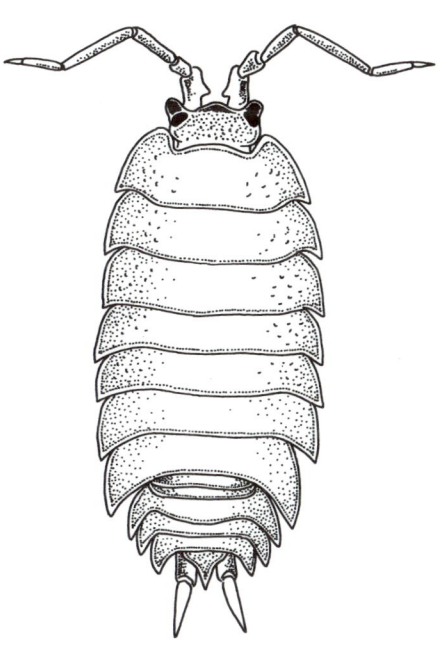

Porcellio scaber. (De un dibujo de A. Cruz.)

COCHINILLA DE MAR
Ligia italica

Tipo	**Arthropoda, artrópodos**
Clase	**Crustacea, crustáceos**
Orden	**Isopoda, isópodos**
Familia	**Ligiidae, lígidos**

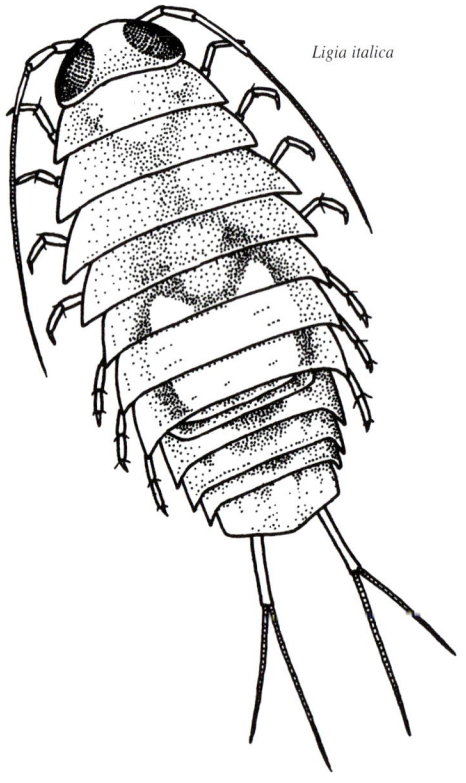

Ligia italica

Distribución
Se la encuentra en las costas mediterráneas y atlánticas de Europa y África. En la península Ibérica y en las islas Baleares, ocupa el litoral de ciudades costeras hasta los 500 m de profundidad.

Hábitat
Vive, se alimenta y se reproduce entre las rocas de la zona supralitoral, sobre la línea de costa donde llegan las olas, en playas, escolleras y puertos.

Biología
La cochinilla de mar es una forma intermedia entre las especies marinas del grupo (las más abundantes) y las terrestres (véase Cochinillas de la humedad en la página 98). Muestra un tipo de vida anfibio. Debido a que también vive en lagunas de aguas salobres, asimismo se la considera un paso intermedio entre los isópodos marinos y los de las aguas dulces continentales.

La mayoría de las especies litorales es activa durante la noche y, en fondos con mareas, durante el flujo y la pleamar. A veces son depredados por cangrejos.

Identificación
Es un crustáceo de ojos sésiles y con 2 antenas largas y anchas. Los apéndices muestran todos una forma y tamaño similares. Los urópodos (la *cola*) son bífidos, filiformes y muy largos. Es de pequeño tamaño. Sus dimensiones varían entre 0,5 cm y 5 cm.

Observación
Los lugares apropiados son las rocas y escolleras al anochecer, durante todo el año. Es una especie muy ágil que se oculta con mucha rapidez. Incluso sumergida bajo el agua, permanece quieta durante un tiempo bastante corto.

(P. ABELLÓ)

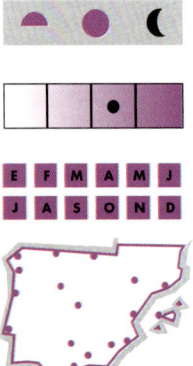

AMFÍPODOS
Orden Amphipoda

Tipo	Arthropoda, artrópodos
Clase	Crustacea, Crustáceos

Identificación

Son crustáceos de ojos sésiles sin facetas, de pequeño tamaño y con apéndices de distintos forma y tamaño. La mayoría de especies tiene el cuerpo lateralmente comprimido. Sus dimensiones varían de 0,5 cm a 5 cm. Las hembras son generalmente más largas que los machos.

Distribución

Viven en las costas mediterráneas y atlánticas de Europa y África. En la península Ibérica, ocupan el litoral de ciudades costeras hasta los 500 m de profundidad.

Hábitat

Viven, se alimentan y se reproducen en playas, escolleras y puertos.

Biología

En general, se reproducen cuando tienen un año de vida, y mueren al cabo de 3 o 4 meses. La reproducción se realiza en playas, puertos y escolleras. El número de huevos varía según la especie entre 1 y 700. El período de incubación dura unos 15 días.
La mayoría de las especies litorales es activa durante la noche y, en fondos con mareas, durante el flujo de la marea y la pleamar. Su alimentación puede ser herbívora, detritívora, carnívora o parásita, según la especie y el estadio de desarrollo.

Observación

Se pueden observar en las playas al anochecer, durante todo el año. Para observarlos de día, es aconsejable levantar restos de arribazón y algas muertas, como *Fucus*, en la zona alta de playas con mareas: las pulgas de mar saltan entonces para esconderse en la arena a toda velocidad.

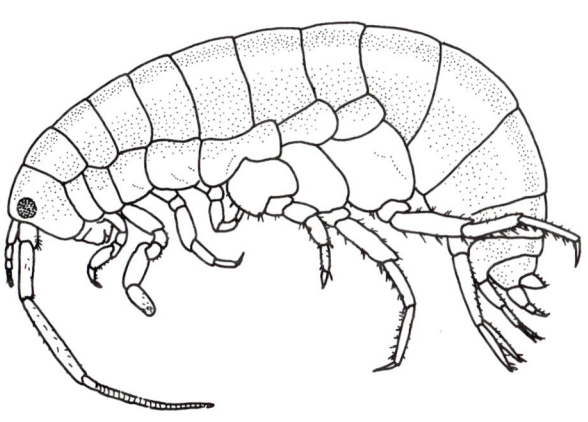

Talitrus saltator

PULGA DE MAR
TALITRUS SALTATOR

Vive en la zona supralitoral de las playas, bajo algas muertas y restos de arribazón. Tiene 2 largas antenas. Tiene unos ritmos circadianos de actividad muy marcados y controlados endógenamente: es activo por la noche y sobre todo durante las bajamares nocturnas. Tiene muy desarrollado el sentido de la orientación y ello le permite regresar a la zona alta de la playa antes de la pleamar y de que despunte el día. Se alimenta de detritos en la playa y es depredado por aves limícolas.

(P. ABELLÓ)

Cat. **Amfípodes**
Eusk. **Arkakusoa**
Por. **Anfípodes**
Fr. **Amphipodes**
It. **Amfipodi**
Ing. **Amphipods**

E	F	M	A	M	J
J	A	S	O	N	D

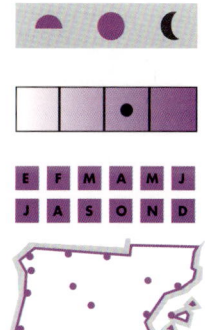

CIRRÍPEDOS
Orden Cirripeda

Tipo	**Arthropoda, artrópodos**
Clase	**Crustacea, crustáceos**

Chthamalus depressus

Cul. **Cirrípedes**
Eusk. **Lanpernak**
Por. **Percebes e cracas**
Fr. **Cirripèdes**
It. **Cirripedi**
Ing. **Barnacles**

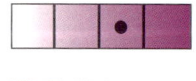

Identificación

Son crustáceos que viven permanentemente fijos a las rocas y conchas de escolleras y puertos, o adheridos a los cascos de los barcos. Son fácilmente identificables por su aspecto de *volcán* o *cráter*. Las larvas tienen una amplia dispersión en el plancton marino de las aguas costeras. La morfología de estos crustáceos está muy modificada debido a su vida fija sobre el substrato. Sus dimensiones oscilan entre los 0,5 cm y los 5 cm.

Distribución

Está presente en las costas mediterráneas y atlánticas de Europa y África. En la península Ibérica, ocupan el litoral de ciudades costeras hasta los 500 m de profundidad.

Hábitat

Viven, se alimentan y se reproducen en playas, escolleras y puertos.

Biología

Los cirrípedos viven fijos al substrato y se reproducen en el mismo lugar en el que viven y se alimentan. Muchas especies son hermafroditas y necesitan asentarse y vivir muy cerca de individuos conespecíficos para realizar una fecundación cruzada mediante un largo pene cuya longitud puede alcanzar varias veces el diámetro del individuo adulto.

Se alimentan de plancton y son presa de cangrejos y gasterópodos del tipo de la cañaílla.

Interacción con el ser humano

Diversas especies de *Balanus* (cirrípedos) pueden fijarse en el casco de los buques y formar inmensas incrustaciones (el *caracolillo*, que en inglés recibe el nombre de *fouling*) que reducen en gran medida la velocidad de avance de los buques. Para combatir la fijación de sus larvas, se han desarrollado pinturas

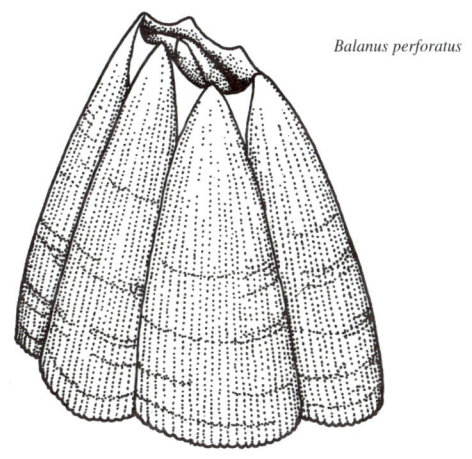

Balanus perforatus

antiincrustantes o *antifouling*, muchas de ellas tóxicas por su elevado contenido en cobre.

Observación
Se pueden observar de día en puertos y escolleras, durante todo el año.

BALANO
BALANUS PERFORATUS
Coloniza substratos duros (rocas y conchas) en la zona infralitoral, por debajo de la superficie. Mide entre 10 mm y 20 mm. Es típico de la zona mediterránea. En la zona atlántica, es sustituido por *B. balanoides*.

BALANO
CHTHAMALUS DEPRESSUS
Compite fuertemente con la especie anterior, pero debido a que resiste mejor fuera del agua, se limita a colonizar la zona supralitoral, apenas mojada por las olas.

(P. Abelló)

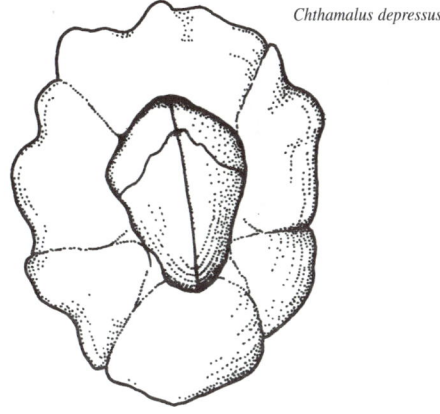

Chthamalus depressus

ERMITAÑOS
Suborden Anomura

Tipo	**Arthropoda, artrópodos**
Clase	**Crustacea, crustáceos**
Orden	**Decapoda, decápodos**

Diogenes pugilator

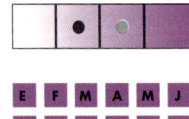

Identificación
Se trata de crustáceos decápodos con el abdomen asimétrico y blando, no segmentado, que el animal protege en el interior de una concha de caracol marino. Algunos ermitaños también llevan anémonas sobre la concha de caracol que llevan a cuestas, lo que contribuye a aumentar su protección. Los machos tienen las pinzas más desarrolladas que las hembras. Las hembras transportan los huevos adheridos a los pleópodos, unos apéndices abdominales que los machos no poseen. La longitud total, desde el rostro hasta el extremo caudal del telson, varía entre 1 cm y 10 cm.

Distribución
Se extienden por las costas del Mediterráneo y las costas atlánticas de Europa y del norte de África. En la península Ibérica e islas Baleares, ocupan el litoral de las ciudades costeras.

Hábitat
Viven en playas, litorales rocosos, escolleras y puertos.

Biología
Se reproducen durante los meses más cálidos, sobre todo entre mayo y septiembre. Las hembras ponen centenares de huevos, pocos de los cuales llegarán a adultos. Hay varias fases larvarias planctónicas. Una vez son adultos, viven dentro de conchas de caracoles. A medida que van creciendo, han de cambiar de concha, lo que ocasiona, cuando éstas son escasas, importantes luchas de competencia. La mayoría es activa al anochecer y durante la noche; en los océanos, también lo es durante el flujo de la marea. Son sedentarios y pueden encontrarse durante todo el año, si bien es más fácil su observación durante el verano, en días de mar calmada. La mayoría de especies es carnívora y se alimenta de invertebrados

bentónicos (ej., pequeños crustáceos y poliquetos), aunque en algunos casos pueden alimentarse de algas. A su vez, son presa de pulpos y peces, tales como blénidos, lubinas, doradas y otros espáridos, como sargos, raspallones y mabras o herreros.

Interacción con el ser humano
La interacción con los ermitaños es mínima y no va más allá del uso ocasional para la pesca deportiva.

Observación
Es preferible utilizar gafas submarinas, pero las especies más comunes pueden observarse en charcos litorales y mareales, o bien en días de mar en calma, sin necesidad de meterse en el agua.

Clibanarius erythropus

PIADA
CLIBANARIUS ERYTHROPUS
Es un ermitaño de roca cuyas características diferenciales más evidentes son la coloración verdosa y los extremos de color rojo de las patas ambulatorias. Mide hasta 16 cm. Es el ermitaño más fácil de observar en escolleras y en el litoral rocoso. Utiliza las rocas de las escolleras como zona de refugio y de alimentación.

ERMITAÑO DE ARENA
DIOGENES PUGILATOR
Es de coloración pálida y de pequeño tamaño; muestra un marcado dimorfismo sexual en la forma de la pinza izquierda, mucho más desarrollada en los machos que en las hembras. Puede alcanzar los 12 cm. Es fácil observarlo en playas de arena fina. Cuando no está activo, se entierra en la arena de las playas.

(P. ABELLÓ)

Ejemplar hembra de *Diogenes pugilator* con huevos adheridos a los pleópodos del abdomen

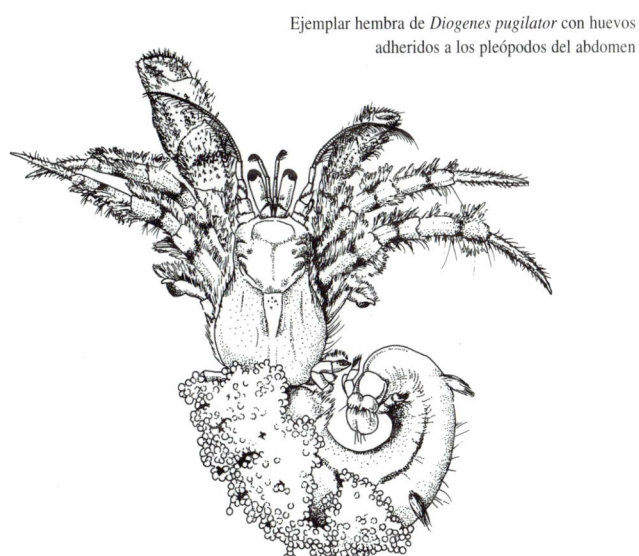

QUISQUILLAS Y CAMARONES
Suborden Caridea

Tipo	Arthropoda, artrópodos
Clase	Crustacea, crustáceos
Orden	Decapoda, decápodos

Crangon crangon

Cat. **Gambetes**
Eusk. **Izkirak**
Por. **Camarões**
Fr. **Crevettes**
It. **Gamberi**
Ing. **Prawns or shrimps**

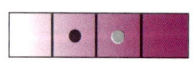

Identificación

Son crustáceos decápodos dotados de cierta capacidad natatoria y con el abdomen segmentado, bien desarrollado y comprimido lateralmente. Carecen de dimorfismo sexual aparente; las hembras transportan los huevos en los apéndices abdominales. La longitud total, desde el rostro hasta el extremo caudal del telson, varía entre 1 cm y 10 cm.

Distribución

Se extienden por las costas del Mediterráneo y las costas atlánticas de Europa y del norte de África. Se les puede encontrar en el litoral de todas las ciudades costeras de la península Ibérica e islas Baleares.

Hábitat

Viven en playas, litorales rocosos, escolleras y puertos.

Biología

Se reproducen durante los meses más cálidos, sobre todo entre mayo y septiembre. Las hembras ponen centenares de huevos, pocos de los cuales llegarán a adultos. Algunas especies pueden desovar varias veces al año. Se desarrollan varias fases larvarias planctónicas. Los camarones y quisquillas tienen hábitos gregarios. La mayoría de especies son activas al anochecer y durante la noche; en las costas oceánicas, también lo son durante el flujo de la marea. Suelen realizar migraciones horizontales. Son sedentarios y pueden encontrarse durante todo el año, si bien es más fácil su observación durante el verano, en días de mar calmada. La mayoría de especies es carnívora y se alimenta de invertebrados bentónicos, aunque en algunos casos pueden alimentarse de algas. A su vez, son presa de pulpos y peces, tales como blénidos, lubinas, doradas y otros espáridos como sargos, raspallones y mabras o herreros.

Observación

Es preferible utilizar gafas submarinas, pero las especies más comunes pueden observarse en charcos litorales y mareales, o bien en días de mar en calma, sin necesidad de meterse en el agua.

CAMARÓN DE ROCA
PALAEMON ELEGANS

Es una pequeña gamba de coloración casi transparente, con algunas bandas marrones verticales, y con manchas anaranjadas y azules en las patas. Mide unos 5 cm y presenta unas antenas 1,5 veces más largas que el cuerpo. El rostro es dentado y casi tan largo como el cefalotórax. Vive entre las rocas y en charcas intermareales, y es la gamba más fácil de observar en escolleras y en el litoral rocoso; cuando no está activa, utiliza las rocas de las escolleras como zona de refugio. Se pesca con reteles y gamberas para ser consumido como quisquilla.

CAMARÓN MONEGASCO
LYSMATA SETICAUDATA

Es una gamba de pequeño tamaño, de coloración rojiza y con unas marcadas líneas rojas longitudinales a lo largo del abdomen. El macho mide 2,5 cm y la hembra 6 cm. Vive entre algas y rocas a poca profundidad y utiliza las rocas de las escolleras como zona de refugio.

QUISQUILLA
CRANGON CRANGON

Crangon crangon es una gamba de cuerpo comprimido y coloración pardo clara. El macho mide 5 cm y la hembra 9 cm. Es típica de los fondos de arena y de las praderas de fanerógamas marinas; cuando no está activa, se entierra en la arena de las playas.

(P. ABELLÓ)

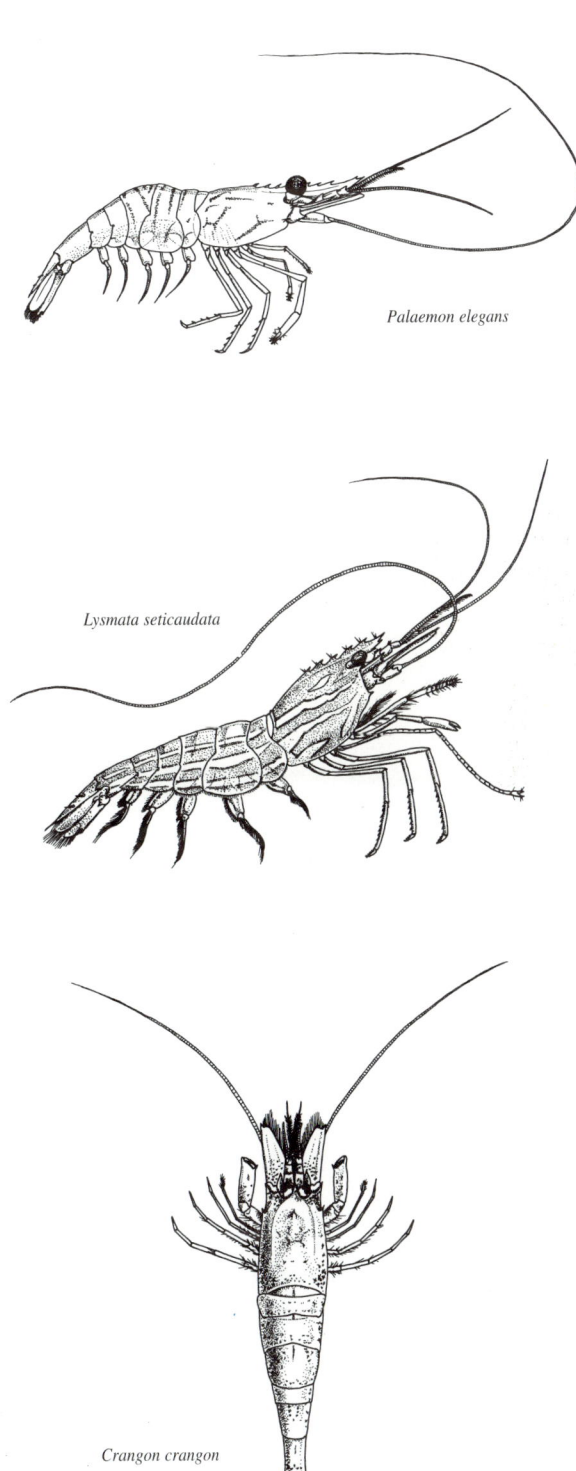

Palaemon elegans

Lysmata seticaudata

Crangon crangon

CANGREJOS
Suborden Brachyura

Tipo	**Arthropoda, artrópodos**
Clase	**Crustacea, crustáceos**
Orden	**Decapoda, decápodos**

Identificación
Los cangrejos tienen el cefalotórax muy desarrollado y plano, y el abdomen muy reducido y doblado bajo él. La anchura del cefalotórax de las espe-

Carcinus aestuarii

Cat. **Crancs**
Eusk. **Karramarroak**
Gal. **Cangrexos**
Por. **Caranguejos**
Fr. **Crabes**
It. **Granchio**
Ing. **Crabs**

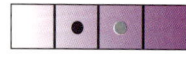

cies más características varía de 1 cm a 8 cm. Los machos se distinguen de las hembras por tener el abdomen triangular, mientras que estas últimas lo tienen ovalado y más ancho.

Distribución
En la península Ibérica y en las islas Baleares, pueden encontrarse cangrejos en todas sus costas.

Hábitat
En general, son comunes y a veces abundantes en puertos, escolleras y playas rocosas.

Biología
Los cangrejos litorales se reproducen en verano. Las hembras ponen de 1 000 a 100 000 huevos por puesta. Las hembras retienen los huevos adheridos a los pleópodos abdominales. De los huevos eclosionan larvas pelágicas que se dispersan por el plancton costero. Los cangrejos litorales de roca son especies

de hábitos solitarios y territoriales que defienden los agujeros y grietas en los que se refugian durante el día. Las especies de fondos blandos que no excavan galerías tienen hábitos más nómadas. Todos ellos son sedentarios, aunque sus larvas se dispersen en el plancton marino y, con la excepción de *Carcinus aestuarii* (de entre las especies que aquí se tratan), regresan a la costa en verano. Suelen ser más activos durante la noche, aunque en zonas con mareas son activos durante el flujo o subida de la marea. Se alimentan de otros invertebrados marinos, como crustáceos, moluscos bivalvos y gasterópodos prosobranquios, y también de algunas especies de algas. En los puertos y escolleras, los cangrejos son depredados por pulpos, congrios y otros peces.

Interacción con el ser humano
Carcinus maenas y *C. aestuarii* pueden producir daños en cultivos marisqueros de bivalvos. Suelen pescarse o capturarse con distintos métodos, para su consumo directo o en arroces, sopas, etc., o bien para su uso como cebo de pesca deportiva con caña, sobre todo los individuos blandos que acaban de mudar.

CANGREJO DE ROCA
PACHYGRAPSUS MARMORATUS
Tiene el caparazón cuadrangular, de color negro, y suele emerger del agua en las escolleras. Mide 4 cm de anchura del cefalotórax. En la península Ibérica, se le encuentra en las ciudades costeras mediterráneas y en las islas Baleares. Vive exclusivamente en la zona de rompientes de rompeolas, escolleras y otras áreas rocosas. Tiene muy buena vista y se esconde rápidamente entre las piedras y oquedades tan pronto como capta algún movimiento.

CANGREJO PELUDO
ERIPHIA VERRUCOSA
Tiene el caparazón rugoso y peludo, las puntas de las pinzas negras, y vive en

agujeros de rocas. La anchura del cefalotórax es de 7 cm. En la península Ibérica, se le encuentra en las ciudades costeras mediterráneas y en las islas Baleares. Vive en zonas litorales rocosas con abundantes grietas y orificios. Es común en escolleras y en la zona de rompientes.

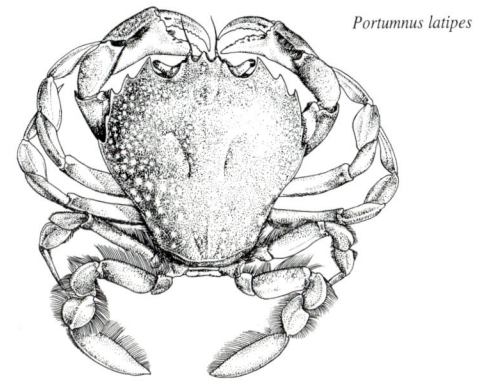

Portumnus latipes

CANGREJITO DE ARENA
PORTUMNUS LATIPES

El extremo del quinto par de patas es lanceolado. La longitud del cefalotórax es de 3 cm. En la península Ibérica, se le encuentra en el litoral de las ciudades costeras mediterráneas y de las islas Baleares. Suele vivir enterrado en la arena de las playas. Es común en playas de arena fina. Se descubre sobre todo durante el reflujo de las olas, mientras se entierra en la arena; también puede descubrirse porque adopta una coloración distinta que la arena en la que está enterrado.

CANGREJO VERDE
CARCINUS MAENAS

Es el cangrejo intermareal atlántico por excelencia. Su caparazón es liso, verdoso y con 5 espinas anterolaterales. En la península Ibérica, se le encuentra en el litoral de las ciudades costeras del Atlántico. Es común y a veces abundante en la zona intermareal de puertos, estuarios y zonas rocosas. Es fácil de observar durante el reflujo, entre las algas, en los niveles más bajos de la zona descubierta por la marea. Los juveniles se pueden ver en verano bajo algas y entre grava, en los niveles más altos de la zona intermareal.

Carcinus maenas

CANGREJO VERDE (mediterráneo)
CARCINUS AESTUARII

Es similar a *C. maenas*, pero el caparazón es casi tan largo como ancho y tiene las 5 espinas anterolaterales más salientes. La anchura del cefalotórax es de 6,5 cm. En la península Ibérica, se le encuentra en el litoral de las ciudades costeras mediterráneas y en las islas Baleares. Es común en puertos, marismas y zonas deltaicas.

(P. ABELLÓ)

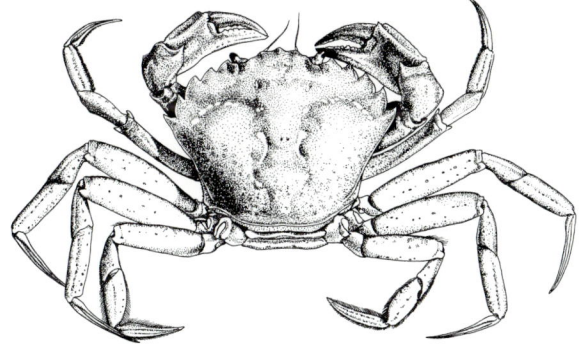

Carcinus aestuarii

INSECTOS

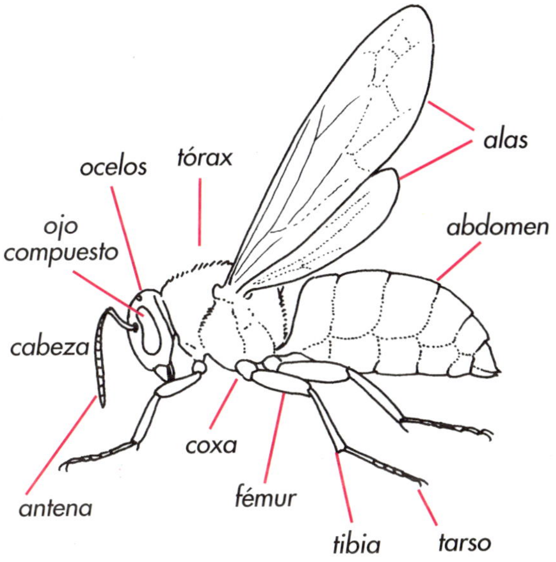
alas
tórax
ocelos
ojo compuesto
abdomen
cabeza
coxa
antena
fémur
tibia
tarso

MARIPOSAS

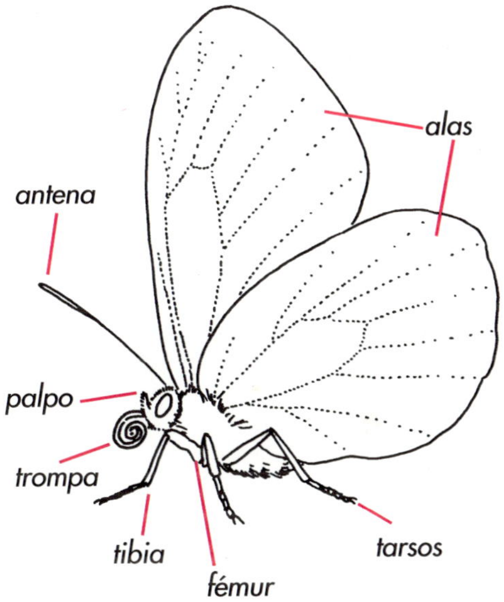
alas
antena
palpo
trompa
tibia
fémur
tarsos

ESCARABAJOS

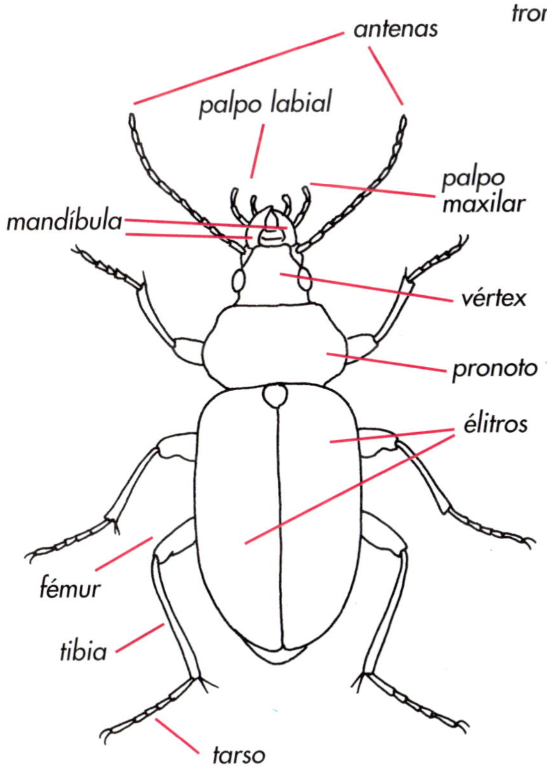
antenas
palpo labial
palpo maxilar
mandíbula
vértex
pronoto
élitros
fémur
tibia
tarso

PECECILLOS DE PLATA, LEPISMAS, PECECILLOS DE FUEGO
Orden Zygentoma

Tipo	**Arthropoda, artrópodos**
Clase	**Insecta, insectos**

Identificación

Los lepismas son insectos de forma oval y aplanados dorsoventralmente que carecen totalmente de alas y suelen tener el tórax algo más ancho que el abdomen. El cuerpo y los apéndices

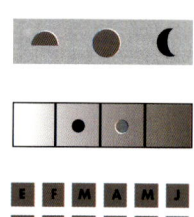

Proatelurina pseudolepisma

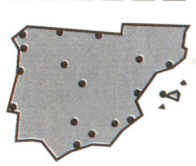

E	F	M	A	M	J
J	A	S	O	N	D

están recubiertos de escamas que les dan una irisación plateada y de ahí procede el nombre de *pececillos de plata*. La cabeza tiene unas antenas bastante largas (algo más largas que el tórax). El cuerpo termina en 3 filamentos caudales; uno impar o paracerco, más largo que los 2 que lo flanquean que se denominan *cercos*. Sus piezas bucales son del tipo masticador. Algunas especies tienen ojos compuestos; en otras están degenerados o ausentes. Todas ellas muestran genitales externos y algunos presentan apéndices abdominales. Los representantes de este orden tienen longitudes que varían entre 2 mm y 20 mm, sin contar los filamentos caudales y las antenas. Por lo general, los

que se encuentran en las casas miden de 1 cm a 2 cm. Todas las especies son muy similares y las principales diferencias son la longitud del cuerpo, el color de las escamas, y la longitud de las antenas y de los filamentos caudales.

Distribución

Este grupo es cosmopolita. Varias especies colonizaron las ciudades de forma espontánea en épocas antiguas, mientras que otras han sido introducidas. Viven en ciudades de toda la península Ibérica.

Hábitat

Son sobre todo comunes en edificios, donde frecuentan los lugares con un cierto grado de humedad, como baños, cocinas, despensas y sótanos. También pueden hallarse entre libros y papeles, detrás de paredes empapeladas o en montones de papel, sobre todo si éstos se encuentran en lugares húmedos. Algunas especies prefieren los sitios secos, con temperaturas más elevadas, y la mayoría de ellas se halla asimismo, si bien con escasa frecuencia, en hábitats como parques forestales secos, jardines, cementerios, calles y solares.

Biología

La época de cría de algunas especies de este orden se desconoce por completo. Las que se mantienen en laboratorio se reproducen durante todo el año. El desarrollo de las crías es directo y consiste en un mero crecimiento gradual por medio de mudas, sin cambios morfológicos aparentes y tan sólo con variaciones de tamaño.

Los lepismas son sedentarios, solitarios y gregarios, y tienen costumbres nocturnas. Su dieta es detritívora y se alimentan sobre todo de carbohidratos de origen vegetal, que complementan con un leve aporte proteínico. Entre sus alimentos más habituales están el engrudo que sirve para empapelar las habitaciones de las casas (y ello explica que el papel se arranque o se suelte), las colas de encuadernar libros y varios tipos de papel. También se nutren de restos alimentarios, de fragmentos de insectos muertos y de materias textiles de origen vegetal como el algodón, el lino y el rayón. Algunas especies son comensales o parásitos en hormigueros.

Interacción con el ser humano
Aunque con ciertas reservas, pueden considerarse parásitas porque afectan a la propiedad y causan, por tanto, perjuicios indirectos. Las plagas son raras y se dan en zonas que no se mantienen o no se utilizan con frecuencia, como casas deshabitadas, paredes cubiertas por armarios que no se mueven, etc.

Observación
Las zonas de observación preferentes son los cuartos de baño, cocinas, desvanes, almacenes y rincones de edificios.

CTENOLEPISMA CILIATA
El cuerpo es alargado y fusiforme, cubierto por escamas de color pardo grisáceo más o menos oscuro. Mide hasta 10 mm sin antenas ni filamentos caudales. Se extiende por toda la mitad meridional de la península Ibérica y es muy frecuente al sur del valle del Tajo. En la mitad septentrional, sólo parece ser relativamente abundante en el valle del Ebro. Es bastante frecuente en las islas Baleares. Vive en gran variedad de hábitats. En las ciudades puede hallarse en jardines y parques urbanos.

CTENOLEPISMA LINEATA
Tiene un cuerpo alargado y fusiforme. Las escamas que lo cubren forman unas bandas longitudinales de color claro que se alternan con otras de color oscuro. Mide hasta 12 mm. Está ampliamente distribuido por la mitad occidental de la península Ibérica. Es más abundante hacia el sur y hay citas aisladas en el valle del Ebro e islas Baleares. Aunque vive preferentemente en hábitats naturales, en algunas zonas se introduce en las casas (Ávila, Huelva, Madrid y Salamanca).

CTENOLEPISMA LONGICAUDATA
Es el lepisma de mayor tamaño de nuestra fauna. Como indica su nombre específico, tiene los filamentos más largos que el cuerpo y también las antenas, lo que permite diferenciarlo del pececillo de plata. Tiene el cuerpo fusiforme y aplanado, de color gris oscuro por la cara dorsal (puede producir irisaciones por refracción de la luz) y más claro por la cara ventral. La hembra

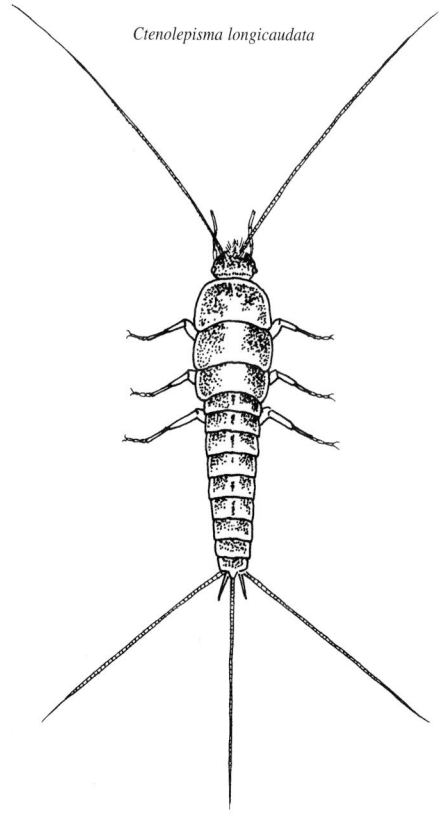

Ctenolepisma longicaudata

mide 15,5 mm como media y suele ser algo mayor que el macho, cuyo tamaño medio es de 12,5 mm.

Se desconoce el área de procedencia de esta especie, que se ha citado en casi todos los continentes. En la península Ibérica, se ha hallado con frecuencia en localidades de la costa y también en algunas del valle del Guadalquivir. Se ha citado su presencia en Madrid. No tolera los climas fríos. Es una especie antropófila, que se encuentra tanto en casas abandonadas como de reciente construcción.

CTENOLEPISMA TARGIONII

Con el cuerpo alargado y fusiforme y las escamas de color grisáceo con reflejos plateados, es muy parecida a *C. longicaudata.* Mide hasta 9 mm. Es una especie circunmediterránea. En la península Ibérica, se halla con más frecuencia en las provincias costeras, pero también se ha encontrado en Madrid y Toledo. Es antropófila y prefiere casas abandonadas o establos.

PROATELURINA PSEUDOLE-PISMA

Su cuerpo es oval fusiforme y está cubierto por escamas amarillo doradas. Mide de 4 mm a 5 mm, aunque puede alcanzar los 7 mm. Está ampliamente distribuida por toda la región mediterránea de la península Ibérica e islas Baleares. Se encuentra sobre todo en hábitats naturales, en lugares sombreados y húmedos con vegetación arbórea. Puede vivir en hormigueros abandonados. En las ciudades vive en jardines y parques urbanos.

(C. Bach, M. Gaju y R. Molero)

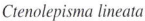

Ctenolepisma lineata

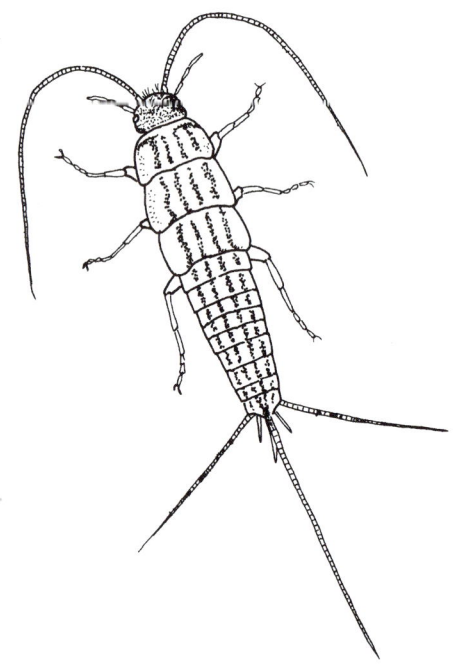

PECECILLO DE PLATA
Lepisma saccharina

Tipo	**Arthropoda, artrópodos**
Clase	**Insecta, insectos**
Orden	**Zygentoma, pececillos de plata**
Familia	**Lepismatidae, lepismas**

Lepisma saccharina

Identificación

Es un lepisma de cuerpo fusiforme y cubierto de escamas grises que producen un brillo plateado; de ahí el nombre vulgar con el que se conoce. Las antenas son más cortas que el cuerpo, pero mayores que la mitad de su longitud. Los filamentos terminales miden unos 4 mm. La longitud total varía de 6,3 mm a 11 mm.

Distribución

Es cosmopolita. Colonizó espontáneamente la región mediterránea y fue introducido en las ciudades de otras zonas. Vive en toda la península Ibérica, aunque en hábitats naturales sólo se encuentra en la zona mediterránea.

Hábitat

Es común en parques forestales umbrosos y en edificios, y más escaso en parques forestales secos, solares y calles. Algunas veces esta especie se ha hallado en hormigueros.

Biología

Se reproduce durante todo el año en desvanes, almacenes y edificios, sobre todo si estos últimos están en ruinas. La hembra pone un centenar de huevos, individuales o en grupos, generalmente en grietas o escondrijos. Los huevos no quedan adheridos a la superficie donde los deja la hembra; al principio son blancos y de pequeño tamaño pero casi inmediatamente se vuelven pardos y, a partir de entonces, es difícil descubrirlos. El tiempo que transcurre hasta la eclosión varía entre 2 y 8 semanas según la temperatura y la humedad.

Interacción con el ser humano

Suele ser comensal. Tan sólo en determinados casos su actuación es nociva, por ejemplo, cuando estropea herbarios, libros antiguos u otros objetos o colecciones valiosas.

Observación

La mejor manera de observarlo es encender la luz del cuarto de baño o remover libros u objetos que han estado bastante tiempo sin que nadie los tocara.

(C. BACH, M. GAJU y R. MOLERO)

Cat. **Peixet de plata**
Eusk. **Zilarrarraina**
Por. **Peixinho-da-prata**
Fr. **Petit poisson d'argent, lepisme**
It. **Pesciolino d'argento**
Ing. **Silverfish**

LIBÉLULAS, CABALLITOS DEL DIABLO, DAMISELAS   Orden Odonata

Tipo	**Arthropoda, artrópodos**
Clase	**Insecta, insectos**

Identificación

Son insectos de tamaño mediano a grande, con el abdomen cilíndrico y alargado. Tienen las alas membranosas, con abundantes venas en forma de retículo, y los ojos compuestos por hasta

Cordulegaster boltonii

Cat. **Espia-dimonis,
    cavallets del diable**
Eusk. **Txitxiburdutziak**
Gal. **Libeliñas**
Por. **Libélulas**
Fr. **Libellules, demoiselles**
It. **Libellule**
Ing. **Dragonflies, dam-
    selflies**

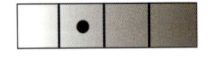

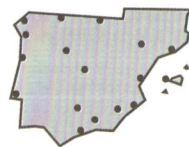

30 000 ocelos o facetas. La coloración del cuerpo suele ser vistosa y a veces tiene brillos metálicos. Las alas, en cambio, tienen una coloración hialina en la mayoría de especies europeas. La longitud corporal varía de 2,5 cm a 8 cm. El dimorfismo sexual es acusado en algunas especies y los machos suelen tener colores más vivos.

Distribución

Son cosmopolitas y es probable que la colonización de las ciudades obedezca a la capacidad de dispersión durante el período prerreproductor. Ocupa toda la península Ibérica e islas Baleares. Se encuentran en todas sus ciudades siempre que en éstas haya masas de agua no contaminada.

Hábitat

Pueden ser abundantes en ríos, lagos y estanques, y abundantes en jardines y parques forestales umbrosos. No suelen serlo tanto en parques forestales secos y, aunque son escasas en calles y edificios, a veces penetran en estos últimos, donde probablemente buscan lugares frescos. En términos generales, su abundancia en las ciudades depende del estado de conservación de los ríos, arroyos y masas de agua estancada.

Biología

Se reproducen durante el período verano-otoño en zonas ajardinadas con masas de agua. Sus larvas también pueden encontrarse en piscinas, pero no sobreviven al tratamiento de las aguas con cloro. Una sola hembra puede poner centenares de huevos, entre los cuales la mortalidad es de un 95 %. Son estivales y tienen un modo de vida solitario. Suelen ser diurnos, aunque en su ambiente natural pasan las horas más cálidas del día posados a la sombra, lo que explica su presencia en edificios. Algunas especies son crepusculares. Son eminentemente visuales (parece ser que carecen de feromonas, lo cual es sorprendente tratándose de insectos) y capturan, ayudándose de la vista, pequeños animales voladores, sobre todo moscas, mariposas y mosquitos.

Interacción con el ser humano

Son beneficiosos, ya que sus hábitos alimentarios los convierten en potenciales controladores de moscas y mosquitos.

● Nota

En la mayoría de países europeos, reciben nombres que las asocian con el diablo, con dragones y con otros seres malignos. En Costa Rica, entre los muchos nombres que reciben hay uno que desconcierta a todos los estudiosos del tema, el de *gallegos,* cuyo origen se desconoce por completo. Las libélulas son el emblema del pueblo japonés y uno de los antiguos nombres de este país significa "isla de libélulas". Los japoneses capturan a las libélulas con un ingenioso método que consiste en lanzar al aire dos pequeños pesos unidos por un hilo; cuando la libélula intenta capturar el objeto, al que confunde con una presa, queda enredada en él y cae al suelo.

LIBÉLULAS
SUBORDEN ANISOPTERA

Las alas anteriores son distintas de las posteriores y, en general, sus ojos se tocan en el centro de la cabeza. Se posan siempre con las alas extendidas.

Aeshna cyanea

Tiene una mancha negra en la cabeza en forma de T. El tórax es pardo oscuro con manchas grandes amarillo verdosas. Las alas son hialinas o ligeramente pardas y alcanzan hasta 5 cm de envergadura. El abdomen es oscuro con manchas verdes y mide entre 5 cm y 6 cm. Vive en toda la península Ibérica e islas Baleares.

Cordulegaster boltonii

La cabeza tiene un triángulo occipital amarillo. El tórax está marcado en los costados por 3 bandas amarillas. El abdomen es negro y con anillas amarillas. El ovipositor de la hembra es negro y tiene una mancha amarilla en la base. Las alas alcanzan hasta 4,7 cm de envergadura. En el macho, el abdomen mide entre 5,5 cm y 6 cm, y en la hembra, entre 6 cm y 6,5 cm. Se encuentra en toda la península Ibérica.

CABALLITOS DEL DIABLO
SUBORDEN ZYGOPTERA

Tienen las 4 alas iguales y sus ojos nunca entran en contacto, ya que ocupan ambos extremos de la cabeza. Todas las especies, excepto las del género *Lestes,* se posan con las alas recogidas.

Calopteryx virgo

Las alas del macho son de color azul violeta oscuro brillante y las de la hembra, de color rojizo y algo ahumado, y el cuerpo es enteramente verde brillante. El abdomen mide entre 3,3 cm y 4 cm, y las alas, hasta 3,5 cm de envergadura. Vive en toda la península Ibérica.

(A. CORDERO)

Aeshna cyanea

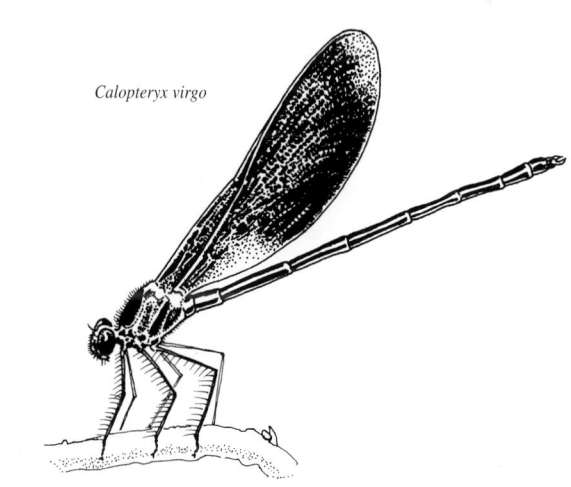

Calopteryx virgo

GRILLOS VERDADEROS
Familia Gryllidae

Tipo	**Arthropoda, artrópodos**
Clase	**Insecta, insectos**
Orden	**Orthoptera, grillos y saltamontes**

Gryllomorpha dalmatina

Cat. **Grills**
Eusk. **Kiljirrak**
Por. **Grilos**
Fr. **Grlllons**
It. **Grilli**
Ang. **Crickets**

Identificación
Los grillos verdaderos tienen la cabeza grande y globosa, y las patas fuertes con los fémures posteriores robustos. Las tibias anteriores tienen 1 o 2 tímpanos auditivos y las antenas son muy largas. Las hembras muestran un oviscapto largo.

Distribución
Se encuentran en toda la península Ibérica e islas Baleares.

● Nota
El grillo que antaño se utilizaba en Europa para los concursos de grillos es la especie *Gryllus campestris,* que vive a altitudes superiores a las de su congénere *G. bimaculatus.*

GRYLLUS BIMACULATUS
Es una especie muy próxima al grillo campestre. Tiene una coloración negra con 2 manchas amarillas, una en cada élitro, situadas en la base en contacto con el pronoto. La longitud total es de 2 cm a 3,3 cm. La hembra tiene un largo oviscapto de entre 12 mm y 17 mm. Se encuentra en Europa meridional, Córcega, Creta, norte de África, y Asia menor y central. Es ocasional en ciudades de la España seca y de Baleares, sobre todo en la costa, y es más abundante en las provincias meridionales. Su distribución abarca las islas Baleares y las siguientes provincias peninsulares: Barcelona, Cádiz, Castellón, Cuenca, Girona, Granada, Jaén, Málaga, Madrid, Sevilla, Soria, Tarragona, Valencia y Zaragoza. Vive en parques y jardines. Su capacidad de volar le permite desplazarse a otros hábitats, atraído por las luces artificiales de las ciudades y urbanizaciones. No se reproduce en el casco urbano, pero sí es posible que lo haga en jardines y parques forestales próximos, ya que vive debajo de las piedras y no necesita escarbar galerías en el suelo. También cría en zonas de cultivo próximas, donde puede provocar pérdidas económicas. Hay unos diez estadios de crecimiento. Es solitario y gregario, sedentario, crepuscular y nocturno. Es omnívoro y tan sólo ocasionalmente se alimenta en la ciudad. Se puede observar en el suelo, cerca de lámparas artificiales, durante las noches de verano.

GRYLLOMORPHA DALMATINA

Tiene una coloración testácea (marrón más o menos oscura), con pequeñas manchas repartidas por todo el cuerpo y extremidades. La cabeza presenta una banda transversal amarillenta y una línea longitudinal que pasa entre los ojos. El pronoto muestra un diseño en forma de cruz. No tiene élitros ni alas en estado adulto, característica que le impide cantar y volar. Mide entre 14 mm y 19 mm de longitud total. La hembra suele ser mayor y muestra un largo oviscapto de entre 12 mm y 17 mm. Se extiende por la cuenca del Mediterráneo y por otras zonas de África, Asia y Europa. Vive en ciudades de la península Ibérica e islas Baleares hasta los 500 m de altitud. Es más común en el norte de la Península y algo menos en el centro y sur, donde es más común *G. uclensis*. Es escaso en la ciudad y habita sobre todo en construcciones umbrías (bodegas, garajes, etc.) similares a las cuevas que utiliza en la naturaleza. Se reproduce durante el otoño y el invierno en zonas muy oscuras y húmedas (garajes, almacenes, bodegas). Es una especie sedentaria y nocturna. Es omnívoro y se alimenta en los mismos lugares en los que cría. Corre por el suelo y por las paredes, detrás de muebles u otros objetos que puedan servirle de escondite.

GRILLO DOMÉSTICO
ACHETA DOMESTICUS

Tiene una coloración pajiza con manchas marrones en la cabeza, pronoto y patas. La cabeza es marrón y tiene 2 bandas transversales amarillentas. El pronoto también muestra 2 manchas. Los élitros cubren el abdomen y las alas están bien desarrolladas. El canto es similar al del grillo campestre pero más suave. La hembra tiene oviscapto. Mide entre 13 mm y 20 mm de longitud total. El oviscapto en la hembra es más largo que los fémures posteriores y mide de 9 mm a 14 mm. Aunque hoy es una especie cosmopolita (Norteamérica, Asia, África y Europa), según diversos autores es probable que sea originaria de las zonas desérticas del suroeste de Asia. Vive en todas las ciudades de la península Ibérica e islas Baleares. Es común en edificios, sobre todo en cocinas, panaderías y fábricas con temperaturas elevadas; a veces se encuentra en vertederos de basura que se mantienen calientes por la fermentación de los desperdicios. Es escaso en jardines, solares y calles. Las hembras tienen múltiples crías al año que atravesarán 11 estadios de crecimiento antes de llegar a adultas. En cautividad, a 30 °C de temperatura, pueden obtenerse 5 generaciones al año. Es solitario y gregario. Es una especie sedentaria, crepuscular y nocturna, y su actividad está relacionada con la temperatura. Es útil para el hombre, ya que se cría en laboratorios para realizar experimentos y también para la alimentación de aves y mamíferos cautivos. Es difícil de ver y se identifica por el canto.

(J. Mª Olmo Vidal)

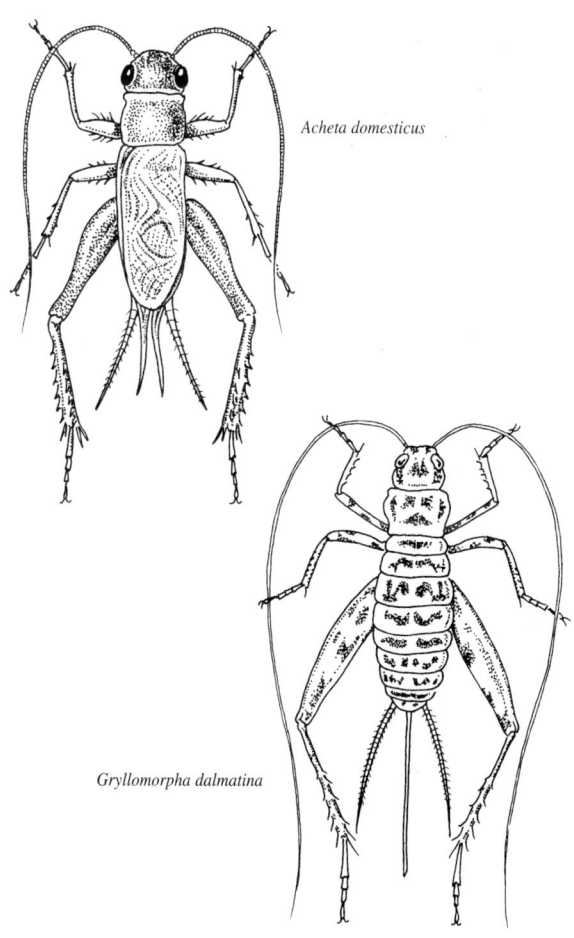

Acheta domesticus

Gryllomorpha dalmatina

SALTAMONTES Y LANGOSTAS VERDADEROS   Familia Acrididae

Tipo	**Arthropoda, artrópodos**
Clase	**Insecta, insectos**
Orden	**Orthoptera, grillos y saltamontes**

Anacridium aegyptium

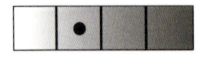

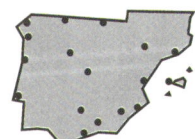

Eusk. **Matxin-saltoak**
Por. **Gafanhotos**
Fr. **Criquets**
Ang. **Grashoppers**

Identificación
En todas las especies de esta familia, los machos tienen el ápice del abdomen más o menos redondeado y las hembras, un oviscapto corto formado por 4 valvas. Las antenas son cortas.

SALTAMONTES COMUNES
GÉNERO *AIOLOPUS*
Especies ejemplo: *Aiolopus thalassinus, Aiolopus strepens*
El cuerpo es alargado y de coloración muy variable: marrón, gris o incluso con algunas bandas verdes. Las alas son amarillentas, con una mancha apical oscura y los élitros, de marrones a grisáceos con algunas manchas claras. Las tibias posteriores son rojizas con un anillo blanco en la base. En *A. thalassinus* los machos miden de 15 mm a 22 mm y las hembras, de 20 mm a 29,5 mm. *A. strepens* es muy parecido, es un poco más robusto y tiene las alas azuladas. Viven en África, Asia, Europa y Oceanía. En la península Ibérica e islas Baleares, son quizá las especies más comunes y de más amplia distribución, por lo que es muy probable su presencia en la ciudad. *A. strepens* prefiere lugares más secos que *A. thalassinus.* Son localmente comunes en solares y zonas sin urbanizar, y escasos en parques, jardines y calles. Pueden colonizar nuevas zonas gracias a su capacidad para el vuelo. Hay 1 o 2 generaciones al año según la latitud. Son especies gregarias: cuando las condiciones son favorables, siempre se observan bastantes ejemplares en una misma zona. También son sedentarios y de costumbres diurnas. Los ejemplares de ambas especies se desplazan volando cuando se les levanta del suelo donde reposan (sobre todo en verano y en otoño).

CIGARRÓN EGIPCIO
ANACRIDIUM AEGYPTIUM
La coloración varía del gris al marrón. Suele mostrar una línea longitudinal amarillenta en el pronoto (anaranjada en el macho). Presenta un tubérculo cónico en la parte inferior del tórax (proesterno), característico de esta familia. Los fémures posteriores mues-

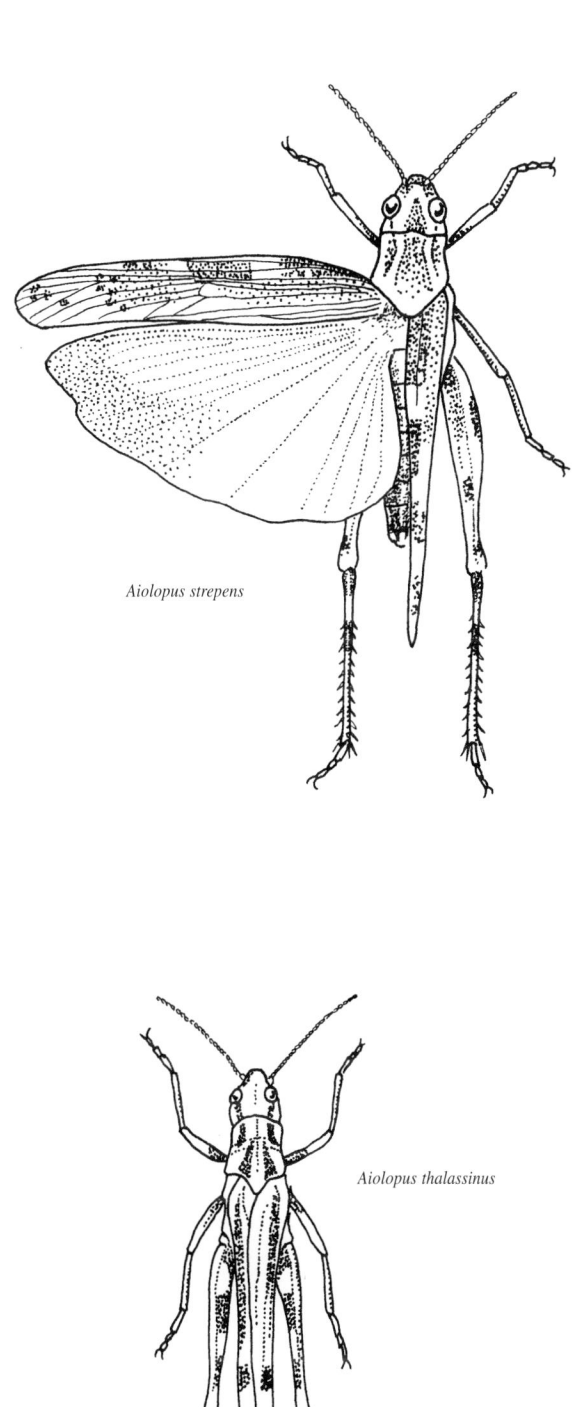

tran 3 manchas oscuras. Las alas son oscuras. El macho mide de 3 cm a 5,5 cm y la hembra, de 4,5 cm a 7 cm. Es un buen volador. Su distribución es típicamente mediterránea. Vive en todas las ciudades de la península Ibérica e islas Baleares. Es probable que haya estado presente desde siempre en las ciudades del Mediterráneo. Se encuentra en parques, jardines, playas, calles y solares cuando sale de la diapausa en días soleados de invierno y a principios de primavera. Aunque su presencia en la ciudad es probablemente accidental, el cigarrón egipcio es quizá el único saltamontes que puede observarse con cierta regularidad en los cascos urbanos. No se reproduce en la ciudad, pero sí en parques forestales cercanos (en Barcelona, por ejemplo, se reproduce en el parque periurbano de Collserola y hace unos años se reproducía en los solares y descampados con vegetación en los que luego se construyó la Villa Olímpica). Hay 1 generación al año, con puestas de 30 a 200 huevos, y las crías realizan 6 o 7 mudas; en la ciudad, no obstante, sólo se observan los adultos. Tiene costumbres solitarias y es hibernante como adulto, lo que no es muy frecuente para un ortóptero de nuestras latitudes. Según parece, la hibernación es esencial para que este insecto madure sexualmente. Es fitófago y es probable que no se alimente en la ciudad; no está claro si utiliza la ciudad como refugio o si entra de forma casual en la ciudad durante la dispersión –y búsqueda de zonas de reproducción– subsiguiente a la diapausa. Es una presa fácil cuando hiberna o realiza movimientos lentos debido a la baja temperatura; en verano, por el contrario, vuela a grandes distancias cuando se presenta la más mínima amenaza. Se le observa casualmente en el pavimento, en paredes de edificios, arbustos, árboles o cualquier otro tipo de soporte cuando inicia su actividad postdiapausa. Es críptico y difícil de ver cuando está parado.

Aiolopus strepens

Aiolopus thalassinus

(J. M.ª Olmo-Vidal)

FANEROPTINO
Phaneroptera nana

Por. **Gafanhoto verde**
Fr. **Phaneroptere nain**
Ing. **Four-spot bush-cricket**

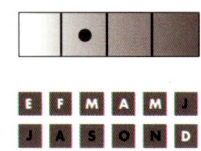

Tipo	**Arthropoda, artrópodos**
Clase	**Insecta, insectos**
Orden	**Orthoptera, grillos y saltamontes**
Familia	**Tettigonidae, tetigónidos**

Identificación

Es un saltamontes de coloración completamente verde y de formas delicadas, con las patas largas y esbeltas. Las alas en reposo sobrepasan a los élitros. Las antenas, finas y muy largas, pueden tener hasta 2 veces la longitud del cuerpo. Las hembras tienen un oviscapto curvado, corto y ancho de 4,5 mm a 5,5 mm de longitud. La longitud del cuerpo varía de 12 mm a 15 mm en el macho y de 15 mm a 18 mm en la hembra. Es una especie voladora.

Distribución

Se extiende por la cuenca del Mediterráneo y por otras zonas de África, de Asia y de Europa. En la península Ibérica vive hasta los 1 000 m de altura, si bien prefiere las zonas cálidas y de baja altitud.

Hábitat

Se encuentra en parques y jardines. En Barcelona, se ha observado sobre *Pittosporum tobira*, una planta de origen asiático muy común en setos de jardines y parques.

Biología

Se reproduce en otoño sobre la vegetación de parques y jardines. Realiza la puesta en el limbo de las hojas, introduciendo el oviscapto por el borde y depositando los huevos en los tejidos foliares, entre las 2 epidermis. Hay una puesta al año y las crías (ninfas) atraviesan 7 u 8 estadios de crecimiento antes de ser adultas.

Este saltamontes es solitario o gregario, según las condiciones imperantes. Es sedentario y el adulto está activo desde agosto hasta principios de diciembre; cuando bajan las temperaturas nocturnas, desaparece. Tiene costumbres crepusculares, aunque también puede mostrarse activo durante el día; durante la noche es atraído por las luces artificiales. Se alimenta de tejidos vegetales, por lo general flores y frutos.

Interacción con el ser humano

La interacción es prácticamente nula.

Observación

Se puede localizar a los machos por el canto: un *trip-trip* muy suave, a intervalos separados. Una vez localizado el canto, debe observarse con detenimiento encima de las hojas. Muy crípticos, estos insectos de color verde adoptan una posición estirada en el centro de la hoja y son difíciles de ver.

(J. M.ª OLMO-VIDAL)

CUCARACHA ORIENTAL
Blatta orientalis

Identificación

Es una cucaracha de tamaño mediano y aspecto robusto. El macho tiene unas alas reducidas y la hembra es áptera. La coloración varía desde marrón oscuro hasta negro. La longitud total varía de 17 mm a 29 mm en el macho, y de 20 mm a 27 mm en la hembra. El peso varía de 500 mg a 600 mg en el macho y de 800 mg a 900 mg en la hembra. La ooteca mide 10 mm x 5 mm y es marrón oscura.

Distribución

Es cosmopolita y especialmente abundante en áreas templadas, subtropicales y tropicales. Su adaptación muy temprana y estricta al hábitat doméstico se remonta a más de 2 000 años de antigüedad. Procedente del norte de África, colonizó Europa gracias al comercio náutico fenicio y griego. Vive en las ciudades de toda la península Ibérica y de Baleares, tanto en la costa como en el interior, pero es rara o está ausente por encima de los 1 000 m de altitud.

Hábitat

Es muy abundante en alcantarillas y en el metro, abundante en edificios y común en solares, playas y puertos. En otros hábitats urbanos, tales como parques forestales, jardines, cementerios, calles, orillas de ríos, lagos y estanques, es bastante más escasa.

Biología

Puede reproducirse en cualquier hábitat doméstico, aunque prefiere lugares húmedos y cálidos, como sótanos con calderas de calefacción, hornos, tostaderos, panaderías, etc. Se reproduce durante todo el año y el número de crías anuales por hembra oscila en torno a las 100. Los estados de crecimiento son el huevo, las mudas ninfales (de 7 a 10) y el adulto. La puesta es encapsulada en ootecas rígidas que la hembra deposita después de su formación (oviparismo). El tiempo entre ootecas es de 6 a 8 días. El período ninfal puede durar de 5 a 7 meses. La longevidad del adulto es de 60 a 300 días.

Tipo	**Arthropoda, artrópodos**
Clase	**Insecta, insectos**
Orden	**Dictyoptera, cucarachas y mantis**
Familia	**Blattidae, cucarachas**

Es una especie gregaria, sedentaria y de hábitos nocturnos. Es omnívora y se alimenta de todo tipo de desechos orgá-

Blatta orientalis

nicos urbanos. Compite con otras cucarachas, concretamente con *Blattella germanica* y *Periplaneta americana*.

Interacción con el ser humano

No provoca daños de gran importancia económica, pero su presencia en el hábitat humano es signo de condiciones higiénicas deficientes.

Observación

Conviene observarla de noche, sobre todo en verano y con una luz tenue o roja.

● Nota

En el norte de Alemania se la conoce como *schwabe,* término que también se aplica para designar a los alemanes del sur y en el sur de Alemania, como *preusze,* término que designa a los alemanes del norte. Es evidente que ambos vocablos reflejan rivalidades regionales.

(X. Bellés)

Cat. **Panerola oriental**
Eusk. **Labe-zomorroak beltza**
Por. **Barata oriental**
Fr. **Caffard**
Ing. **Oriental Cockroach**

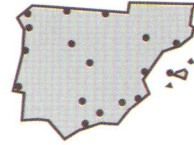

CUCARACHA ALEMANA
Blattella germanica

Tipo	**Arthropoda, artrópodos**
Clase	**Insecta, insectos**
Orden	**Dictyoptera, cucarachas y mantis**
Familia	**Blattellidae, cucarachas**

Identificación
Se trata de una cucaracha de tamaño pequeño, de aspecto grácil y de coloración amarillenta. Ambos sexos son ala-

Blattella germanica

Cat. **Panerola alemana**
Eusk. **Labe-zomorroak arrea**
Por. **Barata europea**
Fr. **Blatte**
Ing. **German Cockroach**

dos. El macho tiene formas más gráciles, presenta una depresión visible (glándula tergal) en los tergitos séptimo y octavo del abdomen y sus cercos tienen 11 segmentos. La hembra es robusta, no tiene depresiones en los tergitos abdominales y sus cercos tienen 12 segmentos. La longitud total varía de 12 mm a 13 mm en el macho, y de 12 mm a 15 mm en la hembra. El macho pesa unos 70 mg y la hembra, unos 120 mg. La ooteca mide 8 mm x 3 mm y es de color rojizo.

Distribución
Es cosmopolita y es especialmente abundante en áreas templadas, subtropicales y tropicales. Su adaptación, muy estricta al hábitat doméstico, se remonta a más de 2 000 años de antigüedad. Procedente de África, colonizó Europa al compás del comercio náutico griego y fenicio. Vive en ciudades de toda la península Ibérica y de Baleares,

tanto en la costa como en el interior, pero es rara o está ausente por encima de los 1 000 m de altitud.

Hábitat
Es muy abundante en alcantarillas y en el metro, abundante en edificios y común en solares, playas y puertos. En otros hábitats urbanos, como parques forestales, jardines, calles, orillas de ríos, lagos y estanques, es bastante más escasa.

Biología
Prefiere reproducirse en hábitats bajo techo, húmedos y cálidos. Los lugares ideales son los cercanos a las calderas de calefacción, hornos, panaderías, etc., pero puede reproducirse en cualquier hábitat doméstico. Se reproduce durante todo el año y el número de crías anuales por hembra oscila en torno a 120. Los estadios de crecimiento son el huevo, las mudas ninfales (5 o 7) y el adulto. La puesta es encapsulada en ootecas rígidas que la hembra transporta hasta la eclosión (ovoviviparismo). El tiempo entre ootecas es de unos 20 días. El ciclo ninfal puede durar de 36 a 63 días y la longevidad del adulto es de 120 a 150 días. Es una especie sedentaria y de hábitos nocturnos. Se han descrito feromonas de agregación que propician el comportamiento gregario. Es omnívora y se alimenta de todo tipo de desechos orgánicos urbanos. Compite con otras especies de cucarachas, concretamente con la cucaracha oriental y la cucaracha americana.

Interacción con el ser humano
No produce daños de interés económico, pero su presencia es signo de condiciones sanitarias deficientes.

Observación
El momento propicio es la noche, sobre todo durante el verano, con una luz tenue o roja.

(X. BELLÉS)

CUCARACHA AMERICANA
Periplaneta americana

Identificación

Es una cucaracha de gran tamaño, de aspecto grácil y de coloración rojiza. Ambos sexos poseen alas. El extremo del abdomen de la hembra presenta una quilla ventral recorrida de forma longitudinal por una fina hendidura. En el macho, el extremo del abdomen es simple. La longitud total varía de 28 mm a 44 mm en el macho y en la hembra. El peso oscila entre los 0,6 g y los 0,7 g en el macho y de 1 g a 1,2 g en la hembra. La ooteca mide 8 mm x 5 mm y es marrón oscura.

Distribución

Es cosmopolita y especialmente abundante en áreas templadas, subtropicales y tropicales. En estas últimas, puede constituir una plaga relevante. Su adaptación muy temprana y estricta al hábitat doméstico se remonta a más de 2 000 años de antigüedad. Procedente de África, ha colonizado casi todos los países con el tráfico comercial. Según parece, llegó a América con los barcos de los primeros traficantes de esclavos que provenían de África. Vive en ciudades de toda la península Ibérica y de Baleares, tanto en la costa como en el interior, pero es rara o está ausente por encima de los 1 000 m de altitud.

Hábitat

Es muy abundante en las alcantarillas y en el metro, sobre todo en este último. Es abundante en edificios y común en solares, playas y puertos. Es más escasa en otros hábitats urbanos tales como parques forestales, jardines, cementerios, calles, orillas de ríos, lagos y estanques.

Biología

Puede reproducirse en cualquier hábitat doméstico. Prefiere lugares húmedos y cálidos, como sótanos con calderas de calefacción, el metro, hornos, tostaderos, panaderías, etc. Se reproduce durante todo el año y el número de crías anuales por hembra oscila en torno a las 300. Los estados de crecimiento son el huevo, las mudas ninfa-

Tipo	**Arthropoda, artrópodos**
Clase	**Insecta, insectos**
Orden	**Dictyoptera, cucarachas y mantis**
Familia	**Blattidae, cucarachas**

les (de 7 a 13) y el adulto. La puesta es encapsulada en ootecas rígidas que la hembra deposita después de su formación (oviparismo). El tiempo entre

Periplaneta americana

ootecas es de unos 5 o 6 días. El ciclo ninfal puede durar de 8 a 12 meses. La longevidad del adulto es de 100 a 500 días.

Es una especie sedentaria y de hábitos nocturnos. Se han descrito feromonas de agregación que propician el comportamiento gregario. Es omnívora y se alimenta de todo tipo de desechos orgánicos urbanos. Compite con otras cucarachas, concretamente con la cucaracha oriental y con la cucaracha alemana.

Interacción con el ser humano

No provoca daños de gran importancia económica, pero su presencia en el hábitat humano es signo de condiciones higiénicas deficientes.

Observación

El momento ideal es la noche, sobre todo en verano y con una luz tenue o roja.

(X. BELLÉS)

Cat. **Panerola americana**
Eusk. **Labe-zomorroak amerikarra**
Por. **Barata americana**
Fr. **Blatte americaine**
Ing. **American Cockroach**

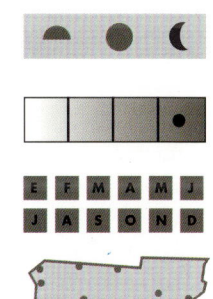

E	F	M	A	M	J
J	A	S	O	N	D

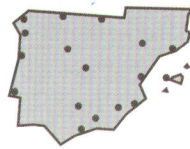

TERMITAS, TERMES, COMEGENES
Orden Isoptera

Tipo	**Arthropoda, artrópodos**
Clase	**Insecta, insectos**

Kalotermes flavicollis

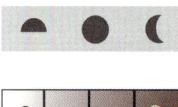

Cat. **Tèrmits, formigues blanques**
Eusk. **Termitak**
Por. **Coupins**
Fr. **Termites**
It. **Tèrmiti**
Ing. **Termites**

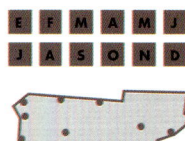

E	F	M	A	M	J
J	A	S	O	N	D

Identificación

Las termitas son insectos de pequeño tamaño, con el cuerpo blando y de color uniforme, de blanquecino a castaño. Tienen la cabeza redondeada, con los ojos pequeños o ausentes. Las antenas son cortas y tienen artejos moniliformes (antenas arrosariadas). El tórax tiene los metámeros iguales y los tarsos tienen 4 artejos. Las alas son muy grandes, más largas que el abdomen. El abdomen es alargado y tiene un par de cercos cortos, de 1 o 2 artejos.
En el nido hay individuos de varios tipos: individuos sexuados e individuos estériles (obreros y soldados). Los estériles son ápteros, sin alas, y los sexuados pueden ser de dos tipos: alados, que forman enjambres, y ápteros o con alas reducidas. Los soldados tienen las mandíbulas muy desarrolladas.

Distribución

Es una especie circunmediterránea. Viven en todas las ciudades de la península Ibérica e islas Baleares, hasta los 500 m de altitud. Son poco abundantes en el extremo sureste de la Península y en otras zonas secas, como la Mancha o los Monegros. Es probable que su presencia en la ciudad date de los primeros asentamientos que utilizaban madera, ya que los termes se encuentran en bosques en su estado natural.

Hábitat

Son comunes en parques forestales y más escasos en jardines, cementerios, solares, calles y edificios. Aunque nidifican en madera seca, requieren cierto grado de humedad ambiental (más del 50 %).

Biología

Se reproducen de abril a junio y forman un enjambre al año. El enjambre se forma a mediodía, a primeras horas de la tarde. Son insectos con metamorfosis simple y sus estadios de crecimiento son: huevo, ninfa áptera (varios estadios) y adulto.

Se alimentan de madera preferentemente seca. Debido a su tipo de nidificación, rara vez son presa de otros animales. Tan sólo cuando se enjambran, los sexuados pueden ser capturados por pájaros o por hormigas.

Interacción con el ser humano

Aunque suelen ser escasos, los termes pueden ser catalogados como plagas cuando invaden una casa o algún otro edificio. Su presencia en el edificio no se aprecia hasta que el daño es considerable, lo que contribuye a que su efecto suela ser grave para la construcción afectada. Por ser lucífugos, dejan siempre una fina capa de madera sin tocar y los daños interiores no se identifican hasta que por casualidad se resquebraja la madera cuando alguien se apoya en ella.

RETICULITERMES LUCIFUGUS

Los sexuados de esta especie tienen un color oscuro y uniforme. Una vez establecida la colonia, la hembra tiene el abdomen sumamente desarrollado. El primer segmento del tórax es trapezoidal, más estrecho que la cabeza. Las tibias tienen de 2 a 3 espinas apicales. Las mandíbulas de los soldados carecen de dientes. Sus poblaciones parecen estar en proceso de especiación, sobre todo en la península Ibérica, ya que hay diferencias bioquímicas y de comportamiento entre algunas de ellas. Forma colonias de hasta 100 000 individuos.

KALOTERMES FLAVICOLLIS

Los sexuados de esta especie tienen el pronoto amarillo. El primer segmento del tórax es cuadrangular y más ancho que la cabeza. Las tibias tienen 4 espinas apicales. Las mandíbulas de los soldados están provistas de dientes. Forma colonias de hasta 1 000 individuos.

(X. ESPADALER)

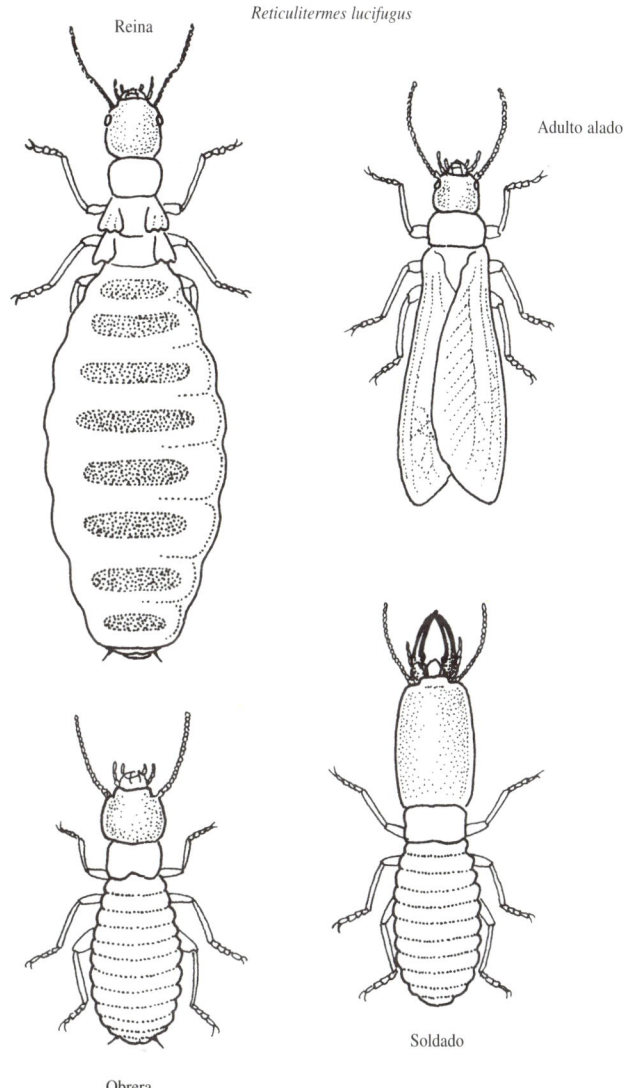

Reticulitermes lucifugus

Reina

Adulto alado

Obrera

Soldado

Adultos alados de termitas

TIJERETA
Forficula auricularia

Tipo	**Arthropoda, artrópodos**
Clase	**Insecta, insectos**
Orden	**Dermaptera, dermápteros**
Familia	**Forficulidae, forfículidos**

Identificación
Es un insecto de cuerpo aplanado, con aspecto liso y brillante y de color castaño oscuro. Las antenas son largas y

Forficula auricularia

Cat. **Estisoreta, papasastre, escanyapolls, papaorelles**
Eusk. **Ipurtsardea**
Por. **Bicha cadela**
Fr. **Perce-oreille**
Ing. **Earwig**

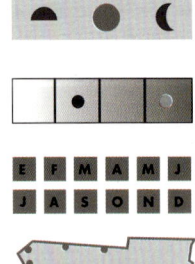

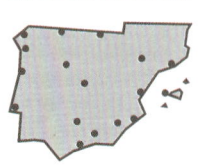

filiformes. Tiene piezas bucales masticadoras y una cabeza sumamente móvil. Las alas están bien desarrolladas y están dotadas de un mecanismo muy efectivo de plegado y escamoteado bajo los élitros, que son muy cortos. El cuerpo es muy flexible y el animal se mueve con rapidez. La longitud total varía de 1 cm a 1,5 cm. Las hembras tienen las pinzas más bien rectas y cortas (de 3,5 mm a 5 mm) y los machos las tienen curvas y largas. Estos últimos pueden aparecer bajo 2 formas: braquilabios, con pinzas fuertemente curvadas que dejan un espacio circular entre ellas, y macrolabios, con pinzas más alargadas, menos curvadas, que dejan un espacio oval entre ellas.

Distribución
Es cosmopolita. Se encuentra en todas las ciudades de la Península y en Baleares, en todos los ambientes húmedos que contengan materia vegetal acumulada, viva o muerta.

Hábitat
La tijereta es común en parques forestales umbrosos y también se encuentra en jardines urbanos, aunque allí es bastante escasa. Puede llegar a ser muy abundante en los microhábitats adecuados, e incluso formar plagas, si bien éstas son siempre muy puntuales y temporales.

Biología
La reproducción se lleva a cabo en parques forestales húmedos, jardines y almacenes de frutas algo descuidados. La puesta se realiza en invierno y los huevos (de 30 a 80) que contiene dicha puesta eclosionan en primavera. La hembra cuida de los huevos, lamiéndolos y volteándolos; cuando eclosionan, los sigue protegiendo hasta que las ninfas abandonan el nido. Los estadios de crecimiento son los siguientes: huevo, 4 estadios ninfales y adulto.
La tijereta es un animal solitario, aunque pueden aparecer agrupaciones muy numerosas debido a que se concentra en hábitats muy concretos, con elevado grado de humedad y oscuros durante el día, para salir a comer durante la noche. Es sedentaria y su ritmo de actividad es crepuscular y nocturno. Su alimentación es básicamente vegetariana, aunque en ocasiones puede cazar pequeños artrópodos.

Observación
Debido a que la actividad de la tijereta es especialmente nocturna, suelen ser más visibles los efectos de su alimentación (flores comidas, frutas mordidas o raspadas) que su presencia.

● Nota
El nombre común de este insecto deriva de la similitud de las pinzas con un instrumento usado antiguamente para perforar el lóbulo de la oreja para los pendientes. Algunos autores mencionan la creencia, obviamente falsa, de que las tijeretas entran en la oreja y pueden perforar el tímpano.

(X. Espadaler)

PIOJO DE LOS LIBROS
Liposcelis divinatorius

Identificación

Es un insecto minúsculo que no sobrepasa los 2 mm de longitud, tiene el abdomen alargado, la cabeza prognata y, a diferencia de otros psocópteros, es completamente áptero. El fémur del par posterior de patas está muy ensanchado. Mide de 1 mm a 2 mm de longitud y las hembras son algo mayores que los machos.

Distribución

Habita en las regiones templadas del hemisferio norte: países mediterráneos, Norteamérica, Asia y Europa. En la península Ibérica e islas Baleares, por ser una especie adaptada a los ambientes domésticos, su presencia dentro y fuera de las ciudades es notablemente ubicua.

Hábitat

Es muy abundante en los parques forestales umbrosos y en los jardines; abundante en cementerios, edificios, alcantarillas, calles, solares y metro, y común en parques forestales secos. En suma, se halla casi en todos los ambientes donde existan los restos animales y vegetales de los que se alimenta, a excepción de los hábitats acuáticos. El piojo de los libros puede encontrarse entre las hojas de papel de las bibliotecas y archivos, y también en los herbarios o detrás del papel pintado despegado de la pared.

Biología

La reproducción se lleva a cabo en las mismas zonas donde se alimenta. En el exterior, estos insectos se reproducen sobre todo durante la primavera y el verano; en el interior, lo hacen durante todo el año. Una hembra puede poner unos 200 huevos y, en condiciones favorables, el desarrollo hasta la madurez sexual se realiza en un mes, por lo que no es sorprendente que los piojos de los libros se encuentren con frecuencia en grandes cantidades. Por ser un insecto hemimetábolo, no presenta fase quiescente o pupal. Desde que emerge del huevo, el insecto suele pasar por 6 estadios ninfales, durante los cuales va adquiriendo los caracteres del adulto de forma gradual.

Tipo	**Arthropoda, artrópodos**
Clase	**Insecta, insectos**
Orden	**Psocoptera, psocópteros**
Familia	**Liposcelidae, liposcélidos**

Es un insecto lucífugo y tiene un ritmo de actividad continuo o, cuando menos, indeterminado. Es sedentario y tiene un modo de vida gregario. Fuera de las

Liposcelis divinatorius

casas se le puede encontrar sólo de marzo a octubre. Se alimenta de restos de animales y vegetales presentes en el suelo de parques y calles, así como en el interior de las viviendas, sobre todo en cocinas y despensas. Es presa de otros insectos entomófagos presentes en las ciudades.

Interacción con el ser humano

Es comensal, ya que se alimenta de los numerosos restos orgánicos que se generan en las ciudades, pero a veces se constituye en plaga menor de productos almacenados, como cereales, harina y otras mercancías que contengan almidón.

Observación

Debido a su minúsculo tamaño, no es frecuente su observación. Conviene utilizar una lupa potente o un estereomicroscopio y mantener el insecto en una cápsula de Petri.

● Nota

No se comen el papel (aunque pueden alimentarse de la cola del papel satinado), sino que se nutren principalmente del moho que crece sobre el papel cuando está humedecido. Así pues, la presencia de numerosos piojos de los libros indica que el papel está demasiado húmedo.

(V. Sarto)

Cat. **Poll dels llibres**
Por. **Piolho dos livros**
Fr. **Pou des livres**
It. **Pidocchio dos libros**
Ing. **Booklice**

PIOJOS CHUPADORES
Orden Anoplura

Tipo	**Arthropoda, artrópodos**
Clase	**Insecta, insectos**

Identificación
Los piojos tienen el cuerpo aplanado, de color amarillento pardusco y recubierto de una robusta cutícula. La cabeza es puntiaguda, no presentan

Phthirus pubis

Cat. **Polls**
Eusk. **Anopluroak**
Por. **Piolhos**
Fr. **Pous**
It. **Pidochios**
Ing. **Lice**

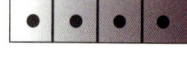

ocelos y los ojos compuestos faltan o están reducidos. Las antenas son cortas, compuestas de 3 a 5 artejos. El aparato bucal es picador-succionador, con probóscide retráctil armada con dentículos y estiletes perforadores. Tienen 3 pares de patas, con tarsos de un solo artejo terminados en una potente uña que forma una pinza prensil; dicha pinza le permite agarrarse a los pelos de su huésped. La longitud total varía de 0,4 mm a 6 mm, según las especies y la fase de su desarrollo. La pinza prensil suele estar más desarrollada en los machos, quienes además presentan un órgano copulador bien desarrollado en el abdomen. La hembra, por su parte, presenta un par de apéndices cortos (gonópodos) que durante la puesta de los huevos permiten emplear el pelo como soporte.

Distribución
Los piojos son cosmopolitas y su distribución precisa coincide con la del organismo hospedante. En cuanto a su escasez o abundancia, todos los supuestos son posibles. En caso de guerras y situaciones similares, en las que las condiciones sanitarias son malas, pueden alcanzar proporciones de plaga. Por el contrario, cuando las condiciones son buenas, la presencia de estos parásitos es muy escasa y puntual. Viven en todas las ciudades de la península Ibérica e islas Baleares, siempre en zonas donde se encuentre el hospedante. En el caso de los piojos del hombre, se mantienen focos allí donde no existen las condiciones higiénicas adecuadas.

Hábitat
Las diferentes especies de piojos suelen ser exclusivas de ciertos mamíferos y algunas lo son del hombre. En el caso de los parásitos del hombre, los piojos son siempre más abundantes en zonas de ciudad deprimidas y con condiciones sanitarias deficientes.

Biología
Los piojos se reproducen sobre el huésped, durante todo el año, en zonas con deficientes condiciones sanitarias. Son seudoametábolos, es decir, que las fases juveniles se asemejan mucho a los adultos y viven como éstos. El desarrollo postembrionario requiere 3 mudas y se realiza en pocos días (12-19 días). El número de crías al año es muy alto: una hembra de *Pediculus humanus,* por ejemplo, pone hasta 300 huevos durante su vida adulta (fase que dura aproximadamente un mes), a un ritmo de 8 a 12 huevos diarios. Los piojos son sedentarios, tienen un modo de vida gregario y un ritmo de actividad continuo o, como mínimo, menos definido que otras especies animales, ya que viven sobre el organismo huésped. Son ectoparásitos (parásitos externos) exclusivos de determinadas familias u órdenes de mamíferos –incluida la especie humana– y se alimentan de la sangre del organismo hospedante. Conviven con otros parásitos del ser humano, como pulgas, ácaros y mosquitos, aunque las interacciones con éstos no son suficientemente conocidas.

Interacción con el ser humano

Son parásitos. *P. humanus* puede transmitir al hombre enfermedades como la fiebre recurrente mediterránea (producida por *Spirochaeta recurrentis*) y el tifus exantemático (producido por *Rikettsia prowazeki*). La transmisión se lleva a cabo a través de las heces del piojo o cuando éste es aplastado sobre la piel y los microorganismos penetran bajo la piel a través de las pequeñas lesiones que se producen al rascarse.

PIOJO DEL PELO Y DEL CUERPO
PEDICULUS HUMANUS

El cuerpo es 2 veces más largo que ancho, con las patas en forma de pinza, menos desarrolladas que las de las ladillas. No presenta pliegues en la cutícula abdominal. Esta especie presenta 2 variedades: la del cuerpo, que mide de 2 mm a 3 mm y la del cabello, que únicamente alcanza de 1 mm a 2 mm. Vive exclusivamente en las personas, en los pelos de la cabeza y también en las prendas que están en contacto con la piel.

LADILLA, PIOJO DEL PUBIS
PHTHIRUS PUBIS

El cuerpo es casi tan ancho como largo. Las patas, transformadas en pinzas y extraordinariamente desarrolladas, le confieren un aspecto de cangrejo. Es aplanado y muy resistente al aplastamiento. En sus últimos estadios es de color marrón rojizo. Mide entre 0,8 mm y 1 mm. Es parásito exclusivo del hombre, vive sobre todo en el pubis, aunque también puede encontrarse en las axilas, la barba o las cejas.

PIOJO DEL CERDO
HAEMATOPINUS SUIS

Presenta el cuerpo robusto, con pliegues en la cutícula abdominal. Aunque carece de ojos, tiene acusadas prominencias oculares. El tamaño es de 5 mm a 6 mm. Vive exclusivamente en cerdos domésticos y salvajes.

(V. SARTO)

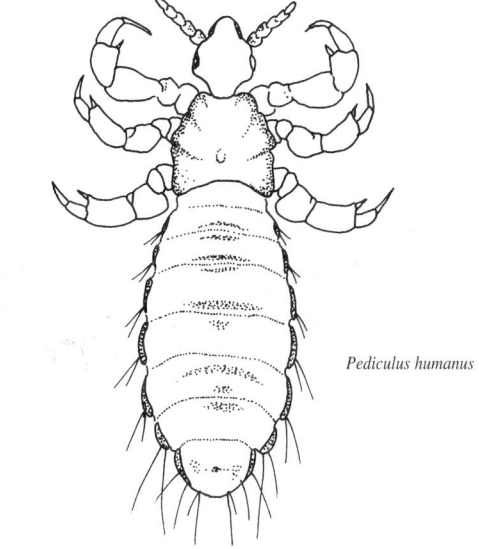

Pediculus humanus

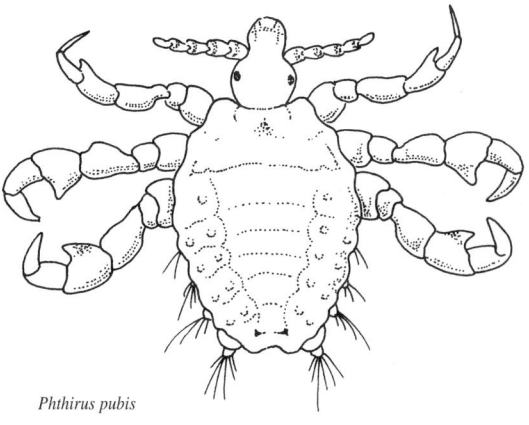

Phthirus pubis

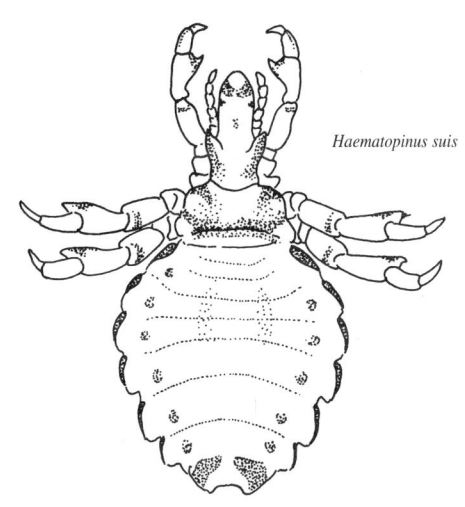

Haematopinus suis

CHINCHES
Orden Heteroptera

Tipo	**Arthropoda, artrópodos**
Clase	**Insecta, insectos**

Pyrrhocoris apterus

Cat. **Xinxes, bernats**
Eusk. **Tximitxoak**
Por. **Percevejos, chinches**
Fr. **Punaises**
It. **Címices**
Ing. **Bedbugs and shield bugs**

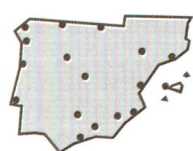

Identificación
Las chinches son insectos que generalmente tienen 2 pares de alas; el primer
par (los denominados *hemélitros*) está
más endurecido que el segundo y tiene
la parte apical más membranosa que el
resto. El aparato bucal es picador-chupador y tiene los palpos atrofiados. El
labio forma dorsalmente una vaina aca-
nalada en la que se acomodan 2 pares
de estiletes (que se corresponden con
las mandíbulas y maxilas modificadas).
La longitud varía de 4 mm a 12 mm.

Distribución
Viven en toda la península Ibérica
e islas Baleares.

Biología
Cada hembra suele poner entre 100 y
200 huevos, y se dan una o más generaciones al año. Por tratarse de insectos
hemimetábolos, los estadios preimaginales (que generalmente son 5) son
similares al adulto y presentan los mismos hábitos que éste.

● Nota
El mal olor característico de muchos
heterópteros proviene de una veintena
de sustancias aromáticas, sobre todo
del aldehido-2-hexenal. Estas sustancias son segregadas por unas glándulas
odoríferas situadas en el dorso y en el
abdomen de las ninfas y en el metató-
rax de los adultos. Son un medio de
defensa y también de agregación y
relación intersexual.

CHINCHE DE LAS CAMAS
CIMEX LECTULARIUS
La chinche de las camas es áptera, sin
alas, de color marrón oscuro y de
dimensiones más pequeñas (de 3 mm a
8 mm de longitud). Es hematófaga, es
decir, se alimenta de la sangre que suc-
ciona.
Es cosmopolita y está adaptada al
medio antrópico incluso desde antes de
que existieran las ciudades. Antiguamente era el parásito más frecuente de
la humanidad, pero la higiene en ciuda-

des y pueblos hizo que disminuyeran drásticamente sus poblaciones en muchas zonas del mundo. Con todo, aún puede encontrarse esta especie en muchas construcciones humanas en las que existan condiciones sanitarias deficientes. Vive en construcciones humanas, ya sean viviendas o establos, siempre que las condiciones higiénicas sean malas. Se reproduce en establos y viviendas durante todo el año gracias al microclima existente en estas construcciones. La chinche de las camas es sedentaria y de costumbres nocturnas. Tiene un modo de vida solitario, aunque a veces se agregan varios individuos para compartir un mismo escondrijo. Es una especie parásita que se alimenta de la sangre del hombre y de los perros, vacas, ovejas y otros animales domésticos. A su vez, es presa de insectos entomófagos presentes en su hábitat. En construcciones en las que esté presente, es posible observarla en cualquier momento, bajo las alfombras o detrás del papel de las paredes.

CHINCHE HEDIONDA
O CHINCHE FÉTIDA VERDE
NEZARA VIRIDULA
La chinche hedionda es alada, de color verde en su forma típica, y mide de 12 mm a 17 mm de longitud. Se encuentra en los jardines, sobre las plantas de las que se alimenta, y a veces entra en las casas al ser atraída por la luz durante la noche. Es cosmopolita. Vive en jardines, solares y huertos. Se reproduce durante la primavera y el verano, en jardines y huertos. Es sedentaria, tiene un modo de vida solitario y un ritmo de actividad diurno. Se alimenta de jugos de plantas presentes en jardines, solares y huertos urbanos. A su vez, es presa de insectos entomófagos presentes en estos ambientes. Es una especie comensal.

CHINCHE DE LA MALVA
PYRRHOCORIS APTERUS
La chinche de la malva es alada, generalmente braquíptera, de color rojo y negro, y mide de 9 mm a 12 mm de longitud. Tiene tendencias antropófilas. Es paleártica. Vive en jardines, solares y huertos. Se reproduce durante la primavera y el verano, en jardines y huertos. Es gregaria, sedentaria y presenta un ritmo de actividad diurno. Se alimenta de jugos de plantas. A veces ataca a otros insectos y se han citado casos de canibalismo. A su vez es presa de insectos entomófagos presentes en estos ambientes. Es una especie comensal.

(V. SARTO)

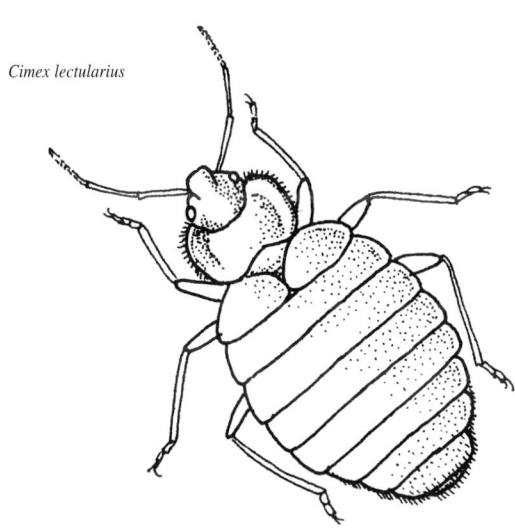

Cimex lectularius

ÁFIDOS, PULGONES
Familia Aphididae

Tipo	**Arthropoda, artrópodos**
Orden	**Homoptera (o Hemiptera), homópteros***
Superfamilia	**Aphidoidea, afidoideos**

* Algunos autores incluyen a los homópteros dentro del orden Hemiptera y otros los consideran dos órdenes diferentes.

Pulgón

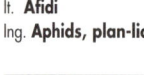
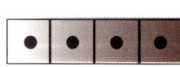

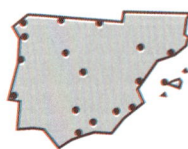

Identificación

Son insectos de tamaño pequeño, con un aparato bucal picador-chupador de tipo hemipteroide, de aspecto blando y en general globoso, y con patas largas y finas. Suelen presentar ojos compuestos con muchos ommatidios y normalmente con 3 que, situados en el ápice de una protuberancia, constituyen el triommatidio. Las antenas tienen de 4 a 6 artejos. El último artejo está diferenciado en 2 partes: la base y el filamento terminal, más delgado que aquélla. Los tarsos de los 3 pares de patas presentan 2 artejos. Las dimensiones varían entre 0,5 mm y 4 mm y, con mayor frecuencia, entre 1,5 mm y 3 mm. Presentan formas ápteras y aladas, estas últimas siempre con 2 pares de alas. Durante la mayor parte del año, no puede considerarse la existencia de dimorfismo sexual, ya que todos los ejemplares son hembras que se reproducen partenogenéticamente. En las especies que tienen ciclos holocíclicos (alternancia de varias generaciones partenogenéticas y de una generación sexual que, en nues-

tras latitudes, suele ser otoñal), el dimorfismo es muy acusado entre el macho y la hembra de la generación anfigónica, ya que la hembra es más voluminosa y, salvo en algunas pocas especies, áptera. El macho puede ser áptero o alado y tiene más órganos olfativos en las antenas.

Distribución

La superfamilia es cosmopolita y su presencia es especialmente importante en el hemisferio norte. Aunque la mayoría de las especies colonizó de forma espontánea las ciudades, algunas podrían haber sido introducidas desde otras regiones a través del intercambio de plantas ornamentales o de otros tipos. Viven en toda la Península e islas Baleares.

Hábitat

Los pulgones pueden vivir en cualquier lugar de la ciudad en el que dispongan de plantas huéspedes de las que alimentarse. Pueden ser escasos, comunes, abundantes o constituir plagas, según las zonas, los momentos del año y las plantas infestadas.

Biología

Se reproducen en cualquier zona donde haya plantas hospedadoras. Por lo general, se suceden varias generaciones de hembras partenogenéticas de primavera a otoño, y una generación anfigónica en otoño (ciclo holocíclico). Tan sólo algunas especies tienen un ciclo anholocíclico, en el que no existe generación anfigónica. El número de crías es variable de unas especies a otras y también varía dentro de cada una de ellas en función de muchos factores externos tales como la planta hospedadora, las condiciones ambientales, el número de pulgones que contenga la colonia, etc. Por tratarse de insectos heterometábolos, las crías atraviesan varias fases preimaginales o de ninfa muy semejantes al adulto.

El ritmo de actividad de los pulgones es constante, pero las formas aladas de la mayoría de las especies sólo vuelan durante el día. La mayoría de las especies de pulgones de la Península tiene períodos de actividad que se extienden desde la primavera al otoño, aunque en verano pueden enrarecerse. Tan sólo algunas especies (las anholocíclicas) tienen períodos de actividad que abarcan las cuatro estaciones del año. Las especies holocíclicas se reproducen en otoño y sus huevos son invernantes. Los pulgones son gregarios y poseen un sistema relativamente desarrollado de avisos químicos: feromonas de agregación, de alarma y de atracción sexual. Son insectos fitófagos y fluidófagos y se alimentan de la savia de las plantas hospedadoras de jardines, parques, paseos, avenidas, casas, etc., generalmente sobre las partes verdes de la planta. Muchas especies pueden transmitir virus fitopatógenos.

Interacción con el ser humano
Compiten directa o indirectamente con él cuando chupan la savia de sus plantas nutricias.

Observación
Se pueden observar sobre plantas de porte arbustivo o arbóreo, por ejemplo rosales, tilos, chopos o álamos. Se recomienda no tocar las ramas, ya que muchas especies reaccionan dejándose caer al vuelo y algunas otras saltando. Es posible ver partos de las especies vivíparas.

● Nota
Los pulgones fueron los primeros animales en los que se conoció la partenogénesis descubierta por Bonet en 1735.

FLOEOMIZINOS
SUBFAMILIA PHLOEOMYZINAE
Especie ejemplo: pulgón lanígero del chopo *Phloeomyzus passerinii*
Estos pulgones tienen cornículos casi inapreciables y, mientras viven, están cubiertos de una cera algodonosa. Su longitud varía entre 1,5 mm y 1,9 mm. Son pulgones monoicos y básicamente holocíclicos. Viven sobre troncos y ramas de chopos y álamos, y tienen especial preferencia por las cicatrices de podas o heridas, junto a brotes o junto a la base de otras ramas.

LACNINOS
SUBFAMILIA LACHNINAE
Especies ejemplo: *Cinara* sp., *Eulachnus* sp., *Lachnus* sp., *Maculolachnus submacula*
Son pulgones de gran tamaño, recubiertos de setas, con la cola corta y redondeada y cornículos gruesos troncoconónicos. Las especies de los géneros *Cinara* y *Eulachnus* viven sobre pinos y otras coníferas. Las del género *Lachnus* viven sobre encinas, robles, hayas, etc., y *Maculolachnus submacula,* sobre rosales.

FILAFIDINOS
SUBFAMILIA PHYLLAPHIDINAE
Especie ejemplo: pulgón lanígero del haya *Phyllaphis fagi*
Estos pulgones tienen las antenas más cortas que el cuerpo y cornículos poriformes; la cola es redondeada en las formas ápteras y claviforme en las aladas. Viven sobre abedules, encinas, robles y hayas. *Phyllaphis fagi* es monoico holocíclico y forma colonias en el envés de las hojas de las hayas.

MIZOCALIDINOS
SUBFAMILIA MYZOCALLIDINAE
Especies ejemplo: *Appendiseta robiniae, Eucallipterus tiliae, Euceraphis punctipennis, Hoplocallis pictus, Myzocallis castanicola, Takecallis, Tinocallis kahawaluokalani, Tuberculatus* sp.
La identificación de estas especies se basa en caracteres morfológicos de los embriones, como por ejemplo las setas de diversas partes del cuerpo. Estos pulgones viven sobre tilos, abedules, robles y otros árboles. *Eucallipterus tiliae* forma pequeños grupos en el envés de las hojas de los tilos. Produce gran cantidad de melaza y se considera molesto en jardines y avenidas.

PENFIGINOS
SUBFAMILIA PEMPHIGINAE
Especies ejemplo: *Pemphigus* sp., *Thecabius affinis*
Pulgones formadores de agallas con cornículos poriformes o sin cornículos. Son dioicos holocíclicos. La mayoría de las especies son dioicas entre árbo-

Grupo de pulgones *Aphis* sp. que incluye jóvenes y adultos

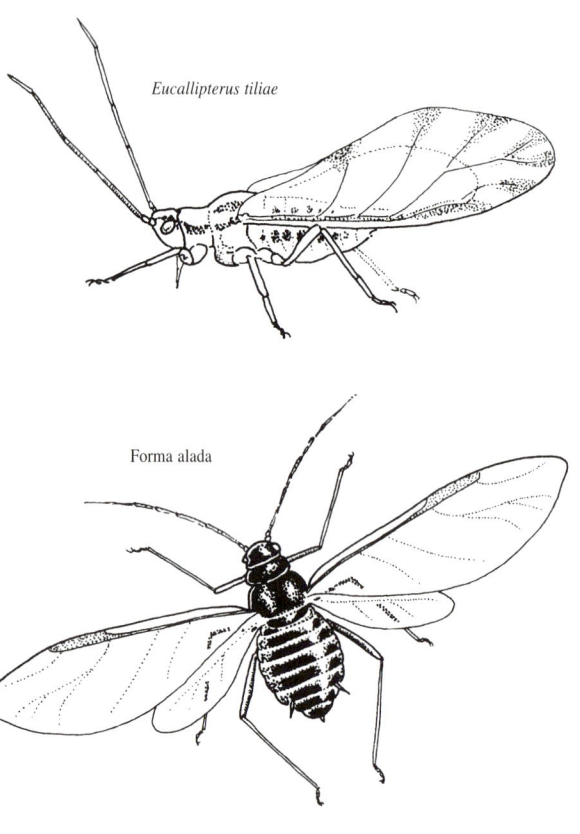

Eucallipterus tiliae

Forma alada

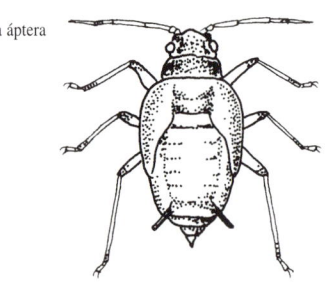

Forma áptera

les o arbustos, que son sus hospedadores primarios (forman agallas en hojas y tallos de chopos), y entre muy diversas plantas herbáceas, sus hospedadores secundarios.

DREPANOSIFINOS
SUBFAMILIA DREPANOSIPHINAE
Especies ejemplo: *Drepanosiphum* sp. Tienen las antenas muy largas y la cola generalmente claviforme. Son monoicos (viven únicamente sobre una planta hospedadora) y holocíclicos sobre arces.

CAITOFORINOS
SUBFAMILIA CHAITOPHORINAE
Especies ejemplo: *Chaitophorus* sp., *Periphyllus*
Tienen largas setas en el dorso del cuerpo, en las patas y, con frecuencia, en las antenas. La placa anal es redondeada y la cola es claviforme o redondeada. Son pulgones monoicos (viven únicamente sobre una planta hospedadora) y holocíclicos sobre árboles de hoja caduca (arces, chopos y sauces).

AFIDINOS
SUBFAMILIA APHIDINAE
Especies ejemplo: *Aphis nerii, Cavariella* sp., *Macrosiphoniella oblonga, M. sanborni, Macrosiphum rosae, Myzaphis rosarum, Wahlgreniella nervata*
Son pulgones de tamaño mediano a grande que tienen cornículos cilíndricos y la cola digitiforme.

(M. P. Mier Durante, M. V. Seco Fernández)

COCHINILLAS
Superfamilia Coccoidea

Tipo	**Arthropoda, artrópodos**
Clase	**Insecta, insectos**
Orden	**Homoptera (o Hemiptera), homópteros ***

(*) Algunos autores incluyen a los homópteros dentro del orden Hemiptera y otros los consideran dos órdenes diferentes.

Ceroplastes sinensis

Identificación

Son insectos de pequeño tamaño, de unos 3 mm o menos. Los estados de desarrollo de estos insectos pueden ser o no móviles, según las patas, que pueden ser desarrolladas, reducidas o ausentes. De todas formas, las hembras adultas que conservan las patas suelen tener muy poca movilidad y normalmente, una vez iniciada la puesta, permanecen fijas. Dichas hembras adultas tienen un aspecto endurecido por presentar en la cutícula glándulas que segregan cera o laca; tan sólo ellas poseen un aparato picador-chupador, ya que los machos no se alimentan. El dimorfismo sexual es muy acusado: los machos son alados, mientras que las hembras son siempre ápteras y neoténicas, es decir, mantienen el aspecto de las formas inmaduras después de alcanzar la madurez sexual. Todas las especies defecan gotas de melaza a través del ano.

Distribución

La superfamilia es cosmopolita. La colonización de las ciudades suele ser espontánea, aunque hay especies que pueden haber sido introducidas en algunas regiones a través del intercambio de plantas ornamentales u otros medios. Se encuentran especies de esta superfamilia en toda la península Ibérica e islas Baleares.

Hábitat

Viven en parques forestales, jardines, cementerios, solares y calles. Pueden ser escasos, comunes, abundantes o constituir plagas según las zonas, los momentos del año y las plantas infestadas.

Eusk. **Bolakoko**
Por. **Cochinilhas**
Fr. **Coccides, cochenilles**
Ing. **Coccoids**

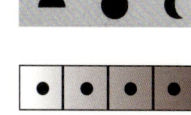

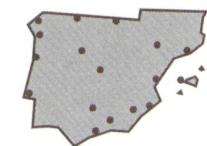

Biología

Se reproducen en cualquier zona en la que existan las plantas hospedadoras. La reproducción suele ser sexual, aunque existen algunos casos de partenogénesis. Son insectos holometábolos y, por tanto, con varias fases preimaginales o ninfas, muy semejantes al adulto. La actividad de estos insectos es constante y se despliega tanto durante el día como por la noche. Son insectos fitófagos y fluidófagos que se alimentan de la savia de las plantas hospedadoras de jardines, parques, paseos, avenidas, casas, etc.

Interacción con el ser humano

Compiten directa o indirectamente con él cuando chupan la savia de sus plantas nutricias.

CÓCCIDOS O LECÁNIDOS
FAMILIA COCCIDAE O LECANIDAE

Todos los estados inmaduros son móviles y las hembras permanecen siempre fijas a pesar de que conservan las patas. Los huevos pueden mantenerse en una cavidad entre el cuerpo de la hembra y la planta, o bien formar un ovisaco con filamentos céreos situado bajo el insecto o sobre él. Las especies de esta familia viven sobre cítricos cultivados y ornamentales, y sobre algunas plantas ornamentales de exterior, como por ejemplo las adelfas.

Caparreta negra
o Cochinilla de la tizna
Saissetia oleae

Esta especie vive sobre las ramas de los cítricos y el olivo, los dos cultivos más extendidos de España; también puede atacar a las adelfas u otras plantas ornamentales. Tiene 1 o 2 generaciones al año, según si se desarrolla sobre el olivo o sobre los cítricos respectivamente.

Caparreta blanca
Ceroplastes sinensis

Vive sobre las ramas tiernas de los cítricos cultivados y ornamentales. Tiene una sola generación al año.

PSEUDOCÓCCIDOS
FAMILIA PSEUDOCOCCIDAE

Los miembros de esta familia son cochinillas móviles (incluso en el caso de las hembras adultas) y productoras de abundante melaza.

Cotonet
Planococcus citri

Es una cochinilla de cuerpo blando y recubierto de abundantes secreciones céreas que se prolongan lateralmente en pequeños filamentos blanquecinos. Los filamentos caudales suelen ser más largos que los otros. Normalmente se suceden 3 o 4 generaciones al año y los máximos poblacionales se produ-

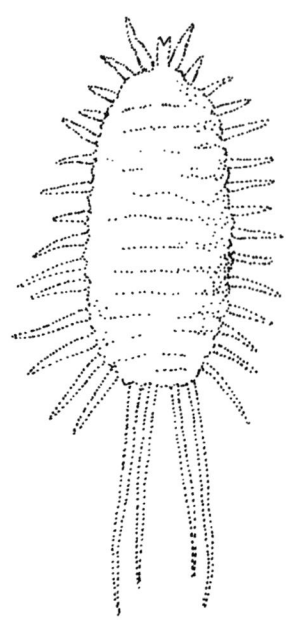

Planococcus citri

cen en agosto y septiembre. Las hormigas que cuidan a las larvas las trasladan de una planta a otra y las defienden de sus depredadores. Es polífaga, pero en la ciudad se alimenta de hojas y frutos de cítricos, adelfa, ciprés, *Ficus*, geranio, *Robinia* y otras plantas ornamentales.

MARGARÓDIDOS
FAMILIA MARGARODIDAE
Las especies de esta familia son cochinillas grandes y móviles en todos sus estadios de desarrollo. Viven sobre agrios y numerosas plantas ornamentales, como rosales, mimosas, *Pittosporum* y acacias. La hembra adulta mide de 6 mm a 10 mm de longitud y los machos son muy escasos.

Cochinilla acanalada
Iceria purchasi
El cuerpo de la hembra adulta es de color rojo anaranjado, de forma ovoidal y con largas quetas blancas. Las patas y las antenas son negras. Alrededor del abdomen se desarrollan filamentos céreos que forman un ovisaco de color blanco con acanaladuras y que contiene de 200 a 500 huevos. Se suceden 3 generaciones al año. La hembra adulta es hermafrodita y se autofecunda. Las hembras adultas se fijan en la corteza de brotes, ramas leñosas e incluso de troncos de árboles.

PIOJOS, DIASPÍDIDOS
FAMILIA DIASPIDIDAE
Las hembras de esta familia están cubiertas por un escudo formado por la superposición de exuvias larvarias y secreciones céreas, y suelen presentar un velo de color blanquecino en la parte ventral. Los machos presentan un escudo más alargado que el de las hembras. El tamaño relativo de los escudos permite distinguir las distintas fases del desarrollo. A diferencia de la mayoría de los homópteros, nunca producen melaza porque carecen de cámaras filtrantes en el estómago. Las secreciones céreas y proteicas que forman el escudo tienen, según parece, una función excretora.

Piojo rojo
Chrysomphalus dictyospermi
Esta especie vive sobre agrios, olivos, higueras, algarrobos y plantas ornamentales. En primavera, las hembras ovíparas ponen huevos de forma escalonada y se suceden 3 o 4 generaciones muy solapadas.

Piojo de San José
Quadraspidiotus perniciosus
Es una especie muy polífaga que ataca a la mayoría de los árboles frutales. Las hembras son vivíparas y suelen poner 3 generaciones al año.

Serpeta gruesa de los cítricos
Lepidosaphes beckii
Vive sobre cítricos de todo tipo y las hembras suelen poner 3 generaciones al año.

(M. P. MIER DURANTE, M. V. SECO FERNÁNDEZ)

Aspidiotus nerii

COLEÓPTEROS DEL SUELO
Familias Carabidae y Anthicidae

Tipo	Arthropoda, artrópodos
Clase	Insecta, insectos
Orden	Coleoptera, coleópteros

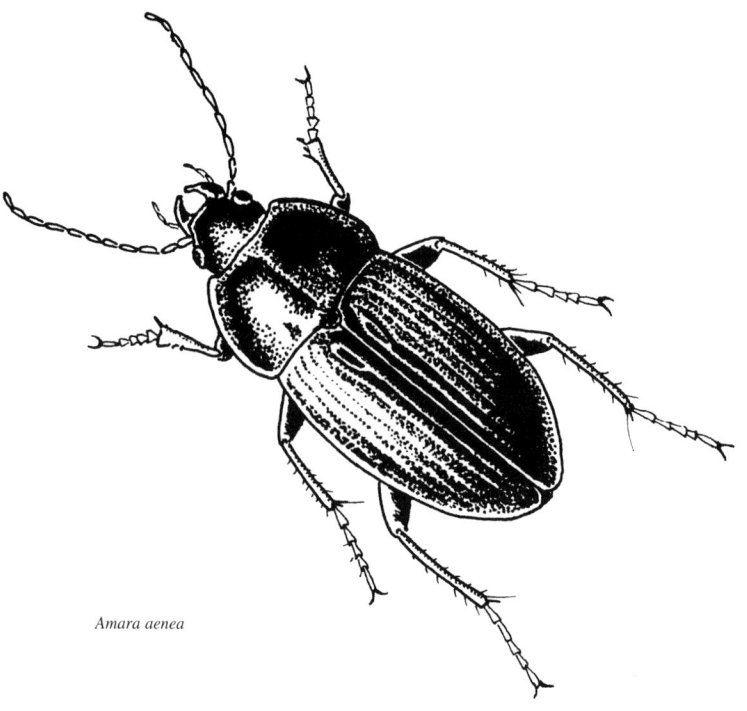

Amara aenea

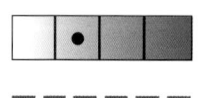

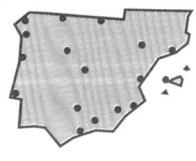

Biología

Se reproducen en jardines públicos. Como otros coleópteros, atraviesan por los siguientes estadios de crecimiento: larva, pupa y adulto.

Son estivales, si bien en climas templados pueden mostrarse activos durante todo el año. Los *Carabus* son solitarios y de costumbres nocturnas, mientras que las otras especies citadas son gregarias y diurnas. Los *Carabus* depredan todo tipo de pequeños invertebrados (gusanos, caracoles, babosas y larvas de insectos) y las otras especies prefieren materias vegetales.

Interacción con el ser humano

Las especies del género *Carabus* son beneficiosas para el hombre porque se nutren de invertebrados perjudiciales.

AMARA AENEA

Suele ser de color cobrizo claro aunque también puede presentar un color verdoso, azulado o casi negro. Los primeros 3 segmentos de las antenas son de color rojo amarillento. Mide de 6 mm a 8 mm de longitud. Vive en Asia y en Europa, y en la península Ibérica puede encontrarse comúnmente en ciudades costeras. Vive en solares, en parques forestales secos y en cementerios.

HARPALUS DISTINGUENDUS

Mide entre 9 mm y 11 mm de longitud.
Se encuentra en Asia y Europa, y en la
península Ibérica, es común en ciudades de la costa. Vive en solares, en parques forestales secos y en cementerios.

ESCARABAJOS DEL SUELO, CÁRABOS
GÉNERO *CARABUS*

No pueden volar y en muchas especies
las alas están reducidas. Producen una
secreción maloliente con una glándula
del abdomen que pueden expeler activamente. Viven en regiones mediterráneas. En la península Ibérica, pueden
encontrarse en las ciudades aunque son
escasos. Habitan en parques forestales
umbrosos, en jardines y en cementerios.

GÉNERO *ANTHICUS*

En Europa se conoce una veintena de
especies. El pronoto no lleva ninguna
espina. Las especies de este género
miden de 2 mm a 3 mm de longitud. Se
encuentran en la región mediterránea.
En la península Ibérica, es común en
todas las ciudades. Las especies del
género *Anthicus* viven en solares, en
parques forestales secos y en cementerios, y también se encuentran en las
calles.

(T. YÉLAMOS Y A. VIÑOLAS)

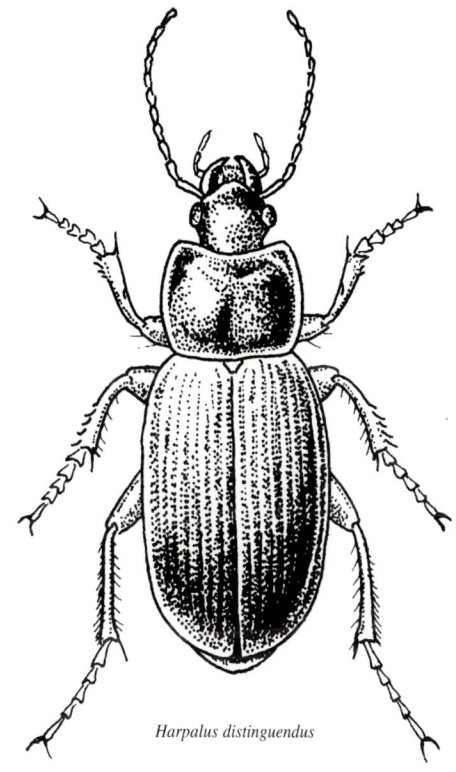

Harpalus distinguendus

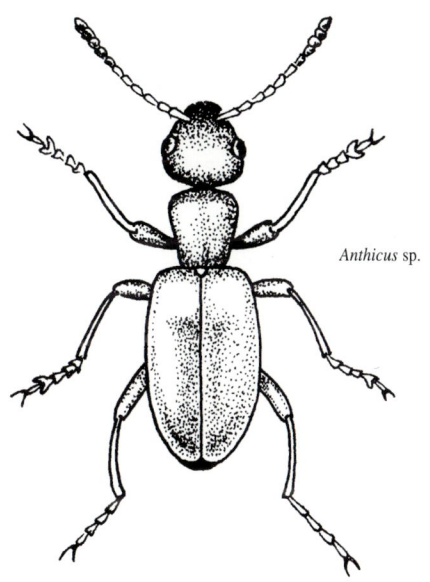

Anthicus sp.

COLEÓPTEROS FLORÍCOLAS
Diversas familias

Tipo	Arthropoda, artrópodos
Clase	Insecta, insectos
Orden	Coleoptera, coleópteros

Hábitat
Todas las especies citadas viven en jardines urbanos.

Coccinella septempunctata

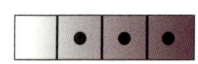

Biología
Las especies de este grupo se reproducen durante el verano en jardines públicos y en los árboles de las aceras.

MARIQUITAS
FAMILIA COCCINELLIDAE
Viven en Asia, África y Europa. Son abundantes en la península Ibérica. Las mariquitas son sedentarias. Suelen encontrarse en grandes cantidades. Depredan pulgones sobre cualquier planta, por lo que son muy beneficiosas para el hombre.

Mariquita roja de 7 puntos
Coccinella septempunctata
Tiene los élitros rojos con puntos negros. Mide de 5 mm a 8 mm.

Mariquita de 2 puntos
Adalia bipunctata
Los élitros son de color rojo anaranjado con los puntos negros. Mide de 3,5 mm a 5,5 mm. Hibernan en las casas.

PROPYLAEA QUATUORDECIMPUNCTATA
La coloración es variable. Mide entre 3,5 mm y 5 mm. Es una de las mariquitas más frecuentes.

CRISOMÉLIDOS, ESCARABAJOS DE LAS HOJAS
FAMILIA CHRYSOMELIDAE
La mayoría es fitófaga. Son frecuentes los colores brillantes, a menudo con brillos metálicos. Viven también en parques forestales umbrosos. Son plagas de las cosechas.

Hantogaleruca luteola
Mide entre 5,5 mm y 7 mm. En la península Ibérica, suele constituir una plaga, especialmente para los alisos. Puede encontrarse también en calles. Es estival.

Agelastica alni
Su color es azul, negro o violeta. Mide entre 5 mm y 7 mm. Es común en la península Ibérica. Es estival. Constituye una importante plaga de los olmos.

ESCARABÉIDOS
FAMILIA SCARABEIDAE
Son exclusivamente europeas. Viven en parques forestales y son estivales. Se alimentan de flores espesas y grandes, y pueden provocar desgastes importantes en ellas.

Oxythyrea funesta
Es de color negro con manchas blancas. Mide de 8 mm a 14 mm. Es escasa en la península Ibérica.

Tropinota squalida
Mide entre 7 mm y 11 mm. Es escasa en la península Ibérica.

APIÓNIDOS
FAMILIA APIONIDAE
Suelen encontrarse en grandes cantidades. Pueden encontrarse en parques forestales umbrosos.

Género *Apion*

Miden entre 1 mm y 3 mm. Consta de una infinidad de especies ibéricas cuya abundancia o mera existencia varía mucho de unas localidades a otras. Son cosmopolitas y comunes en la península Ibérica e islas Baleares. En general, son estivales.

LUCIÉRNAGAS
FAMILIA LAMPYRIDAE

Las luciérnagas son bien conocidas por la facultad que tienen de producir luz. Durante todas las fases de su ciclo vital desprenden luz, incluso los huevos, pero es la hembra la que emite el destello más intenso en la parte interna de los 3 últimos segmentos de abdomen para atraer al macho.

Luciérnaga
Lampyris noctiluca

La hembra es áptera y similar a una larva. Mide de 16 mm a 18 mm. Habita también en parques forestales. Es estival, solitaria y de actividad nocturna. Depreda caracoles.

(T. YÉLAMOS Y A. VIÑOLAS)

Lampyris noctiluca

Adalia bipunctata

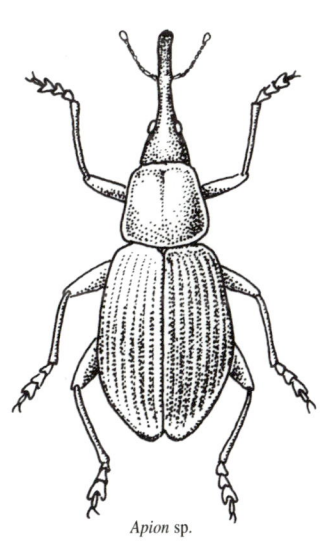

Apion sp.

Propylaea quatuordecimpunctata

COLEÓPTEROS DE LA CARROÑA, DE LOS EXCREMENTOS, GRANOS Y FRUTOS   Varias familias

Tipo	Arthropoda, artrópodos
Clase	Insecta, insectos
Orden	Coleoptera, coleópteros

Acanthoscelides obsoletus

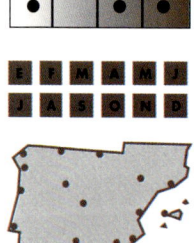

Identificación
Todas estas especies tienen una morfología muy particular.

Distribución
Muchas de las especies son cosmopolitas. Viven en todas las ciudades de la península Ibérica e islas Baleares.

Biología
Las once especies citadas se reproducen en verano.
A excepción de *Ocypus olens*, que es estival, las especies citadas son sedentarias, aunque la fenología puede variar según el clima de la ciudad: si el clima es frío, algunas pueden escasear o incluso faltar en invierno.

Interacción con el ser humano
Algunas especies causan perjuicios económicos porque se alimentan de granos, harinas y otros productos alimenticios. A veces invaden los domicilios a través de las harinas, pastas, pimentón, flores secas, etc., por lo que resulta complicada su completa eliminación.

● Nota
Necrobia rufipes tiene mala fama debido a su hábitat especial; cuando su

abundancia hace que se extienda por los alrededores del cementerio, puede crear problemas sanitarios.

CARCINOPS PUMILIO
Mide de 1,7 mm a 2,6 mm. Es cosmopolita. Vive en jardines, en cementerios y en parques forestales secos. Es solitario y se alimenta de larvas de moscas y, en menor medida, de otros coleópteros.

HISTER GRANDICOLLIS

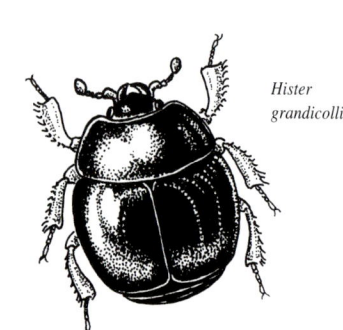

Hister grandicollis

Mide de 6 mm a 9 mm. Vive en la cuenca del Mediterráneo. Es solitario y se alimenta de larvas de moscas y, en menor medida, de otros coleópteros.

SAPRINUS SUBNITESCENS
Mide de 3,2 mm a 6 mm. Se encuentra en Asia, Europa y África. Es solitario y se alimenta de larvas de moscas y, en menor medida, de otros coleópteros.

ESTAFILÍNIDO OLOROSO OCYPUS OLENS
Mide de 20 mm a 32 mm. Vive en Asia y Europa. Vive en parques forestales (secos y umbrosos) y en jardines. Es solitario y se alimenta de larvas, básicamente de moscas y, en menor medida, de otros coleópteros.

NECROBIA RUFIPES
Mide de 3,5 mm a 7 mm. Es cosmopolita. Habita en cementerios. A veces se presenta en grandes cantidades en estos lugares y en zonas periféricas, donde es especialmente atraído por el jamón y por otros embutidos grasos, y puede llegar a formar plagas. Se reproduce también en cementerios. Es social. Se alimenta de larvas y de carne (sobre

todo de carne seca, incluidos los embutidos).

PTINUS FUR

El macho es de color pardo y la hembra, de pardo más oscuro. Mide de 2,3 mm a 5 mm. Es cosmopolita. Vive en almacenes y casas. Se presenta en grandes cantidades y forma plagas.

NIPTUS HOLOLEUCUS

Tiene una vellosidad dorada encima de todo el cuerpo. Mide entre 2,5 mm y 4,5 mm. Es cosmopolita. Vive en almacenes y casas. Se presenta en grandes cantidades y forma plagas.

CARPOPHILUS HEMIPTERUS

Mide entre 2,5 mm y 3,5 mm. Vive en Asia, Europa y África. Es frecuente en la fruta podrida. Vive en parques forestales (secos y umbrosos) y en jardines. Se presenta en grandes cantidades y forma plagas.

ORICÉFALA DE SURINAM
ORYZAEPHILUS SURINAMENSIS

Mide de 2,5 mm a 3,5 mm. Es cosmopolita. Viven en almacenes y edificios en grandes cantidades y forma plagas.

GORGOJO DE LOS GRANOS
SITOPHILUS ORYZAE

Mide entre 2,5 mm y 5 mm. Es cosmopolita. Viven en almacenes y casas en grandes cantidades y forman plagas.

CARCOMA DE LOS GRANOS
ACANTHOSCELIDES OBSOLETUS

Mide de 2 mm a 4,5 mm. Es cosmopolita. Se encuentran en edificios y almacenes en grandes cantidades y forman plagas. Se alimentan de cualquier tipo de granos, harinas, pastas y alimentos diversos.

(T. Yélamos y A. Viñolas)

Necrobia rufipes

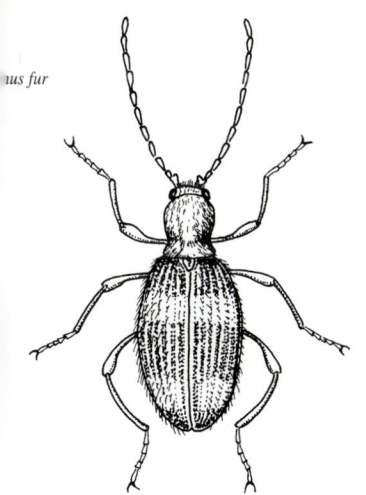

...us fur

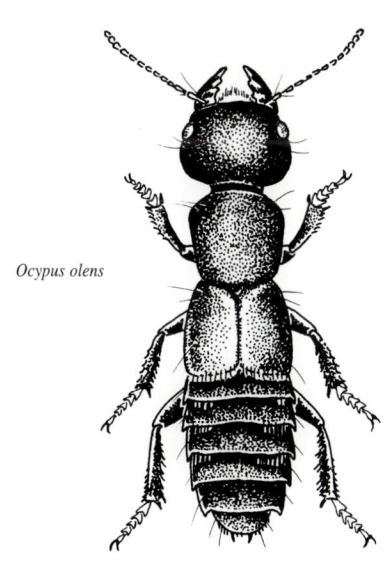

Ocypus olens

DERMÉSTIDOS, ESCARABAJOS DESPENSEROS Familia Dermestidae

Tipo	**Arthropoda, artrópodos**
Clase	**Insecta, insectos**
Orden	**Coleoptera, coleópteros**

Anthrenus museorum

Cat. **Dermèstids**
Eusk. **Zedenak**
Fr. **Dermestides**
Port. **Escaravelhos**

Identificación

Estos coleópteros de tamaño pequeño o mediano están muy bien caracterizados: el cuerpo está completamente cubierto de una pubescencia muy densa y muestra pinceles o bandas de pelos de otro color de fondo que forman un dibujo. Las antenas tienen 11 artejos. La cabeza es pequeña y está casi cubierta por el protórax. Las patas son gráciles. Están muy bien adaptados para el vuelo. El tamaño de las especies citadas varía de 2 mm a 10 mm. Las diferencias específicas se basan en la coloración, en el dibujo abdominal y en la forma del cuerpo.

Distribución

Es muy difícil dar una distribución de este conjunto de especies que se desplazan de un lugar a otro con los productos del ser humano, si bien puede decirse que son semicosmopolitas. Las 8 especies citadas se encuentran en toda la península Ibérica e islas Baleares.

Hábitat

Viven allí donde encuentran su alimento. Todos ellos son comunes o incluso muy abundantes, si bien su abundancia está relacionada con la alimentación.

Biología

Se reproducen durante la primavera en los lugares en que se encuentran los productos que les sirven de alimento. Realizan 1 puesta al año y los estadios de desarrollo son los siguientes: larva, pupa y adulto.

Los derméstidos adultos son solitarios; únicamente se encuentran agrupadas las larvas, debido a las exigencias nutritivas. Los adultos son estivales y muy a menudo florícolas (hibernan en estado larvario). Los adultos tienen actividad diurna. Son grandes voladores y son atraídos por la luz.

Interacción con el ser humano

En general son comensales con el ser humano.

DERMESTES
GÉNERO *DERMESTES*

Especies ejemplo: dermeste del tocino
D. lardarius, D. frischi y *D. undulatus*
Miden de 7 mm a 10 mm. Se alimentan
de cadáveres, pieles, conservas animales, tapices de lana, materias grasas y
animales, peces secos, etc.

DERMÉSTIDO DE LOS PELETEROS
ATTAGENUS PELLIO

Mide entre 3 mm y 6 mm. Está especializado en pieles.

ESCARABAJOS
DE LAS ALFOMBRAS
ANTRENOS
GÉNERO *ANTHRENUS*

Especies ejemplo: *A. fasciatus,* antreno
de los museos *A. museorum,*
A. verbassi
Miden de 2 mm a 4 mm. Los adultos se
encuentran sobre las flores de los jardines. Las larvas de antrenos se alimentan de tapices, vestidos, complementos
y colecciones de insectos. Los adultos
son florícolas.

MEGATOMA UNDATA

Mide de 4 mm a 6 mm. Se alimenta de
los restos de los insectos xilófagos y es
accidental en las viviendas.

(A. VIÑOLAS Y T. YÉLAMOS)

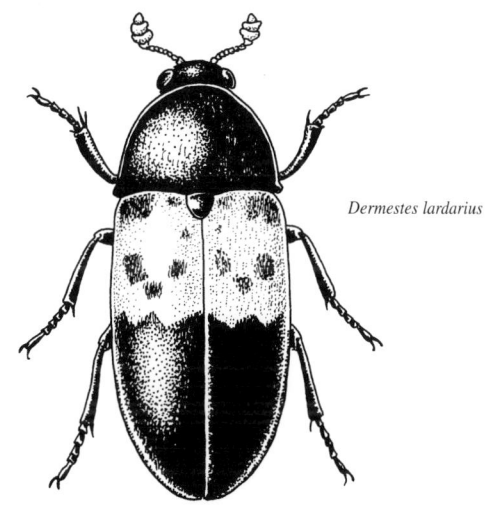

Dermestes lardarius

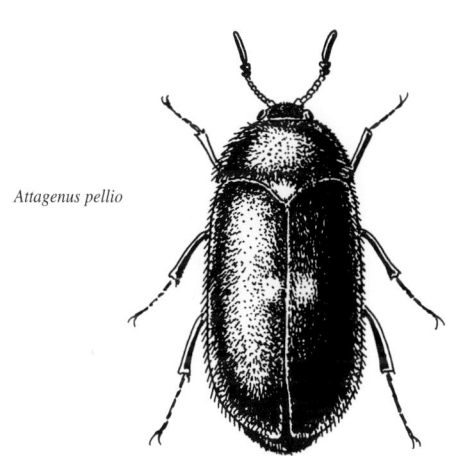

Attagenus pellio

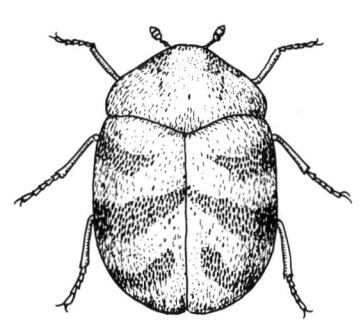

Anthrenus verbasii

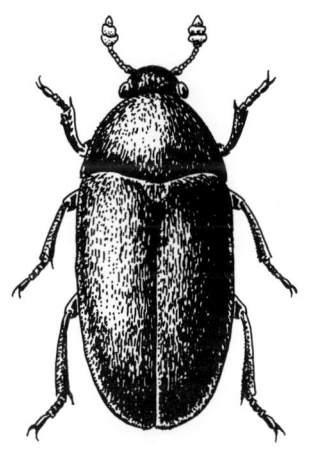

Dermestes undulatus

CARCOMAS
Familia Annobidae

Tipo	**Arthropoda, artrópodos**
Clase	**Insecta, insectos**
Orden	**Coleoptera, coleópteros**

Identificación
Las carcomas son coleópteros de dimensiones pequeñas, comprendidas entre 1 mm y 9 mm. Tienen el cuerpo alargado, cilíndrico o cortamente oval,

Anobium punctatum

Cat. **Corcs de la fusta**
Eusk. **Piriak**
Por. **Carcoma, caruncho**
Fr. **Anobides**
It. **Anobio**
Ing. **Death-watch beetle**

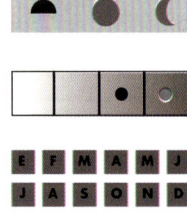

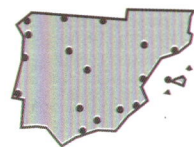

de color castaño rojizo más o menos oscurecido, y son pubescentes. La cabeza tiene un desarrollo normal. Las antenas tienen de 8 a 11 artejos y presentan una gran variedad de modelos. El protórax está bien desarrollado y adopta formas muy variables. Los élitros cubren por completo el abdomen. Las patas son gráciles y el abdomen tiene 5 segmentos aparentes. Los tarsos tienen 5 artejos. El órgano copulador masculino está muy desarrollado. En todas las especies existe dimorfismo sexual en la conformación de las antenas, mucho más vistosas y desarrolladas en el macho; las hembras, por su parte, tienen el cuerpo más convexo.

Distribución
Pueden encontrarse carcomas en todo el mundo y algunas especies son cosmopolitas. Todas ellas son tan antiguas como el hombre en las ciudades; éste, al introducir en los centros urbanos la madera y los alimentos, también introdujo a los anóbidos.

Hábitat
Todas estas especies son comunes y pueden ser muy abundantes donde exista madera, material celulósico (libros, etc.) o restos de comida (casos de *Stegobium* y *Lasioderma*).

Biología
Se reproducen siempre en el hábitat humano. La época de reproducción depende de la climatización del local y el número de crías al año varía con las condiciones ambientales. Los estadios de crecimiento son larva, pupa y adulto.
Son solitarias aunque en zonas de escasos recursos alimentarios pueden formar colonias no sociales por superpoblación. Son sedentarias y el adulto sale en primavera para aparearse. Las larvas viven todo el año y en buenas condiciones puede haber varias generaciones a lo largo del año. Los adultos, de hábitos crepusculares, son atraídos por la luz y por esta razón suelen encontrarse en las ventanas. Todo el ciclo biológico de estas especies transcurre en la ciudad, donde se alimentan de madera obrada, libros, plantas secas, restos animales, comida, etc. No existen interacciones tróficas o de ningún otro tipo con otras especies.

Interacción con el ser humano
Son comensales del hombre y las que forman plagas pueden ser perjudiciales en el aspecto económico.

Observación
Se observan sobre todo durante la primavera y el verano, y su presencia se aprecia por la aparición de pequeños montones de serrín al pie de los muebles, así como pequeños agujeros cilíndricos en estos últimos por eclosión del adulto. Los adultos se observan por lo general en las ventanas, donde son atraídos por la luz.

CARCOMA DEL PAN
STEGOBIUM PANICEUM

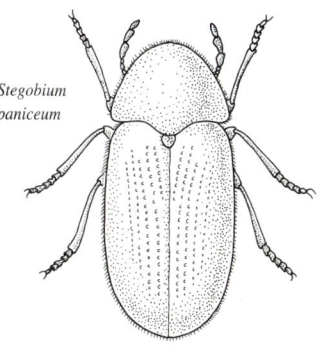

Stegobium paniceum

Mide de 2 mm a 4 mm. Es cosmopolita. Se desarrolla en todos los productos vegetales y animales. Es uno de los animales más dañinos que aparecen en las casas y los almacenes. Puede ser plaga.

GASTRALLUS PUBENS
Es de color negro o pardo rojizo, con un fino vello por encima. Mide de 2 mm a 3 mm. Vive en los países mediterráneos. En la península Ibérica, se ha observado únicamente en Barcelona.

OLIGOMERUS PTILINOIDES

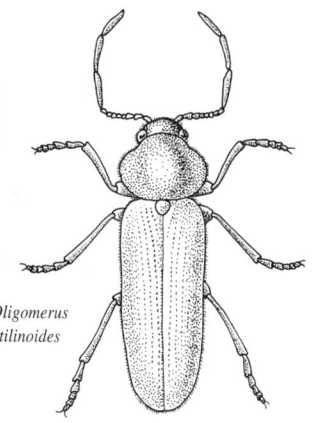

Oligomerus ptilinoides

Vive en Asia y en los países mediterráneos. En la península Ibérica, se encuentra en la zona mediterránea. Vive en la madera de construcciones y en los muebles. Puede llegar a ser plaga.

CARCOMA DE LA MADERA, CARCOMA COMÚN
ANOBIUM PUNCTATUM
Mide de 2,5 mm a 5 mm. Es cosmopolita. Puede formar plaga.

HADROBREGMUS CARPETANUS
Es endémica de la península Ibérica.

NICOBIUM CASTANEUM
Mide entre 4 mm y 6 mm. Es cosmopolita.

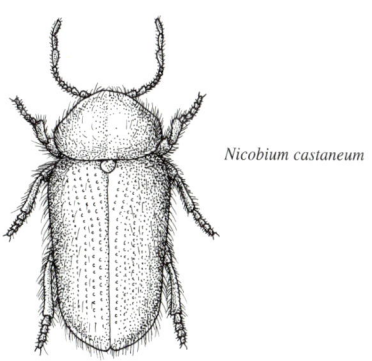

Nicobium castaneum

CARCOMA DEL TABACO
LASIODERMA SERRICORNE
Tiene las antenas aserradas, puede retraer la cabeza y enrollarse en forma de bola. Mide de 2 mm a 2,7 mm. Es cosmopolita. En ocasiones puede llegar a ser una plaga.

CALYMADERUS SOLIDUS
Vive en el sur de Europa y en Norteamérica. Se encuentra únicamente en el norte de la península Ibérica.

(A. Viñolas y T. Yélamos)

Madera atacada por *Anobium punctatum*

TENEBRIÓNIDOS
Familia Tenebrionidae

Tipo	**Arthropoda, artrópodos**
Clase	**Insecta, insectos**
Orden	**Coleoptera, coleópteros**

Identificación
La familia tenebriónidos se caracteriza por tener las antenas insertadas debajo de la prolongación de las mejillas. Las antenas tienen 11 artejos y la cabeza es

Tenebrio molitor

Cat. **Tenebriònids**
Por. **Escarauelhos**
Fr. **Ténébrionides**

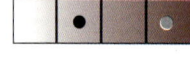

siempre visible por encima. El protórax es de forma muy variable; los élitros no siempre cubren el abdomen y el pigidio; las patas son gráciles y los tarsos tienen 5-5-4 artejos. El abdomen tiene 5 segmentos visibles. La mayoría de las especies tiene una coloración negra o testácea. Son muy variables en cuanto a forma, tamaño (sus longitudes varían de 2 a 40 mm), escultura de la parte superior del cuerpo, etc. Las diferencias sexuales son tenues: un mayor engrosamiento de los tarsos en el macho, las antenas son más cortas en la hembra, un mayor engrosamiento del cuerpo en la hembra y diferencias en la conformación de las tibias del macho.

Distribución
Pueden encontrarse especies de esta familia por todo el mundo. Algunas especies han colonizado de forma espontánea las ciudades y muchas otras fueron introducidas por el hombre junto con los productos alimenticios derivados de la harina y con los corrales de animales. Todas estas especies son comunes y ocasionan plagas en los almacenes de productos amiláceos.

Hábitat
Viven en jardines, edificios, almacenes, pastelerías, hornos, etc., con los productos de los que se nutren.

Biología
Todas las especies citadas se reproducen en las mismas zonas en las que se alimentan. Algunas especies se reproducen en primavera y tienen una puesta anual; otras crían durante todo el año, según el estado del producto, y tienen puestas seguidas si las condiciones son favorables. Los estadios de desarrollo son los siguientes: larva, pupa y adulto. Algunas especies son solitarias o viven en pequeños grupos, mientras que otras son gregarias en los productos atacados. Todas ellas son sedentarias, con un ciclo anual de primavera-verano en algunos casos y durante todo el año, en almacenes acondicionados. Todas las especies citadas son nocturnas, aunque algunas también se encuentran de día en los jardines. Muchas especies se nutren en almacenes, hornos, pastelerías y otros lugares donde encuentren harina y otros productos derivados.

Interacción con el ser humano
Todas las especies citadas son comensales. Algunas pueden convertirse en plagas de los productos almacenados.

● Nota
Trilobium castaneum, Palorus depressus y *Tenebrio obscurus* son objeto de cría intensiva en zoológicos, aviarios, etc., porque sus larvas se destinan a la alimentación de aves, pequeños insectívoros, etc.

BLAPS
BLAPS LETHIFERA
Es de color negro y presenta un saliente apical en los élitros. Mide entre 2 cm y 4 cm. Tiene una distribución europea. Se encuentra en la mitad norte de la península Ibérica. Vive en edificios. Se alimenta de restos vegetales y animales en sótanos, subterráneos y demás lugares oscuros y húmedos.

ESCARABAJO DE LA HARINA
LATHETICUS ORYZAE
Es rojizo y mide de 2,5 mm a 3 mm.

Es cosmopolita. Fue introducido por el hombre junto con los productos alimenticios.

TRIBOLIO DEL CASTAÑO, ESCARABAJO DE LA HARINA
TRIBOLIUM CASTANEUM
Es castaño rojizo y mide de 3 mm a 4 mm. Es cosmopolita.

ESCARABAJO DE LA HARINA
PALORUS DEPRESSUS
Es de color castaño rojizo y mide de 3 mm a 5 mm. Es cosmopolita.

ESCARABAJO DE LA HARINA
ALPHITOBIUS DIAPERINUS
Es de color negro y tiene una longitud entre 5,5 mm y 7 mm. Es cosmopolita. Se nutre del guano de otros animales, básicamente del de gallináceas.

ESCARABAJO DE LA HARINA
TENEBRIO OBSCURUS
Es negro y mide de 12 mm a 18 mm. Es cosmopolita.

GONOCEPHALUM PUSILLUM
Es de color castaño muy oscuro y mide de 6 mm a 7 mm. Está normalmente recubierto por un depósito terroso. Vive en Asia, África y en la Europa mediterránea. Ha colonizado las ciudades de forma espontánea. Vive en jardines.

OPATRO DE LAS ARENAS
OPATRUM SABULOSUM
Es de color castaño muy oscuro y mide de 8 mm a 10 mm. Está normalmente recubierto de un depósito terroso. Vive en Europa. Se encuentra en la mitad norte de la península Ibérica. Ha colonizado las ciudades de manera espontánea. Se encuentra en jardines. Se alimenta de los detritos vegetales de los jardines.

CARCOMA CORNUDA
GNATHOCERUS CORNUTUS
Es castaño rojiza y mide de 3,5 mm a 4,5 mm. Las mandíbulas del macho están muy desarrolladas. Es cosmopolita.

(A. VIÑOLAS Y T. YÉLAMOS)

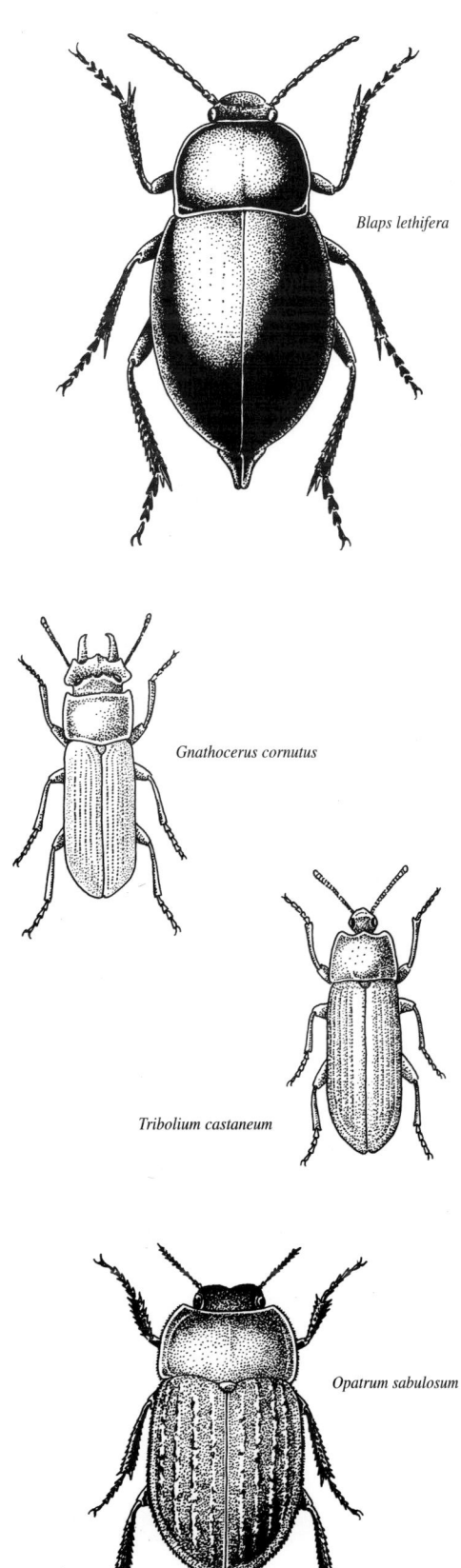

Blaps lethifera

Gnathocerus cornutus

Tribolium castaneum

Opatrum sabulosum

NEMATÓCEROS
Suborden Nematocera

Tipo	**Arthropoda, artrópodos**
Clase	**Insecta, insectos**
Orden	**Diptera, dípteros**

Identificación

Los nematóceros suelen tener las antenas muy largas, con numerosos artejos libres y semejantes entre sí. El palpo tiene de 3 a 5 artejos.

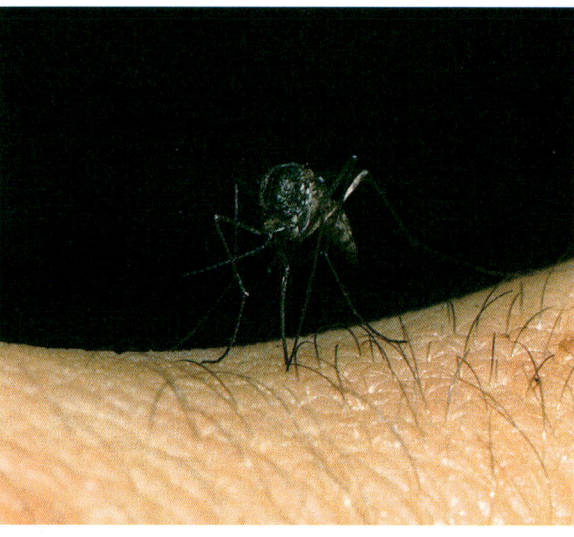

Mosquito picando

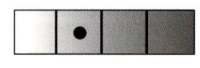

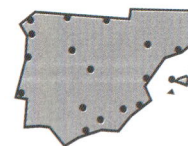

Distribución

Son cosmopolitas. Viven en todas las ciudades de la península Ibérica e islas Baleares.

Biología

Los adultos son sedentarios y de costumbres solitarias. Vuelan durante todo el año, excepto los meses muy fríos.

MOSQUITOS
FAMILIA CULICIDAE

Especie ejemplo: Mosquito doméstico común *Culex pipiens*
Se caracterizan por sus formas esbeltas, sus patas largas y sus alas recubiertas de escamas. Los machos suelen tener antenas plumosas. Su longitud varía de 5 mm a 15 mm. Existen unas 200 especies paleárticas. Viven en parques forestales umbrosos, jardines, ríos, lagos y estanques, y edificios. Las larvas se desarrollan en aguas estancadas. Las hembras son hematófagas. En tanto que parásitas del hombre, son vectores potenciales de enfermedades. Los machos son florícolas y también se nutren de jugos vegetales.

MOSQUITOS NO PICADORES
FAMILIA CHIRONOMIDAE

Especie ejemplo: Mosquito no picador plumoso *Chironomus plumosus*
Se parecen a los mosquitos verdaderos por sus formas esbeltas y sus patas largas. Pueden ser negros, amarillentos o verdosos. Los machos tienen las antenas muy plumosas y el tórax muy jorobado. Las larvas acuáticas son a menudo rojas por tener hemoglobina. Su longitud oscila entre los 2 mm y los 12 mm. Existen unas 1 300 especies paleárticas. Viven en ríos, lagos y estanques, y también en edificios. Las larvas son acuáticas. Los adultos se alimentan de néctar de flores y de las secreciones de los pulgones. Pueden observarse en las paredes de las fuentes y en estanques.

MOSQUITAS PELUDAS
FAMILIA PSYCHODIDAE

Especie ejemplo: Mosquita de las letrinas *Psychoda phallaonides*
Son moscas de formas rechonchas, peludas, con las alas puntiagudas y recubiertas de escamas que pliegan en *tejadillo* cuando se posan. Su longitud oscila entre 1 mm y 5 mm. Hay 450 especies europeas. Viven en parques forestales umbrosos y en edificios. Las larvas son acuáticas o semiacuáticas. Los adultos se alimentan de néctar de flores o de savia en heridas de árboles. Pueden verse en las paredes de las letrinas.

ESCATÓPSIDOS
FAMILIA SCATOPSIDAE

Especie ejemplo: *Scatopse notata*
Son mosquitas pequeñas, por lo general negras, con las antenas cortas y mazudas. Las venas alares anteriores son más gruesas que las posteriores. Su longitud varía de 0,6 mm a 5 mm. Existen unas 60 especies europeas. Viven en parques forestales umbrosos. Las larvas viven en materia orgánica descompuesta (animal y vegetal). Los adultos son florícolas en su mayoría. Pueden verse en las ventanas de las casas.

MOSCAS DE SAN MARCOS, MOSCAS DE MARZO
FAMILIA BIBIONIDAE

Especie ejemplo: Mosca de marzo
Bibio marci

Son moscas generalmente peludas y negruzcas. Los machos tienen ojos compuestos muy grandes, omatidios superiores de mayor tamaño que los inferiores, antenas cortas y fémures robustos. Su longitud es de 3 mm a 14 mm. Hay más de 40 especies europeas. Viven en parques forestales umbrosos y en jardines. Las larvas viven en el humus del suelo, en el estiércol o entre las hojas descompuestas. Los adultos de algunas especies son florícolas. Pueden verse en los parques, en zonas sombrías y húmedas.

(M. Carles-Tolrà)

Grupo de mosquitos al atardecer

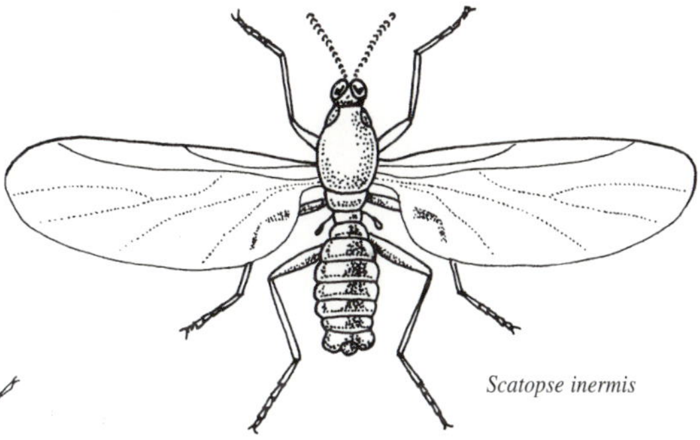

Scatopse inermis

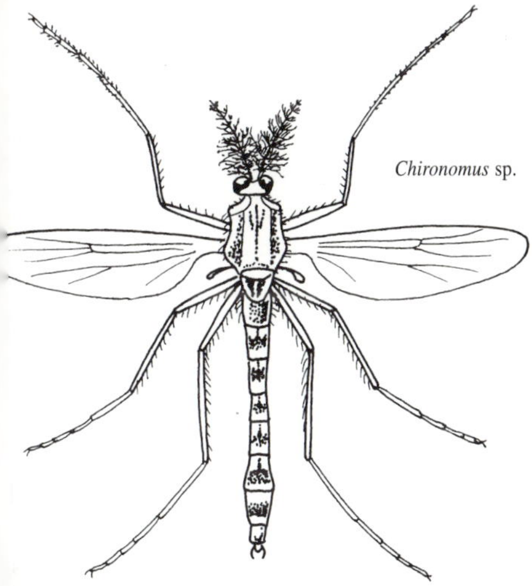

Chironomus sp.

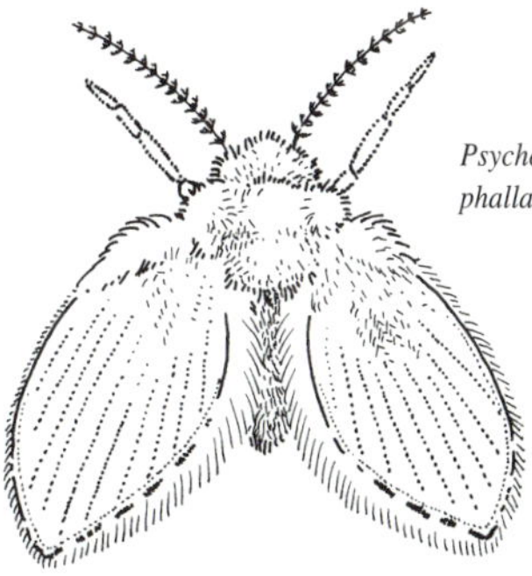

Psychoda phallaonides

CALÍPTEROS
Calyptratae

Tipo	**Arthropoda, artrópodos**
Clase	**Insecta, insectos**
Orden	**Diptera, dípteros**
Suborden	**Brachycera, braquíceros**

Características del grupo

Estas moscas se caracterizan por tener en las antenas 3 artejos y 1 pelo largo o arista. El palpo tiene 1 artejo y el

Sarcophaga carnaria

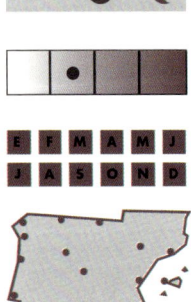

segundo artejo antenal tiene una hendidura a lo largo de casi toda la parte dorsal. Presentan una sutura encima y a los lados de las antenas. También muestran un callo posterior, una sutura transversal completa en el tórax y unas caliptras (escamas torácicas) por lo general bien desarrolladas (de las que proviene el nombre de calípteros) que tapan los halterios.

Distribución

Son cosmopolitas. En la península Ibérica e islas Baleares, se encuentran en todas las ciudades del interior y están adaptadas a la ciudad desde sus orígenes.

Hábitat

Viven en parques forestales umbrosos, jardines, cementerios, calles, solares y edificios.

Biología

Las especies de este grupo son sedentarias y de costumbres diurnas. Los adultos pueden observarse durante todo el año, a excepción de los meses muy fríos.

MOSCAS DE LA COL O DE LAS CEBOLLAS
FAMILIA ANTHOMYIIDAE

Especie ejemplo: *Anthomyia pluvialis*
En estas moscas, la hipopleura no muestra una hilera de cerdas y la vena anal llega al margen alar. Nunca muestran brillo metálico. La vena subcostal suele estar curvada hacia la punta. La longitud varía entre 2 mm y 12 mm. Existen unas 600 especies paleárticas. Son frecuentes en las ventanas y sobre la comida. Por lo general, las larvas son saprófagas o fitófagas.

MOSCAS TÍPICAS
FAMILIA FANNIIDAE

Especie ejemplo: Pequeña mosca doméstica *Fannia canicularis*
En esta familia, la hipopleura no tiene hilera de cerdas y la segunda vena alar está muy curvada hacia la primera vena anal; la vena subcostal está curvada casi desde la base. La longitud varía de 3 mm a 9 mm. Son frecuentes sobre la comida, en las ventanas y muy frecuentes en las entradas de las casas, por donde vuelan en zigzag (como helicópteros) o en círculos. Existen unas 80 especies europeas. Las larvas viven en materia descompuesta, preferentemente vegetal.

MOSCAS TÍPICAS
FAMILIA MUSCIDAE

Especie ejemplo: Mosca doméstica *Musca domestica*
La hipopleura de las moscas de esta familia no tiene hilera de cerdas y el cuerpo está provisto de macroquetas; la vena anal no llega al margen alar y la vena subcostal suele estar curvada hacia la punta. Miden entre 2 mm y 15 mm. Se han descrito 450 especies europeas. Son frecuentes en las casas, en las ventanas o sobre la comida. Las larvas viven en materia orgánica des-

compuesta (animal y vegetal) y son saprófagas o coprófagas.

MOSCARDAS AZULES O MOS-CARDAS VERDES
FAMILIA CALLIPHORIDAE

Especie ejemplo: Mosca imperial *Lucilia caesar*

Estas moscas suelen ser de color metálico (azul o verde) o con una pilosidad dorada. La hipopleura tiene una hilera de cerdas y la quinta vena longitudinal suele estar acodada. La longitud varía entre 4 mm y 16 mm. Existen 70 especies europeas. Son muy comunes sobre los excrementos. Las larvas viven en excrementos o en materia orgánica descompuesta.

MOSCARDONES O MOSCARDAS DE LA CARNE
FAMILIA SARCOPHAGIDAE

Especie ejemplo: Mosca de la carne, moscarda *Sarcophaga carnaria*

Son unas moscas rechonchas y robustas, con el abdomen a menudo ajedrezado. Nunca presentan un brillo azul o verde metálico; el tórax a menudo muestra bandas grises y oscuras, y la quinta vena longitudinal suele estar acodada. La longitud varía de 5 mm a 20 mm. Hay 220 especies europeas. Son muy comunes sobre los excrementos. Las larvas viven en excrementos o en materia orgánica descompuesta.

(M. Carles-Tolrá)

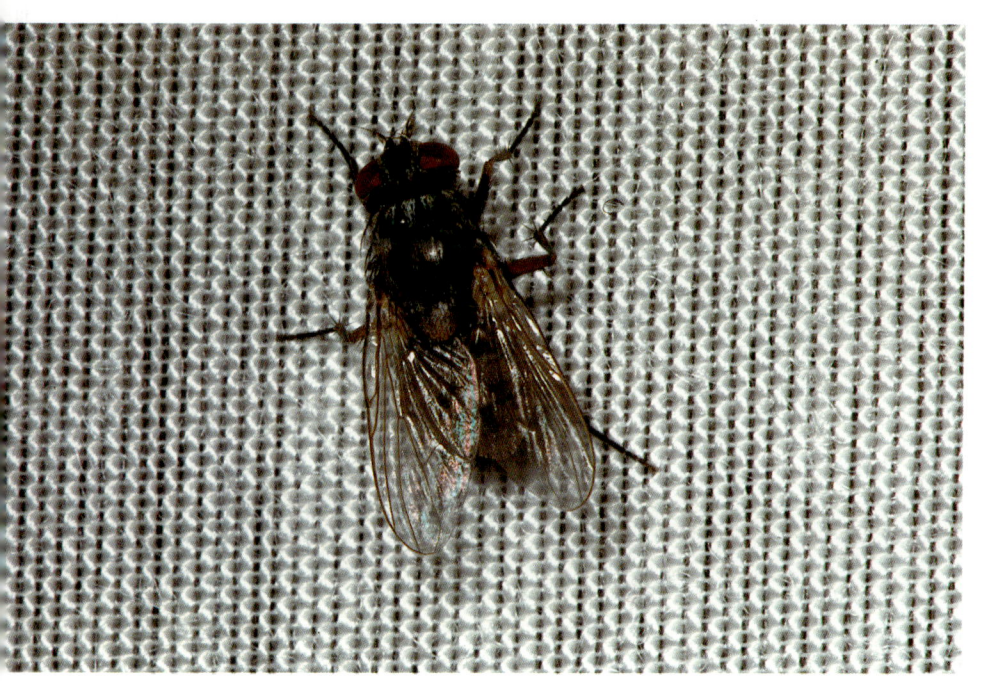

Mosca de la familia Anthomyiidae

ORTORRAFOS
Orthorrhapha

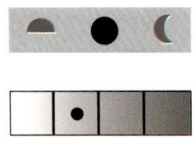
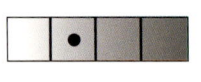

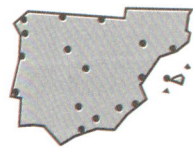

Tipo	**Arthropoda, artrópodos**
Clase	**Insecta, insectos**
Orden	**Diptera, dípteros**
Suborden	**Brachycera, braquíceros**

Identificación
Las moscas de este suborden se caracterizan por sus antenas cortas, formadas por 8 artejos más o menos fusionados entre sí, o bien por 3 artejos. El palpo tiene 1 o 3 segmentos, generalmente 2, y no hay sutura ptilinal. (Véase acalípteros, pág. 156)

Distribución
Son cosmopolitas. Viven en toda la península Ibérica e islas Baleares.

Biología
Son sedentarias, diurnas y de hábitos solitarios. Es posible observarlas durante todo el año, excepto durante los meses muy fríos.

MOSCAS ABEJORRO
FAMILIA BOMBYLIIDAE
Especies más representativas. *Bombylius major, Hemipenthes morio, Villa hottentota*
Estas moscas son rechonchas y peludas, semejantes a abejorros o abejas, y por lo general están provistas de una trompa larga o muy larga. Suelen permanecer estáticas en el aire como helicópteros y su vuelo es muy rápido e intermitente. Pueden confundirse con las moscas helicóptero, pero éstas acostumbran tener colores vistosos y no suelen ser peludas. La longitud varía de 1 mm a 30 mm. Existen unas 1 400 especies paleárticas. Viven en jardines, parques forestales secos y solares. Las larvas son parásitas de arañas y de otros insectos. Los adultos, florícolas en su mayoría, se alimentan de néctar y de polen. Se observan sobre las flores de los jardines, en zonas soleadas.

MOSCAS DESNUDAS
FAMILIA SCENOPINIDAE
Especie ejemplo: *Scenopinus fenestralis*
Son moscas negruzcas con el cuerpo alargado y desprovisto de pelos. La

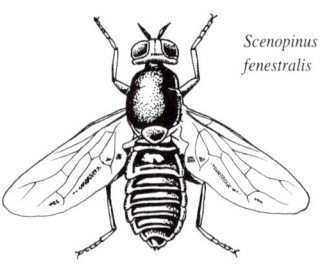

Scenopinus fenestralis

longitud varía de 2 mm a 7 mm. Existen unas 15 especies europeas. Viven en edificios. Las larvas son depredadoras de insectos, especialmente de derméstidos (*polilla* de los museos). Pueden observarse en las ventanas de las casas.

MOSCAS SOLDADO
FAMILIA STRATIOMYIDAE
Especies más representativas: *Chloromyia formosa, Sargus cuprarius*
Son moscas esbeltas, a menudo coloreadas (amarillas, blancas o verdes) y con un brillo metálico azul y verde. El ala tiene una celda discal en el centro. La longitud varía de 2 mm a 20 mm. Hay unas 150 especies europeas. Viven en parques forestales umbrosos, jardines, solares, ríos, lagos y estanques.

Chloromyia formosa

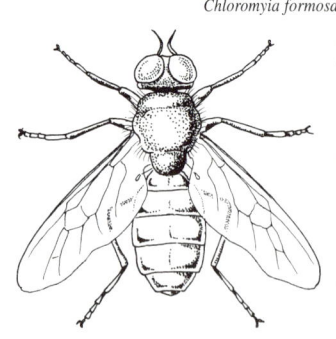

Las larvas son acuáticas, semiacuáticas o, en su mayoría, terrestres. Los adultos de algunas especies son coprófilos, pero la mayoría se alimenta de néctar. Se observan sobre las flores de los jardines, en zonas soleadas.

(M. Carles-Tolrà)

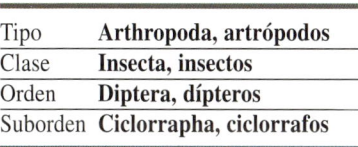

ASQUIZOS
Aschiza

Identificación

Los asquizos son dípteros que se caracterizan por sus antenas cortas, provistas de 3 artejos y de un pelo largo o arista, por tener palpos con un solo artejo y por no tener sutura ptilinal (véase acalípteros, pág. 158). Los adultos son sedentarios, diurnos y de costumbres solitarias. Es posible observarlos durante todo el año, excepto durante los meses muy fríos.

Distribución

Son cosmopolitas. Viven en todas las ciudades de la península Ibérica e islas Baleares. Están adaptados al medio ambiente desde la antigüedad.

MOSCAS ESCUDO
FAMILIA PHORIDAE

Especies ejemplo: *Phora atra*

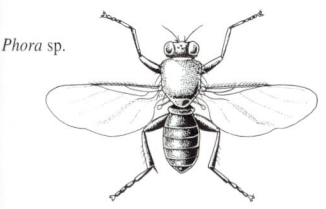

Phora sp.

Son moscas pequeñas, marrones, negras o amarillas, con unas alas inconfundibles. Cuando se posan en los cristales de las ventanas, se reconocen fácilmente por sus movimientos en zigzag, muy rápidos e intermitentes. Miden entre 0,5 mm y 8 mm. Existen más de 400 especies europeas. Viven en parques forestales umbrosos, ríos, lagos y estanques, cementerios, solares y edificios. Las larvas se desarrollan en materia orgánica descompuesta (cadáveres, excrementos, etc). Los adultos se alimentan de materia orgánica descompuesta o son florícolas, saprófagos, coprófagos o necrófagos. Pueden observarse de día, durante la primavera y el verano, en ventanas de casas, flores y en materia orgánica descompuesta.

MOSCAS HELICÓPTERO
FAMILIA SYRPHIDAE

Especies más representativas: *Xantogramma pedissequum, Eristalis tenax, Volucella zonaria, Scaeva pyrastri*
Son moscas alargadas, esbeltas o

Tipo	**Arthropoda, artrópodos**
Clase	**Insecta, insectos**
Orden	**Diptera, dípteros**
Suborden	**Ciclorrapha, ciclorrafos**

Volucella zonaria

robustas, a menudo de colores brillantes (bandas amarillas o naranjas sobre un fondo oscuro) y con brillos metálicos verdes o azules. Se caracterizan por sus venas alares posteriores, paralelas al margen posterior del ala, y por tener falsas venas o pliegues alares. Acostumbran permanecer estáticas en el aire como helicópteros y cambiar de lugar con vuelos rápidos y cortos. Las moscas helicóptero son miméticas de las

Eristalis tenax

avispas, lo que las protege de muchos depredadores, que las confunden con estos himenópteros. Por esta razón, es fácil confundirlas con avispas. Miden entre 3 mm y 25 mm. Existen unas 500 especies europeas.
Viven en jardines urbanos y en solares. Las larvas se desarrollan en materia orgánica descompuesta o son acuáticas, fitófagas o depredadoras de pulgones. Los adultos son florícolas en su inmensa mayoría. Se observan en las flores, a pleno sol.

(M. CARLES-TOLRÀ)

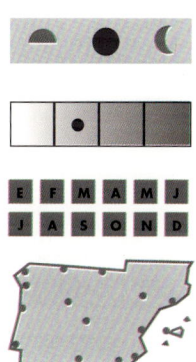

ACALÍPTEROS
Acalyptratae

Tipo	**Arthropoda, artrópodos**
Clase	**Insecta, insectos**
Orden	**Diptera, dípteros**
Suborden	**Ciclorrhapha, ciclorrafos**

Drosophila melanogaster

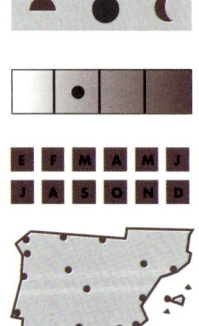

Características del grupo
Las antenas tienen 3 artejos y 1 pelo largo (arista). El palpo tiene 1 artejo. El segundo artejo antenal no tiene hendidura dorsal o (en raras ocasiones) la tiene poco desarrollada. Hay una sutura ptilinal (encima y a los lados de la arista). La sutura transversal del tórax es incompleta. No hay caliptras (escamas torácicas) –y de ahí el nombre de *acalípteros*– o, en raras ocasiones, están poco desarrolladas.

Distribución
Son cosmopolitas. Se encuentran en todas las ciudades de la península Ibérica e islas Baleares. Son sedentarios, diurnos y de costumbres solitarias. Puede observarse a los adultos durante todo el año, excepto durante los meses más fríos.

MOSCAS HORMIGA
FAMILIA SEPSIDAE
Especie ejemplo: *Sepsis fulgens*
Son moscas con el abdomen peciolado semejantes a hormigas. Las alas suelen tener una mancha subapical oscura y redondeada; las abren lateralmente y las mueven (sin volar) de arriba abajo, con movimientos intermitentes y lentos. La longitud varía entre 2 mm y 6 mm. Existen más de 40 especies en Europa. Viven en parques forestales umbrosos, jardines, solares, ríos, lagos y estanques. Las larvas suelen ser coprófagas, pero algunas son saprófagas. Los adultos se alimentan sobre todo de materia orgánica descompuesta, aunque también se hallan sobre flores. Son muy abundantes sobre montones de estiércol y otros excrementos.

HELOMÍCIDOS
FAMILIA HELOMYZIDAE
Especie ejemplo: *Tephrochlamys rufiventris, Helomyza* sp.
Estas moscas rojizas, grises o marrones se caracterizan por las espinas que bordean todo el margen anterior del ala. La longitud varía entre 2 mm y 11 mm. Existen más de 100 especies en Europa. Viven en parques forestales umbrosos, jardines, solares, edificios,

ríos, lagos y estanques. *Tephrochlamys rufiventris* es bastante común en las ventanas de las casas. Las larvas se desarrollan en el humus, la materia orgánica descompuesta, las setas o los excrementos. Los adultos son florícolas o viven en materia orgánica descompuesta, setas e incluso cadáveres.

ESFEROCÉRIDOS
FAMILIA SPHAEROCERIDAE
Especie ejemplo: *Spelobia bifrons*
Son moscas de formas rechonchas, de color oscuro, negro o marrón que se caracterizan por tener el metatarso posterior (primer artejo del tarso posterior) dilatado, corto y engrosado. Sus movimientos son intermitentes, cortos y en zigzag. La longitud varía entre 0,5 mm y 5 mm. Existen más de 150 especies europeas. Viven en parques forestales umbrosos, jardines, solares, edificios, ríos, lagos y estanques.
Las larvas viven en todo tipo de materia orgánica descompuesta, setas, excrementos o estiércol. Los adultos son sobre todo saprófagos y coprófa-

gos, también se alimentan de flores o de setas y son abundantísimos en deposiciones de estiércol.

MOSCAS DEL VINAGRE O DE LA FRUTA
FAMILIA DROSOPHILIDAE
Especie ejemplo: Mosca del vinagre, mosca de la fruta *Drosophila melanogaster*
Son moscas de formas rechonchas, de color amarillo, marrón o negro, y con 2 fracturas basales en el ala. La arista es por lo general plumosa y la vena anal tiene forma de hoz. La longitud varía entre 1,5 mm y 6 mm. Existen unas 80 especies europeas. Viven en parques forestales umbrosos, jardines, edificios, ríos, lagos y estanques. Las larvas viven en materia orgánica descompuesta, entre la hojarasca, en excrementos o en cadáveres. Los adultos se alimentan sobre todo de fruta descompuesta y vinagre, y también de materia orgánica descompuesta, excrementos y cadáveres.

(M. CARLES-TOLRÀ)

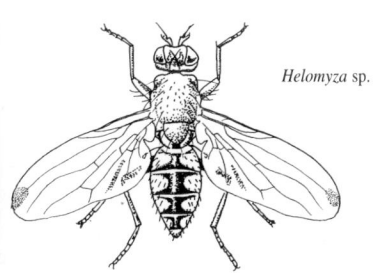

Helomyza sp.

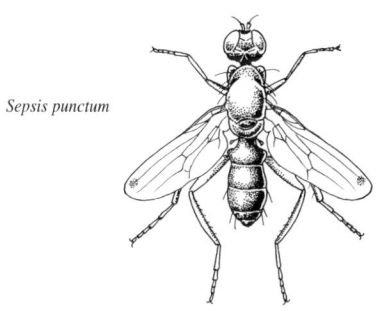

Sepsis punctum

MARIPOSAS AMARILLAS Y BLANCAS
Familia Pieridae

Tipo	**Arthropoda, artrópodos**
Clase	**Insecta, insectos**
Orden	**Lepidoptera, mariposas y polillas**

Colias croceus

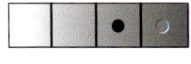

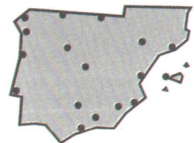

Identificación
Las mariposas de este grupo tienen 3 pares de patas apropiados para la marcha. También tienen la cabeza corta, los palpos delgados y bien desarrollados, las antenas en maza y 2 venas anales en las alas posteriores. Cada una de las alas posteriores posee un canal ancho en el que se acomoda el abdomen al cerrarse aquéllas. El dimorfismo sexual es muy evidente, incluso en vuelo. En las especies del género *Pieris*, la cara superior de las alas es de color blanco casi puro en el macho y con manchas negras en la hembra.

Distribución
Son cosmopolitas. Las cuatro especies son comunes en el medio urbano de la península Ibérica e islas Baleares.

Hábitat
Viven en zonas ajardinadas abiertas y en solares con flores. También viven en pequeños huertos urbanos en los que existan las plantas nutricias de las orugas (coles, alfalfa, trébol).

Biología
Se reproducen de abril a septiembre, en pequeños huertos urbanos en los que existan las plantas nutricias de las orugas. También crían en parques y jardines en los que crecen crucíferas y fabáceas (trébol, por ejemplo). Las hembras ponen centenares de huevos en forma de bolo, con ribetes longitudinales. Muchos de estos huevos serán depredados y/o parasitados. Las orugas son solitarias a excepción de la mariposa de la col, cuyas larvas son gregarias en sus primeros estadios. Las crisálidas se adhieren a la planta *cabeza arriba*, con la ayuda de un hilo de seda. Las mariposas son solitarias. Las orugas se alimentan de crucíferas, a excepción de las del género *Colias*, que se nutren de fabáceas. Las mariposas se alimentan del néctar de las flores que crecen en

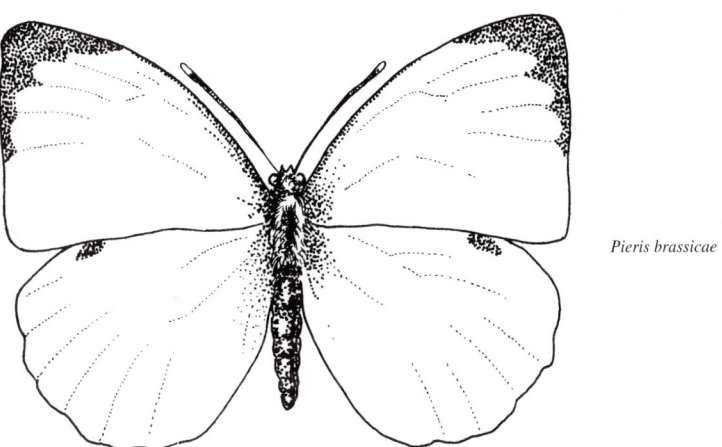

Pieris brassicae

zonas ajardinadas abiertas. Los piéridos compiten por el néctar de las flores con otras especies de insectos (abejas, por ejemplo) y son presa de las arañas de los jardines y de otros artrópodos entomófagos.

Interacción con el ser humano

Los piéridos son oportunistas. Las orugas se alimentan, entre otras, de plantas cultivadas como la col y la alfalfa. Las mariposas liban el néctar de flores que están presentes en parques y jardines. En ciertas ocasiones la mariposa de la col puede constituirse en plaga menor de crucíferas cultivadas (como la col).

Observación

No conviene acercarse a más de 1 m. El momento adecuado es por la mañana, de nueve a dos, en primavera, verano y otoño. La oruga de la mariposa de la col produce importantes defoliaciones, lo que permite identificarla con facilidad.

MARIPOSA DE LA COL
PIERIS BRASSICAE

Tiene las alas blancas y es claramente mayor que las otras dos *Pieris*. Es sedentaria.

BLANQUITA DE LA COL
PIERIS RAPAE

Tiene las alas blancas y con las venas poco marcadas en la cara inferior. Es sedentaria. Las orugas se alimentan de crucíferas.

BLANCA VERDINERVADA
PIERIS NAPI

Tienen las alas blancas, con las venas muy marcadas en la parte inferior. Es sedentaria.

COLIA COMÚN
COLIAS CROCEUS

Tiene las alas amarillas y con una franja marginal negra. La hembra muestra manchas amarillas sobre la franja marginal negra y el macho no. Es migratoria.

(V. Sarto)

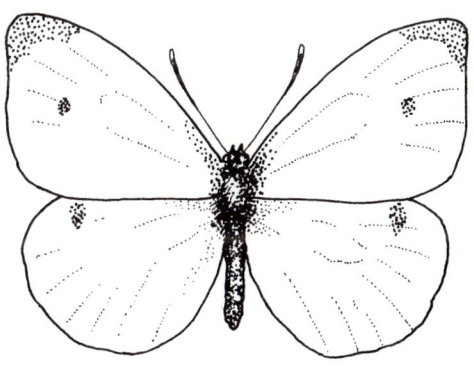

Pieris rapae

CARDERAS, ORTIGUERAS, ANTÍOPE
Familia Nimphalidae

Tipo	Arthropoda, artrópodos
Clase	Insecta, insectos
Orden	Lepidoptera, mariposas y polillas

Inachis io

Cat. **Carderes, ortigue-res, antiopes**
Gal. **Borboretas do urti-cas e sauces**
Por. **Tartarugas, bela-damas e almirantes**
Fr. **Vanesses**
It. **Vanessidi**
Ing. **Tortoiseshells and Admirals**

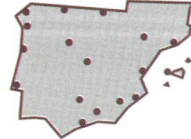

Identificación

A diferencia de otras mariposas, tienen el par anterior de patas muy corto y peludo, replegado ventralmente en la parte frontal del tórax, y no es funcional para la marcha. Tienen colores crípticos en la superficie ventral de las alas y llamativos en la cara dorsal. Las antenas son rígidas y muy delgadas, con el extremo distal muy evidente. La envergadura alar varía de 5 cm a 8 cm.

Distribución

Son cosmopolitas. En la península Ibérica e islas Baleares viven en todas las ciudades, hasta los 500 m de altitud, a excepción del pachá de dos colas, que sólo vive en ciudades costeras mediterráneas y del Atlántico sur.

Hábitat

Viven en parques forestales umbrosos, jardines urbanos y solares en los que crezcan las plantas nutricias de las orugas y donde existan flores, jugos de frutos y troncos que los adultos (mariposas) utilicen como alimento. El pachá de dos colas es escaso en ambientes urbanos. Las otras tres especies son comunes y a veces abundantes.

Biología

Excepto el pachá de dos colas, que exige la presencia de madroño y de laurel, se reproducen en cualquier zona ajardinada o patio en los que crezcan ortigas y cardos. Crían de abril a septiembre en 2 o 3 generaciones. La hembra pone centenares de huevos y muchos de ellos serán depredados o parasitados. Como todos los lepidópteros, tienen metamorfosis completa: huevo, larva u oruga (por lo general 5 estadios larvarios), crisálida y adulto. Los huevos suelen tener forma de tonel. Las crisálidas cuelgan de las plantas *cabeza abajo*. Las orugas se alimentan en zonas ajardinadas con o sin árboles. Las mariposas se nutren del néctar de las flores y de los jugos que rezuman de frutos maduros y troncos de árboles. Compiten por el néctar con otras especies de insectos (abejas, por ejemplo) y son presa de las arañas de los jardines y de otros artrópodos entomófagos.

Interacción con el ser humano

Son especies oportunistas que utilizan el alimento (flores, jugos, etc.) disponible en zonas ajardinadas creadas por el hombre.

Observación

Las mariposas se observan por las mañanas, de diez a dos, en primavera y verano. No hay que acercarse a distancias menores de 2 m. Si se hace de esta forma, es probable que la mariposa huya volando.

VULCANA
VANESSA ATALANTA

Se distingue por la coloración roja y negra de las alas. Las orugas son solitarias y se alimentan de ortigas. Las mariposas son solitarias y migratorias. Esta especie hiberna como mariposa.

CARDERA
VANESSA CARDUI

La mariposa tiene las alas rosadas, ajedrezadas de negro. Las orugas son solitarias y se alimentan de cardos y ortigas. Las mariposas son gregarias y migratorias; a veces migran en grupos muy numerosos. Esta especie hiberna como mariposa.

PAVO REAL
INACHIS IO

La mariposa tiene las alas rojizas con grandes ocelos azules y amarillos. Las orugas son gregarias durante los primeros estadios; se alimentan de ortigas. Las mariposas son solitarias y de hábitos bastante sedentarios. Esta especie hiberna como mariposa.

PACHÁ DE DOS COLAS
CHARAXES JASIUS

La mariposa tiene las alas marrones, con 2 colas muy características. Es escasa en los ambientes urbanos y se reproduce únicamente en grandes jardines y parques en los que existe madroño. Las orugas son solitarias y se alimentan exclusivamente de madroño y de laurel. Las mariposas son solitarias y bastante sedentarias. Esta especie hiberna como oruga.

(V. SARTO)

Vanessa cardui

Vanessa atalanta

Charaxes jasius

ESFINGES
Familia Sphingidae

Tipo	**Arthropoda, artrópodos**
Clase	**Insecta, insectos**
Orden	**Lepidoptera, mariposas y polillas**

Acherontia atropos

Cat. **Esfinxs, bufaforats**
Eusk. **Esfingeak**
Gal. **Esfinges**
Por. **Esfinges**
Fr. **Sphinxs**
It. **Esfingidi**
Ing. **Hawkmoths**

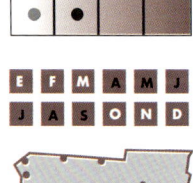

Identificación

Las mariposas de esta familia tienen el cuerpo robusto y un diseño aerodinámico, con un vuelo muy potente. Mientras reposan, las alas se colocan planas sobre el cuerpo, dirigidas hacia atrás. La mayoría de especies tiene largas espiritrompas y se alimenta en vuelo, permaneciendo inmóviles en el aire frente a las flores que liban mientras hunden en ella su apéndice bucal. La envergadura alar varía de 4 cm a 12 cm según las especies. Las orugas tienen una púa curvada característica en su extremo dorsal posterior.

Distribución

La familia es cosmopolita. Viven en toda la península Ibérica e islas Baleares.

Hábitat

Viven en jardines y solares con flores para libar. También se encuentran en pequeños huertos urbanos o zonas abandonadas donde crezcan las plantas nutricias de las orugas (correhuelas, patata, tomate, cuajaleche).

Biología

Se reproducen durante la primavera y el verano, en parques y jardines con flores. También crían en solares y en otros espacios abiertos con flores. Las hembras ponen varias decenas de huevos, pero muchas de las orugas serán depredadas o parasitadas. Tienen metamorfosis completa y atraviesan por las siguientes fases: huevo, larva (5 estadios larvarios), crisálida y adulto. La crisalidación se lleva a cabo en el suelo, en una cámara subterránea construida por la oruga.

Tanto las orugas como los adultos llevan una vida solitaria. Las mariposas presentan importantes hábitos migratorios, aunque parte de su población puede ser sedentaria. La esfinge colibrí y la esfinge de la correhuela utilizan su larga espiritrompa para libar el néctar de las flores de jardines y parques. La esfinge de calavera tiene una espiritrompa mucho más corta y robusta que también utiliza en ocasiones para perforar las celdas con miel de las colmenas de abejas. Las tres especies son presa de aves y murciélagos. A veces, las abejas matan a las esfinges de calavera que penetran en su colmena para obtener la miel de las celdas.

Interacción con el ser humano
Las tres son especies oportunistas que se alimentan del néctar de las flores cultivadas.

Observación
El lugar adecuado son los jardines con flores abundantes; por la mañana para la esfinge colibrí y durante el crepúsculo para la esfinge de la correhuela. Conviene mantenerse a 1 o 2 metros de la mariposa ya que, de lo contrario, ésta huiría con suma rapidez.

● Nota
Sobre las esfinges de calavera, que también reciben el nombre de *mariposas de la muerte*, existen leyendas que les atribuyen una cualidad sobrenatural: la de ser reencarnaciones de personas muertas.

ESFINGE COLIBRÍ
MACROGLOSSUM STELLATARUM
Es mucho menor que las otras dos especies y vuela durante el día. La parte distal del abdomen ensanchada, en forma de cola, le permite equilibrarse en vuelo. Relativamente común en la ciudad, es la esfinge que se observa con mayor frecuencia, debido a sus hábitos diurnos.

ESFINGE DE LA CORREHUELA
HERSE CONVOLVULI
Tiene el abdomen grisáceo con franjas rosadas y negras. Mide unos 12 cm de envergadura. Es relativamente común en la ciudad. Su ritmo de actividad es crepuscular y nocturno.

ESFINGE DE CALAVERA
ACHERONTIA ATROPOS
Tiene un dibujo en el tórax similar a una calavera humana. Tiene una envergadura de 12 cm a 13 cm. Escasea en ambientes urbanos y es crepuscular y nocturna.

(V. Sarto)

POLILLAS DE LA ROPA
Familia Tineidae

Tipo	**Arthropoda, artrópodos**
Clase	**Insecta, insectos**
Orden	**Lepidoptera, mariposas y polillas**

Tinea pellionella y vaina

Cat. **Arnes de la roba**
Eusk. **Sistsak "de la ropa"**
Por. **Traça-da-roba**
Fr. **Mites des vêtements**
It. **Tarma della roba**
Ing. **Clothes moths**

Identificación
Son lepidópteros con la cabeza cubierta de pelos erectos, la espiritrompa es corta y los palpos maxilares son generalmente largos. Las orugas se arrastran muchas veces protegidas dentro de una pequeña vaina hecha con seda y fragmentos de su entorno. Tiene una envergadura de entre 11 mm y 25 mm. La hembra es algo mayor que el macho.

Distribución
La familia es cosmopolita. Viven en toda la península Ibérica e islas Baleares. Han colonizado las ciudades de forma espontánea. Han acompañado al hombre desde los inicios de la humanidad y la dispersión de muchas de las especies podría remontarse a tiempos prehistóricos.

Hábitat
Viven allí donde existen viviendas humanas, establos, almacenes y nidos de aves. Son abundantes y en circunstancias de falta de limpieza o en viviendas abandonadas, pueden llegar a constituirse en plaga.

Biología
Se reproducen durante todo el año en las condiciones cálidas de los habitáculos humanos. Las hembras atraen a los machos emitiendo una feromona sexual a modo de pista olorosa. Los estadios de crecimiento son: huevo, larva u oruga (generalmente 5 estadios larvarios), pupa o crisálida y adulto o polilla.
Son sedentarias y solitarias. Se alimentan de las pieles y tejidos presentes en habitáculos humanos, así como de

pequeñas cantidades de desperdicios de comida con las que complementan su dieta. Están especializadas también en alimentarse de hongos, algas y líquenes. La presencia de parasitoides himenópteros mantiene las poblaciones de estas especies por lo general bajo control.

Interacción con el ser humano

Las especies de esta familia son comensales del hombre. Las orugas son las verdaderas causantes del daño en los tejidos.

Observación

Pueden observarse mientras vuelan de forma fugaz, pero su color y pequeño tamaño hacen difícil una observación más detallada. Lo mejor es buscar sus larvas o sus vainas en los tejidos afectados. Las vainas también pueden verse colgando de techos o paredes.

● Nota

Las polillas de la ropa aparecen en la Biblia en cinco ocasiones, como una de las plagas que afectan a las viviendas humanas.

POLILLA COMÚN DE LAS PIELES
TINEOLA BISSELLIELLA

Es de color parduzco claro y mide de 11 mm a 19 mm de envergadura. Su larva no construye la vaina típica de los tineidos, sino que realiza largas galerías de seda a través de las cuales se desplaza rápidamente. Es una especie cosmopolita distribuida según la actividad humana. En el interior de las casas, ha sido hallada alimentándose de lana, cuero, piel de caballo, así como de alimentos secos y cereales.

POLILLA PORTAESTUCHE DE LOS ROPEROS
TINEA PELLIONELLA

Es de color parduzco oscuro y mide entre 11 mm y 19 mm de envergadura. Está distribuida por buena parte de Europa, Mongolia, Asia, América del Norte, Nueva Zelanda y Australia. Se encuentra en toda la península Ibérica e islas Baleares. Sus larvas construyen una pequeña vaina tubular con fragmentos de lana, pluma u otros tejidos de los que se alimenta.

POLILLA BLANCA Y NEGRA DE LAS TAPICERÍAS
TRICHOPHAGA TAPETZELLA

Polilla muy característica, presenta las 2 alas anteriores divididas en 2 porciones, una parte distal blanca y otra basal negra. Tiene una distribución casi cosmopolita. Es más común en el interior de establos y almacenes que en las casas. Sus larvas construyen unas vainas donde se esconden y que llevan consigo, como hacen los caracoles con su concha.

(V. Sarto)

TALADRO DE LOS GERANIOS
Cacyreus marshalli

Tipo	**Arthropoda, artrópodos**
Clase	**Insecta, insectos**
Orden	**Lepidoptera, mariposas y polillas**
Familia	**Lycaenidae, licénidos**

Caçyreus marshalli

Cat. **Barrinador dels geranis**
Por. **Traça do gerânio**
Fr. **Papillon du géranium**
It. **Farfalla del geranio**
Ing. **Geranium bronze butterfly**

Identificación

Es una mariposa de pequeño tamaño. Tiene una cola y un ocelo muy característicos en la parte posterior de las alas traseras. El anverso alar es de color marrón oscuro mientras que el reverso es ajedrezado en marrón claro y blanco. El macho mide 2,3 cm y el dimorfismo sexual es poco aparente. Pesa menos de 1 g.

Distribución

Se encuentra en África suroriental, sobre todo en la República de Suráfrica. Se introdujo en los países del Mediterráneo. Vive en las ciudades de la península Ibérica e islas Baleares hasta los 1 200 m de altitud y fue introducida en 1985. En poco tiempo se ha convertido en el lepidóptero diurno más abundante de ciudades como Madrid, Zaragoza y Logroño.

Hábitat

Es típica de jardines urbanos, calles, terrazas y balcones de edificios. Siempre está cerca de lugares donde crezcan geranios, de los que se alimenta la oruga. En jardines y calles puede llegar a ser muy abundante.

Biología

Se reproduce de abril a noviembre en terrazas, jardines y parques donde haya geranios cultivados. Como todos los lepidópteros, esta especie es holometábola (metamorfosis completa) y atraviesa por las fases siguientes: huevo, larva u oruga (4 estadios larvarios), crisálida y adulto o mariposa.

Tanto la mariposa como la oruga llevan una vida solitaria, si bien pueden coincidir en una misma planta varios individuos. La mariposa es sedentaria y diurna. La oruga se alimenta de geranios cultivados (híbridos del género *Pelargonium*) y las mariposas se alimentan del néctar de las flores de jardines y parques, y compiten por dicho alimento con otras especies nectarívoras. Son presa de artrópodos florícolas (arañas, etc.) y por el momento no se conoce un control biológico en España, si bien es posible que aparezca con el tiempo. La mariposa puede llegar a ser tan abundante en ocasiones que llega a adquirir el carácter de plaga local.

Interacción con el ser humano

Es una especie parásita. La oruga se alimenta de geranios cultivados.

Observación

Se puede observar durante las mañanas de abril a noviembre. No conviene acercarse a menos de un metro de la mariposa; de lo contrario, huye. El mal aspecto de los geranios (marchitez, tallos ennegrecidos, capullos secos) delata la infestación por orugas de esta especie.

(V. SARTO)

HORMIGA ARGENTINA
Linepithema humile

Identificación

Es de color amarillo oscuro a castaño, con las patas más claras, bastante largas. La longitud total de las obreras es de 2 mm a 2,6 mm; la de los machos, de 1,9 mm a 2,1 mm, y la de las reinas, de 4,5 mm a 4,9 mm. El abdomen de las reinas está más desarrollado que el de los machos. Las hembras pierden las alas a los pocos días de eclosionar, mientras que los machos son siempre alados y tienen los ojos mucho más desarrollados.

Distribución

Es cosmopolita en todos los continentes y en muchas islas. Ha sido dispersada gracias al transporte humano. En la península Ibérica e islas Baleares, puede encontrarse en todas las ciudades hasta 500 m de altitud, pero evita las zonas de clima continental más extremo. Es la especie más común en las ciudades de la costa mediterránea. Introducida en nuestras ciudades, la cita más antigua se remonta a 1923, en Valencia. En Portugal, se conoce a la especie desde el siglo pasado.

Hábitat

Es común en parques forestales, jardines, calles, playas y puertos, y más abundante en edificios y solares. En los edificios que ocupa, llega hasta los pisos superiores.

Biología

Se reproduce y se alimenta en cualquier lugar de la ciudad, desde edificios a parques, pasando por contenedores, artefactos abandonados, terrazas, etc. Sus estadios de crecimiento son: huevo, larva (4 estadios larvales, según se cree), preninfa, ninfa y adulto. Es muy social; puede afirmarse que no existen colonias aisladas. Ya que no hay agresión entre individuos de zonas diferentes, los grupos se trasladan fácilmente y pueden multiplicarse por gemación (una parte de la colonia migra a otro lugar).

Es una especie sedentaria, aunque según cual sea la ciudad puede manifestarse durante todo el año (ej., Barcelona, Valencia) o únicamente durante el

Tipo	**Arthropoda, artrópodos**
Clase	**Insecta, insectos**
Orden	**Hymenoptera, himenópteros**
Familia	**Formicidae, hormigas**

buen tiempo (Madrid, Oviedo). En los lugares donde se encuentra, su presencia es ubicua y forma largas filas. Su ritmo de actividad depende del grado

Linepithema humile

de insolación del lugar en que se encuentra. Se alimenta básicamente de líquidos azucarados (de alimentos humanos), de excreciones de pulgones, de los líquidos que rezuman de los contenedores de basuras, etc. Se tiene la impresión de que en los lugares donde se halla esta especie no hay cucarachas; de ser ello cierto, podría catalogarse como depredadora o competidora de estos insectos. Se han mencionado casos de ataques a nidos de otras especies de hormigas, de las que consumen sus huevos o larvas. En zonas muy degradadas por el hombre, su presencia es incompatible con la de otras especies autóctonas.

Interacción con el ser humano

Puede llegar a ser una plaga doméstica, aunque este calificativo se basa más en una consideración estética que en un efecto verdaderamente negativo. Sin embargo, puede contribuir al establecimiento de la fumagina (hongo de color oscuro que crece sobre las excreciones de los pulgones) en cultivos y jardines.

Observación

Se observa sobre todo durante el verano, en cocinas, baños y terrazas. En el exterior, se puede contemplar en parques regados con regularidad.

(X. Espadaler)

Cat. **Formiga argentina**
Eusk. **Inurri hosto-erakit-zailea**
Por. **Formiga argentina**
Fr. **Fourmi d´Argentine**
Ing. **Argentine Ant**

HORMIGAS
Familia Formicidae

Tipo	**Arthropoda, artrópodos**
Clase	**Insecta, insectos**
Orden	**Hymenoptera, himenópteros**

Hormiga con pulgones

Cat. **Formigues**
Eusk. **Inurriak**
Por. **Formigas**
Fr. **Fourmis**
It. **Formiche**
Ing. **Ants**

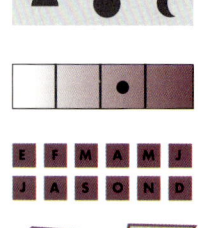

Identificación

Las hormigas se caracterizan por sus antenas acodadas y por su compleja vida social. Las obreras son insectos ápteros, mientras que los individuos sexuales tienen alas. Las reinas tienen mayor tamaño que los machos y el abdomen muy desarrollado. Los ojos de los machos son enormes y su cabeza es en proporción más pequeña. Los machos son siempre alados y las reinas pierden las alas una vez fecundadas.

Distribución

La familia es cosmopolita. Vive en las ciudades de toda la península Ibérica e islas Baleares, y probablemente la colonizaron desde sus orígenes.

Hábitat

Son abundantes en parques forestales y jardines; son comunes en cementerios, edificios, solares y calles, y son más escasas en playas y puertos. En los edificios frecuentan zonas en las que puedan obtener alimento y algo de humedad (cocinas, baños, terrazas con plantas regadas, etc.) y rara vez se observan en despachos u otros lugares no muy frecuentados.

Biología

Las hormigas son insectos sociales. Su presencia repentina e inesperada en una habitación puede ser sorprendente pero, en realidad, obedece a un sistema de reclutamiento masivo muy efectivo, mediante la deposición de feromonas de pista. Los enjambres pueden efectuarse en el exterior o en el interior de los edificios.

Las hormigas son sedentarias. Como otros animales de sangre fría, su actividad viene determinada por la temperatura y de ahí que las casas con calefacción tiendan a tener hormigas. Sus ritmos de actividad suelen ser poco concretos: si hay alimento, salen a buscarlo a cualquier hora en el interior de las casas, mientras que en las terrazas, su ciclo es más marcado debido a las oscilaciones térmicas. Ingieren cualquier tipo de alimento, en especial los azucarados, los grasos (embutidos, por ejemplo) y las secreciones de pulgones. Durante los enjambres, son presa fácil de insectívoros, sobre todo de los vencejos.

Interacción con el ser humano
Son más molestas que peligrosas. Tan sólo cuando colonizan plantas infestadas por pulgones pueden ser catalogadas de plaga, ya que los protegen indirectamente y aumentan su tasa de excreción, lo que puede traducirse en un aumento del nivel de hongos en hojas (fumagina).

PHEIDOLE PALLIDULA
Esta especie tiene obreras propiamente dichas y *soldados,* es decir, obreras de mayor tamaño con la cabeza muy grande. La coloración es de oscura a castaña y el aspecto, brillante. Tiene una actividad principalmente nocturna. La longitud de las obreras varía de 1,6 a 4,9 mm; la de las reinas, de 6 mm a 8,5 mm y la de los machos, de 3,7 mm a 5 mm. Tiene una distribución circunmediterránea y es la especie más frecuente en las viviendas.

GÉNERO *TETRAMORIUM*
Las especies de este género son oscuras y de aspecto mate. Sus movimientos son lentos y no suben nunca a las plantas o a los árboles. La longitud de las obreras varía entre 2 mm y 5 mm; la de las reinas, de 4 mm a 8,2 mm y la de los machos, de 4,5 mm a 7 mm. Se encuentran sobre todo en jardines o terrazas, parterres y parques urbanos. No suelen acudir a los pulgones de plantas y árboles, pero pueden sentirse atraídas por los pulgones radicícolas.

GÉNERO *LASIUS*
Las especies de este género son oscuras y de aspecto mate, establecen relaciones con pulgones en plantas y árboles, y son más rápidas que las especies del género *Tetramorium.* La longitud de las obreras varía de 2 mm a 4 mm; la de las reinas, de 6,2 mm a 9,5 mm y la de los machos, de 2,5 mm a 4,5 mm. Se encuentran sobre todo en jardines o terrazas, parterres y parques urbanos.

(X. ESPADALER)

ABEJAS, ABEJORROS Y AVISPAS
Familias Apidae y Vespidae

Tipo	**Arthropoda, artrópodos**
Clase	**Insecta, insectos**
Orden	**Hymenoptera, himenópteros**

Apis mellifera

Cat. **Abelles, Borinots, Vespes**

Eusk. **Erleak, Erlastarrak, Liztorrak**

Por. **Abelhas, Abelhaos, Vespes**

Fr. **Abeilles, Bourdons, Guêpes**

Eng. **Honey bees, Bumblebees, Wasps**

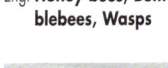

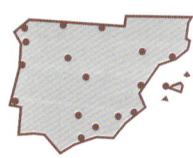

Identificación

Son insectos con 2 pares de alas transparentes y nerviaciones oscuras. El cuerpo puede estar revestido de pilosidad muy abundante y diversamente coloreada, o ser casi lampiño, en cuyo caso tienen un patrón de coloración de bandas amarillas y negras. Los machos suelen tener los ojos más desarrollados, son de menor tamaño y tienen un aparato copulador desarrollado al final del abdomen. Las hembras tienen 12 artejos antenales y los machos, 13.

Distribución

Son cosmopolitas. En la península Ibérica e islas Baleares se encuentran en todas las ciudades hasta los 1 000 m de altitud. Los abejorros y las avispas son bastante esporádicos, aunque pueden ser permanentes en la proximidad de parques con flores o de jardines. En ocasiones incluso pueden ser localmente abundantes.

Hábitat

Viven en jardines y parques forestales, sobre todo en los secos, siempre en relación con flores de plantas herbáceas, de arbustos o árboles.

Biología

En verano, se reproduce la mayor parte de los individuos de la colonia y a finales de verano, los individuos sexuados. Los estadios de crecimiento son: huevo, estadios larvarios, preninfa, ninfa y adulto. Son insectos sociales que viven en colonias. En invierno, los innumerables refugios que ofrecen las construcciones humanas son aprovechados por las jóvenes reinas fecundadas de avispas y abejorros para hibernar. Abejas y abejorros se alimentan de polen y néctar; las avispas adultas se alimentan de néctar u otras fuentes de líquidos azucarados y recolectan restos proteicos o incluso cazan larvas de insectos e insectos adultos que dan a sus larvas como alimento. En verano, acuden a las fuentes de parques y jardines para beber. A su vez son presa de algunas aves.

Interacción con el ser humano

Por su costumbre de frecuentar las flores, contribuyen a la polinización de muchas plantas y por ello se las considera desde la antigüedad insectos beneficiosos. Las avispas no son polinizadoras y, por consiguiente, no gozan de la misma reputación que abejas y abejorros. Pueden picar, pero su picadura no es mortal y en todo caso no atacan al hombre si éste no los molesta. La relación de las abejas con los seres humanos se remonta a tiempos prehistóricos y de ahí que estos insectos puedan considerarse animales domesticados.

ABEJA DE LA MIEL
APIS MELLIFERA

Su cuerpo es oscuro y peludo, y mide de 1,3 cm a 2 cm de longitud. Tiene una distribución cosmopolita. Es la única especie de abeja de la miel que hay en Europa. Las abejas de la miel son frecuentes en las ciudades, donde pueden ser localmente abundantes. Todavía hay personas que mantienen panales de abejas en la ciudad, pero lo más frecuente es que se encuentren en pueblos o en la periferia urbana. Las abejas forman colonias que a veces superan los 10 000 individuos. Son sedentarias, de costumbres diurnas y salen de la colmena a partir de mediados de primavera, aunque únicamente cuando hace sol, porque dependen en gran medida de la temperatura.

ABEJORROS
GÉNERO BOMBUS

El cuerpo es peludo y con bandas coloreadas de amarillo, rojizo o blanco. Su aspecto es rechoncho. Miden de 1,5 cm a 3 cm de longitud, por lo general más de 2 cm. En España, hay más de 25 especies. Las colonias de abejorros no superan los 2 000 individuos. Son sedentarios y pueden aparecer a finales de invierno, especialmente cuando acuden a las flores de los sauces. Tienen costumbres diurnas y disponen de mecanismos muy efectivos para regular su temperatura corporal, lo que les permite volar en tiempo cubierto y frío.

AVISPAS
GÉNERO POLISTES

El cuerpo es lampiño y con bandas amarillas y negras en el abdomen. Su aspecto es esbelto. Su longitud es de 1 cm a 1,5 cm. En España hay unas 25 especies. Son insectos sociales, pero sus colonias no superan el centenar de individuos. Son sedentarias y entran en actividad a partir de mediados de primavera. Tienen costumbres diurnas y sólo salen cuando hace sol, porque no disponen de mecanismos para regular su temperatura corporal.

(X. Espadaler)

CIEMPIÉS Y MILPIÉS

MILPIÉS

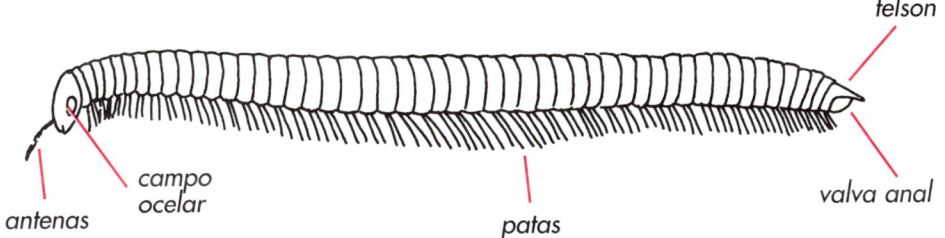

telson

antenas

campo
ocelar

patas

valva anal

CIEMPIÉS

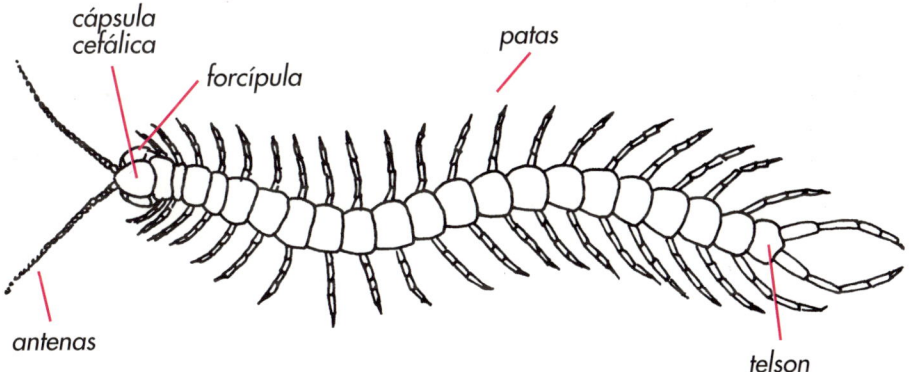

cápsula
cefálica

forcípula

patas

antenas

telson

CIEMPIÉS QUILÓPODOS
Clase Chilopoda

Tipo	**Artrhopoda, artrópodos**

Geophilus carpophagus

Cat. **Centpeus**
Eusk. **Ehunzangoak,
ehun-zanpoak**
Por. **Centopelas e escoló-
pendras**
Fr. **Mille-pattes**
Ing. **Centipedes**

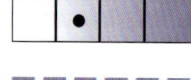
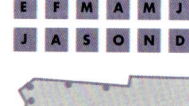

Hábitat

Los ciempiés se encuentran en parques forestales, jardines y solares. Viven en cualquier ambiente en el que haya un cierto grado de humedad. La mayoría de los geofilomorfos se encuentra habitualmente en el suelo, ya sea entre la hojarasca superficial, ya sea en capas más profundas. Los titobiomorfos son frecuentes bajo las piedras y los troncos del suelo. Ambos grupos pueden encontrarse también bajo la corteza de árboles, sobre todo de árboles muertos y caídos. Los escutigeromorfos, si bien pueden encontrarse entre piedras amontonadas en el suelo, con frecuencia se refugian en grietas de márgenes de caminos u otras irregularidades del terreno. Es notable su presencia en las paredes del exterior e incluso del interior de las casas de zonas rurales y también, aunque con menos frecuencia, en las afueras de las ciudades.

Biología

En el momento de la reproducción, se da la formación de una pareja. La transferencia de los espermatozoides se realiza mediante espermatóforos elaborados por el macho; su estructura es por lo general una simple gota de esperma protegida por una delgada cubierta. El macho dirige a la hembra hasta conseguir que el espermatóforo alcance sus vías genitales mediante una serie de movimientos más o menos complejos. El tamaño de la puesta es muy variable, entre 30 y 250. La hembra de los geofilomorfos pone entre 30 y 50 huevos en una oquedad del suelo y luego se enrolla sobre ellos para protegerlos hasta la eclosión. La puesta de los litobiomorfos oscila entre 50 y 150 huevos y la de los escutigeromorfos entre 100 y 150. En estos 2 grupos, no existe cuidado de la puesta.
Los ciempiés son animales lucífugos e hidrófilos. Su régimen alimentario es carnívoro; se alimentan de otros invertebrados a los que matan o inmovilizan mediante el veneno de sus forcípulas.

GEOPHILUS CARPOPHAGUS

Tiene una coloración amarillento rojiza y el tronco está formado por un ele-

Identificación

Tienen el cuerpo alargado y dividido en cabeza y tronco. En la cabeza, se sitúan un par de antenas y los apéndices bucales, un par de mandíbulas y 2 pares de maxilas. El primer segmento del tronco tiene los apéndices transformados en forcípulas, que terminan en una fuerte uña en la que desemboca el canal de una glándula venenosa. Los restantes segmentos del tronco presentan un par de apéndices locomotores. El número de estos segmentos varía de 15 a 90. El tamaño de las distintas especies varía desde 2 cm hasta 15 cm. En algunos casos, las hembras presentan gonópodos provistos de espinas y uñas, bien desarrollados y situados en el extremo posterior del cuerpo.

Distribución

El grupo es cosmopolita. Vive en toda la península Ibérica e islas Baleares. Se les puede encontrar en todas las ciudades.

vado número de segmentos (de 45 a 60). La longitud del cuerpo es de 7 cm como máximo. Vive entre la hojarasca y en las capas más profundas del suelo. Es de amplia distribución europea y se encuentra también en el norte de África.

LITHOBIUS PICEUS

Es de color castaño y tiene el cuerpo aplanado, con un número constante de patas (15 pares). La longitud del cuerpo es de 3 cm como máximo. Vive bajo piedras y en la hojarasca del suelo. Presenta una distribución europea. En la península Ibérica, se distribuye sobre todo en la mitad norte.

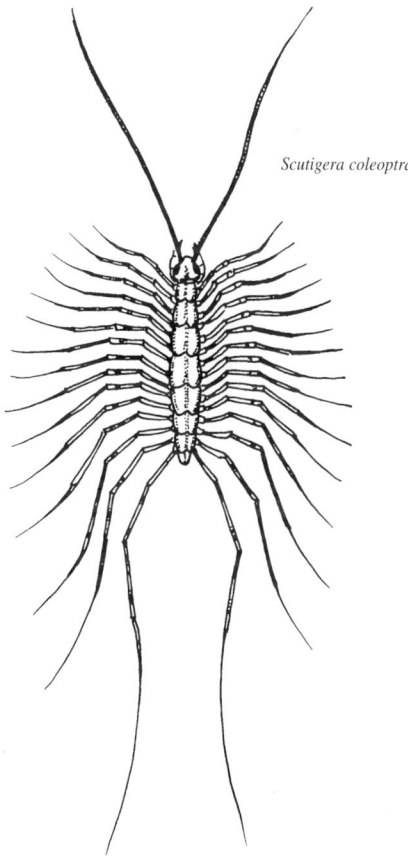

Scutigera coleoptrata

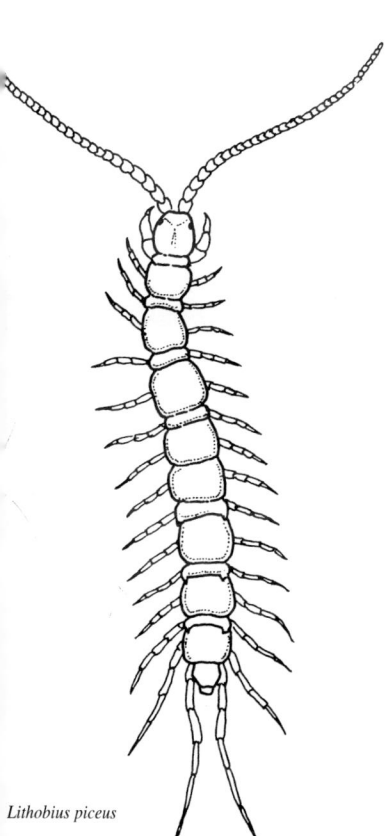

Lithobius piceus

SCUTIGERA COLEOPTRATA

La coloración general es amarillenta, con bandas pardo violáceas oscuras. La longitud del cuerpo es de 3 cm como máximo. Tiene un número constante de patas (15 pares). Tanto las antenas como las patas son muy largas y multiarticuladas. Es una especie antropófila y es frecuente en algunas casas antiguas. Es circummediterránea. En la península Ibérica, es frecuente en el litoral mediterráneo, se hace más rara hacia el centro y falta en el norte peninsular.

(A. Serra)

MILPIÉS, DIPLÓPODOS
Clase Diplopoda

Tipo	**Artrhopoda, artrópodos**

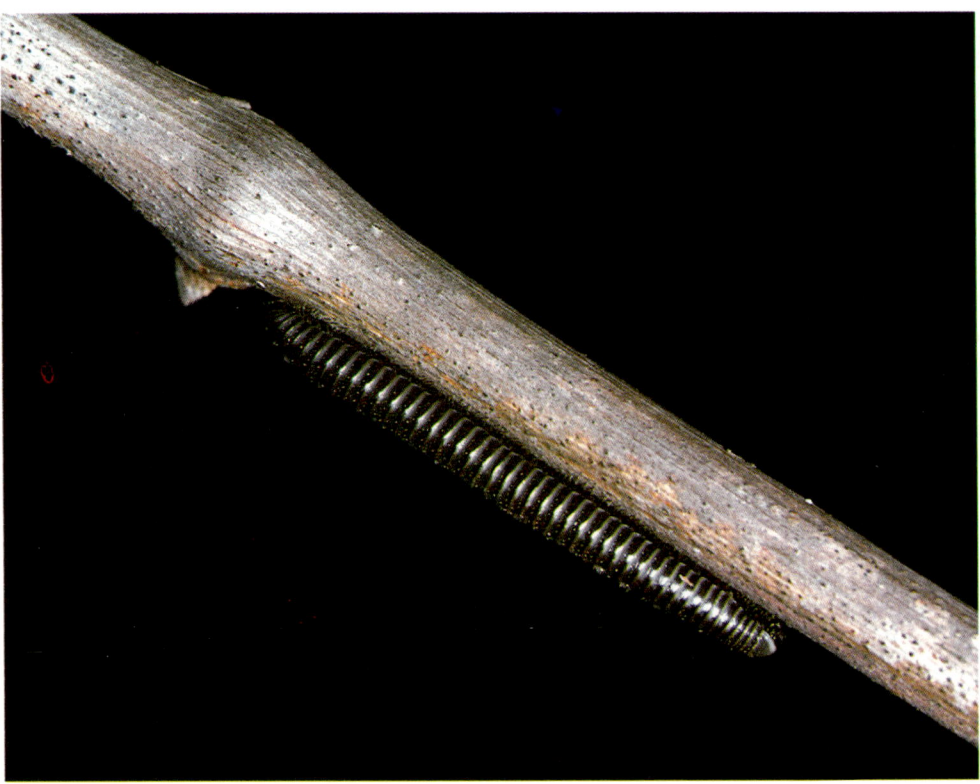

Ommatoiulus rutilans

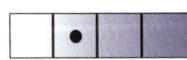

E	F	M	A	M	J
J	A	S	O	N	D

Identificación

Tienen el cuerpo dividido en cabeza y tronco. En la cabeza, se sitúan un par de antenas, los ojos y las piezas bucales (mandíbulas y gnatoquilario). El tronco está formado por un número elevado de anillos, desde 11 hasta más de 60 en nuestra fauna. Cada anillo es portador de 2 pares de patas. El tamaño de las distintas especies varía desde 1 mm hasta 6 cm. En la mayoría de especies, hay 2 pares de patas transformados en órganos copuladores: los gonópodos.

Distribución

El grupo es cosmopolita. En la península Ibérica, se encuentran en ciudades tanto costeras como del interior. Viven también en las islas Baleares.

Hábitat

Los diplópodos se encuentran en parques forestales, jardines y solares, y en orillas de ríos, lagos y estanques. En general, se hallan bajo piedras o entre la hojarasca.

Biología

La reproducción puede ser directa o indirecta, sin contacto entre sexos. En la reproducción directa, la más común, el macho por medio de los penes introduce el esperma en los gonópodos, los órganos copuladores de las hembras. Éstas posteriormente introducen los gonópodos en las vías genitales femeninas. En la reproducción indirecta, propia de los penicilatos, entre los que se encuentra *Polyxenus lagurus*, el macho elabora unos espermatóforos, que posteriormente recoge la hembra para autofecundarse.

Los diplópodos son gregarios y sedentarios; su actividad es tanto diurna como nocturna. Se alimentan de materia orgánica vegetal y algunas especies pueden ser presas de otros grupos animales.

CARDADOR
OMMATOIULUS RUTILANS

Tiene el cuerpo cilíndrico y de color gris oscuro. Su longitud oscila entre 2 cm y 6 cm. En condiciones determinadas, realiza desplazamientos en masa. Tiene una distribución europea. Vive en lugares soleados, preferentemente calcáreos y pobres en vegetación, bajo piedras.

POLYDESMUS CORIACEUS

Tiene el cuerpo aplanado, de color rosado grisáceo claro, y de unos 2 cm de longitud. Tiene una distribución europea. Suele encontrarse en lugares muy húmedos, cerca de arroyos y fuentes, bajo piedras o frecuentemente en las maderas en estado de descomposición.

POLYXENUS LAGURUS

Tiene el cuerpo blanquecino, con numerosas agrupaciones de sedas, y de unos 2 cm de longitud. Es de distribución europea. Esta especie suele encontrarse en el suelo y también debajo de las cortezas de los plátanos de los paseos, y de otros árboles cuya corteza se puede separar fácilmente. Vive también debajo del musgo.

(M. C. VICENTE)

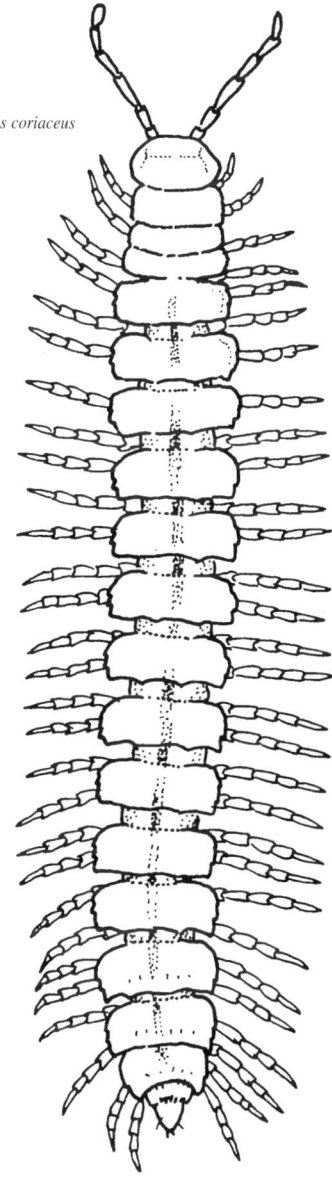

Polydesmus coriaceus

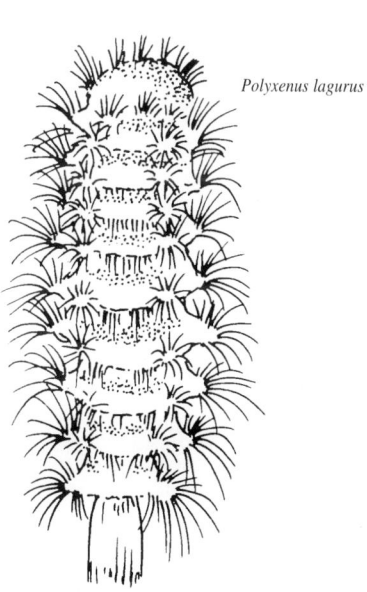

Polyxenus lagurus

BRIOZOOS Y EQUINODERMOS

COLONIA DE BRIOZOOS

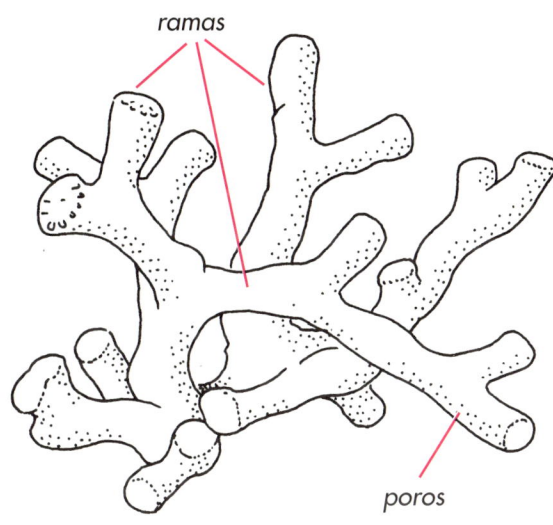

ramas

poros

ERIZO DE MAR

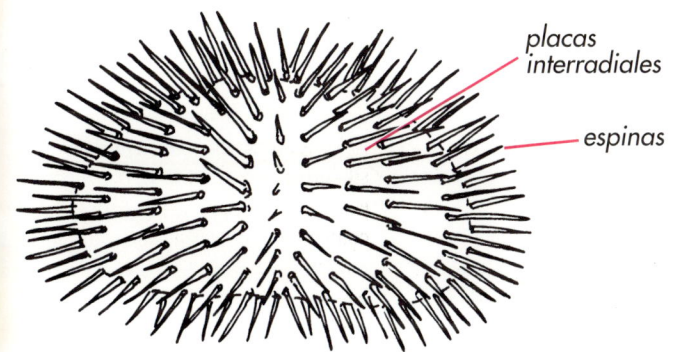

placas interradiales

espinas

ESTRELLA DE MAR

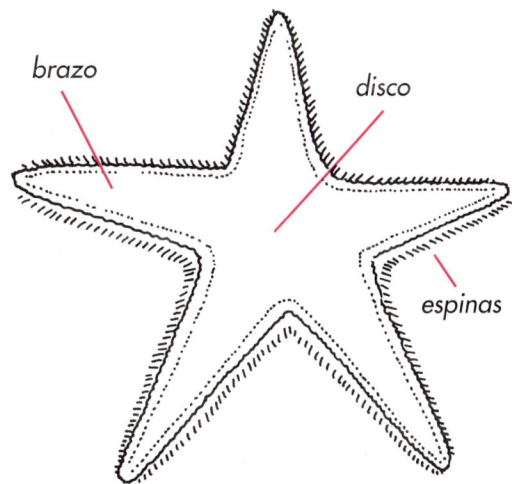

brazo

disco

espinas

BRIOZOOS
Tipo Briozoa

Schizoporella errata

Cat. **Briozous**
Eusk. **Briozooak**
Fr. **Bryozoaires**
Ing. **Bryozoans**

Identificación

Los briozoos son animales acuáticos (en su mayoría marinos) y coloniales que viven fijos sobre un substrato. Las colonias se desarrollan a partir de un individuo inicial que procede de la metamorfosis de una larva de vida libre. Las colonias pueden presentar formas muy variadas, pero un gran número de ellas es incrustante. Dentro de una misma colonia, pueden observarse diferentes tipos de individuos que, a su vez, tienen funciones distintas. Así, hay individuos dedicados a la defensa de la colonia o a su limpieza, mientras que otros tienen misiones estructurales o de anclaje.

Los briozoos están protegidos por un esqueleto externo que en muchas ocasiones está calcificado. Este esqueleto presenta un orificio, a veces protegido por un opérculo, por donde el animal saca al medio exterior una corona de tentáculos ciliados denominada *lofóforo*, que utiliza para la captación de las partículas en suspensión de las cuales se alimenta. En el centro del lofóforo, se encuentra la boca y, junto a la base de éste pero en la parte exterior, el ano. Los briozoos son organismos de pequeño tamaño y rara vez alcanzan 1 mm de longitud, aunque sus colonias pueden superar 1 m de anchura.

Las diferencias más fáciles de observar en las especies de este grupo son la forma de las colonias y el grado de calcificación.

Distribución

Los briozoos son comunes en los mares de casi todo el mundo. Su distribución se ha visto muy favorecida por el tránsito de embarcaciones, ya que algunas especies forman parte del *fouling* (el conjunto de organismos que se adhieren a los cascos de los barcos). Son comunes en aguas marinas de todas las ciudades costeras de la península Ibérica. La colonización puede ser espontánea o por introducción, gracias al tránsito de barcos.

Hábitat

Viven en puertos y escolleras, pero no en playas de arena.

Biología

La mayoría de las especies es hermafrodita, excepto en los *Cyclostomatida*. En este grupo, unos pocos individuos se diferencian como hembras y su aspecto externo se modifica notablemente, mientras que los demás actúan únicamente como machos.

Los briozoos son sedentarios. Se alimentan de partículas en suspensión, en especial de fitoplancton.

Interacción con el ser humano

Al colonizar los cascos de los barcos, dificultan la navegación por aumento de rozamiento con el agua.

Observación

Los lugares adecuados son los puertos y las escolleras, sobre cualquier estructura sumergida en el mar, especialmente en zonas que reciben iluminación escasa.

ZOOBOTHRYON VERTICILLATUM

Es una especie totalmente descalcificada que forma colonias arborescentes de hasta 1 m de longitud y su aspecto puede confundirse con una alga. Las colonias están formadas por ejes cilíndricos de aspecto cristalino, a veces opaco o con tintes verdosos. Estos ejes se subdividen cada 3 cm o 6 cm en 2 o 4 ejes más. Sobre estos ejes se distribuyen los individuos de forma ovoide y en 2 filas opuestas. Las partes más viejas de la colonia van perdiendo de forma progresiva estos individuos y los ejes quedan desnudos. Alcanza su máximo desarrollo durante los meses de verano, mientras que en invierno queda reducido a un pequeño estolón.

BUGULA NERITINA

Forma colonias arborescentes de hasta 8 cm de altura de color castaño purpúreo. Las ramas están formadas por individuos que se disponen en 2 series paralelas. Estos individuos ligeramente calcificados tienen forma alargada y la parte proximal ligeramente más estrecha.

SCHIZOPORELLA ERRATA

Es una especie incrustante que inicialmente es unilaminar, pero que a medida que crece forma varias láminas, a la vez que desarrolla lóbulos y digitaciones erectas. Es de color rojo castaño, a menudo con tintes violáceos. Coloniza cualquier soporte sumergido y sus colonias pueden alcanzar los 20 cm de diámetro.

(J. Corbera)

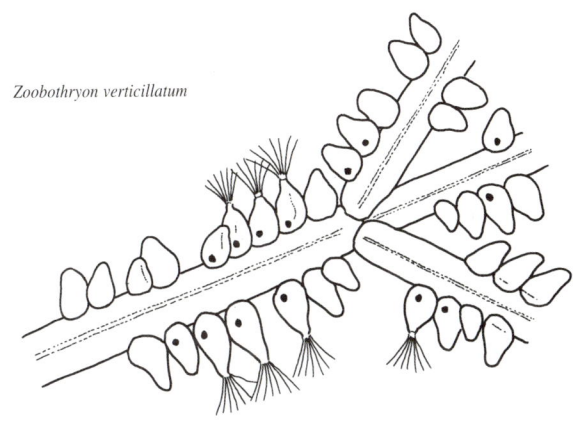

Zoobothryon verticillatum

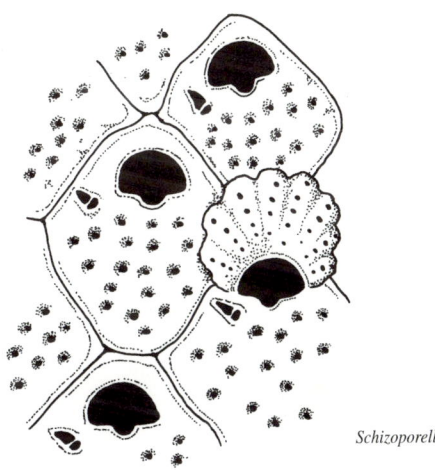

Schizoporella errata

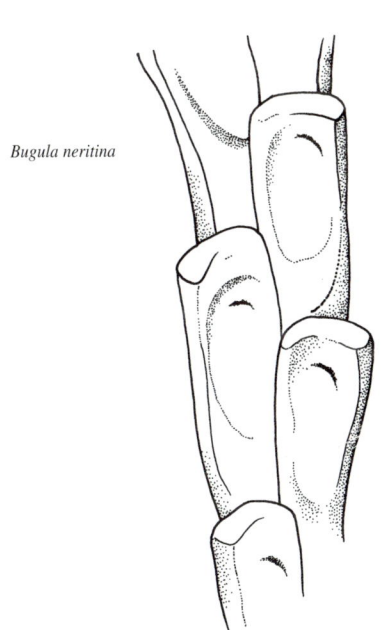

Bugula neritina

ESTRELLA DE MAR, ASTEROIDEO
Asterias rubens

Tipo	**Echinodermata, equinodermos**
Clase	**Asteroidea, estrellas de mar**
Orden	**Forcipulatida, forcipulátidos**
Familia	**Asteriidae, astéridos**

Asterias rubens

Cat **Estrella de mar**
Eusk. **Itsas izarra**
Gal. **Estrela-do-mar**
Fr. **Étoile de mer**
Ing. **Starfish**

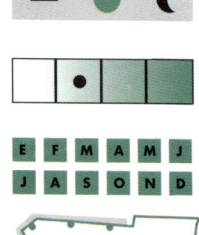

E	F	M	A	M	J
J	A	S	O	N	D

Identificación
Tiene el cuerpo en forma de estrella de color variable entre marrón y anaranjado. Presenta 5 brazos bien diferenciados y formados por placas calcáreas articuladas entre sí. Las placas son pequeñas y están provistas de púas. En la parte inferior de los brazos, se disponen los pedicelos, una especie de tentáculos de función alimentaria y locomotriz. La boca es inferior y no hay un aparato masticador diferenciado. El diámetro varía entre los 10 cm y los 30 cm.

Distribución
Se extiende por el norte del Atlántico. En la península Ibérica, está presente en las costas atlánticas hasta los 900 m de profundidad. Está ausente del Mediterráneo.

Hábitat
Vive en playas y puertos. Es común sobre substratos rocosos y muy abundante en bancos de mejillones; también ocupa, en menor medida, los substratos blandos.

Biología
Se reproduce durante la primavera, en puertos, rompeolas y playas rocosas. Cada individuo produce miles de huevos.

Especie generalmente solitaria, se torna gregaria en los bancos de mejillones, a los que devora de forma voraz. Es una especie sedentaria.

Puede ocurrir incluso que sean miembros de la propia especie los que forman parte de su dieta. Ante cualquier ataque, las especies de *Asterias* son capaces de desprenderse de uno de sus brazos, que servirá para satisfacer el hambre de su atacante. Esta capacidad para automutilarse, denominada autotomía, se compensa regenerando las partes del cuerpo sacrificadas.

Interacción con el hombre

En bateas y lugares de cría de mejillones, ostras u otros bivalvos, puede convertirse en plaga.

Observación

Son lugares apropiados los rompeolas y las playas rocosas. Es posible observarlas todo el año, durante la marea baja. Basta con ir a pie por el intermareal.

ESTRELLA DE MAR VERDE
MARTHASTERIAS GLACIALIS

Mide hasta 30 cm de diámetro y es de coloración muy variada, entre verdosa, parda y amarillenta. Se diferencia de la estrella común por presentar en los brazos 3 hileras de espinas más grandes, blancas, con la punta violácea y rodeadas en la base por una corona de pedicelarios (pequeñas estructuras calcáreas

en forma de pinza). Está presente desde el Golfo de Guinea hasta Escandinavia y en el Mediterráneo. Llega hasta los 180 m de profundidad, pero es rara a partir de los 50 m.

Esta especie consigue abrir la concha de los moluscos bivalvos por medio de cuatro hileras de pequeños pies, denominados pies ambulacrales, que como todas las estrellas de mar poseen en la parte inferior de los brazos.

ESTRELLAS DE MAR DE ARENA
ASTROPECTEN SP.

Se diferencian de las otras estrellas por presentar 1 o 2 series de espinas conspicuas que bordean todo el margen del cuerpo. El color (blanco, pardo, verdoso o rojizo) y el tamaño (5 cm-60 cm de diámetro) varían según la especie. Son carnívoras y se alimentan sobre todo de moluscos. Viven en fondos arenosos de todo el Atlántico y el Mediterráneo.

Acostumbra a ocultarse durante el día, pero de noche trepa sobre las plantas del fondo marino.

(V. ALVÀ)

Marthasterias glacialis

ERIZO DE MAR COMÚN, CASTAÑA DE MAR *Paracentrotus lividus*

Tipo	Echinodermata, equinodermos
Clase	Echinoidea, erizos de mar
Orden	Diadematoida, diadematoidos
Familia	Echinidae, equínidos

Paracentrotus lividus

Çat. **Eriçó, garota**
Eusk. **Itsas trikua**
Gal. **Ouriço**
Por. **Ouriço**
Fr. **Oursin**
It. **Ricci di mare, echini**
Ing. **Sea urchin**

Identificación

Este erizo tiene el cuerpo esférico. Su esqueleto está formado por unas placas fusionadas que constituyen un caparazón. Las espinas son de color variable, verdes, pardas o violáceas, pero nunca negras; entre ellas, se observan los pedicelos, especie de tentáculos provistos de una ventosa terminal de función alimentaria y locomotriz. Los pedicelos se disponen en 5 bandas radiales. La boca es inferior. El aparato masticador es complejo y está formado por 20 piezas calcáreas que constituyen la linterna de Aristóteles. El diámetro del caparazón alcanza los 7 cm.

Distribución

Se extiende por el Mediterráneo y por el Atlántico hasta el canal de la Mancha e Irlanda. Está presente en todas las ciudades del litoral ibérico y en las Baleares, hasta los 80 m de profundidad.

Hábitat

Vive sobre substratos o playas rocosas, y también en puertos y rompeolas. Puede ser abundante en las desembocaduras de alcantarillas y emisarios, ya que es relativamente tolerante a la contaminación de tipo doméstico, rica en materia orgánica.

Biología

Se reproduce durante la primavera y el otoño, en puertos, rompeolas y playas. Cada individuo produce miles de huevos.
Es gregario y sedentario. A menudo escarba depresiones (cubetas) en la roca y se instala en ellas. Es de costumbres nocturnas. Se alimenta de algas blandas (no calcáreas), fanerógamas marinas, y organismos epifitos. Suele cubrirse el cuerpo con restos de algas o de conchas –e incluso de plásticos– sujetándolos con sus tentáculos. Compite con otros herbívoros, como el erizo de mar negro.

Interacción con el ser humano

Las gónadas del erizo de mar, comestibles, son muy apreciadas en determinadas zonas costeras, como por ejemplo en el norte de Cataluña.

Observación

Se puede contemplar en rompeolas y playas rocosas: en el Atlántico y el Cantábrico, durante la marea baja; y en el Mediterráneo, los días de mar calmada.

ERIZO DE MAR VIOLETA
SPHAERECHINUS GRANULARIS

El caparazón alcanza los 12 cm de diámetro y presenta espinas cortas y macizas de color violáceo (a menudo, con la punta blanca) o completamente blancas. Habita sobre rocas, en algas y en fondos de fanerógamas marinas, y su área de distribución se extiende desde Cabo Verde hasta el sur de las islas Británicas. Está presente hasta los 100 m de profundidad.

ERIZO DE MAR NEGRO
ARBACIA LIXULA

Es más pequeño que el común (el diámetro del caparazón no supera los 5 cm) y se distingue fácilmente de éste por sus espinas completamente negras, largas y afiladas. Se encuentra con frecuencia sobre rocas recubiertas de algas calcáreas incrustantes, hasta los 40 cm o 50 cm de profundidad. Su distribución abarca desde Cabo Verde hasta las costas atlánticas de la península Ibérica.

(V. Alvà)

Paracentrotus lividus

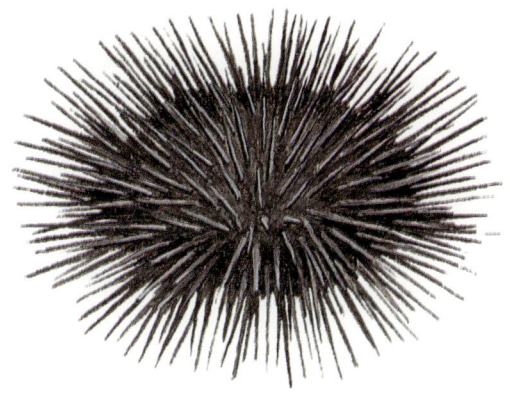

Arbacia lixula

ASCIDIAS Y PECES

ASCIDIAS

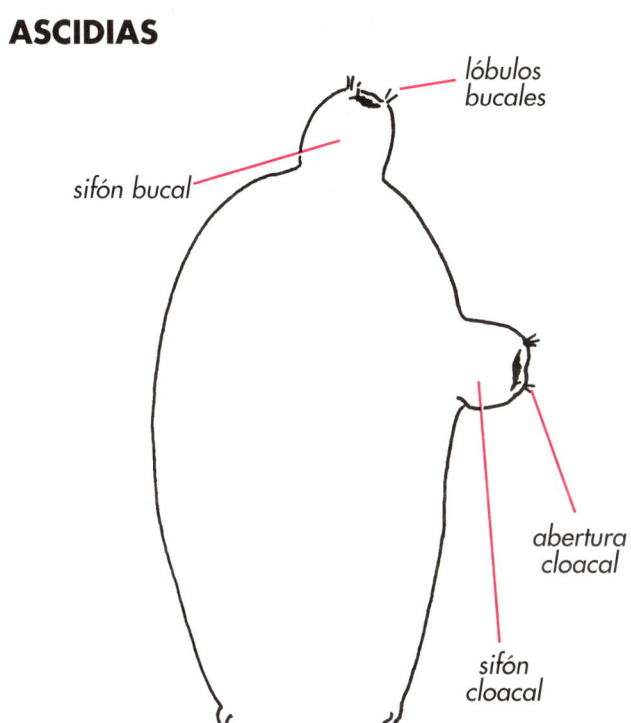

lóbulos
bucales

sifón bucal

abertura
cloacal

sifón
cloacal

PECES

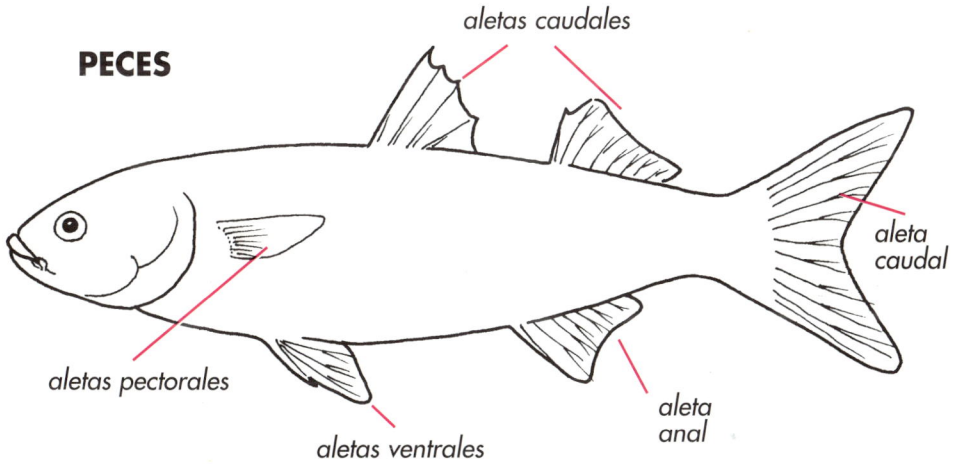

aletas caudales

aleta
caudal

aletas pectorales

aletas ventrales

aleta
anal

ASCIDIAS
Clase Ascidiacea

Tipo	Chordata, cordados
Subtipo	Urochordata, urocordados

Identificación

Las ascidias pertenecen al mismo tipo que los vertebrados y sus larvas poseen una cola nadadora con un eje elástico llamado *notocordio* (la columna vertebral de los vertebrados se forma alrede-

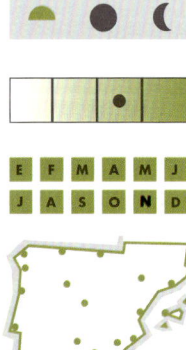

Phallusia mammillata

Cat. **Ascidis**
Eusk. **Aszidia**
Fr. **Ascidies**
It. **Ascidie**
Ing. **Sea-squirts**

E	F	M	A	M	J
J	A	S	O	N	D

dor del notocordio del embrión). Las ascidias son organismos marinos, sésiles y filtradores cuyo cuerpo está revestido por una túnica y que se reproducen mediante larvas de vida libre. Hay dos grandes formas de ascidias: las solitarias y las coloniales. Una ascidia solitaria es un animal en forma de saco, fijado al fondo y recubierto por una envoltura llamada *túnica* (formada por celulosa y proteínas) y con dos aberturas o sifones. Por uno de estos sifones entra el agua en la cavidad faríngea y por el otro sale al exterior, filtrándose durante este trayecto las partículas alimenticias. Las formas coloniales están formadas por la unión de un gran número de individuos o zooides como el antes descrito, aunque por lo general

de menor tamaño. Las formas solitarias tienen una envergadura que varía de unos cuantos milímetros a unos 20 cm; las coloniales tienen una superficie que varía de unos pocos milímetros cuadrados a 250 cm².

Distribución

Las especies de este grupo que viven en puertos acostumbran ser formas cosmopolitas, transportadas de un lugar a otro por los cascos de los barcos, aunque otras pueden ser formas circumtropicales. Las cuatro especies que se citan a continuación se distribuyen por toda la Península, excepto *M. squamiger*, que es de afinidades tropicales y no se ha encontrado hasta ahora más que en los puertos atlánticos del norte de España. A excepción de *M. squamiger*, que parece ser una introducción de este siglo, las otras especies han colonizado nuestros puertos desde la antigüedad.

Hábitat

Las cuatro especies se encuentran en puertos de mar y a poca profundidad. Este grupo resiste mal la salinidad baja y por tanto ninguna de sus especies se encuentra en puertos fluviales, deltaicos o lacustres. Tampoco abunda en playas arenosas si en éstas no hay rocas u otros substratos duros. Forman una parte importante del *fouling* de los barcos, que son incrustaciones biológicas de estructuras sumergidas, como los cascos de los barcos.

Biología

Aunque la época de reproducción varía según las especies, suele llevarse a cabo entre primavera y otoño. Son hermafroditas, ovíparas y liberan sus gametos en momentos fijos del día o de la noche. De los huevos salen larvas nadadoras que se fijan y se convierten en adultos después de una metamorfosis. Las especies citadas son del tipo solitario aunque pueden agregarse en mayor o menor medida. Sin embargo, también es posible encontrar especies coloniales en nuestros puertos. Las ascidias son sedentarias y su actividad filtradora es continua a lo largo del día. Se alimentan de todo tipo de materia orgánica (plancton o detritos) en suspensión en el agua, y a su vez son presa de algunos peces, crustáceos y moluscos.

Interacción con el ser humano
Son perjudiciales en cierta medida por recubrir los cascos de los buques y las instalaciones sumergidas, tales como conductos de agua y sistemas de refrigeración.

Observación
Estos organismos viven en todo tipo de substratos duros sumergidos (rocas, bloques, pilones), especialmente en las caras inferiores, donde llega menos luz solar; de ahí la necesidad de usar gafas subacuáticas y, preferentemente, equipos de buceo para su observación.

CIONA INTESTINALIS
Mide entre 10 cm y 20 cm. Es de color blanco verdoso algo translúcido. Se encuentra principalmente en los puertos y en los cascos de los barcos. Puede formar agregados densos.

MICROCOSMUS SQUAMIGER
Tiene una túnica muy dura de color marrón con incrustaciones de otros organismos. Miden aproximadamente 5 cm y acostumbran a reunirse en agrupaciones densas que pueden llegar a recubrir completamente el substrato.

STYELA PLICATA
Es de color blanco sucio y presenta grandes tubérculos meridianos. Es frecuente en los puertos. Puede llegar a medir hasta 10 cm.

PIÑA DE MAR
PHALLUSIA MAMMILLATA
Es de color blancuzco y presenta una gruesa túnica cartilaginosa con grandes tubérculos redondeados o mamelones. Mide unos 12 cm.

(X. TURÓN)

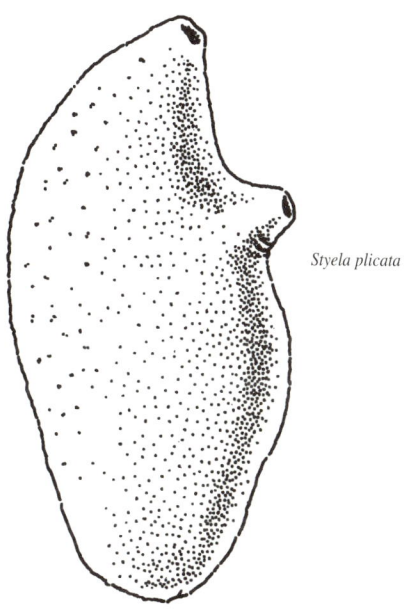

Styela plicata

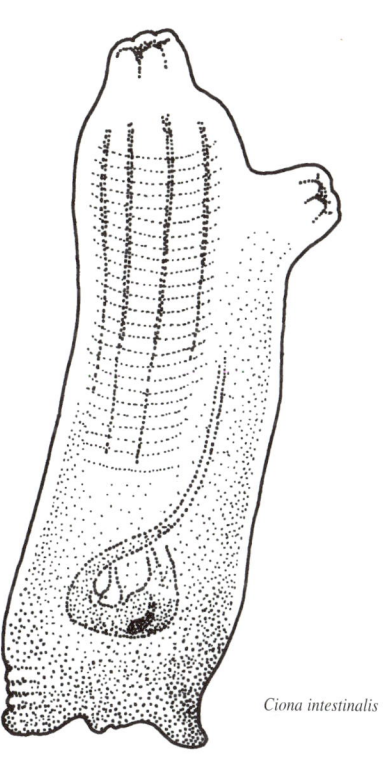

Ciona intestinalis

CONGRIO
Conger conger

Tipo	**Chordata, cordados**
Clase	**Osteichthyes, peces óseos**
Orden	**Anguilliformes, ápodos**
Familia	**Congridae, cóngridos**

Identificación

El congrio carece de escamas y tiene el cuerpo alargado, serpentiforme y cilíndrico, algo comprimido a partir del

Conger conger

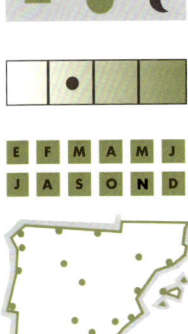

ano. La boca es grande, con los labios carnosos y con la mandíbula superior algo más larga que la inferior; ambas mandíbulas están fuertemente armadas con una hilera de dientes incisivos grandes, seguida por otra hilera de dientes cónicos de menor tamaño. Los ojos son redondos y relativamente pequeños. Las aletas dorsal y anal se unen a la caudal para formar una aleta continua; las aletas pectorales son pequeñas y carece de aletas pélvicas. El color es gris oscuro o marrón en el dorso y más claro en la región ventral. Puede alcanzar los 3 m de longitud y son comunes los ejemplares de más de 1,5 m. Puede superar los 50 kg o 60 kg de peso. Las hembras alcanzan mayor tamaño que los machos.

Distribución

Vive en todo el Mediterráneo y en el Atlántico, desde el sur de los países escandinavos e Islandia hasta las costas del Senegal.
Se encuentra en toda la costa peninsu-lar de la península Ibérica y de las islas Baleares.

Hábitat

Vive en puertos y escolleras, donde es relativamente común. Durante el día se refugia en las oquedades que hay entre las rocas de las escolleras y en los agujeros de los muelles.

Biología

Un solo congrio hembra puede llegar a poner de 3 a 8 millones de huevos de los que sale una larva. Cuando mide de 14 cm a 16 cm adquiere la forma del adulto y se asienta en el fondo. Entre los 5 y los 15 años de edad alcanza la madurez sexual. Después de la reproducción se descalcifica rápidamente y muere. El congrio es solitario. Es estrictamente sedentario y bentónico, aunque migra para reproducirse en verano hacia zonas profundas, normalmente alejadas de la costa. Entra en actividad por la noche, cuando se desplaza para cazar. Muy voraz, se alimenta de cefalópodos (de pulpos sobre todo), de otros peces y de crustáceos.

Interacción con el ser humano

El congrio se alimenta activamente de los peces muertos o de otros restos que los pescadores lanzan al agua de los puertos. Es objeto de pesca, tanto deportiva como profesional. El congrio es un pez potencialmente peligroso incluso fuera del agua, debido sobre todo a la atracción que siente por los objetos brillantes. Sin embargo, existen congrios que se acostumbran a la presencia de submarinistas y que llegan a aceptar la comida que se les ofrece. El congrio presenta un indudable interés gastronómico por tener la carne blanca, compacta y sabrosa.

Observación

Durante el día, preferentemente en verano, puede observarse a pulmón libre en los huecos situados entre los bloques de las escolleras exteriores de los puertos. Al aproximarse, conviene evitar acercar las manos o llevar objetos brillantes colgando (medallas, etc.).

(A. García)

BARBO COMÚN
Barbus bocagei

Tipo	**Chordata, cordados**
Clase	**Osteichthyes, peces óseos**
Orden	**Cypriniformes, cipriniformes**
Familia	**Cyprinidae, ciprínidos**

Barbus bocagei

Identificación

Los barbos son ciprínidos de tamaño mediano a grande con dos pares de barbillas en la mandíbula superior. El barbo común se diferencia de otros barbos de la Península por tener el último radio sencillo de la aleta dorsal finamente denticulado y la aleta anal corta. Los machos son más pequeños que las hembras y tienen las aletas pares más desarrolladas; durante la época de celo también se diferencian de las hembras por sus tubérculos nupciales muy desarrollados en distintas partes de la cabeza. Las hembras tienen una aleta anal de mayor tamaño. El color es variable, pero en general tiene el dorso pardo oliváceo y los flancos dorados. Los machos de esta especie alcanzan 50 cm de longitud y 1 kg de peso; las hembras, 90 cm y 6 kg de peso.

Distribución

Esta especie es endémica de la península Ibérica. Sólo se le encuentra en algunas ciudades del centro, centronorte y oeste de la Península. Está ausente de Baleares.

Hábitat

Es común en ríos, en sus zonas medias y bajas, y en lagos y estanques.

Biología

En la subespecie típica, los machos adquieren la madurez sexual hacia los 3 años de edad, cuando tienen entre 7 cm y 10 cm de longitud, mientras que las hembras no maduran hasta los 5 o 6 años, cuando miden entre 20 cm y 25 cm. La reproducción se lleva a cabo entre febrero y junio sobre lechos de gravas, donde la hembra pone de 10 000 a 25 000 huevos.

Es una especie sedentaria y de costumbres tanto diurnas como nocturnas. El adulto es solitario y los juveniles son gregarios. Tanto unos como otros son bentónicos y detritívoros, si bien consumen preferentemente larvas de insectos y restos vegetales.

Interacción con el ser humano

Especie comestible, es objeto de pesca comercializable.

Observación

Cuando mejor se observa a esta especie es en primavera, al alba y al atardecer. Excepto en época de reproducción, los mejores lugares son las aguas tranquilas y cerca de las orillas y entre las raíces de la vegetación, donde se puede observar principalmente a las hembras adultas.

(I. Doadrio)

Cat. **Barb**
Eusk. **Barbo arrunta**
Gal. **Barbo**
Por. **Barbo**
Fr. **Barbeau commun**
It. **Barbo**
Ing. **Barbel**

CARPÍN DORADO, PEZ ROJO
Carassius auratus

Tipo	**Chordata, cordados**
Clase	**Osteichthyes, peces óseos**
Orden	**Cypriniformes, cipriniformes**
Familia	**Cyprinidae, ciprínidos**

Carassius auratus

Cat. **Peix vermell**
Eusk. **Urre-arraina**
Gal. **Peixe-dourado**
Por. **Peixe-vermello**
Fr. **Poisson rouge**
It. **Pesce dorato della China**
Ing. **Gold-fish**

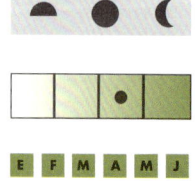

E	F	M	A	M	J
J	A	S	O	N	D

Identificación
Este ciprínido bien conocido se distingue por su boca sin barbillas y por su aleta dorsal alargada. Tiene de 25 a 35 escamas en la línea lateral. Es de color rojo dorado. Alcanza de 30 cm a 35 cm de longitud total y 900 g de peso. Los machos en época de celo presentan tubérculos nupciales repartidos por todo el cuerpo, especialmente en la cabeza.

Distribución
Originaria de Asia y Europa central, esta especie fue introducida en muchas ciudades del mundo por motivos decorativos y por ser objeto de pesca; actualmente es cosmopolita. En Asia, su presencia en las ciudades se remonta a 3 000 años de antigüedad. Vive en toda la Península excepto Galicia, parte de la cornisa cantábrica y Andalucía oriental. Está ausente de Baleares. Es probable que el carpín dorado fuera introducido en nuestro país hacia el siglo XVII, junto con la carpa.

Hábitat
Vive en ríos, lagos y estanques, donde puede ser muy abundante. Está adaptado a vivir en medios muy precarios, con escaso contenido de oxígeno y temperaturas elevadas.

Biología
Alcanza la madurez sexual a los 2 años de edad. Se reproduce de mayo a junio en lagos y estanques con abundante vegetación sumergida. La hembra pone de 18 000 a 860 000 huevos al año entre la vegetación acuática. Es típica la existencia de poblaciones gimnogenéticas, es decir, formadas únicamente por hembras. En determinadas condiciones, poco conocidas, pueden pasar de poblaciones monosexuadas a poblaciones bisexuadas.

Es una especie sedentaria que está activa tanto de día como de noche. Los ejemplares jóvenes son gregarios y los adultos, solitarios. Es omnívora y su dieta abarca desde algas o detritos hasta invertebrados bentónicos. Es presa de otros peces depredadores, como el lucio y el *black-bass*.

Interacción con el ser humano
Tiene un interés decorativo en parques y estanques y también puede ser objeto de pesca.

● Nota
Su coloración era muy apreciada por los criadores chinos y originalmente su posesión estaba reservada únicamente a los nobles.

(I. DOADRIO)

CARPA COMÚN
Cyprinus carpio

Identificación

La carpa común es un ciprínido de gran tamaño cuya boca terminal y protráctil está provista de 4 barbillas sensoriales, 2 a cada lado de la boca. La aleta dorsal es larga, con el primer radio fuerte y aserrado, y hay de 33 a 40 escamas en la línea lateral. Las escamas son siempre grandes, si bien pueden presentar varias formas. La presencia y distribución de los distintos tipos de escamas caracteriza las distintas variedades de esta especie. La coloración del cuerpo es pardo verdosa en el dorso con tonalidades más amarillentas en el resto del cuerpo. Alcanza 110 cm de longitud total y 27 kg de peso.

Distribución

Objeto de pesca y de cultivo intensivo desde la antigüedad, la carpa fue progresivamente introducida en todos los continentes del mundo y hoy es una especie cosmopolita. Su introducción en Europa, procedente de Asia Menor, se remonta a la época de los romanos. Fue introducida en la península Ibérica durante la dinastía de los Habsburgo y hoy se encuentra en toda la Península. Está ausente de Baleares.

Hábitat

Es abundante en ríos de curso lento, lagos y estanques. Muestra una gran resistencia, tanto a las temperaturas altas, como a una baja concentración de oxígeno, salinidad o contaminación.

Biología

Se reproduce desde finales de primavera hasta principios de verano en aguas de escasa profundidad, bien provistas de vegetación sumergida. Los machos maduran a la edad de 1 o 2 años, que es cuando se les desarrollan los tubérculos nupciales. Las hembras maduran a los 2 o 3 años. Para hacer la puesta, se concentran en zonas poco profundas, en pequeños grupos de 1 o 2 hembras y varios machos. Las hembras ponen de 100 000 a 200 000 huevos por kilo de masa corporal. Los huevos quedan adheridos al suelo y eclosionan a los 3-8 días.

Tipo	Chordata, cordados
Clase	Osteichthyes, peces óseos
Orden	Cypriniformes, cipriniformes
Familia	Cyprinidae, ciprínidos

Cyprinus carpio

Es una especie gregaria, sedentaria y de costumbres diurnas y crepusculares. Es omnívora; se alimenta de restos vegetales y especialmente de invertebrados acuáticos de fondo.

Interacción con el ser humano

Es una especie comercializable y ornamental y su cultivo intensivo se remonta a tiempos inmemoriales.

Observación

Conviene realizar la observación a primeras horas de la mañana, en estanques y en cursos fluviales con poca corriente y vegetación abundante.

● Nota

Su cultivo desde épocas remotas ha originado el desarrollo de varias razas, la mayoría con fines ornamentales.

(I. Doadrio)

Cat. **Carpa**
Eusk. **Karpa arrunta, zamo arrunta**
Gal. **Carpa**
Por. **Carpa**
Fr. **Carpe**
It. **Carpa**
Ing. **Carp**

| E | F | M | A | M | J |
| J | A | S | O | N | D |

TENCA
Tinca tinca

Tipo	Chordata, cordados
Clase	Osteichthyes, peces óseos
Orden	Cypriniformes, cipriniformes
Familia	Cyprinidae, ciprínidos

Tinca tinca

Cat. **Tenca**
Eusk. **Tenka**
Gal. **Tenca**
Por. **Tenca**
Fr. **Tanche**
It. **Tinca**
Ing. **Tench**

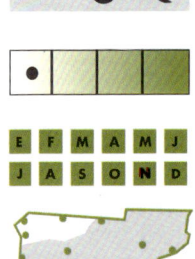

E	F	M	A	M	J
J	A	S	O	N	D

Identificación

Es un ciprínido de color verde oliva que posee un par de barbillas bucales. El iris del ojo es de color rojo vivo. Sus escamas son muy pequeñas y tiene de 90 a 120 en la línea lateral. En la aleta dorsal tiene 8 o 9 radios ramificados. Tiene los ojos y la boca pequeños. Alcanza 50 cm de longitud total y 2 kg de peso. A partir de los 2 años de edad, puede reconocerse a los machos por el segundo radio de sus aletas ventrales, que muestra un considerable engrosamiento. Las aletas de los machos son mayores que las de las hembras. Existen variedades ornamentales de color amarillo, anaranjado, rojizo, etc.

Distribución

Vive en Europa y en Asia. Es autóctona en gran parte de Europa pero, debido a haber sido objeto de cultivo, su distribución original es difícil de precisar. Ocupa gran parte de la península Ibérica excepto la franja cantábrica y el noroeste, el extremo noreste y gran parte de Levante y del este de Andalucía. Está ausente de Baleares.

Hábitat

Vive en ríos, lagos y estanques, pero es escasa en cualquiera de estos hábitats. Está adaptada a soportar las altas temperaturas del verano y las concentraciones bajas de oxígeno.

Biología

Se reproduce de mayo a junio en aguas de curso lento con mucha vegetación. La hembra pone de 300 000 a 400 000 huevos, que miden unos 2 mm de diámetro. Los alevines nacen a los 10-20 días.

Es una especie solitaria, sedentaria y de costumbres tanto diurnas como nocturnas. Durante el período reproductor, los machos son territoriales y defienden pequeños grupos de plantas. Se alimenta de insectos bentónicos, algas y plantas subacuáticas. Es presa de otros peces depredadores. Cuando las charcas ven disminuir su nivel debido a la intensa evaporación del verano, la tenca puede enterrarse en el barro y esperar hasta la llegada de las lluvias otoñales.

Interacción con el ser humano

Es una especie comestible, y por tanto objeto de cultivo.

Observación

Conviene observar a la tenca a primera hora de la mañana, durante la primavera o el verano, en lagos y estanques con vegetación densa.

(I. DOADRIO)

COLMILLEJA
Cobitis paludica

Tipo	**Chordata, cordados**
Clase	**Osteichthyes, peces óseos**
Orden	**Cypriniformes, cipriniformes**
Familia	**Cobitidae, cobítidos**

Cobitis paludica

Identificación
Esta especie de pequeñas dimensiones y forma alargada muestra 3 pares de barbillas en la boca. También presenta una espina suborbitaria, escamas poco visibles y una línea lateral incompleta. Los machos son más pequeños que las hembras y sus aletas pares son de mayor tamaño; también poseen un engrosamiento en forma de hacha en el segundo radio de la aleta pectoral que se denomina *escama de Canestrini*. Los machos no superan los 4 cm de longitud total y los 3 g de peso, mientras que las hembras alcanzan 12 cm de longitud y 5 g de peso.

Distribución
Esta especie es endémica de la península Ibérica, pero está ausente de toda la franja norte y de Andalucía oriental. Se ha citado su presencia puntual en Asturias. Está ausente de Baleares.

Hábitat
Es común en ríos, lagos y estanques.

Biología
Se reproduce de mayo a julio en fondos de arena y limo, y en fondos de piedras con abundante vegetación acuática sumergida, lagos y estanques. Las hembras ponen de 400 a 2 000 huevos al año. Los machos viven hasta los 4 años de edad y las hembras, hasta los 5. Es una especie gregaria, sedentaria y de costumbres nocturnas y crepusculares. Se alimenta de larvas de insectos y de otros invertebrados acuáticos. Es depredada por especies de mayor tamaño, generalmente exóticas.

Interacción con el ser humano
Se utiliza como cebo vivo para pescar.

Observación
Los mejores momentos para observar a esta especie son los amaneceres y anocheceres de verano; los mejores lugares, los fondos de grava poco profundos.

● Nota
Esta especie se denomina *colmillo* o *colmilleja* porque los pescadores creen que muerde con sus colmillos, aunque en realidad clava una espina situada debajo del ojo.

(I. DOADRIO)

Cat. **Llopet**
Eusk. **Aintzira, mazkarra**
Por. **Verdemão**
Fr. **Loche de rivière**
It. **Cobite fluviatile**
Ing. **Spiny Loach**

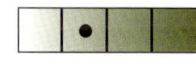

PEZ GATO
Ictalurus melas

Tipo	**Chordata, cordados**
Clase	**Osteichthyes, peces óseos**
Orden	**Cypriniformes, cipriniformes**
Familia	**Ictaluridae, peces gato**

Ictalurus melas

Cat. **Peix gat**
Eusk. **Katuarraina**
Por. **Peixe gato**
Fr. **Poisson chat**
It. **Pesce gatto**
Ing. **Cat fish**

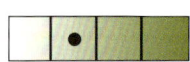

Identificación
El pez gato carece de escamas en el cuerpo, y tiene la cabeza grande y aplanada dorsoventralmente, con 4 pares de barbillas largas a modo de bigotes. Tiene 2 aletas dorsales, la segunda de ellas adiposa. Alcanza 40 cm de longitud total y 2 kg de peso.

Distribución
Oriundo de América del Norte, fue introducido en Europa por razones de pesca deportiva. En la península Ibérica, se le encuentra en el centro y el noreste del territorio. Los primeros ejemplares se soltaron a principios de siglo en el lago de Bañolas (Gerona).

Hábitat
Es común en aguas tranquilas que atraviesan la ciudad, como las de estanques, lagos y ríos de curso lento. Gusta de fondos con fango y limo.

Biología
Se reproduce a finales de primavera y en verano, en aguas de curso lento. Los machos adquieren la madurez sexual antes que las hembras. La hembra pone de 2 000 a 5 000 huevos de unos 3 mm o 4 mm de diámetro, en el fondo del curso de agua. Cuando nacen los alevines, tanto el macho como la hembra se encargan de defenderlos.

Es una especie solitaria, sedentaria y de costumbres nocturnas. Tiene una alimentación muy variada. Durante el primer año de vida es muy selectivo y se alimenta casi exclusivamente de crustáceos planctónicos. De adulto, en cambio, su dieta es omnívora e incluye plantas acuáticas, invertebrados y otros peces, especialmente ciprínidos y el cangrejo americano.

Observación
El momento apropiado son los crepúsculos de primavera y verano en estanques y ríos de aguas tranquilas.

(I. DOADRIO)

GAMBUSIA
Gambusia holbrooki

Identificación

La boca está dotada de dientes pequeños y agudos, y la aleta dorsal está retrasada respecto a la anal. En la línea lateral, hay de 25 a 30 escamas. Los machos, más pequeños que las hembras, no superan los 3 cm de longitud total y los 0,5 g de peso. Las hembras alcanzan 5 cm y 1 g de peso. Otra diferencia entre sexos es la aleta anal de los machos, que se modifica por alargamiento de los radios tercero y quinto para formar un órgano copulador o gonopodio.

Distribución

Introducida en todos los continentes del mundo para la lucha contra el paludismo o con fines ornamentales, la gambusia es actualmente cosmopolita. Esta especie vive en toda la Península, excepto en la franja cantábrica y gran parte de Galicia, y en las islas Baleares. Fue introducida en la península Ibérica en 1921 para combatir las plagas de mosquitos en zonas palustres litorales.

Hábitat

Vive en ríos, lagos, estanques y, en general, en cualquier cuerpo de agua permanente, donde puede llegar a ser muy abundante.

Biología

Las gambusias, que son muy precoces sexualmente y muy fecundas, se reproducen de abril a octubre en todo tipo de aguas permanentes. La hembra da a luz 3 veces al año y tiene de 15 a 32 crías en cada alumbramiento.

Es una especie gregaria y sedentaria que es activa tanto de día como de noche. Se alimenta de invertebrados, principalmente de larvas de dípteros, copépodos y áfidos. A su vez es presa de grandes peces depredadores. Su introducción en lagunas y estanques del

Tipo	Chordata, cordados
Clase	Osteichthyes, peces óseos
Orden	Cyprinodontiformes, ciprinodontiformes
Familia	Poeciliidae, poecílidos

Gambusia holbrooki

litoral mediterráneo ha provocado la desaparición del fartet y el samaruc, dos pequeños endemismos menos voraces y prolíficos que la gambusia.

Interacción con el ser humano

Hasta hace algunas décadas se utilizó ampliamente para luchar contra la malaria o paludismo y todavía se emplea con fines ornamentales.

Observación

Puede observarse en cualquier época del año, en bordes de lagos, ríos y estanques con vegetación acuática.

(I. DOADRIO)

Cat. **Gambussia**
Eusk. **Ganbusia**
Gal. **Gambusia**
Por. **Gambusia**
Fr. **Gambusie**
It. **Gambusia**
Ing. **Gambusia**

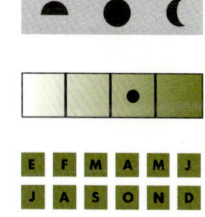

E	F	M	A	M	J
J	A	S	O	N	D

PEJERREYES
Género *Atherina*

Tipo	**Chordata, cordados**
Clase	**Osteichthyes, peces óseos**
Orden	**Atheriniformes, ateriniformes**
Familia	**Atherinidae, aterínidos**

Atherina presbyter

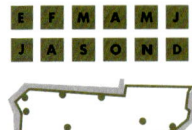

Identificación

Los pejerreyes tienen el cuerpo alargado y esbelto, y la boca bastante grande y protráctil. No tienen línea lateral diferenciada, aunque las escamas medias de los flancos son mayores que las del resto del cuerpo, de por sí bastante grandes y ribeteadas de negro en su parte posterior. Las dos aletas dorsales están bien separadas: la primera está formada por de 6 a 9 radios espinosos, y la segunda por de 11 a 14 radios blandos. La aleta caudal es marcadamente ahorquillada. El cuerpo es verdoso o azulado en el lomo y blanco plateado en flancos y vientre. Su aspecto más o menos translúcido confiere a estos peces una apariencia de extrema fragilidad. Aunque pueden llegar a medir 20 cm, el tamaño más común se sitúa entre los 10 cm y 12 cm de longitud.

Distribución

Los pejerreyes viven tanto en el Mediterráneo como en el Atlántico. Los pejerreyes están presentes en todas las costas peninsulares y en Baleares.

Hábitat

Son comunes en el interior de los puertos y pueden llegar a ser abundantes ya que, si no están excesivamente contaminados, constituyen un hábitat ideal para estos peces. Forman bancos densos en la columna de agua y, en ambientes más naturales, colonizan con frecuencia lagunas litorales o estuarios, tanto en aguas hiposalinas como hipersalinas. El abichón acostumbra a hallarse a menos profundidad que las otras dos especies, que se disponen más cerca del fondo.

Biología

Los huevos son bentónicos y permanecen ligados a algas o rocas del fondo mediante unos largos filamentos. La larva es grande (unos 7 mm) y prácticamente carece de saco vitelino al nacer. Los juveniles forman grandes bancos muy móviles en fondos someros y abrigados del oleaje.

Los pejerreyes son típicamente litorales y nectónicos, y suelen hallarse más cerca de la superficie en verano que en invierno. Es probable que sean crepusculares, ya que durante las horas centrales del día no parecen muy activos; de noche son atraídos por la luz artificial y no es raro observar concentraciones de estos peces al pie de las luces existentes en los puertos. Se alimentan principalmente de pequeños crustáceos planctónicos (copépodos), bentónicos (isópodos, anfípodos) o epi-bentónicos (misidáceos). Son importantes desde un punto de vista ecológico ya que son presa habitual de otros peces, ya sea en su fase juvenil (blénidos, góbidos) o en su fase adulta (lubinas).

Interacción con el ser humano

Aunque prácticamente carecen de interés económico, los pejerreyes son capturados mediante un arte de red específico (*moixoneres*) para ser consumidos en las pocas localidades donde se les aprecia (Levante, zona del delta del Ebro y antiguamente en la Costa Brava). Rara vez se encuentran en los mercados o en los restaurantes. Se consumen fritos, a menudo mezclados con otras especies y tienen un sabor característico, ligeramente amargo.

Observación

En el interior de los puertos, en verano y a cualquier hora del día, pueden verse densos bancos formados por una multitud de individuos que frecuentemente son muy poco activos y se limitan a mantenerse entre aguas. Para observar los bancos de adultos en el interior de los puertos, pueden utilizarse unas gafas polarizadas. Los juveniles pueden observarse a muy poca profundidad con la ayuda de gafas submarinas. En las costas mediterráneas, hay grandes bancos de juveniles desde la primavera hasta principios de verano que forman densos bancos y que son mucho más activos que los adultos en zonas de aguas someras y tranquilas.

PEJERREY
ATHERINA BOYERI

El pejerrey tiene ambas mandíbulas de igual longitud y las prolongaciones óseas de la mandíbula inferior son dentadas; es la especie más pequeña del grupo y sólo presenta de 44 a 48 escamas en la serie lateral. Es esporádico en el Atlántico. Se reproduce de primavera a verano.

CHULETA, CHUCLET
ATHERINA HEPSETUS

La chuleta tiene una larga prolongación en el hueso premaxilar que llega hasta la zona frontal del ojo, y la mandíbula superior es más larga que la inferior. El número de escamas en la línea lateral es de 58. Es esporádico en el Atlántico. Se reproduce de primavera a verano.

ABICHÓN
ATHERINA PRESBYTER

El abichón tiene la mandíbula inferior más larga que la superior, el hueso premaxilar notablemente más corto y el número de escamas en la serie lateral varía entre 52 y 57 escamas. Las citas de esta especie son esporádicas en el Mediterráneo. El abichón es más bien raro en las costas mediterráneas. Se reproduce desde el invierno a la primavera.

(A. García)

LUBINA, RÓBALO
Dicentrarchus labrax

Tipo	**Chordata, cordados**
Clase	**Osteichthyes, peces óseos**
Orden	**Perciformes, perciformes**
Familia	**Serranidae, serránidos**

Identificación

La lubina tiene el cuerpo alargado y esbelto pero robusto. Muestra una boca terminal, amplia y moderadamente pro-

Dicentrarchus labrax

Cat. **Llobarro**
Eusk. **Lupi, lupiyá**
Gal. **Robaliza, rebalo**
Por. **Robalho**
Fr. **Bar, loup**
It. **Spigola**
Ing. **Bass, Seabass**

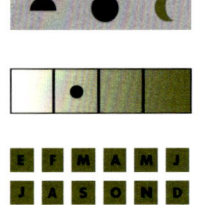

tráctil, cuya mandíbula inferior supera a la superior. Cada opérculo tiene 2 espinas, una de ellas particularmente conspicua. Las escamas son grandes y visibles. A diferencia de la mayoría de serránidos, las 2 aletas dorsales están bien separadas; la primera está formada por 8 a 10 radios espinosos y la segunda la forman 1 radio espinoso único y 12 o 13 radios blandos. El pedúnculo caudal es grueso y potente; la cola es amplia y ligeramente ahorquillada, como corresponde a un nadador infatigable. El color del cuerpo es plateado, con el dorso más oscuro, gris o verdoso. La lubina raramente supera los 100 cm de longitud y los 14 kg de peso; la mayoría de ejemplares oscila entre los 30 cm y los 70 cm. Las hembras suelen alcanzar mayor tamaño que los machos.

Distribución

Coloniza todo el Mediterráneo. En el Atlántico, es común desde el sur de las costas escandinavas hasta las costas del Senegal. Está presente en todas las costas peninsulares.

Hábitat

Es común en los puertos, en los que penetra ocasionalmente en busca de presas. Es más abundante en las escolleras y los rompeolas orientados hacia mar abierto. También es relativamente frecuente en playas, cerca de las rompientes. La lubina es una especie típicamente nectónica y litoral que puede hallarse sobre fondos de cualquier tipo. Presenta una distribución batimétrica superficial, si bien se han pescado algunos ejemplares hasta los 100 m de profundidad.

Biología

Se reproduce de enero a marzo, cerca de la costa, especialmente en la cara exterior de las escolleras o rompeolas de los muelles. La hembra pone varios millares de huevos pelágicos, de los que eclosionarán unas larvas, igualmente pelágicas, que poco tienen que ver con la forma adulta.
Los juveniles se asientan en aguas superficiales.
Generalmente gregaria, suele formar bancos integrados por unos pocos individuos, aunque es muy común observar ejemplares solitarios. Se muestra activa durante todo el día, especialmente a la salida o a la puesta del sol. Estrictamente carnívora, se alimenta de crustáceos, cefalópodos y otros peces que viven o entran en los puertos, como lisas, pejerreyes, bogas, etc.

Interacción con el ser humano

Es una especie gastronómicamente muy apreciada que alcanza un gran valor económico en el mercado. También es un pez deportivo que lucha denodadamente cuando se le captura con caña y es considerado un verdadero trofeo por los cazadores submarinos.

Observación

Las lubinas pueden observarse desde los muelles, mientras deambulan tranquilamente a poca profundidad o descansan inmóviles a la sombra de las barcas amarradas.

(A. GARCÍA)

SALMONETE DE ROCA
Mullus surmuletus

Identificación
Tiene el cuerpo alargado y algo comprimido. La cabeza presenta un perfil frontal inclinado con la boca situada en el extremo inferior. Posee 2 barbillones en el mentón que utiliza para remover el sedimento en busca de alimento. Presenta 2 aletas dorsales bien diferenciadas; la primera está compuesta únicamente por radios espinosos (de 7 a 8) y la segunda, por 1 radio espinoso y 7 u 8 radios blandos. Los ejemplares vivos tienen el dorso marrón claro, con una banda longitudinal media rojiza desde detrás del ojo hasta la cola, y unas bandas amarillas situadas debajo de ésta. El vientre es blanco con reflejos iridiscentes. La coloración puede variar y volverse más rojiza, con lo que aparecen entonces unas bandas transversales anchas más oscuras. Los ejemplares muertos adquieren un tono rosado o rojizo uniforme. Puede llegar hasta los 40 cm, pero la mayoría de ejemplares mide de 20 cm a 25 cm de longitud.

Distribución
En el Atlántico está presente desde las islas Británicas hasta las costas de Marruecos. Coloniza todo el Mediterráneo. Está presente en todas las costas peninsulares.

Hábitat
Es una especie nectobentónica litoral, propia de fondos rocosos y especialmente abundante en fondos de pradera de *Posidonia oceanica*. Es común en puertos no excesivamente contaminados, en los que se adentra para buscar alimentos en el sedimento del fondo. Tiene una distribución superficial y ocasionalmente puede encontrarse hasta los 100 m de profundidad.

Biología
Se reproduce de primavera a verano. Los huevos son pelágicos (aproximadamente de 1 mm de diámetro). Cuando miden unos 30 cm, los juveniles migran hacia ambientes costeros, donde se asientan en el fondo, para cambiar su coloración por la del adulto cuando alcanzan unos 6,5 cm.

Tipo	**Chordata, cordados**
Clase	**Osteichthyes, peces óseos**
Orden	**Perciformes, perciformes**
Familia	**Mullidae, múlidos**

El salmonete es gregario cuando es juvenil y tiende a ser solitario o a formar bandos más laxos y menos densos cuando es adulto. Es activo durante el

Mullus surmuletus

día y reposa inmóvil sobre el fondo durante la noche. No es sedentario, sino que se desplaza incansablemente en busca de alimento. En el Mediterráneo noroccidental tiende a desaparecer o a hacerse muy poco frecuente en los meses invernales. Se alimenta de organismos bentónicos (crustáceos, poliquetos y moluscos).

Interacción con el ser humano
Es una especie altamente cotizada y, por tanto, activamente perseguida por los pescadores profesionales.

Observación
Si el agua es clara, pueden verse salmonetes (especialmente los juveniles) hociqueando el fondo a muy poca profundidad. En escolleras exteriores, el observador puede sumergirse. No es un pez excesivamente desconfiado.

SALOMONETE DE FANGO
MULLUS BARBATUS
Esta especie sólo penetra en los puertos muy ocasionalmente ya que, por lo general, prefiere hábitats más profundos. Se diferencia del salmonete de roca por su perfil frontal, que es mucho más inclinado.

(A. García)

Cat. **Moll de roca, roger de roca**
Eusk. **Haitzetako barbarina, izokiuseme**
Gal. **Salmonete da pedra**
Por. **Salmonete da costa**
Fr. **Rouget des roches**
It. **Triglia di scoglio**
Ing. **Striped red mullet**

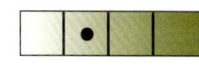

SARGOS
Género *Diplodus*

Tipo	**Chordata, cordados**
Clase	**Osteichthyes, peces óseos**
Orden	**Perciformes, perciformes**
Familia	**Sparidae, espáridos**

Identificación
Las especies de este orden tienen el cuerpo típicamente ovalado, comprimido y alto, con la espalda marcada-

Diplodus annularis

Eusk. **Muxarrak**
Por. **Sargos**
Fr. **Sars**
Ing. **Sea-breams**

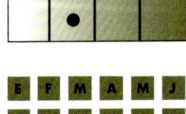

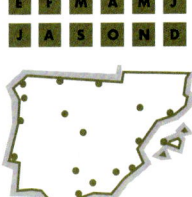

mente arqueada. La boca es terminal, de pequeño tamaño y está armada por una serie de dientes incisivos delanteros en cada mandíbula, seguidos por varias bandas de dientes molares trituradores. La aleta dorsal es única y está compuesta por una serie de radios espinosos (de 11 a 12) seguidos por de 11 a 16 radios blandos. Las aletas pectorales son muy largas y acabadas en punta. La aleta anal está formada por 3 radios espinosos y de 10 a 15 radios blandos. El dorso es más oscuro (gris o verde amarillento), y los flancos y el vientre, plateados. Todos ellos presentan una característica banda oscura en el pedúnculo caudal.

Distribución
Todas las especies del grupo están presentes en el Mediterráneo y en el Atlántico, y su límite septentrional se sitúa en el golfo de Vizcaya. El límite meridional más restringido es el del raspallón (que llega a Gibraltar), mientras que el sargo y la morruda llegan hasta las islas de Cabo Verde y la mojarra, hasta las costas de Angola. Ocupan todas las costas peninsulares.

Hábitat
Son especies propias de fondos rocosos litorales, aunque pueden hacer incursiones ocasionales sobre fondos arenosos. Todos ellos penetran a veces en los puertos, sobre todo si las aguas no tienen un nivel de contaminación muy elevado. En todo caso, son más abundantes en las escolleras exteriores y en los bloques de los rompeolas, hábitats ideales para estos peces.

Biología
Los *Diplodus* pueden ser hermafroditas o presentar sexos separados. La reproducción no es simultánea para todas las especies. Los huevos y las larvas son pelágicos. El asentamiento de los juveniles se produce en fondos muy someros (menos de 1 m de profundidad) y abrigados con substrato mixto (arena o grava y bloques rocosos). Los huevos y las larvas son planctónicos.
Las especies del género *Diplodus* son característicamente nectobentónicas; moderadamente gregarias, forman bancos integrados por individuos de tamaño similar. Son activos durante todo el año y no parece que migren para reproducirse. Presentan una actividad básicamente diurna, aunque en zonas muy batidas por la pesca submarina adoptan hábitos marcadamente crepusculares. Típicamente omnívoros, se alimentan de moluscos, crustáceos, equinodermos, invertebrados sésiles y algas. Parece haber una cierta segregación trófica entre las distintas especies.

Interacción con el ser humano
En general, son especies gastronómicamente apreciadas y, por tanto, activamente capturadas por los pescadores profesionales y deportivos. Los ejem-

plares mayores son muy buscados por los cazadores submarinos.

Observación

Pueden observarse en el interior de los puertos, preferentemente a primeras horas de la mañana, desde fuera del agua si está limpia. En las escolleras exteriores, es fácil observarlas con unas gafas y un tubo respirador. Los ejemplares jóvenes no son especialmente asustadizos, a diferencia de los ejemplares mayores, muy desconfiados ante la presencia humana.

RASPALLÓN
DIPLODUS ANNULARIS

El raspallón carece de bandas oscuras transversales y el dorso es verde amarillento. El raspallón raramente supera los 25 cm (suele medir de 10 cm a 15 cm). No es muy común. Es más típico de fondos de *Posidonia oceanica* y más raro en fondos rocosos. Se reproduce en primavera y verano. Los juveniles se asientan en los fondos de *Posidonia oceanica* y de *Caulerpa prolifera*. Acostumbra desplazarse en parejas.

MORRUDA, SARGO PICUDO
DIPLODUS PUNTAZZO

La morruda presenta también bandas transversales (de 11 a 13, alternativa-

Diplodus puntazzo

mente más y menos oscuras), pero se diferencia del sargo por su inconfundible hocico alargado. La morruda puede alcanzar los 60 cm. No es excesiva-

mente común. Se reproduce a finales de verano.

SARGO
DIPLODUS SARGUS

Diplodus sargus

El sargo presenta 9 bandas, alternativamente 5 oscuras y 4 más claras, que pueden ser poco conspicuas. Puede llegar a medir 35 cm o 40 cm e incluso más. Es la especie más abundante del género. El sargo se reproduce de enero a marzo.

MOJARRA
DIPLODUS VULGARIS

La mojarra presenta una banda negra característica que va de la nuca hasta el

Diplodus vulgaris

inicio de la aleta pectoral, y tiene la banda del pedúnculo caudal más marcada y ancha que el resto de las especies del género. Puede llegar a medir 35 cm o 40 cm e incluso más. Parece presentar dos pulsos a lo largo del año: uno a finales de verano y otro en invierno.

(A. García)

SALEMA
Sarpa salpa

Tipo	**Chordata, cordados**
Clase	**Osteichthyes, peces óseos**
Orden	**Perciformes, perciformes**
Familia	**Sparidae, espáridos**

Identificación

La salema tiene el cuerpo ovalado como otros espáridos, aunque marcadamente más rechoncho. La cabeza es

Sarpa salpa

Cat. **Salpa, saupa**
Eusk. **Salbia**
Gal. **Sabaja, saboga**
Por. **Salema, choupa**
Fr. **Saupe**
It. **Salpa, sarpa**
Ing. **Saupe**

E	F	M	A	M	J
J	A	S	O	N	D

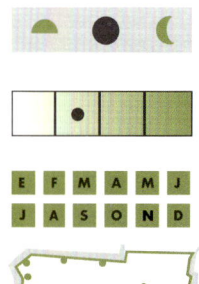

más bien pequeña y la boca, de pequeño tamaño, está situada en posición subterminal. La mandíbula superior es prominente y supera a la inferior. La aleta pectoral está poco desarrollada. El color es verde en el dorso e intensamente plateado en los flancos y el vientre, con 10 o 12 líneas longitudinales amarillas características de la especie. La línea lateral es muy visible y sigue el contorno de la espalda. Tiene una aleta dorsal única, con 11 o 12 radios espinosos y de 14 a 17 radios blandos. Puede alcanzar 45 cm de longitud total, aunque por lo general no mide más de 20 cm o 30 cm; puede superar el kilo de peso. Las hembras son mayores que los machos.

Distribución

Coloniza todo el Mediterráneo y el Atlántico, desde el Cantábrico hasta las costas de Suráfrica. Está presente en todas las costas peninsulares.

Hábitat

La salema es nectobentónica, típicamente litoral y de aguas superficiales. Es especialmente abundante en las praderas de *Posidonia oceanica, Caulerpa prolifera* o *Zoostera*, pero no es rara en los fondos rocosos –y de ahí su presencia en escolleras– y en los puertos poco contaminados, donde penetra para alimentarse de las algas que se desarrollan a poca profundidad.

Biología

Es una especie hermafrodita proterándrica (primero es macho y luego hembra) y las hembras ponen 2 puestas al año, una en primavera y la otra en otoño. Los huevos y las larvas son pelágicos; los juveniles, que aún carecen de las rayas amarillas propias de los adultos, forman grandes bancos en fondos someros mixtos (arena, bloques, guijarros...).
La salema es extremadamente gregaria. No migra para reproducirse. Es muy móvil y se desplaza en bancos con un recorrido más o menos fijo. Su actividad se despliega durante el día. Es el único espárido casi exclusivamente herbívoro; tan sólo es carnívora en su etapa juvenil.

Interacción con el ser humano

La salema no es una especie excesivamente apreciada, aunque es comestible.

Observación

En el interior de los puertos y desde la superficie, pueden verse grandes grupos de salemas mientras se alimentan a muy poca profundidad (casi en la superficie). En las escolleras externas, con la ayuda de unas gafas submarinas, es posible ver los bancos de salemas mientras ramonean la vegetación que recubre los bloques.

● Nota

Se dice que la sangre de la salema es tóxica en crudo; en todo caso, es inocua si se cuece previamente.

(A. García)

PEZ SOL
Lepomis gibbosus

Tipo	**Chordata, cordados**
Clase	**Osteichthyes, peces óseos**
Orden	**Perciformes, perciformes**
Familia	**Centrarchidae, peces sol**

Lepomis gibbosus

Identificación
El pez sol tiene la aleta dorsal larga, con los radios anteriores espinosos y los posteriores blandos. Presenta unas bandas azules que irradian de la cabeza a los flancos, y una mancha negra y roja en el extremo posterior de los opérculos. Alcanza 15 cm de longitud total y 300 g de peso.

Distribución
Oriunda de Norteamérica, esta especie fue introducida en Europa y África como resultado de las sueltas incontroladas de particulares. Está aclimatada a los ambientes urbanos desde hace unos 20 años. Vive en toda la Península excepto el sur y el sureste de Andalucía y una parte importante del cuadrante noroeste. Está ausente de Baleares.

Hábitat
Es abundante en los ríos, lagos y estanques de varias ciudades de la Península.

Biología
Se reproduce de mayo a julio en ríos con fondos arenosos y de gravas, donde horada pequeños hoyos para depositar la puesta. La hembra pone de 600 a 1 500 huevos.
Es una especie sedentaria y de costumbres crepusculares y diurnas. Los juveniles son gregarios y los adultos, solitarios. Se alimenta de invertebrados acuáticos y de peces. Es una especie nociva para nuestra ictiofauna porque es un depredador de las pequeñas especies endémicas de peces.

Interacción con el ser humano
Los pescadores deportivos lo utilizan como cebo vivo.

Observación
El momento adecuado son las primeras horas de la mañana, en primavera o en verano.

(I. Doadrio)

Cat. **Sol**
Gal. **Peixe-sol**
Por. **Peixe-sol**
Fr. **Perche-soleil**
It. **Persico sole**
Ing. **Bluegill Sunfish**

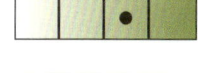

LAGARTINA
Parablennius sanguinolentus

Tipo	**Chordata, cordados**
Clase	**Osteichthyes, peces óseos**
Orden	**Perciformes, perciformes**
Familia	**Blennidae, blénidos**

Identificación
La lagartina tiene una cabeza grande con un pronunciado perfil frontal, y se caracteriza por tener los ojos situados

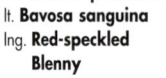

Parablennius sanguinolentus

Cat. **Llepissós, bavosa de mar**
Eusk. **Kabuxa**
Gal. **Lorcho, baboso**
Por. **Marachomba**
Fr. **Baveuse palmicorne**
It. **Bavosa sanguina**
Ing. **Red-speckled Blenny**

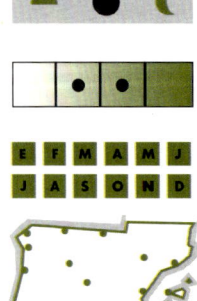

en la parte superior y la boca en la parte inferior. Los dos orificios nasales muestran unos pequeños tentáculos; los tentáculos supraorbitales son pequeños y ramificados. La boca se caracteriza por sus labios carnosos y por presentar mandíbulas armadas con una hilera de dientes cónicos y pequeños. El cuerpo carece de escamas. La aleta dorsal es única y está formada por 12 radios espinosos y 21 radios blandos sin que exista una separación evidente entre unos y otros. La aleta anal es larga y consta de 2 radios espinosos y 21 radios blandos. Las aletas pélvicas están formadas por 1 radio espinoso y 3 blandos, que se unen para formar un único apéndice birrámeo que sirve de sujeción. El color es marrón claro o grisáceo con multitud de manchas negras. Durante la época de celo, tanto las hembras como los machos adquieren un color oscuro uniforme, más marcado en los machos. En la base de los radios espinosos de la aleta anal de los machos aparecen unos bulbos de un vistoso color azul celeste. Puede alcanzar los 20 cm de longitud.

Distribución
Está presente en todo el Mediterráneo y en el Atlántico, desde la costa norte de Marruecos hasta la desembocadura del Loira. En la península Ibérica está presente en todo el litoral.

Hábitat
Coloniza fondos rocosos someros, de 0,5 m a 2 m de profundidad. Es relativamente común en el interior de los puertos y muy abundante en las escolleras exteriores, donde encuentra su hábitat ideal. Cuando se construye un espigón o escollera, es una de las primeras especies en aparecer.

Biología
El período de freza se inicia en abril y puede alargarse hasta el mes de julio. La hembra deposita la puesta sobre una superficie sólida y el macho se encarga de su custodia hasta el momento de la eclosión.
La lagartina es una especie típicamente diurna. Lleva una vida solitaria y es estrictamente bentónica, sedentaria y territorial (sobre todo los machos en la época de freza). No emigra para reproducirse. Es casi exclusivamente herbívora y se alimenta de algas cespitosas y de algunos poliquetos y crustáceos.

Interacción con el ser humano
No es una especie apreciada por los pescadores.

Observación
Puede observarse desde la superficie durante todo el año, aunque preferentemente de mayo a julio, en la época de reproducción.

● Nota
La piel sin escamas de esta especie produce una gran cantidad de mucus, que se hace más evidente cuando está fuera del agua, de ahí el nombre de babosa que se le da a esta especie en algunos idiomas.

(A. García)

CHAPARRUDO
Gobius niger

Tipo	**Chordata, cordados**
Clase	**Osteichthyes, peces óseos**
Orden	**Perciformes, perciformes**
Familia	**Gobiidae, góbidos**

Identificación

El chaparrudo tiene el cuerpo marcadamente cilíndrico, levemente comprimido hacia la aleta caudal; la cabeza es grande y ligeramente deprimida. Los ojos, saltones, se hallan en posición dorsolateral. Tiene 2 pares de orificios nasales en el hocico. Las aletas pélvicas forman un disco adhesivo de forma redondeada. La aleta dorsal está dividida en dos partes: la primera, formada por de 5 a 6 radios espinosos y la segunda, por 1 radio espinoso único y de 11 a 13 radios blandos. La línea lateral se reduce a una serie de canales y poros concentrados en la cabeza (como en el resto de los góbidos). Los opérculos son abultados. El color del cuerpo es marrón claro con manchas más oscuras en los flancos. Puede alcanzar una talla máxima de 15 cm aunque suele medir de 10 cm a 12 cm. Los machos son más oscuros que las hembras y pueden llegar a ser casi negros, con un cierto tinte azulado, sobre todo en época de freza. Los machos tienen, además, la primera aleta dorsal mucho más alta que las hembras.

Distribución

Coloniza todo el Mediterráneo y el Atlántico, desde el norte de África hasta el sur de los países escandinavos. Está presente en todas las costas peninsulares.

Hábitat

Vive en fondos fangosos o arenoso-fangosos desde menos de 1 m hasta unos 50 m de profundidad. Es abundante en el interior de los puertos y en fondos abrigados con una marcada sedimentación y algunas rocas, piedras u otros objetos que le sirvan de refugio.

Biología

Se reproduce en primavera y verano, y la hembra pone varios centenares de huevos sobre soportes sólidos (piedras u objetos diversos), animales bentónicos sésiles (tunicados, poliquetos tubí-

Gobius niger

colas) o algas. A los 12 mm de longitud, los juveniles ya presentan la coloración típica de los adultos. A los 2 años de edad, alcanzan la madurez sexual.

El chaparrudo es estrictamente bentónico, sedentario y territorial. No emigra para reproducirse. Es activo principalmente durante el día y se alimenta de pequeños crustáceos (isópodos, anfípodos), moluscos, poliquetos y pequeños peces.

Interacción con el ser humano

Se consume localmente pero no suele ser muy apreciado.

Observación

Si el agua es medianamente clara y no existe una gran profundidad, puede observarse desde la superficie mientras reposa tranquilamente sobre el fondo. Para verlo más de cerca y en su ambiente, con la ayuda de unas gafas submarinas, habrá que desplazarse hacia los fondos fangosos, que son frecuentes al pie de las escolleras exteriores de los puertos.

(A. GARCÍA)

Cat. **Burret negrós, gòbit**
Eusk. **Tarbo**
Gal. **Lorcho**
Por. **Caboz**
Fr. **Gobie noir**
It. **Ghiozzo nero**
Ing. **Black Goby**

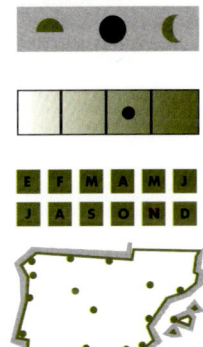

E	F	M	A	M	J
J	A	S	O	N	D

LISAS, LIZAS
Familia Mugilidae

Tipo	Chordata, cordados
Clase	Osteichthyes, peces óseos
Orden	Perciformes, perciformes

Identificación

Los mugílidos tienen el cuerpo alargado y de forma cilíndrica. La cabeza es grande y marcadamente deprimida (aplanada dorsoventralmente), con los

Chelon labrosus

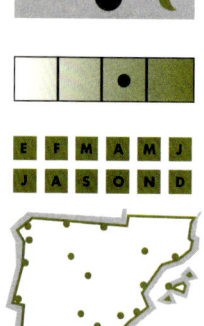

ojos grandes y redondos, y la boca terminal y más bien pequeña. Las escamas son grandes, muy visibles y se desprenden con facilidad. Tienen 2 aletas dorsales bien separadas: la primera formada íntegramente por 4 radios espinosos fuertes y la segunda, por 1 radio espinoso y 8 radios blandos. La cola es ancha y muy ahorquillada, como corresponde a unos peces típicamente nadadores. El color es oscuro en el dorso (gris azulado, marrón o verde grisáceo) y blanco plateado o dorado en los flancos y el vientre. Alcanzan con frecuencia los 50 cm de longitud y algunos individuos pueden superar con facilidad los 60 cm. A primera vista todas las especies son muy parecidas. Las diferencias más conspicuas se observan principalmente en la cabeza y

requieren una cierta atención por parte del observador.

Distribución

El corcón, el galupe y el capitón se distribuyen por el Atlántico, desde el sur de los países escandinavos e Islandia hasta las costas del Senegal. El pardete es una especie cosmopolita en mares tropicales o subtropicales; en Europa su límite norte llega hasta el golfo de Vizcaya. Todas las especies colonizan el Mediterráneo y están presentes en todo el litoral ibérico.

Hábitat

Pueden considerarse comunes en muelles y puertos, pero son más abundantes en las escolleras exteriores.

Biología

La reproducción se lleva a cabo desde el verano hasta principios de invierno y es posible que algunas especies se reproduzcan en el interior de los puertos. Tanto los huevos como las larvas son pelágicos. Las lisas tienen la capacidad de penetrar en aguas salobres –en mayor o menor medida, según las especies o incluso de remontar el cauce bajo de los ríos. En todo caso, siempre regresan al mar para reproducirse. Típicamente nectónicas, litorales y gregarias, las lisas forman grandes bancos cerca de la superficie. Ocasionalmente pueden encontrarse hasta los 100 m de profundidad. Todas las especies tienen una actividad típicamente diurna. Por alimentarse de desechos, se ven favorecidas por la presencia de pescadores, que lanzan los restos al agua al limpiar las redes, y asimismo por las cloacas y desagües.

Interacción con el ser humano

Las construcciones costeras han producido unos hábitats ideales para las lisas (especialmente para el pardete). La salida de colectores o de depuradoras son lugares bien conocidos por los pescadores de caña porque allí se reúnen grandes cardúmenes de lisas que se alimentan de materia orgánica, algas y pequeños invertebrados que filtran haciendo pasar el agua a través de los arcos branquiales. En términos generales, su carne no es muy apreciada en nuestro país. Sus huevas, previamente secas, son muy apreciadas en el sur de España, donde alcanzan un precio elevado. Con ellas también se fabrica un sucedáneo del caviar. En ciertos países (Italia, por ejemplo), las lisas son gastronómicamente apreciadas e incluso son objeto de cultivo.

Observación

En el interior de los puertos, pueden observarse bancos de lisas a poca profundidad, o mientras hociquean en la superficie. En las escolleras exteriores, con la ayuda de unas gafas submarinas y evitando movimientos bruscos, pueden observarse grandes bancos de lisas. En el agua, si el observador se mantiene quieto, no es difícil conseguir que las lisas se acerquen hasta distancias sorprendentemente cortas. Si desde la superficie se echa un poco de pan seco al agua, puede llegar a reunirse un gran número de ejemplares.

● **Nota**

En la Costa del Marfil, los pescadores capturan lisas gracias a una curiosa simbiosis con los delfines, que empujan los bancos de peces hacia las redes caladas desde la costa.

CORCÓN, LISA
CHELON LABROSUS

El corcón tiene el labio superior grueso (tan ancho como el diámetro del ojo) y guarnecido por una serie de papilas.

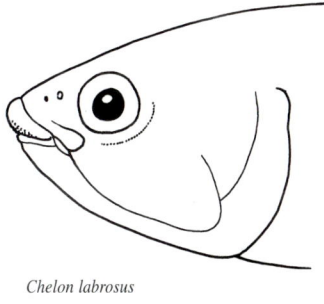

Chelon labrosus

GALUPE
LIZA AURATA

El galupe tiene el labio superior fino y una característica mancha dorada en cada opérculo.

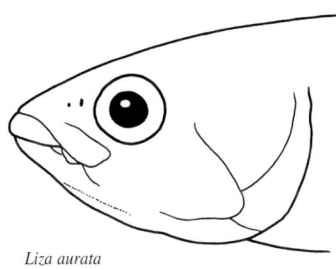

Liza aurata

CAPITÓN
LIZA RAMADA

El capitón es muy parecido al galupe y se diferencia por presentar una mancha negra en la base de las aletas pectorales.

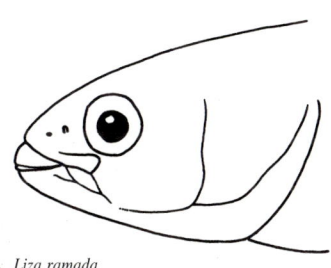

Liza ramada

PARDETE
MUGIL CEPHALUS

El pardete presenta una gruesa membrana o párpado adiposo que recubre

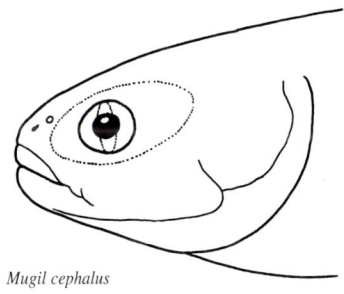

Mugil cephalus

ampliamente el ojo. Es muy abundante en los puertos, incluso si las aguas están muy contaminadas.

(A. García)

ANFIBIOS Y REPTILES

ESCAMAS DE LA CABEZA DE LOS SAURIOS

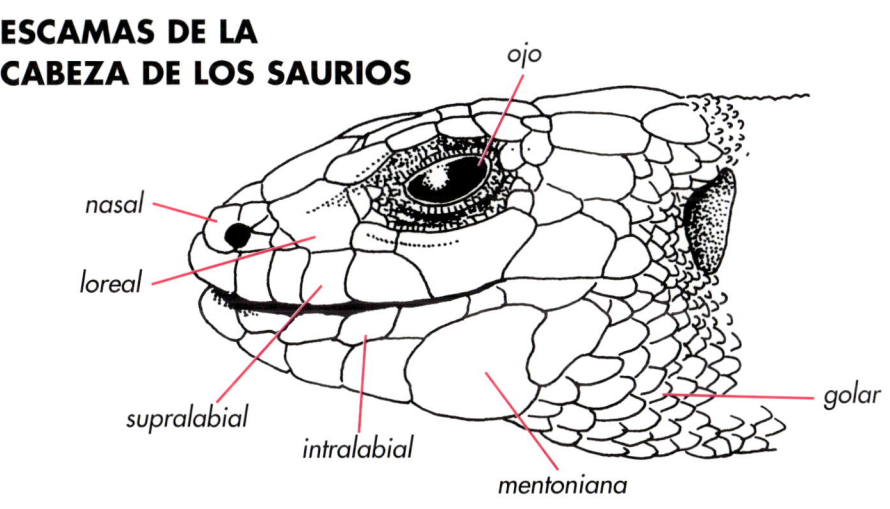

ojo

nasal

loreal

supralabial

intralabial

mentoniana

golar

ESCAMAS DE LA CABEZA DE *COLUBER HIPPOCREPIS* (1), *MALPOLON MONSPESSULANUS* (2) Y *NATRIX MAURA* (3)

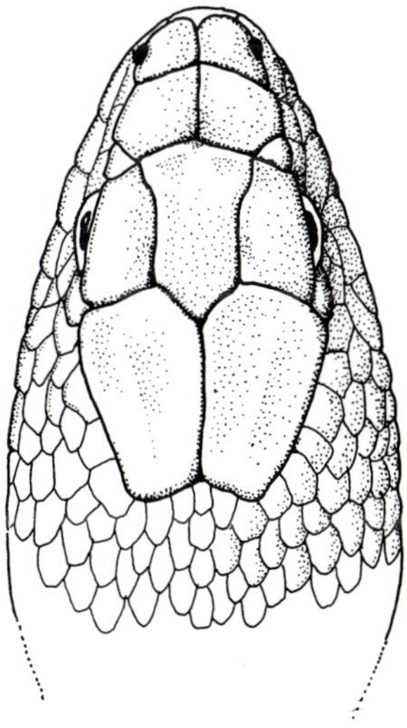

rostral

nasal

prefrontal

supraoculares

frontal

parietal

1

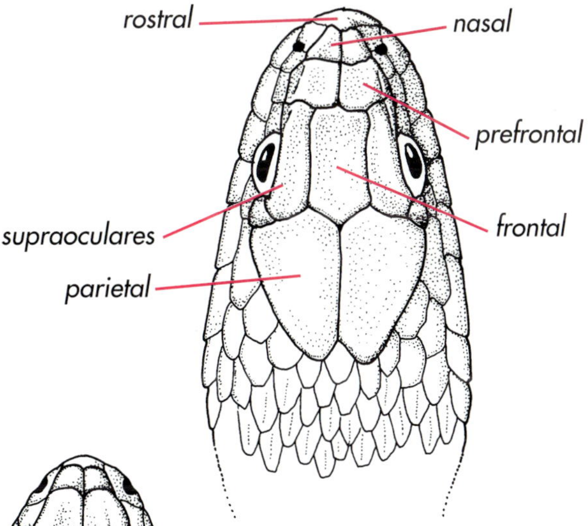

3

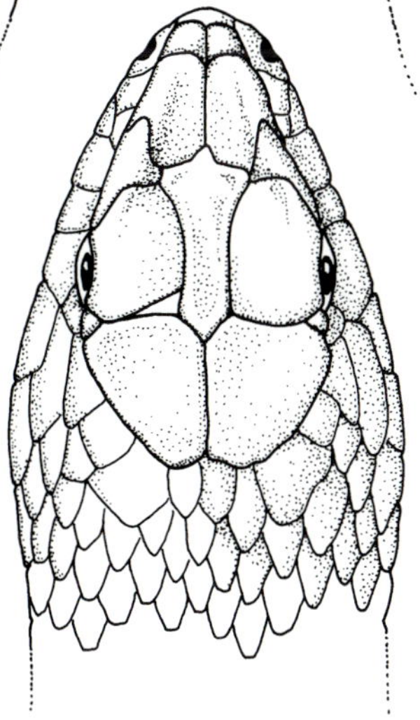

2

GALLIPATO
Pleurodeles waltl

Tipo	Chordata, cordados
Clase	Amphibia, anfibios
Orden	Urodela, urodelos
Familia	Salamandridae, salamandras y tritones

Identificación

Este tritón de gran tamaño tiene la cola larga y comprimida, la cabeza ancha y

Pleurodeles waltl

Cat. **Ofegabous**
Eusk. **Arrabio saietsandia**
Por. **Salamandra-de-costelas-salientes**
Fr. **Triton à côtes**
It. **Pleurodele di Waltl**
Ing. **Sharp-ribbed Salamander**

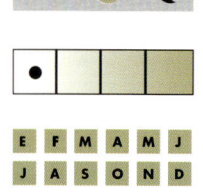

E	F	M	A	M	J
J	A	S	O	N	D

Distribución

Vive en la península Ibérica y en Marruecos. En la Península, puede estar presente en ciudades de altitudes relativamente bajas, donde sus efectivos probablemente conforman una población residual de la que existía previamente. Sólo se tienen datos seguros de Madrid. Está ausente de las Baleares.

Hábitat

Vive en solares y en ríos, lagos y estanques, y es escaso en todos los hábitats.

Biología

Se reproduce durante el invierno y la primavera, en charcas temporales de solares, albercas y estanques. Es ovíparo y deposita de 100 a 1 300 huevos en grupos de 10 a 20 entre la vegetación acuática. Los huevos, que miden de 1,5 mm a 2 mm de diámetro, eclosionan entre los 3 y los 26 días, según la temperatura. Las larvas concluyen la metamorfosis a los 3 o 4 meses y alcanzan un tamaño máximo de 112 mm.

Es una especie gregaria y sedentaria, y su actividad es crepuscular y nocturna. Los adultos se alimentan principalmente de anélidos, crustáceos, insectos acuáticos y sus larvas, larvas de anfibios y carroña; a veces canibalizan sus propias larvas. Las larvas también son carnívoras y se alimentan principalmente de cladóceros, copépodos, larvas de insectos, y larvas y huevos de anfibios. Tanto las larvas como los adultos son presa de culebras de agua y de aves, como las cigüeñas y las garzas.

Observación

Durante las noches de invierno y primavera, puede observarse a los adultos en las orillas de charcas y albercas con la ayuda de linternas.

(M. Tejedo)

aplastada, y los ojos pequeños y desplazados hacia arriba. Tiene el cuerpo ensanchado, sin cresta dorsal y con 7 a 9 prominencias anaranjadas en las que se alojan las costillas, que pueden llegar a salir al exterior. Durante el período reproductor, los machos tienen unas callosidades negruzcas en la cara interna de las patas anteriores y también desarrollan una cresta caudal. Tanto la cola como los miembros anteriores son proporcionalmente más largos en los machos. Estos últimos alcanzan 31 cm de longitud total y las hembras, 32 cm.

SAPILLO PINTOJO IBÉRICO
Discoglossus galganoi

Identificación

Es un sapo de tamaño de pequeño a mediano, muy ágil y que por ello se confunde frecuentemente con las ranas. Tiene la cabeza ancha y con un hocico puntiagudo. Los ojos son grandes, con la pupila redondeada o triangular. La piel es lisa o con verrugas y tiene una coloración y un diseño variables de manchas y bandas. La longitud total media es de 8 cm en el macho y de 6,8 cm en la hembra. En la época de reproducción, los machos desarrollan callosidades en las extremidades anteriores y en los dedos, coloreadas de amarillo en la zona ventral; también presentan un mayor desarrollo de las membranas interdigitales de las patas posteriores y suelen ser mayores que las hembras.

Distribución

Esta especie es endémica de la península Ibérica, donde se encuentra en ciudades de altitudes más bien bajas. Aunque sólo se sabe con seguridad que vive en Madrid, lo más probable es que también viva en las otras ciudades de su área de distribución. En Cataluña, las poblaciones de sapillos pintojos parecen corresponder a la especie tirrénica *Discoglossus pictus*. Está ausente de Baleares.

Hábitat

Vive en parques forestales, jardines, solares periféricos de las grandes ciudades y a orillas de ríos, lagos y estanques, hábitats todos ellos en los que puede ser localmente común.

Biología

Se reproduce de otoño a primavera en pequeños arroyos, regatos y canales de riego de parques, y en charcas temporales de solares y áreas abiertas. Los huevos son de color pardo oscuro, miden de 1,5 mm a 2 mm de diámetro y son depositados en masas que caen al fondo. Al cabo de 2 a 9 días, se produce la eclosión de unas larvas de tono pardo oscuro que alcanzan un tamaño máximo de 3,5 cm a 4 cm. El número de renacuajos anuales por pareja varía de 300 a 1 500. La metamorfosis cul-

Tipo	**Chordata, cordados**
Clase	**Amphibia, anfibios**
Orden	**Anura, anuros**
Familia	**Discoglossidae, discoglósidos**

mina de 20 a 60 días después de la eclosión.

Es una especie gregaria, sedentaria y de costumbres nocturnas. Los adultos

Discoglossus galganoi

se alimentan de invertebrados (oligoquetos, gasterópodos, arácnidos, insectos y sus larvas) y se han observado casos de canibalismo con los juveniles. Las larvas se alimentan básicamente de algas del fitoplancton, de detritus y de diversas fanerógamas acuáticas. Los adultos son presa de culebras de agua, cigüeñas, lechuzas, musarañas, ginetas y comadrejas. Las larvas son depredadas por culebras de agua, tritones e insectos acuáticos.

Observación

Es más fácil observarlo al principio de la primavera, durante las noches lluviosas de temperatura suave pero, por lo general, tan sólo sus puestas y larvas evidencian fácilmente su presencia, ya que su canto es muy débil en intensidad.

(M. TEJEDO)

Cat. **Granota pintada ibèrica**
Eusk. **Apo pintatu iberiarra**
Gal. **Sapiño pintoxo, ra da veiga**
Por. **Discoglosso**
Fr. **Discoglosse ibérique**
It. **Discoglosso iberico**
Ing. **Iberian Painted Frog**

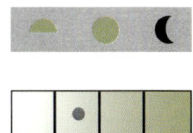

E	F	M	A	M	J
J	A	S	O	N	D

SAPO PARTERO COMÚN
Alytes obstetricans

Tipo	**Chordata, cordados**
Clase	**Amphibia, anfibios**
Orden	**Anura, anuros**
Familia	**Discoglosidae, discoglósidos**

Identificación
Este sapo de pequeño tamaño y de aspecto general rechoncho tiene los ojos prominentes y con la pupila verti-

Macho de *Alytes obstetricans* transportando la puesta

Cat. **Tòtil, gripau paridor**
Eusk. **Txantxiku arrunta**
Gal. **Sapiño comadrón, sapo parteiro**
Por. **Sapo parteiro**
Fr. **Crapaud accoucheur**
It. **Alite ostetrico**
Ing. **Midwife Toad**

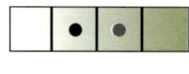

E	F	M	A	M	J
J	A	S	O	N	D

cal. En la cara interna de las extremidades anteriores, presenta tres tubérculos que lo diferencian del sapo partero ibérico (*Alytes cisternasii*). El color del dorso es blanquecino o parduzco, con numerosas manchas pardo verdosas y a veces con una pequeña verruga de color naranja. El vientre es granuloso y de color blanco sucio. Las hembras, que alcanzan 5,5 cm de longitud total, son algo mayores que los machos, que miden 5,3 cm.

Distribución
Se distribuye por toda Europa occidental, desde Alemania hasta el centro-este de la Península. Seguramente vive en todas las ciudades de la mitad norte de la Península y del Levante, aunque sólo se sabe con seguridad en Barcelona. Está ausente de Baleares.

Hábitat
Es común en jardines y parques forestales umbrosos, y más escaso en solares, ríos, lagos, grandes estanques y forestales secos. Puede ser localmente abundante en los biotopos que presentan medios adecuados para el desarrollo de las larvas.

Biología
Se reproduce durante la primavera y el verano en fuentes, albercas y estanques de jardines. La reproducción y fertilización de los huevos se lleva a cabo en tierra y el cuidado parental de los embriones recae por completo en los machos. Éstos enrollan los huevos en las patas posteriores y los mantienen allí hasta que las larvas están suficientemente desarrolladas. Los sapos se desprenden de la puesta dentro del agua y los renacuajos eclosionan poco después. El número de renacuajos por pareja es de 30 a 170 al año. Su desarrollo dura de 2 a 4 meses, pero a veces hibernan antes de alcanzar la metamorfosis. La larva tiene una coloración pardo grisácea.

Aunque es una especie solitaria, es gregaria durante la reproducción, ya que la discontinuidad de su hábitat de cría congrega a varios individuos junto a fuentes y estanques. Es una especie sedentaria. Tiene costumbres nocturnas y se alimenta de pequeños artrópodos (arañas, coleópteros, dípteros...) y oligoquetos. Las larvas se alimentan básicamente de algas y de otros tipos de vegetación acuática. Los adultos son presa de culebras de agua y de otros predadores que frecuentan el medio urbano, como las lechuzas. Las larvas son depredadas por culebras de agua, aves acuáticas e invertebrados acuáticos, como ditíscidos y sus larvas o larvas de odonatos.

Observación
Un buen sistema para facilitar la localización de los machos consiste en estimular su respuesta vocal silbando suavemente cuando el sapo está en silencio.

(M. TEJEDO)

SAPO DE ESPUELAS
Pelobates cultripes

Tipo	**Chordata, cordados**
Clase	**Amphibia, anfibios**
Orden	**Anura, anuros**
Familia	**Pelobatidae, sapos de espuelas**

Identificación

Este sapo rechoncho y corpulento tiene la cabeza grande, el morro redondeado, y los ojos muy prominentes y con la pupila vertical. La piel es lisa, reluciente y sin verrugas. Las patas posteriores tienen un tubérculo metatarsiano interno negro que recuerda a una espuela. La parte dorsal muestra unas manchas irregulares de color verde o pardo sobre un fondo parduzco, amarillento o verdoso. El vientre es blanquecino, grisáceo o amarillento. Los machos suelen ser más pequeños que las hembras y, sobre todo en la época de reproducción, presentan una glándula ovalada y gruesa en las extremidades anteriores. La longitud total es de 9,5 cm en los machos y de 10,3 cm en las hembras.

Distribución

Esta especie es propia de la península ibérica y del sur de Francia. Se encuentra seguramente en todas las ciudades de su área de distribución, aunque evita las de cierta altitud, donde constituye una población residual de la original. Únicamente se tienen datos concretos de Madrid. Está ausente de las Baleares.

Hábitat

Vive en jardines, parques forestales secos, solares y orillas de ríos, lagos y estanques, pero es escaso en todos los hábitats.

Biología

Se reproduce de invierno a primavera en estanques de grandes parques, charcas de solares y de áreas abiertas. La puesta es un cordón grueso y continuo. Los huevos, cuyo número varía de 1 300 a 6 800, son de color gris a parduzco por encima y tienen de 1,5 mm a 2 mm de diámetro. Eclosionan al cabo de 6 a 12 días y el desarrollo de las larvas dura de 3 a 4,5 meses. Tienen una coloración gris amarillenta con puntos grises oscuros y alcanzan tamaños considerables, a veces hasta 15 cm de largo. Los sapitos abandonan el agua con tamaños de hasta 3,5 cm. Antes de la metamorfosis, ya se

Pelobates cultripes

aprecia la espuela negra en las patas posteriores.

Aunque es una especie solitaria, es gregaria durante la época de la reproducción. Los adultos son sedentarios, tienen costumbres nocturnas y se alimentan de insectos, y sus larvas, de arañas, oligoquetos y gasterópodos. Las larvas se alimentan de algas, de fanerógamas acuáticas y de detritus; también pueden devorar las puestas de otros anfibios. Entre sus numerosos enemigos se cuentan las culebras de agua, el milano negro, la lechuza y el mochuelo común, la cigüeña blanca y las garzas. Las larvas son presa de tritones y de insectos acuáticos.

Observación

Las noches suaves y lluviosas de invierno, primavera y otoño son los únicos momentos en que el adulto es activo. Quizá sea más fácil localizar a los machos durante la reproducción, cuando emiten un canto monótono (*ko... ko... ko*). Las larvas pueden observarse después de capturarlas con una manga o salabre.

(M. TEJEDO)

Cat. **Gripau d'esperons**
Eusk. **Apo ezproidun arrunta**
Gal. **Sapiño da espra, sapiño da terra**
Por. **Sapo-de-unha-negra**
Fr. **Pélobate cultripède**
It. **Pelobate cultripede**
Ing. **Western Spadefoot**

RANA COMÚN
Rana perezi

Tipo	**Chordata, cordados**
Clase	**Amphibia, anfibios**
Orden	**Anura, anuros**
Familia	**Ranidae, ránidos**

Identificación

Esta rana semiacuática tiene el hocico redondeado o ligeramente puntiagudo. Los ojos son muy prominentes y tienen

Rana perezi

Cat. **Granota verda**
Eusk. **Ur-igel-arrunta**
Gal. **Ra verdexada, Ra verde, Ra de charco**
Por. **Râ-verde**
Fr. **Grenouille de Pèrez**
It. **Rana de Pérez**
Ing. **Perez's Frog**

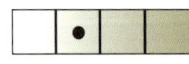

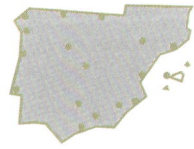

la pupila horizontal. Los miembros posteriores son largos y fuertes. La piel es lisa o escasamente verrugosa. La coloración dorsal es verdosa, más parda en su porción posterior, con manchas y con una banda vertebral de color amarillento claro o verde. La parte inferior es blanca o amarillenta y a veces moteada. La longitud total es de 8,5 cm en el macho y de 10 cm en la hembra. Los machos en celo presentan callosidades nupciales grises en los pulgares, son de menor tamaño que las hembras y tienen unos sacos vocales grisáceos.

Distribución

Vive en la península Ibérica y en el sur de Francia. Se encuentra en todas las ciudades de la Península, aunque evita las de cierta altitud. Es probable que esta especie sea capaz de colonizar nuevos ambientes acuáticos urbanos debido a su potencial de dispersión juvenil, aunque muchos de su efectivos pueden ser descendientes de las pobla-

ciones originales. Está ausente de las Baleares.

Hábitat

Es común en jardines, parques y zonas ajardinadas con estanques, arroyos, ríos o lagos.

Biología

Se reproduce de invierno a verano en estanques de parques y jardines, y en ríos y arroyos que atraviesan la ciudad. La puesta se deposita en el fondo de la charca o estanque, o entre la vegetación acuática donde forma grandes masas. Las puestas comprenden de 1 900 a 7 200 huevos; éstos son parduzcos por la parte superior y amarillentos por la inferior, tienen de 1,2 mm a 1,8 mm de diámetro y eclosionan entre los 5 y los 8 días. Las larvas son de color pardo a verdoso, a veces con manchas negras en la cola y el cuerpo. La metamorfosis se produce a los 2 o 3 meses y a veces pasan el invierno en forma de larva. Es una especie gregaria y sedentaria, y está activa tanto de día como de noche. Los adultos se alimentan de insectos, lombrices, moluscos e incluso pequeños peces, y a veces canibalizan juveniles de su propia especie. Las larvas se nutren de algas, detritus, fanerógamas, hongos, etc. Los adultos son presa de ofidios (culebras de agua), aves (lechuza común, cigüeña blanca, garza, patos, etc.) y mamíferos carnívoros (comadrejas). Las larvas son depredadas por culebras de agua, aves, tritones e insectos acuáticos.

Interacción con el ser humano

El hombre da caza a estas ranas para el consumo de sus ancas.

Observación

Es más fácil la observación nocturna, ya que las ranas son muy desconfiadas durante el día. La actividad reproductora también se incrementa durante la noche, especialmente si la temperatura no es baja. Los machos, muy ruidosos, emiten sus llamadas durante gran parte del año, lo que facilita en gran manera su identificación.

(M. Tejedo)

SALAMANQUESA COMÚN
Tarentola mauritanica

Identificación

Es un saurio pequeño y rechoncho con la cabeza y los ojos grandes, y la piel blanca, granular y provista de tubérculos. La pupila es vertical y no puede cerrar los ojos. La cara inferior de los dedos está provista de un gran número de laminillas transversales que le confieren una extraordinaria capacidad adhesiva y le permiten trepar por paredes y techos. La coloración dorsal suele ser parda o gris parduzca. La longitud total máxima es de 17 cm en los machos y de 15 cm en las hembras; la longitud cabeza/cloaca es de hasta 7 cm u 8 cm, y la cola no regenerada alcanza aproximadamente la mitad de la longitud total. Este reptil tiene capacidad de desprendimiento de la cola (autotomía).

Distribución

Se extiende por el área mediterránea, desde la península Ibérica hasta las islas Jónicas y Creta, y es más abundante en las regiones costeras llanas, cálidas y secas. Vive en toda la Península, excepto los Pirineos, la cornisa cantábrica, gran parte de Galicia y de Castilla-León; también vive en las Baleares.

Hábitat

Es abundante en edificios y jardines, y más escasa en parques y solares.

Biología

Las primeras cópulas se realizan en marzo y suele haber 2 o 3 períodos de puesta (abril, junio-julio y julio-agosto). Las puestas, que suelen contener 2 huevos, se depositan en grietas de muros o bajo piedras.

Las salamanquesas urbanas son más nocturnas que las que viven en medios naturales, probablemente debido a que los medios antropogénicos les permiten alimentarse de los insectos atraídos por las lámparas y farolas. En las ciudades, la actividad crepuscular se ve favorecida por el calor que retienen las paredes y las pocas observaciones diurnas suelen corresponder a los meses frescos que siguen o preceden a la hibernación. La salamanquesa común emite agudos

Tipo	**Chordata, cordados**
Clase	**Reptilia, reptiles**
Orden	**Squamata, escamosos**
Familia	**Gekkonidae, salamanquesas**

chillidos cuando se la captura, en los combates territoriales o durante la cópula. Es una especie sedentaria y territorial excepto durante la hiberna-

Tarentola mauritanica

ción, en la que se forman agrupaciones de hasta 10 individuos en zonas favorables. El período de hibernación se extiende de noviembre a marzo en las localidades del interior de la Península; en el sur y en Levante, la hibernación no es obligada y pueden observarse individuos activos en días cálidos de invierno. Se alimenta principalmente de insectos y arácnidos que caza al acecho, con frecuencia cerca de puntos de luz artificial. También se conocen casos de depredación de otros reptiles. Son depredadas por la lechuza común, las ratas y, sobre todo, el gato doméstico.

● Nota

En Andalucía se dice que las salamanquesas escupen y producen calvicie y en Castilla se cree, sin fundamento alguno, que su mordedura es venenosa: «Si te pica la salamanquesa, coge la azada y cava tu fuesa». El nombre catalán de *menja-robes* (come-vestidos) hace referencia al hallazgo de salamanquesas en el interior de armarios con ropa agujereada; en realidad, lo que hacen es alimentarse de las polillas responsables del daño.

Cat. **Dragó comú, dragolí**
Eusk. **Dragoitxo arrunta**
Gal. **Salmantesa, osga**
Por. **Osga**
Fr. **Tarente**
It. **Taràntola mauritanica**
Ing. **Moorish Gecko**

(J. A. DÍAZ)

SALAMANQUESA ROSADA
Hemidactylus turcicus

Tipo	**Chordata, cordados**
Clase	**Reptilia, reptiles**
Orden	**Squamata, escamosos**
Familia	**Gekkonidae, salamanquesas**

Identificación

La salamanquesa rosada tiene la cabeza y los ojos grandes, y la piel blanda, granular y provista de tubérculos. La

Hemidactylus turcicus

Cat. **Dragó rosat, dragonet, hemidàctil**
Eusk. **Dragoitxo turkiarra**
Por. **Osga-turca**
Fr. **Hémydactile commun**
It. **Emidattilo turco**
Ing. **Turkish Gecko**

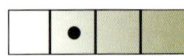

pupila es vertical y no puede cerrar los ojos. La cara inferior de los dedos está provista de laminillas transversales que le confieren una extraordinaria capacidad adhesiva y le permiten trepar por paredes y techos. De la salamanquesa común se distingue por ser más pequeña, esbelta y ligera, por la cabeza menos ensanchada en su región posterior, por tener uñas en todos los dedos y por las laminillas subdigitales dobles. La coloración dorsal, pálida, puede ser gris amarillenta, rosada o blanquecina. La coloración ventral es blanquecina y casi translúcida. La longitud total normalmente no sobrepasa los 10 cm. Presenta capacidad de autodesprendimiento de la cola (autotomía).

Distribución

Se extiende por la cuenca mediterránea, el norte de África, las áreas que rodean el mar Rojo hasta Somalia y el suroeste de Asia hasta la India. Ha sido introducida en áreas costeras de América del Norte y Central. Las salamanquesas pueden soportar condiciones prolongadas de escasez de alimento, lo que, junto a su tendencia a entrar en edificios, facilita su transporte accidental con el tráfico marítimo a zonas portuarias muy alejadas de su área de dis-

tribución original. En la península Ibérica, vive en las costas levantina y catalana, en Baleares, en el valle del Ebro hasta Huesca y Zaragoza, en Andalucía y en algunas localidades dispersas de las provincias de Cáceres y Badajoz.

Hábitat

La salamanquesa rosada es más termófila que la salamanquesa común, en consecuencia, es probable que aproveche en mayor medida que ésta las ventajas microclimáticas que ofrece el medio urbano. Es relativamente abundante en la costa, y mucho más escasa y localizada en regiones interiores. Más antropófila que la salamanquesa común (hasta el punto de que es raro observarla fuera de zonas urbanas), se encuentra en paredes, en tejados y entre la basura, en casas tanto vacías como habitadas; también vive en parques y jardines urbanos.

Biología

Las cópulas se producen entre abril y junio, y puede haber 2 o 3 períodos de puestas al año. La hembra pone sus huevos (generalmente 2) en oquedades, en grietas de muros o bajo piedras; a veces cuida rudimentariamente de la puesta, cubriéndola con restos vegetales. Es casi estrictamente crepuscular o nocturna; sólo de forma excepcional y siempre durante los meses fríos del invierno, pueden observarse individuos activos en pleno día. Muy sedentaria y territorial, no suele alejarse de su refugio habitual. Los machos emiten chillidos de largo alcance para marcar su territorio y distintas llamadas para atraer a las hembras o en señal de agresión, defensa o huida. Se alimenta básicamente de insectos y arácnidos. Es depredada por la lechuza común, las ratas y sobre todo el gato doméstico (una especie de tenia que parasita al felino tiene una fase larvaria que utiliza a esta salamanquesa como huésped intermediario). Cuando convive con la salamanquesa común, lo que sucede con frecuencia, la salamanquesa rosada tiende a utilizar las partes bajas de las paredes o incluso el suelo.

(J. A. DÍAZ)

LAGARTIJAS
Género *Psammodromus*

Identificación

Las dos especies de *Psammodromus,* de tamaños muy desiguales, presentan unas escamas dorsales aquilladas que les confieren un aspecto erizado. Los machos suelen ser de constitución más fuerte, tienen la cabeza más robusta y los poros femorales están más marcados que las hembras.

Distribución

Es circunmediterránea. En la península Ibérica, están ampliamente distribuidas por la zona mediterránea, con poblaciones estables y abundantes al sur de la cordillera cantábrica y de los Pirineos. En las ciudades, las poblaciones urbanas de *Psammodromus* constituyen más bien relictos acantonados en solares, grandes parques, etc., y pueden considerarse en declive.

Hábitat

Las lagartijas que viven en entornos urbanos se distribuyen por solares, parques, jardines urbanos y descampados con abundante cobertura vegetal, etc. Las dos especies de *Psammodromus* mantienen poblaciones aisladas en algunas ciudades. Unos estudios realizados acerca de *P. hispanicus* en solares de Madrid pone de manifiesto que las poblaciones de *Psammodromus* parecen verse cercadas por el desarrollo urbano.

Biología

Las cópulas se producen en primavera (normalmente entre marzo y junio). Las puestas se depositan en agujeros en la base de arbustos, etc. El número de puestas al año suele ser 2, aunque puede variar según la disponibilidad de alimento y el clima. El tamaño de la puesta oscila entre 2 y 11 huevos. Son diurnas y la actividad es bimodal en verano, con mínimos en las horas de mayor insolación. Todas son sedentarias; en el sur y Levante, la hibernación no es obligada y pueden observarse individuos activos en días cálidos de invierno; en el norte y en el interior de la Península, la actividad se interrumpe entre noviembre y febrero o marzo. Los machos de *P. alzirus* desarrollan

Tipo	**Chordata, cordados**
Clase	**Reptilia, reptiles**
Orden	**Squamata, escamosos**
Familia	**Lacertidae, lacértidos**

una brillante coloración rojizo anaranjada en la garganta y los lados de la cabeza durante el celo. Se alimentan de artrópodos (insectos y arácnidos).

Psammodromus algirus

LAGARTIJA COLILARGA
PSAMMODROMUS ALGIRUS

En la mayoría de los ejemplares, la coloración dorsal es parda y con dos líneas longitudinales claras en cada costado. Mide hasta 8 cm de longitud entre la cabeza y la cloaca. La longitud de la cola no regenerada oscila entre 2 y 3 veces la longitud cabeza/cloaca.

LAGARTIJA CENICIENTA
PSAMMODROMUS HISPANICUS

Psammodromus hispanicus

Muestra una coloración parda o grisácea con cuatro líneas longitudinales amarillentas más o menos interrumpidas por manchas oscuras repartidas por todo el dorso. Mide unos 5 cm de longitud entre la cabeza y la cloaca.

(J. A. DíAz)

Cat. **Sargantanes**
Eusk. **Sugandilen**
Gal. **Lagartixas**
Por. **Sardaniscas**
Fr. **Lézards**
It. **Lucertole**
Ing. **Psammodromus**

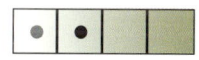

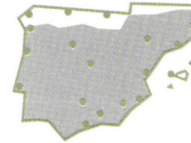

LAGARTIJAS
Género *Podarcis*

Tipo	**Chordata, cordados**
Clase	**Reptilia, reptiles**
Orden	**Squamata, escamosos**
Familia	**Lacertidae, lacértidos**

Identificación
Las lagartijas del género *Podarcis* son saurios pequeños o de tamaño mediano, con el cráneo robusto o aplanado dor-

Podarcis muralis comiendo saltamontes

Cat. **Sargantanes**
Eusk. **Sugandilen**
Gal. **Lagartixas**
Por. **Lagartixas**
Fr. **Lézards**
It. **Lucertole**
Ing. **Wall Lizards**

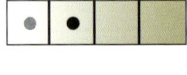

E	F	M	A	M	J
J	A	S	O	N	D

soventralmente, escamas dorsales pequeñas, collar liso y bien desarrollado y escamas ventrales dipuestas en 6 filas longitudinales. Este género plantea con frecuencia problemas de identificación; debe tenerse en cuenta la distribución geográfica y, en caso de duda, conviene recurrir a obras especializadas. La longitud cabeza/cloaca oscila entre 6,5 cm y 9 cm; la cola no regenerada mide unas 2 veces esa longitud. Los machos suelen ser de constitución más robusta y también tienen la cabeza más fuerte y los poros femorales más marcados que las hembras. La mayoría de las poblaciones de *Podarcis* presenta dimorfismo sexual en la coloración dorsal, y el vientre suele adquirir colores brillantes en los machos en celo.

Distribución
Es circunmediterránea; tan sólo *Podarcis muralis* está presente en el centro y norte de Europa. Algunas poblaciones de *Podarcis* han sido introducidas. En la península Ibérica, la ocupación de áreas urbanas se desarrolla sobre todo en zonas de baja altitud. Las poblaciones introducidas son características de localidades portuarias. La colonización

es espontánea en el caso de las *Podarcis* autóctonas, ya que se trata de especies oportunistas, más o menos trepadoras, fisurícolas y que probablemente aprovechan la escasez de depredadores naturales en las áreas urbanas.

Hábitat
Las lagartijas que viven en entornos urbanos se distribuyen por solares, parques, jardines urbanos, muros con fisuras y cobertura vegetal, etc. Las *Podarcis* autóctonas pueden considerarse comunes o, como mínimo, no raras.

Biología
Las cópulas se producen en primavera (normalmente entre marzo y junio). Las puestas se depositan en grietas, bajo piedras, en la base de arbustos, etc. El número de puestas al año oscila entre 1 y 4, según la disponibilidad de alimento y el clima. El tamaño de la puesta oscila entre 1 y 9 huevos. Todas las lagartijas son diurnas y, en la mayoría de las especies, la actividad es bimodal en verano, con mínimos en las horas de mayor insolación. Todas son sedentarias; en el sur, Levante y Baleares, la hibernación no es obligada y pueden observarse individuos activos en días cálidos de invierno; en el norte y en el interior de la Península, la actividad se interrumpe entre noviembre y febrero o marzo. La mayoría de las especies desarrolla comportamientos territoriales, con persecuciones entre los machos durante la época reproductora. La dieta es básicamente insectívora (insectos y arácnidos), si bien algunas *Podarcis* (en particular, la lagartija de las Pitiusas, *P. pityusensis*, que ha evolucionado en condiciones de insularidad) pueden mostrarse oportunistas y utilizar los recursos generados por la actividad humana (basura, desperdicios, etc.). Entre sus potenciales depredadores en los medios urbanos, cabe destacar a los córvidos, las gaviotas, las ratas y los gatos domésticos. Puede existir desplazamiento de algunas especies por otras de mayor tamaño; así por ejemplo, se han observado agresiones de *P. pityusensis* sobre la lagartija ibérica, *P. hispanica,* en la

población de Barcelona, especie esta última que, como consecuencia, resulta ser mucho más escasa en la zona de simpatría.

LAGARTIJA ROQUERA
PODARCIS MURALIS

Tiene el dorso pardo, la garganta reti-culada y, en la mayoría de los casos,

Podarcis muralis

presenta líneas longitudinales oscuras en las escamas submaxilares; en gene-ral, es mayor y más robusta que la *P. hispanica*. Ocupa la franja eurosibe-riana desde Asturias hasta Gerona, donde puede hallarse con relativa fre-cuencia cerca de las habitaciones humanas; las poblaciones montanas de los sistemas Ibérico y Central no viven en núcleos urbanos.

LAGARTIJA DE BOCAGE
PODARCIS BOCAGEI

Muestra tonalidades verdosas en el dorso o en los costados, mientras que

Podarcis bocagei

las poblaciones gallegas y asturianas de la *P. hispanica* tienen el dorso pardo. La *P. bocagei* es un endemismo noroc-idental que en el norte de Galicia, donde es la única especie de *Podarcis* presente, muestra tendencias clara-mente antropófilas y frecuenta los muros de las casas incluso en zonas urbanas.

LAGARTIJA DE LAS PITIUSAS
PODARCIS PITYUSENSIS

Es una lagartija robusta, con la cabeza relativamente corta y alta, provista de escamas aquilladas en la parte dorsal de la cola. Se distribuye por las islas de Ibiza y Formentera, y existen poblacio-

Podarcis pityusensis

nes introducidas en las murallas de Palma y en algunos descampados con bloques de hormigón y viejos muros en Barcelona. La población de la *P. pityu-sensis* introducida en Barcelona es más tardía y constituye el único ejemplo conocido de lacértido mediterráneo que realiza puestas en agosto. Se desconoce la situación actual de la población barce-lonesa, cuyo hábitat ha sufrido profun-das modificaciones en los últimos años.

LAGARTIJA ITALIANA
PODARCIS SICULA

La *P. sicula*, introducida en diversas localidades, tiene el dorso verdoso u oliváceo, y el vientre blanquecino y desprovisto de manchas oscuras. La *P. sicula* ha sido identificada en Alme-ría, en la playa de Ris (Noja, Santan-der) y en Menorca. La población de *P. sicula* introducida en Noja ha sido observada en muros de linde de chalés

Podarcis sicula

y la de Almería, en los jardines del puerto de esta ciudad. Se desconoce la situación actual de las poblaciones urbanas introducidas.

(J. A. Díaz)

LAGARTIJA IBÉRICA
Podarcis hispanica

Tipo	**Chordata, cordados**
Clase	**Reptilia, reptiles**
Orden	**Squamata, escamosos**
Familia	**Podarcidae, podárcidos**

Identificación

Es una lagartija de pequeño tamaño que suele tener la cabeza y el cuerpo comprimidos dorsoventralmente. El

Podarcis hispanica

Cat. **Sargantana ibèrica**
Eusk. **Sugandila iberriara**
Gal. **Lagartixa dos penedos**
Por. **Lagartixa-vulgar**
Fr. **Lézard d'Espagne**
Ing. **Spanish wall lizard**

collar es liso y la garganta, generalmente clara, tiene unos puntos o marcas que no llegan a formar retícula. No tiene líneas longitudinales oscuras en las placas del mentón (escamas submaxilares). La coloración dorsal de fondo es muy variable, generalmente parda o grisácea, aunque puede mostrar tonos verdosos más o menos intensos. Por lo general, las hembras tienden a presentar una coloración dorsal con bandas laterales oscuras y líneas dorsolaterales claras, mientras que los machos tienden a ser reticulados. La línea vertebral suele estar menos marcada que las líneas oscuras dorsolaterales. La coloración ventral es blanquecina, rosada o rojiza. Presenta capacidad de autodesprendimiento de la cola (autotomía). La longitud entre la cabeza y la cloaca no supera los 7 cm y la cola no regenerada mide entre 1,5 y 2 veces dicha longitud.

Distribución

Se extiende únicamente por la península Ibérica, por la costa mediterránea de Francia y por el noroeste de África. Es común en toda la Península, aunque en la cornisa cantábrica y los Pirineos se encuentra restringida a los enclaves térmicamente favorables.

Hábitat

La colonización espontánea de las ciudades debe de haber sido favorecida por sus adaptaciones a la vida rupícola o, más específicamente, fisurícola (capacidad de penetración en las fisuras de las rocas). Muestra una especial predilección por los muros viejos y las tapias de las viviendas. Es abundante en todo tipo de áreas urbanas, sobre todo en solares, bloques de edificios y pequeños jardines que los rodean. Las poblaciones de las áreas habitadas, con menos depredadores, son más numerosas que las de las zonas más salvajes, si bien las poblaciones gallegas parecen menos vinculadas a las zonas urbanas que las de otras regiones.

Biología

El cortejo y las cópulas se llevan a cabo entre febrero y mayo. Las puestas, que se componen de 1 a 5 huevos (normalmente 2 o 3), se depositan en grietas de muros o bajo piedras, evitándose la cara norte de las paredes, que apenas recibe radiación solar.

En días frescos y soleados de primavera y otoño, esta especie tiene un ritmo de actividad con máximos durante las horas centrales del día. En verano o con tiempo caluroso, la actividad es bimodal, con mínimos en las horas de mayor insolación. El uso de las superficies verticales de los muros sigue ritmos circadianos que obedecen a exigencias termorreguladoras, de modo que los rayos solares incidan perpendicularmente sobre el cuerpo. Esta especie suele ser gregaria fuera de la época de cría y se han descrito concentraciones de varios individuos separados por unos pocos centímetros en grietas soleadas. En la época reproductora, se convierte en territorial. Dado que se trata de una especie oportunista, es muy posible que en los entornos urbanos sea capaz de explotar los recursos generados por la actividad humana. Entre sus potenciales depredadores en los medios urbanos, cabe destacar a los córvidos, las gaviotas, las ratas y los gatos domésticos.

(J. A. DÍAZ)

CULEBRA BASTARDA
Malpolon monspessulanus

Identificación
Tiene la cabeza estrecha, el hocico agudo y la boca claramente ínfera. Presenta dos escamas loreales, píleo con una depresión longitudinal, escama frontal que mide la mitad del ancho de las supraoculares, y 19 escamas dorsales en mitad del cuerpo. Posee colmillos inoculadores de veneno en la parte posterior del maxilar. Es el ofidio de mayor tamaño que habita en la península Ibérica. La longitud total del macho es de 28 cm a 200 cm, y la de la hembra, de 27 cm a 130 cm. Los machos pesan entre 6 g y 3 000 g y las hembras, hasta 750 g. Los machos son claramente mayores que las hembras. Antes de la madurez sexual, los machos pierden el círculo negro que rodea a las manchas blancas de algunas escamas de la cabeza, mientras que la mayoría de hembras conserva este carácter durante toda su vida.

Distribución
Es netamente circunmediterránea. En los ambientes mediterráneos de la península Ibérica, es el colúbrido terrestre de más amplia y homogénea distribución.

Hábitat
Sólo penetra en las zonas periféricas de la ciudad y lo hace únicamente si éstas son similares a su hábitat natural. Como la mayoría de ofidios terrestres, es bastante común en los vertederos de basura, donde encuentra roedores en abundancia; también frecuenta parques forestales secos, solares, cementerios y, en raras ocasiones, jardines urbanos.

Biología
El cortejo y el apareamiento se llevan a cabo durante la segunda mitad de mayo y la primera de junio. Los machos mantienen combates por la posesión de las hembras. Durante la primera mitad de julio, las hembras ponen sus huevos en lugares húmedos y soleados, bajo grandes piedras, bloques de hormigón, escombros y troncos caídos. Las eclosiones se producen a finales de agosto y comienzos de septiembre.

Tipo	**Chordata, cordados**
Clase	**Reptilia, reptiles**
Orden	**Squamata, escamosos**
Familia	**Colubridae, colúbridos**

Es sedentaria y se mantiene activa desde la segunda quincena de marzo hasta finales de octubre, con un período de estivación en verano. Habitual-

Malpolon monspessulanus

mente diurno, este ofidio presenta un ritmo de actividad diaria bimodal o incluso crepuscular en las zonas cálidas del sur y durante la época estival. Se alimenta de reptiles de todo tipo, incluidos ejemplares de su propia especie. También depreda huevos de aves, pollos en sus nidos y roedores. Además de la depredación por otros ejemplares de su propia especie y de algunos perros, la mayor causa de muerte es el tráfico rodado y la acción directa del hombre.

Interacción con el ser humano
Es un excelente controlador de las poblaciones de roedores. Su mordedura no suele tener consecuencias graves para el hombre.

Observación
La aproximación sigilosa y la utilización de prismáticos constituyen el mejor método. Cuando se realizan excavaciones para los cimientos de edificios o para la instalación de conducciones subterráneas en la periferia urbana, todos los ejemplares refugiados bajo tierra salen a la luz.

(J. M. PLEGUEZUELOS)

Cat. **Serp verda**
Eusk. **Montpellierko sugea**
Gal. **Cobra**
Por. **Cobra-rateira**
Fr. **Couleuvre de Montpellier**
It. **Colubro lacertino**
Ing. **Montpellier snake**

CULEBRA DE HERRADURA
Coluber hippocrepis

Tipo	**Chordata, cordados**
Clase	**Reptilia, reptiles**
Orden	**Squamata, escamosos**
Familia	**Colubridae, colúbridos**

Identificación

Es el único colúbrido ibérico que tiene una hilera de escamas entre el ojo y las escamas supralabiales. El dorso tiene

Coluber hippocrepis

Cat. **Serp de ferradura**
Eusk. **Suge ferraduna**
Por. **Cobra-de-ferradura**
Fr. **Couleuvre fer-à-cheval**
It. **Colubro ferro di cavallo**
Ing. **Horseshoe whip snake**

una serie de manchas pardo oscuras de forma subcircular, rodeadas por un halo de escamas blanquecinas o amarillentas. La zona ventral es blanquecina, amarillenta, rosácea o, más frecuentemente, anaranjada. A la altura de las escamas parietales, hay una mancha oscura con una forma que recuerda a una herradura y a la cual la especie debe su nombre. El macho mide de 26 cm a 185 cm y la hembra, entre 25,5 cm y 163 cm. Los machos pesan entre 5 g y 550 g y hasta 410 g las hembras.

Distribución

Se encuentra en el Mediterráneo occidental, en el oeste, sur y este de la península Ibérica. Está ausente de altimesetas y montañas del interior con inviernos fríos. Ha sido introducida por el hombre de forma accidental, en época prehistórica e histórica, en varias islas del Mediterráneo.

Hábitat

Normalmente se encuentra en solares, muros, derribos, casas abandonadas o con animales estabulados. Especie termófila, precisa de lugares abiertos y bien soleados. Muy rupícola, en ambientes urbanos utiliza las paredes de las casas, los muros y, en general, los sustratos verticales como sustituto de los medios rocosos naturales.

Biología

En primavera, los machos se vuelven muy activos y finalmente, en mayo, se producen las cópulas. Las puestas se realizan la primera quincena de julio y las eclosiones, en septiembre. La hembra suele realizar su puesta en ruinas, resquicios entre piedras de las paredes, bajo escombros, en galerías abandonadas por roedores, etc. Poco después de realizada la puesta, la hembra la abandona. Es una especie sedentaria cuyo período normal de actividad se extiende desde la segunda quincena de marzo hasta la primera de noviembre, con picos en junio y septiembre; en zonas costeras del sureste ibérico, puede estar activa durante los meses de invierno. Normalmente diurna, únicamente en zonas costeras y durante la época estival puede mostrar una actividad crepuscular. Los individuos más jóvenes consumen exclusivamente pequeñas lagartijas rupícolas y luego, a medida que aumentan de tamaño, incluyen en la dieta algunas aves y sobre todo roedores. En la ciudad, apenas tiene más predadores que el ser humano. Numerosos ejemplares son arrollados por vehículos.

Interacción con el ser humano

Sin lugar a dudas, es el ofidio ibérico más antropófilo. Los ejemplares adultos son especialmente beneficiosos, ya que su dieta está constituida casi exclusivamente por roedores. Por este motivo, son capturados ejemplares vivos para introducirlos en desvanes, entabicados, cuadras, etc.

Observación

Cuando se realizan derribos en edificios de la periferia urbana, todos los ejemplares refugiados en las paredes y grietas salen a la luz.

● Nota

En comarcas del sur ibérico, se la conoce con el nombre de *alicántara* y es reputada como muy venenosa.

(J. M. PLEGUEZUELOS)

CULEBRA VIPERINA
Natrix maura

Identificación

La mayoría de los ejemplares muestra dos escamas preoculares y dos postoculares en la cabeza. Hay 21 escamas dorsales en la mitad del cuerpo. Una ancha banda oscura en zigzag recorre toda la parte superior; menos frecuentemente, dos bandas paralelas, amarillentas, sobre fondo oscuro. Tiene el vientre con manchas negras en disposición ajedrezada sobre fondo claro. El macho mide de 13 cm a 67,5 cm de longitud total y la hembra de 13,5 cm a 95 cm. El macho pesa entre 4 g y 150 g y la hembra, 950 g.

Distribución

Se encuentra en el suroeste de Europa y zonas mediterráneas del Magreb. Tiene una amplia distribución en la península Ibérica, más continua en la región mediterránea y más localizada en zonas bajas en la región eurosiberiana. Fue introducida en época prehistórica o histórica en las islas de Mallorca y Menorca.

Hábitat

Habita en masas de agua del interior de las ciudades, siempre que existan refugios y alimento. Pueden alcanzar densidades más altas que cualquier otro ofidio terrestre de la Península. Algunos ejemplares pueden colonizar parques y jardines con estanques. Las poblaciones de los ríos y canales que atraviesan algunas ciudades muestran un intercambio con las poblaciones periféricas.

Biología

Se reproduce en zonas próximas a las masas de agua, en ambientes húmedos, pero fuera del terreno inundable. Las cópulas se llevan a cabo entre abril y mediados de mayo, y las puestas, en julio; las crías eclosionan en septiembre.
No se observan interacciones entre individuos. La actividad anual se desarrolla de marzo a octubre, aunque puede extenderse un poco más en ciudades costeras del Mediterráneo. Es diurna en primavera y otoño, y nocturna en verano. Se alimenta de larvas y adultos de anfibios anuros, peces, oli-

Tipo	**Chordata, cordados**
Clase	**Reptilia, reptiles**
Orden	**Squamata, escamosos**
Familia	**Colubridae, colúbridos**

goquetos, hirudínidos y larvas de insectos acuáticos. Cuando se vacían los estanques de parques y jardines y sus potenciales presas acuáticas quedan

Natrix maura

bloqueadas en pequeños charcos, se aprovecha de la ocasión y consume grandes cantidades de peces, lo que evita procesos de putrefacción y malos olores. Aunque es totalmente indolente, al ser manejada secreta un fluido nauseabundo a través de unas glándulas cloacales; cuando se ve acorralada, se enrosca, ensancha la cabeza y silba, practicando un mimetismo batesiano con las víboras.

Interacción con el ser humano

Es confundida con las víboras, lo que se traduce en una destrucción sistemática.

Observación

En los estanques de los parques urbanos en las épocas del año en que son vaciados para su limpieza, reparación, etc.

● Nota

En las luchas navales, los romanos lanzaban a la cubierta de las naves contrarias recipientes con víboras para crear pánico en la parte contraria. Es bastante probable que en muchas ocasiones utilizaran esta especie, lo que explicaría en parte su introducción en varias islas del Mediterráneo occidental.

(J. M. PLEGUEZUELOS)

Cat. **Serp d'aigua**
Eusk. **Suge biperakara**
Gal. **Cobra**
Por. **Cobra-de-água-viperina**
Fr. **Couleuvre vipérine**
It. **Biscia viperina**
Ing. **Viperine snake**

| E | F | M | A | M | J |
| J | A | S | O | N | D |

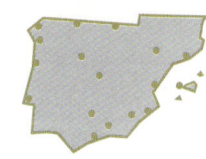

AVES

PLUMAS DE LAS ALAS

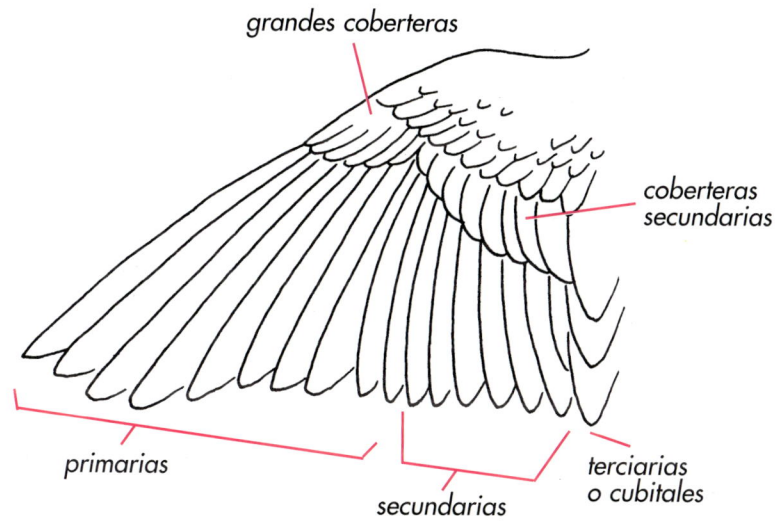

grandes coberteras

coberteras
secundarias

primarias

secundarias

terciarias
o cubitales

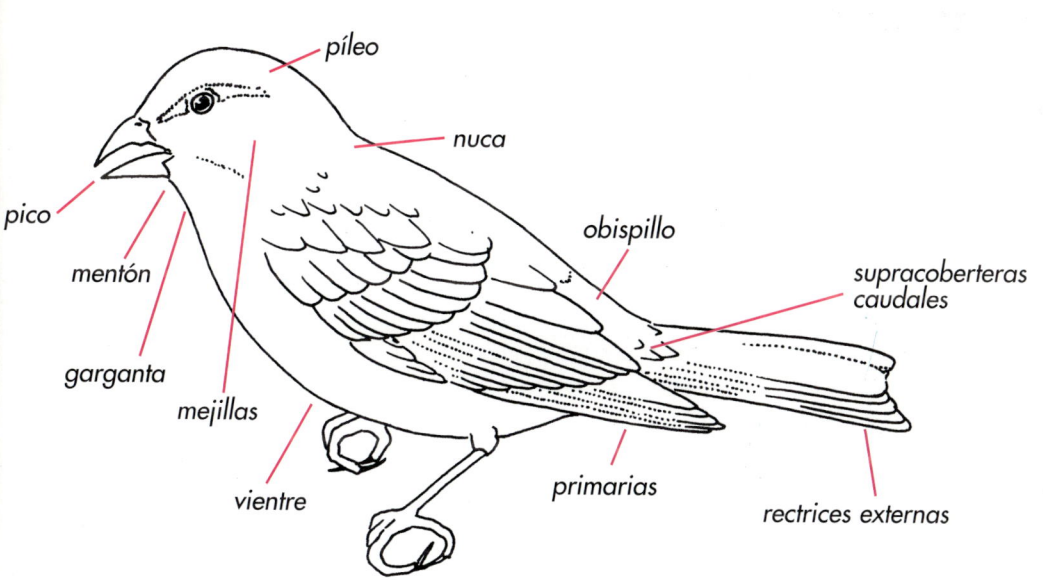

píleo

nuca

obispillo

pico

mentón

garganta

mejillas

vientre

primarias

supracoberteras
caudales

rectrices externas

GARCILLA BUEYERA
Bubulcus ibis

Tipo	**Chordata, cordados**
Clase	**Aves, aves**
Orden	**Ciconiiformes, ciconiformes**
Familia	**Ardeidae, ardéidos**

Identificación

La garcilla bueyera es un ave de color blanco que en plumaje nupcial posee largas plumas ocráceas en el píleo, el

Bubulcus ibis

Cat. **Esplugabous**
Eusk. **Iri-koartza**
Por. **Garça-boieira**
Fr. **Héron garde-boeufs**
It. **Airone guarda-buoi**
Ing. **Cattle Egret**

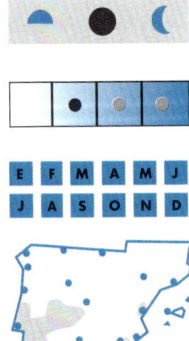

pecho y el manto; en plumaje invernal, el tono ocre se vuelve muy pálido. En la época de cría, las patas son rojizas y el pico, amarillo y con la base roja; en invierno, el pico es amarillento y las patas, oscuras. El ojo es de color rojizo. Es posible confundirla con la garceta común pero la bueyera es algo menor, menos grácil y tiene el cuello más grueso; además, la garceta común tiene las patas negras pero los pies amarillos. La longitud total varía de 46 cm a 56 cm y el peso, de 350 g a 450 g. La envergadura alar de los machos es mayor que la de las hembras. El joven del año se distingue por el color verde oliváceo de las patas y por tener el píleo muy blanco.

Distribución

Es cosmopolita y vive en todos los continentes del mundo excepto la Antártida, aunque la expansión por América se produjo durante el presente siglo. En los años cuarenta, se fundó la primera población americana en Guayana y hoy en día puede verse a la garcilla bueyera desde Alaska hasta la Tierra de Fuego. Vive en el suroeste de la península Ibérica, en zonas reducidas, y no supera los 500 m de altitud. Está ausente de las islas Baleares. Es una especie común, localmente abundante y que puede llegar a constituir una plaga para el arbolado sobre el que asienta sus colonias.

Hábitat

Instala sus dormideros y sus colonias de cría en edificios, jardines urbanos y orillas o islotes de estanques; desde allí vuela a las zonas de alimentación: basurales, prados, cultivos y tierras marginales de los suburbios.

Biología

La garcilla bueyera se reproduce de abril a julio en islotes de estanques de parques o en edificios. El número de crías anuales varía de 2 a 4 y los pollos dejan el nido a los 45 días. Suelen reproducirse por primera vez a 1 o 2 años de edad.
Es una especie gregaria y de costumbres diurnas. Es migradora parcial y existe una dispersión posnupcial. Se alimenta de pequeños anfibios, reptiles, mamíferos e insectos.

Interacción con el ser humano

Es comensal y puede llegar a ser una plaga para el arbolado de los parques.

● Nota

Su nombre en catalán (*esplugabous*) deriva de la falsa creencia de que desparasita al ganado. En realidad, utiliza los movimientos de éste para localizar y atrapar a los insectos que va espantando mientras pastorea. Se asocia tanto a herbívoros domésticos (bueyes, ovejas) como salvajes (búfalos, antílopes, elefantes, rinocerontes) e incluso al hombre o a su maquinaria en las labores agrícolas (plantaciones de caña, arrozales, etc.) para alimentarse de las animales que queden al descubierto.

(X. Ruiz)

GARZA REAL
Ardea cinerea

Tipo	Chordata, cordados
Clase	Aves, aves
Orden	Ciconiiformes, ciconiformes
Familia	Ardeidae, ardéidos

Identificación
Se distingue de las otras ardeidas por su mayor tamaño, por tener las partes superiores grises, el cuello y la cabeza blancos y una amplia raya negra desde el ojo hasta la punta de un largo y grácil plumero. El pico, largo y en forma de daga, es de color amarillo; las patas son marronosas y tanto éstas como el pico se vuelven rojizos a principios de primavera. Mide unos 90 cm y pesa entre 1 600 g y 2 000 g.

Distribución
Se distribuye sobre todo por el Viejo Mundo (Asia, África y Europa) y existen algunas poblaciones en el archipiélago de la Sonda. En la península Ibérica, cría en zonas localizadas de Cataluña, Valencia, Extremadura y cuencas del Duero, Ebro y Guadalquivir (en Barcelona, por ejemplo, cría en el parque de la Ciudadela). Es mucho más común en invierno.

Hábitat
Es común en parques y jardines, en o junto a ríos, lagos, estanques y playas. En algunos lugares, puede nidificar en edificios.

Ardea cinerea

Biología
Se reproduce de enero a mayo y prefiere los árboles altos y de difícil acceso. El número de crías al año varía de 2 a 5.
Es una especie generalmente gregaria que nidifica en colonias, aunque no son raros los nidos aislados. En invierno, puede comportarse como territorial y es más frecuente verla en solitario. Es sedentaria en algunas zonas de su área de distribución y migradora parcial en otras. Su ritmo de actividad cazadora es casi siempre crepuscular y nocturno, aunque también lo hace durante el día. Se alimenta de peces ornamentales, anfibios, pequeños mamíferos y a veces incluso de carroña. Tampoco desdeña los pollos de otras aves, sobre todo acuáticas, cuando escasea el alimento.

Interacción con el ser humano
Puede aprovechar restos de comida o emplear, junto a las gaviotas, medios cultivados. En algunos lugares ha sido y es perseguida activamente por cazadores y pescadores ya que, debido a su tamaño, da la impresión de que puede expoliar sus cazaderos. Lejos de ello, los estudios científicos han mostrado que suele ser beneficiosa para la caza y la pesca.

Observación
Los mejores momentos para contemplarla son el amanecer y el atardecer.

(X. Ruiz)

Cat. **Bernat pescaire**
Eusk. **Koartza lepo-zuri**
Por. **Garça-real**
Fr. **Héron cendré**
It. **Airone cenerino**
Ing. **Grey Heron**

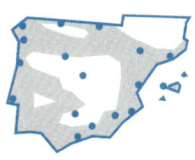

231

CIGÜEÑA BLANCA
Ciconia ciconia

Tipo	**Chordata, cordados**
Clase	**Aves, aves**
Orden	**Ciconiiformes, ciconiformes**
Familia	**Ciconidae, cigüeñas**

Identificación

La cabeza, el cuello y las zonas ventral y dorsal son blancas, en marcado contraste con las plumas primarias, secun-

Ciconia ciconia

Cat. **Cigonya blanca**
Eusk. **Cigonya blanca**
Gal. **Cigoña común**
Por. **Cegonha-branca**
Fr. **Cigogne blanche**
It. **Cigogna bianca**
Ing. **White Stork**

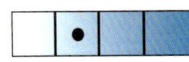

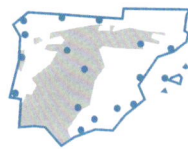

darias y cobertoras caudales, que son negras. Las patas y el pico son de color rojo anaranjado. La longitud total varía de 100 cm a 115 cm; la longitud del pico, de 16 cm a 25 cm. El peso oscila entre los 3 000 g y los 3 800 g. Los machos pesan un 10 % más que las hembras como media y destacan ligeramente por su pico de mayor tamaño.

Distribución

Se extiende por Europa, África y Asia occidental. En la península Ibérica, la cigüeña blanca está presente en todas las ciudades de Aragón, Castilla-León, mitad oriental de Castilla-La Mancha, Extremadura, Andalucía occidental y Portugal. También puede encontrarse en Lérida y en Gerona. La distribución y la cantidad de individuos de esta especie son muy heterogéneas. Localmente, puede ser abundante; éste es el caso de algunas poblaciones de Extremadura, Castilla-León y Andalucía, donde puede llegar a haber más de 50 nidos en una ciudad.

Hábitat

Vive en una gran variedad de hábitats, si bien prefiere los grandes espacios abiertos. Su presencia en lugares urbanizados se remonta a tiempos muy antiguos, probablemente al inicio de las primeras ciudades.

Biología

Se reproduce en lugares altos, como campanarios, torres, depósitos, etc. También puede anidar en árboles de parques y grandes jardines. Prefiere anidar cerca de donde pueda alimentarse. La formación de la pareja se realiza desde enero hasta marzo y la puesta, generalmente en marzo. Tienen de 1 a 4 crías al año (2 como media). La incubación dura unos 30 días y las eclosiones se producen en abril. El desarrollo de los pollos culmina en unos 60 días.

La cigüeña blanca es un ave migradora que permanece en la península Ibérica desde los meses de diciembre y enero hasta julio, momento en que migra hacia África; sin embargo, cada vez son más las cigüeñas que permanecen en la Península durante todo el año, algunas veces sobre sus nidos habituales. Es diurna y especialmente activa al alba y al atardecer. Es gregaria cuando el alimento es abundante y a veces forma colonias muy numerosas de 40 o incluso 50 nidos. Cuando hay escasez de alimento, se convierte en territorial e impide la construcción de otros nidos cercanos. Se alimenta de insectos y de pequeños vertebrados que encuentra en los alrededores de las ciudades donde cría; también puede capturar peces si hay ríos en las proximidades.

Interacción con el ser humano

Hasta fechas recientes, la cigüeña blanca utilizaba la ciudad exclusivamente para la reproducción, pero últimamente son muchas las cigüeñas que basan su alimentación en los residuos de los vertederos de basuras. Muchas de sus presas, como las ratas y los ratones, son dañinas para la agricultura; de ahí que a esta especie se la considere beneficiosa.

(F. SÁNCHEZ TORTOSA)

ÁNSARES, GANSOS Y OCAS
Género Anser

Identificación
Los ánsares son aves acuáticas de gran tamaño. Se caracterizan por el cuello largo, los tarsos reticulados y el plumaje generalmente grisáceo, aunque algunas especies muestran un predominio de plumaje blanco, gris azulado o pardo. A diferencia de otras anátidas, sólo efectúan una muda al año.

Distribución
Viven en Europa y Asia. La colonización de algunas ciudades europeas ha sido espontánea.

Hábitat
Viven en ríos, lagos y estanques. Son escasos como invernantes en las ciudades pero frecuentes durante la migración, y entonces es fácil identificar a las bandadas migradoras por su griterío.

Biología
Se reproducen de abril a junio en estanques, canales y ríos. No crían en las ciudades de la Península ni de Baleares, pero existen casos de reproducción en núcleos urbanos del norte y centro de Europa. La incubación dura 28 días y las parejas tienen de 3 a 4 crías al año. Los ánsares son sociales y viven en bandadas; los jóvenes permanecen con los adultos durante al primer año de vida. Son invernantes, migrantes (estivales en algunas ciudades del centro y del norte de Europa) y tienen costumbres crepusculares y diurnas. En el ambiente urbano consumen alimentos suministrados por el hombre.

Interacción con el ser humano
Son comensales aunque ocasionalmente producen algunos daños en los cultivos.

Observación
En invierno, de día, con prismáticos y/o telescopio, se pueden observar en los ríos y estanques.

ÁNSAR COMÚN
ANSER ANSER
Tiene las patas y los pies rosáceos, y la cabeza y el cuello de tonos similares al cuerpo. Mide 80 cm de longitud total y

Tipo	Chordata, cordados
Clase	Aves, aves
Orden	Anseriformes, ocas y patos
Familia	Anatidae, ocas y patos

su peso oscila entre 3 kg y 3,7 kg. En la península Ibérica, los invernantes ocupan una franja vertical que se extiende desde el oeste de Castilla-León hasta la cuenca del Guadalquivir.

Anser anser

Pueden encontrarse durante los pasos migratorios en Sevilla, Badajoz, Valladolid y Bilbao.

Cabeza de *Anser fabalis*

Anser anser

ÁNSAR CAMPESTRE
ANSER FABALIS
Tiene las patas de color amarillo anaranjado, y la cabeza y el cuello más oscuros que el cuerpo. Mide unos 75 cm de longitud total y pesa entre 2,3 kg y 3,2 kg. En la península Ibérica, los invernantes ocupan una zona restringida a Castilla-León que no supera los 500 m de altitud. Efectúan sus pasos migratorios por Valladolid, Palencia y Bilbao.

(J. AMAT)

Cat. **Oques**
Eusk. **Antzar**
Gal. **Ánsar**
Por. **Ganso-bravo**
Fr. **Oies**
It. **Ocas**
Ing. **Geese**

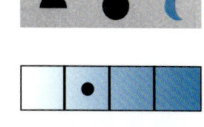

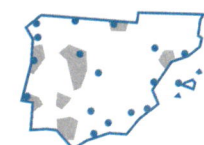

| E | F | M | A | M | J |
| J | A | S | O | N | D |

ÁNADE REAL
Anas platyrhynchos

Tipo	**Chordata, cordados**
Clase	**Aves, aves**
Orden	**Anseriformes, ocas y patos**
Familia	**Anatidae, ocas y patos**

Identificación
El macho tiene la cabeza verde, un estrecho collar blanco en el cuello y el pecho de color castaño. La hembra tiene una coloración parda moteada de oscuro. Ambos sexos tienen las patas

Anas platyrhynchos, macho

Cat. **Ànec coll-verd**
Eusk. **Bas-ate**
Gal. **Alavanco real**
Por. **Pato-real**
Fr. **Canard col-vert**
It. **Germano reale**
Ing. **Mallard**

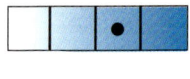

anaranjadas y un espejuelo alar azulado. El dimorfismo sexual es acusado, tanto por lo que respecta a la coloración del plumaje como al tamaño. La longitud total es de 60 cm en el macho y de 57 cm en la hembra; y la longitud del ala, de 28 cm en el macho y de 26 cm en la hembra. El macho pesa 1 100 g y la hembra, 1 000 g.

Distribución
Habita en Norteamérica, Asia, Europa y África. Introducido en Oceanía y Suramérica. Vive en las ciudades de toda la Península y Baleares, hasta los 1 000 m de altitud. Es una especie muy abundante y la anátida que con más frecuencia ocupa medios urbanos.

Hábitat
Relativamente común en ríos, lagos y estanques, e incluso en playas y puertos. Utiliza humedales artificiales tales como charcas de riego, embalses, etc.

Biología
Se reproduce de marzo a junio en estanques, canales y ríos. La incubación dura entre 26 y 28 días, y las parejas tienen de 4 a 7 crías al año. Los pollos conservan el plumón durante unos 18 días y las primeras plumas

aparecen a los 25 días. Los jóvenes son capaces de volar a los 55-60 días.
Es un ave muy sociable que se encuentra casi siempre en bandos de pequeño a gran tamaño. La formación de parejas se lleva a cabo en otoño e invierno y las parejas se disuelven después de la reproducción. Es sedentario, utiliza la ciudad para reproducirse, reposar y alimentarse. En la ciudad se alimenta sobre todo de granos, pan y otros alimentos proporcionados por los seres humanos.

Interacción con el ser humano
En medios urbanos depende casi exclusivamente del hombre para su alimentación.

● Nota
La gran diferencia de coloración entre el macho y la hembra indujo a Linneo a describirlas como especies distintas en su magna obra de 1735, *Systema Naturae*. Mientras que el macho recibió el nombre que se acepta actualmente, la hembra recibió el de *Anas boschas*.

PATO COLORADO
NETTA RUFINA
Es un pato buceador. El macho tiene el pico rojo; cabeza de color castaño rojizo excepto el píleo, que es amarillento; cuello y pecho negros, y flancos blancos. La hembra es predominantemente parda, con mejillas blancuzcas y con una mancha roja en el pico. Mide entre 54 cm y 56 cm de longitud total, 26 cm de longitud del ala y pesa entre 1 100 g y 1 200 g. El macho es algo mayor que la hembra. En la península Ibérica se distribuye irregularmente por el Levante, la cuenca del Guadalquivir y Baleares. Puede encontrarse en Sevilla y Valencia. Escasísimo en la ciudad, vive en ríos, lagos y estanques, sobre todo en su periferia. Se reproduce de abril a junio en márgenes de ríos con vegetación emergente y sólo de forma excepcional en la ciudad. Es un ave gregaria que suele observarse en bandos. Es predominantemente crepuscular. Se alimenta principalmente de plantas acuáticas.

(J. AMAT)

PORRÓN MOÑUDO
Aythya fuligula

Identificación

El macho es blanco y negro, y cuenta con un copete que cuelga de la parte posterior de la cabeza. El pico es gris azulado. La hembra es de color pardo oscuro y ocasionalmente presenta blanco en la base del pico. La longitud total del macho es de 45 cm y la de la hembra, de 42 cm. La longitud del ala es de 20 cm. El macho pesa 770 g y la hembra, 710 g.

Distribución

Se encuentra en Europa y Asia. En proceso de expansión en Europa. En invierno, se encuentra en toda la Península y Baleares, hasta 1 000 m de altitud, mientras que durante el verano es muy escaso. Es poco habitual en las ciudades españolas pero común en otras ciudades europeas, donde también se reproduce. La colonización es espontánea.

Hábitat

Vive en ríos, lagos y estanques. Se puede encontrar en Gijón, Salamanca, Zaragoza y, posiblemente, en Barcelona. De todas las especies de patos, es la que más se asocia con patos domésticos en estanques de parques y jardines.

Biología

Se reproduce entre abril y julio, en estanques, ríos y canales. La hembra tiene de 4 a 7 crías al año y la incubación dura unos 25 días. Los jóvenes pueden volar a los 50 días.
Es una especie gregaria y casi siempre se la observa en bandadas. Las parejas se forman en primavera y persisten hasta la reproducción. Invernan en España. Es predominantemente crepuscular y nocturno, aunque muestra cierta actividad diurna. Es omnívoro.

Interacción con el ser humano

En las ciudades suele alimentarse de comida proporcionada por el hombre.

PORRÓN COMÚN
AYTHYA FERINA

El macho de esta especie buceadora tiene cabeza y cuello de tonos castaños,

Tipo	**Chordata, cordados**
Clase	**Aves, aves**
Orden	**Anseriformes, ocas y patos**
Familia	**Anatidae, ocas y patos**

Ejemplar macho de *Aythya fuligula*

pecho negro y cuerpo de color grisáceo. La hembra es de color pardo. La longitud total es de 47 cm en el macho y de 45 cm en la hembra. La longitud del ala es de 21 cm. El peso del macho es de 940 g y el de la hembra, de 850 g. En invierno se le encuentra en toda la Península hasta 1 000 m de altitud. No cría en las ciudades, pero ocasionalmente se alimenta en ellas (ríos, lagos y estanques). Se le puede considerar muy escaso en la ciudad. Se reproduce de abril a junio en estanques, ríos y canales próximos a algunas ciudades, por ejemplo Sevilla, Badajoz, Huelva, Córdoba, Salamanca, Valencia, Gijón y, posiblemente, Barcelona. Es una especie gregaria y suele observarse en grupos. Aunque es principalmente crepuscular y nocturno, despliega cierta actividad diurna. Se alimenta de semillas, rizomas, hojas, crustáceos, gusanos, moluscos e insectos.

(J. AMAT)

Cat. **Morell de plomall, ànec de plomall**
Eusk. **Murgilari galdurduna**
Gal. **Parrulo cristado**
Por. **Negrinha**
Fr. **Fuligule morillon**
It. **Moretta**
Ing. **Tufted Duck**

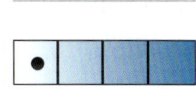

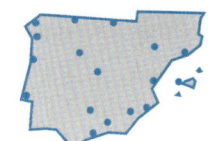

MILANO NEGRO
Milvus migrans

Tipo	**Chordata, cordados**
Clase	**Aves, aves**
Orden	**Falconiformes, falconiformes**
Familia	**Accipitridae, accipítridos**

Identificación
El color generalmente oscuro y la cola ligeramente ahorquillada permiten distinguir fácilmente esta especie de otras

Milvus migrans

Cat. **Milà negre**
Eusk. **Miru beltza**
Gal. **Miñato queimado**
Por. **Milhafre-preto**
Fr. **Milan noir**
It. **Nibbio bruno**
Ing. **Black Kite**

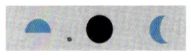
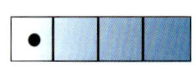

rapaces. Ambos sexos son similares en color y tamaño. La longitud total varía de 55 cm a 60 cm. El peso oscila entre los 630 g y los 928 g en los machos y entre los 750 g y los 941 g en las hembras. La longitud del ala varía de 43 cm a 46 cm en los machos, y de 45 cm a 48 cm en las hembras.

Distribución
Se extiende por Asia, África, Europa y Oceanía. Se encuentra en las ciudades del interior de toda la Península, sin límite de altitud. Puede llegar a ser localmente muy abundante en algunas ciudades, aunque la mayor parte de los individuos suele ser no reproductora. A diferencia de muchas zonas de África y de Asia, donde el milano negro es comensal del hombre desde tiempos inmemoriales, en España la colonización es un hecho reciente, probable-

mente relacionado con el fuerte incremento que ha experimentado su población.

Hábitat
Cría en parques forestales y sotos de ríos y lagos, y suele alimentarse en playas, ríos, lagos y descampados suburbanos.

Biología
Nidifica en árboles. Algunas hembras inician la puesta en la primera quincena de abril, aunque la mayoría pone durante la segunda. El número de crías anuales varía de 1 a 4. Los pollos son semialtriciales y nidícolas. Vuelan alrededor de los 45 días, pero siguen dependiendo de los padres durante 6 u 8 semanas más. Rara vez se reproducen al primer año y lo habitual es que inicien la reproducción a los 3 o 4 años. Es una especie gregaria, si bien en la ciudad suele criar en solitario o en pequeños grupos, en ríos próximos a basureros. Es estival y tiene costumbres diurnas. De su alimentación en la ciudad se sabe que una parte de la dieta la componen restos de basuras y peces.

Interacción con el ser humano
Es comensal.

Observación
Para observar a los individuos de esta especie conviene acudir a los ríos que atraviesan la ciudad, cuyas orillas tiene la costumbre de recorrer a menudo. Las mejores épocas son el período de abril a junio y las mejores horas, las comprendidas entre las diez de la mañana y las seis de la tarde.

● Nota
En las ciudades africanas, el milano negro llega a estar tan acostumbrado al hombre que es capaz de robarle trozos de comida por la calle, cuando se los va a llevar a la boca. En la India, según cuenta Meinerzhagen, los milanos llegaban a robar comida de las ollas que estaban en los fogones.

(F. HIRALDO)

GAVILÁN
Accipiter nisus

Identificación

Su pequeño tamaño y sus alas cortas y romas en vuelo permiten distinguirlo de otras rapaces. Los machos tienen el dorso gris pizarra y el pecho rojizo y densamente barrado. Las hembras, muy diferentes del macho, tienen la espalda parda y el pecho densamente barrado de marrón. Los jóvenes son similares a las hembras, pero el tono de la espalda es más claro y el pecho, listado. El dimorfismo sexual en tamaño es tan acusado como en color. Las hembras son mayores que los machos en todas las medidas y pueden llegar a doblarlos en peso. La longitud total varía de 28 cm a 38 cm; el peso, de 136 g a 167 g en los machos y de 245 g a 350 g en las hembras. La longitud del ala oscila entre 18 cm y 20 cm en los machos, y entre 21 cm y 23 cm en las hembras.

Distribución

La distribución de esta especie abarca Asia, África y Europa. Se puede encontrar en ciudades de la península Ibérica tanto costeras como del interior, sin límite de altitud. Es escaso pero en invierno es más abundante y tiene una distribución más amplia, ya que el aumento generalizado de la población europea ha propiciado la ocupación invernal por esta especie de muchos espacios urbanos y suburbanos.

Hábitat

Vive en parques forestales secos y umbrosos, y en orillas de ríos y lagos.

Biología

Se reproduce en árboles, parques forestales y setos de ríos. La hembra suele iniciar la puesta a principios de año. El número de crías anuales varía de 1 a 5. Los pollos son semialtriciales y nidícolas. Inician los primeros vuelos en el período que va de los 24 a los 30 días, pero siguen dependiendo de los adultos durante un mes o más. Aunque ya pueden reproducirse al año de edad, suelen iniciar la reproducción a los 2 años. Es una especie solitaria y tiene un ritmo de actividad diurno. Una parte de la población ibérica es sedentaria y

Tipo	Chordata, cordados
Clase	Aves, aves
Orden	Falconiformes, falconiformes
Familia	Accipitridae, accipítridos

Accipiter nisus

otra, estival; durante el invierno, viven en España individuos migrantes del centro y el norte de Europa. Se alimenta de pequeñas aves, fundamentalmente gorriones, mirlos y páridos.

Interacción con el ser humano

Es comensal.

Observación

Es difícil de identificar; durante el invierno, debe buscarse en zonas de grandes parques, donde es frecuente la presencia de bandadas de gorriones. Los mejores momentos para observarlo son las primeras horas de la mañana; las mejores épocas, los períodos de diciembre y enero, abril y mayo, y agosto y septiembre. A veces los adultos pueden identificarse por el acoso (*mobbing*) que ejercen sobre ellos los paseriformes.

(F. Hiraldo)

Cat. **Esparver vulgar**
Eusk. **Gabiraia**
Gal. **Gavilán**
Por. **Gaviao**
Fr. **Épervier d´Europe**
It. **Sparviere**
Ing. **Sparrow Hawk**

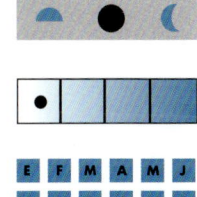

| E | F | M | A | M | J |
| J | A | S | O | N | D |

ÁGUILA CALZADA
Hieraaetus pennatus

Tipo	Chordata, cordados
Clase	Aves, aves
Orden	Falconiformes, falconiformes
Familia	Accipitridae, accipítridos

Hieraaetus pennatus

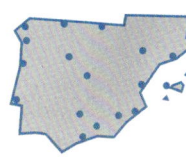

Identificación

Esta rapaz diurna presenta dos fases de color. La clara, que es la más común, tiene la parte superior parduzca y sus partes inferiores blancas contrastan fuertemente con el color oscuro de las puntas y de los bordes posteriores de las alas. La fase oscura es de un intenso color pardo, con la cola más clara. Ambos sexos son similares en color, pero la hembra es hasta un 30 % mayor que el macho. La longitud total varía de 48 cm a 63 cm y el peso, de 510 g a 770 g en el macho, y de 840 g a 1 250 g en la hembra. La longitud del ala varía de 34 cm a 38 cm en el macho y de 37 cm a 43 cm en la hembra.

Distribución

Se extiende por Asia, África y Europa. En la península Ibérica, se encuentra en ciudades tanto costeras como del interior, sin límite de altitud.

Hábitat

En la ciudad es fácil verla mientras sobrevuela parques forestales y grandes jardines, ríos, lagos y estanques.

Biología

El águila calzada puede nidificar en grandes parques y sotos de ríos. La hembra tiene 1 o 2 crías al año y suele iniciar la puesta en los primeros días de mayo. Los pollos son semialtriciales y nidícolas. Dejan el nido en el período de los 50 a los 55 días, pero no alcanzan la independencia de los adultos hasta 3 o 4 semanas después. Suelen reproducirse por primera vez a los 2 o 3 años de edad.

Es una especie solitaria y de costumbres diurnas. Es estival y, aunque existe una pequeña población que inverna en el sur de España, no se sabe si se trata de individuos que nacieron allí o si provienen de latitudes más norteñas. La alimentación de esta rapaz en la ciudad se desconoce aunque, según parece, puede predar sobre palomas.

Interacción con el ser humano

Es comensal del hombre.

Observación

La mejor época de observación es el período de mayo a agosto; el mejor momento, las primeras horas de la mañana, cuando el sol comienza a calentar. Para la observación, conviene buscarla en el borde de los parques y en las zonas de claros. En primavera y al final del verano, es fácil identificarla por su melodioso canto (*kii-kii-kii*).

(F. HIRALDO)

CERNÍCALO PRIMILLA
Falco naumanni

Identificación

Tiene unas alas largas y puntiagudas que le dan una típica silueta de halcón. El macho tiene la cabeza, la cola y las secundarias de un gris azulado que contrasta con el castaño del dorso y el canela ventral. La hembra tiene un plumaje pardo y moteado. Los jóvenes de menos de un año son de color similar a la hembra. Ambos sexos tienen las uñas blancas, lo que diferencia a este cernícalo del vulgar. En vuelo emiten un característico *chek-chek-chek*. La longitud total varía de 28 cm a 31 cm y la longitud del ala de 22,5 cm a 26 cm. El macho pesa entre 90 g y 170 g, y la hembra, entre 140 g y 210 g.

Distribución

Nidifica en áreas disjuntas del sur de Europa, de Asia y del norte de Europa, y todas las poblaciones invernantes pasan el período no reproductor en el África subsahariana. Se encuentra en ciudades de las dos terceras partes más meridionales de la Península, excluido Levante. Sólo muy ocasionalmente nidi-fica a alturas superiores a los 1 000 m sobre el nivel del mar. Es probable que la colonización de las ciudades esté encaminada a evitar la predación.

Hábitat

Cría en edificios pero puede observarse mientras sobrevuela cualquier zona de la ciudad.

Biología

Se reproduce en mechinales, en huecos de paredes o bajo tejas, en edificios antiguos; aunque con menor frecuencia, también nidifica en oquedades de edificios de pisos modernos. En febrero, inicia la ocupación de las colonias y la puesta suele iniciarse en las primeras semanas de mayo. El número de crías anuales varía de 1 a 5. Los pollos son semialtriciales y nidícolas. Vuelan alrededor de los 30 días de edad. Suelen iniciar la reproducción a los 2 años de edad.

El modo de vida puede ser solitario, si bien la mayor parte de la población cría en colonias. Las colonias no suelen estar formadas por más de 40 parejas,

Tipo	**Chordata, cordados**
Clase	**Aves, aves**
Orden	**Falconiformes, rapaces diurnas**
Familia	**Falconidae, halcones**

aunque existen algunas con más de 100. Es una especie estival, aunque una pequeña población inverna en Andalu-

Falco naumanni

cía. Es de hábitos diurnos, pero puede vérsele cazando durante la noche en muchas zonas monumentales iluminadas (ej., el entorno de la Giralda y de la catedral de Sevilla). Se alimenta fundamentalmente de grandes insectos y, ocasionalmente, de lagartijas, pollos de gorriones u otras pequeñas aves, micromamíferos y murciélagos. Se ha comprobado la depredación de adultos y pollos por parte de ofidios, lechuzas, gatos domésticos y ratas. Compite por los huecos de nidificación con estorninos y con grajillas y palomas.

Observación

Los mejores momentos son las primeras horas de la mañana (hasta las 11-12 h) y las últimas de la tarde; la mejor época es de febrero a mayo.

● Nota

En algunos pueblos, consideraban a la hembra una especie distinta del macho, al cual creían producto de un cruce entre una paloma y la hembra.

(F. HIRALDO)

Cat. **Xoriguer petit**
Eusk. **Naumann belatza**
Gal. **Buxarelo**
Por. **Peneireiro-de-dorso-liso**
Fr. **Faucon crécerellette**
It. **Falco grillaio**
Ing. **Lesser Kestrel**

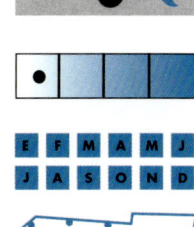

CERNÍCALO VULGAR
Falco tinnunculus

Tipo	**Chordata, cordados**
Clase	**Aves, aves**
Orden	**Falconiformes, rapaces diurnas**
Familia	**Falconidae, halcones**

Identificación

Su pequeño tamaño y su típica silueta de halcón, con alas largas y puntiagu-

Falco tinnunculus

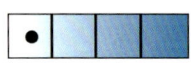

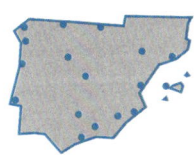

das, permite distinguirlo de otras rapaces urbanas, excepto del cernícalo primilla. El dimorfismo sexual es acusado en color y tamaño. El macho tiene la cabeza y la cola de color gris, en contraste con el castaño moteado de oscuro del dorso y el canela ventral. La hembra tiene un plumaje pardo y moteado, más oscuro en el dorso que en la parte ventral. Los jóvenes de menos de un año son similares a la hembra. Presentan las uñas de color negro, lo que permite distinguirlo del primilla, que las tiene blancas. En cuanto a la voz, los cernícalos vulgares en vuelo emiten con frecuencia un *kii-kii-kii* y los primillas, un *chek-chek-chek*. La longitud total varía de 31 cm a 35 cm y el peso, de 117 g a 257 g en los machos y de 137 g a 260 g en las hembras. La longitud del ala oscila entre los 23 cm y los 26 cm en los machos y entre los 23 cm y los 27 cm en las hembras.

Distribución

Se extiende por Asia, África y Europa. En la península Ibérica, se encuentra en ciudades tanto costeras como del inte-

rior y también en las ciudades de las Baleares.

Hábitat

Vive en cementerios, edificios y solares, pero puede observarse mientras sobrevuela cualquier parte de la ciudad.

Biología

Se reproduce en huecos y repisas, jardineras, terrazas, etc. de edificios antiguos y modernos. Ocasionalmente, utiliza huecos de árboles y nidos viejos de urracas y otras especies. Suele iniciar la puesta a principios de mayo y el número de crías al año oscila entre 1 y 5. Los pollos son semialtriciales y nidícolas. Vuelan alrededor de los 30 días, aunque siguen dependiendo de los padres durante un mes más. Suelen reproducirse a los 2 años de edad. Suele ser solitario. En ocasiones, forma pequeñas colonias monoespecíficas o en asociación con el cernícalo primilla. Las poblaciones españolas son sedentarias, aunque los jóvenes realizan amplios movimientos antes de asentarse como reproductores. Durante el invierno, nos visitan migrantes de latitudes más norteñas. Tiene un ritmo de actividad diurno, pero algunos individuos tienen costumbres crepusculares. Se alimenta de micromamíferos, fundamentalmente jóvenes; también consume lagartijas y grandes invertebrados. Algunos individuos pueden especializarse en la captura de murciélagos, gorriones o vencejos. Es depredada por lechuzas, ratas y gatos domésticos. Puede competir y expulsar de los huecos donde instala el nido a cernícalos primilla, grajillas o palomas bravías.

Interacción con el ser humano

Es comensal con el hombre.

Observación

En edificios antiguos próximos a lugares abiertos, a veces es fácil observarlo en bordes de carreteras y arroyos, dentro de o en los límites de las ciudades. Los mejores momentos son las primeras horas de la mañana y la última de la tarde de los meses de febrero a mayo.

(F. Hiraldo)

ESMEREJÓN
Falco columbarius

Identificación

Es un halcón de vuelo elegante al que su pequeño tamaño y sus largas alas lo asemejan a un gran vencejo. El plumaje, similar en machos y hembras, varía de gris oscuro a pardo oscuro en la parte dorsal, mientras que la zona ventral está densamente estriada de gris pardo. La cola del macho tiene una ancha franja negra terminal, mientras que la de la hembra es color crema y está franjeada de castaño. No tiene bigotera. Los jóvenes son más pardo marrones en el dorso. El dimorfismo sexual es acusado en cuanto al tamaño. La longitud total oscila entre 25 cm y 30 cm. El peso varía de 125 g a 235 g en el macho, y de 165 g a 300 g en la hembra. La longitud del ala varía de 20 cm a 21 cm en el macho y de 21 cm a 22 cm en la hembra.

Tipo	Chordate, cordados
Clase	Aves, aves
Orden	Falconiformes, rapaces diurnas
Familia	Falconidae, halcones

Falco columbarius

Distribución

Se extiende por todo el continente americano, Asia, África y Europa. Si bien en la zona del Mediterráneo, norte de África, y centro y sur de Norteamérica sólo se presenta como invernante. En la península Ibérica no se reproduce, sino que es sólo un visitante invernal muy ocasional en las ciudades del interior, y es raro en Baleares, incluso en invierno.

Hábitat

Vive únicamente en ciudades situadas en llanuras desarboladas.

Biología

No hay constancia de su reproducción en ciudades de la península Ibérica ni Baleares. Su alimentación suele componerse de pájaros pequeños, como estorninos y gorriones, y de forma excepcional captura micromamíferos e insectos. Es un ave diurna, solitaria, escasa en nuestras ciudades, y pasa fácilmente inadvertido. Su introducción en la ciudad parece haber empezado recientemente, en los últimos cincuenta años, y se trata de un fenómeno especialmente importante en Norteamérica.

Observación

Los lugares apropiados son las llanuras y los descampados periféricos de las ciudades. Es más frecuente en las zonas donde existan bandadas de aves de pequeño tamaño, de las que suele alimentarse. La época de más fácil observación es el invierno. Es un ave que se posa y vuela muy bajo. En muchas ocasiones, se la identifica por las rápidas evoluciones que efectúan las bandadas de aves que persigue en sus intentos de eludir su ataque.

(F. HIRALDO)

Cat. **Esmerla**
Eusk. **Belatz Txikia**
Gal. **Falcon paxareiro**
Por. **Esmerilháo**
Fr. **Faucon emerillon**
It. **Smerilio**
Ing. **Merlin**

HALCÓN PEREGRINO
Falco peregrinus

Tipo	**Chordata, cordados**
Clase	**Aves, aves**
Orden	**Falconiformes, rapaces diurnas**
Familia	**Falconidae, halcones**

Identificación
El plumaje, similar en machos y hembras, es muy variable. La parte dorsal

Falco peregrinus

Cat. **Falcó pelegrí**
Eusk. **Belatz handia**
Gal. **Falcón pelegrín**
Por. **Falco-real**
Fr. **Faucon pèlerin**
It. **Falcone pellegrine**
Ing. **Peregrine**

E	F	M	A	M	J
J	A	S	O	N	D

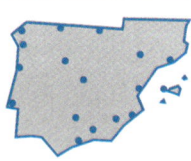

puede variar de gris claro a gris oscuro. La parte inferior es ocre, barrada de gris más o menos oscuro. Los jóvenes son pardo oscuros por encima y en la parte inferior; las motas forman listas en vez de las barras típicas de los adultos. La longitud total oscila entre 36 cm y 48 cm. El peso varía de 445 g a 550 g en el macho, y de 650 g a 920 g en la hembra; y la longitud del ala, de 28 cm a 31 cm en el macho y de 31 cm a 36 cm en la hembra.

Distribución
El halcón peregrino es una especie cosmopolita. En la península Ibérica, se encuentra en ciudades tanto costeras como del interior, sin límite de altitud; también se encuentra en las Baleares. Aunque, como ahora, era escaso en el pasado, antaño se reproducía con frecuencia en las ciudades, mientras que

hoy utiliza más este medio para cazar que para reproducirse.

Hábitat
Se puede observar mientras sobrevuela cualquier parte de las ciudades y suele utilizar como posaderos, de forma continuada, grandes antenas y postes de luz, de televisión, edificios y otros salientes en edificios altos y grandes.

Biología
Se reproduce a partir de abril en cornisas y pequeñas cavidades de edificios altos y grandes. El número de crías anuales varía de 1 a 4. Los pollos son semialtriciales y nidícolas. Vuelan a las 5 o 6 semanas pero continúan dependiendo de los padres durante 1 o 2 meses más. Suelen reproducirse por primera vez a los 2 años de edad, aunque no es raro que la primera reproducción se lleve a cabo a los 3 años. Es una especie solitaria. Tiene un ritmo de actividad crepuscular y puede ser observada cuando caza entre dos luces al amanecer. La población española es sedentaria, pero en la Península invernan individuos de localidades más septentrionales. La base de su alimentación la constituyen las palomas, pero también es típico que deprede estorninos pintos y negros, gorriones o vencejos.

Interacción con el ser humano
Es comensal del hombre.

Observación
Cuando se localiza un área de cría o un posadero, es aconsejable visitarlo antes del amanecer, ya que en poco tiempo podrá observarse al ave mientras caza por las proximidades.

● Nota
Es muy agresivo durante el período reproductor. Cuando alguien se aproxima al nido, puede atacarle chillando con espectaculares picados que superan los 100 km/h. Aunque nunca llega a tocar al intruso humano, sí es capaz de golpear y matar a aves tan grandes como el buitre leonado.

(F. HIRALDO)

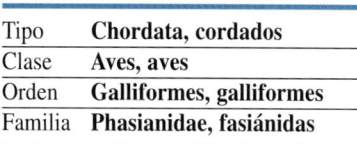

CODORNIZ
Coturnix coturnix

Identificación

La codorniz es la más pequeña de las faisánidas. Tiene el cuello corto, el pico es corto y robusto, y las patas son de longitud media o corta. El plumaje es color arena, listado de oscuro y pálido en cabeza, flancos y dorso; la garganta, las marcas en las mejillas y el collar son negros; las alas son sorprendentemente largas y ligeramente puntiagudas; la cola es muy corta y redondeada. Mide entre 18 cm y 20 cm.

Distribución

Ocupa todo el continente europeo salvo el norte de Inglaterra, Escandinavia e Islandia. Por el este, llega hasta China septentrional y por el sur, hasta el norte de la India, Pakistán, Irán, Turquía y África. Inverna en África, al norte del Ecuador. En la península Ibérica e islas Baleares, se encuentra en ciudades que tengan cultivos cerealistas o forrajeros a su alrededor. Durante el paso migratorio primaveral, también se la encuentra ocasionalmente en ciudades situadas en la ruta de migración.

Hábitat

Como otras especies de esta familia, es un ave de costumbres marcadamente terrestres que en medios urbanos ocupa campos de cultivo cerealistas o forrajeros de la periferia. Existen citas de codornices observadas en núcleos urbanos –sobre todo en jardines y parques– situados en la ruta de migración durante el paso de primavera, pero se trata de un fenómeno inusual.

Biología

Se reproduce de abril a agosto en espacios abiertos (generalmente cultivos cerealistas) anexos a las ciudades. Las hembras crían de 7 a 12 pollos al año y a veces tienen segundas puestas. La codorniz es la única faisánida que realiza migraciones. Es relativamente solitaria y, aunque no es gregaria, acostumbra formar grupos muy esparcidos. La mayor actividad cantora tiene lugar al alba y al atardecer, pero también canta durante todo el día y, en menor grado, durante la noche. Aunque en un sentido estricto no cría en ciudades,

Tipo	**Chordata, cordados**
Clase	**Aves, aves**
Orden	**Galliformes, galliformes**
Familia	**Phasianidae, fasiánidas**

Coturnix coturnix

puede considerarse estival en núcleos urbanos que tienen campos de cultivo a su alrededor.

Observación

Es muy difícil de observar, ya que su ciclo biológico transcurre al amparo de densos cultivos de cereal; es mucho más fácil captar su presencia auditivamente, ya que los machos emiten un canto trisílabo muy conspicuo y de fácil identificación.

● Nota

Son famosas las bíblicas *lluvias de codornices* en el desierto. Indudablemente se trataba de migrantes que, exhaustas, caían a tierra y servían de inesperado *maná*. En 1880, se produjo una notable *lluvia de codornices* en la ciudad de Valencia.

PERDIZ ROJA
ALECTORIS RUFA

La perdiz roja tiene un plumaje bastante oscuro y es fácilmente diferenciable de la perdiz pardilla –la otra especie de perdiz ibérica– por su cabeza marcadamente contrastada y su dorso grisáceo. Su longitud varía de 30 a 34 cm. El carácter no migratorio de esta especie invalida la posibilidad de encontrar individuos instalados en la ciudad pero, por compartir los mismos hábitats de cría que la codorniz, es factible encontrarla en campos de cultivo de la periferia.

(M. Puigcerver, J. D. Rodríguez-Teijeiro, S. Gallego)

Cat. **Guatlla**
Eusk. **Galeper**
Gal. **Paspallás**
Por. **Codorniz**
Fr. **Caille des blés**
It. **Quaglia**
Ing. **Quail**

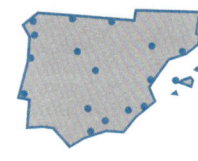

Ejemplar macho de
Coturnix coturnix

Ejemplar hembra de
Coturnix coturnix

GAVIOTA REIDORA
Larus ridibundus

Tipo	**Chordata, cordados**
Clase	**Aves, aves**
Orden	**Charadriiformes, charadriformes**
Familia	**Laridae, gaviotas**

Identificación

Es una gaviota pequeña, gárrula y activa. La cabeza es de color chocolate

Larus ridibundus

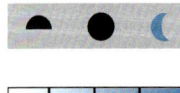

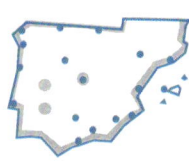

en verano y blanca con una mancha auricular gris en invierno. Las puntas de las alas son negras y tienen una mancha triangular blanca en la parte anterior de las primarias. El plumaje es gris pálido en la mayor parte del dorso y de las alas, y blanco en el resto. Las patas y el pico son de color rojo (adulto). La longitud total oscila entre los 34 cm y los 44 cm, y la del ala, entre los 29 cm y los 31 cm. El macho pesa unos 300 g y la hembra, 250 g.

Distribución

Está presente en Asia y Europa. Es abundante como reproductora en lagos y marismas urbanas de ciudades escandinavas y bálticas. En la península Ibérica, se encuentra en la costa durante el invierno y en el interior en extensos vertederos de basura. Las poblaciones invernantes han ido en aumento (Gijón, de 1 550 en 1989 a 9 400 en 1991;

Madrid, de 22 000 en 1980 a 78 000 en 1996). No cría en ciudades ibéricas. Como otras especies de láridos, frecuenta los puertos de las ciudades durante el invierno desde épocas remotas. La colonización de las ciudades del interior es reciente.

Hábitat

Es de escasa a común en jardines próximos al mar, ríos, lagos y grandes estanques, y abundante en vertederos de basura. Puede tener dormideros en tejados de edificios (Madrid) y sobrevuela las ciudades en grandes bandos al amanecer y al anochecer.

Biología

En la península Ibérica es una especie invernante y no hay ninguna cita de reproducción en nuestras ciudades. Es una especie muy gregaria que forma grandes concentraciones en los dormideros (lagos y embalses periurbanos) y en los comederos (también es colonial durante el período de cría). Mientras reposa en ríos, puertos o estanques, lo hace en grupos y cuando vuela de los dormideros a los comederos y viceversa, forma bandadas que en ocasiones suman centenares o incluso millares de individuos. Es un ave oportunista y, si bien picotea algunos alimentos en ríos, puertos y estanques, su fuente de alimentación principal es la basura de los vertederos. Por su pequeño tamaño, no compite con otras especies en los basureros urbanos durante el invierno.

Interacción con el ser humano

Es comensal. El ser humano ha favorecido el aumento de sus poblaciones con el desarrollo de los vertederos urbanos, la creación de embalses que sirven de dormideros y de diversas estructuras urbanas (puentes, tejados, puertos) útiles para reposar y arreglarse el plumaje. Un estudio específico de las poblaciones madrileñas reveló que éstas gozaban de buena salud y de un buen sistema inmunitario; de ello se desprendía que, en principio, no suponían riesgo alguno para la salud pública.

(F. J. Cantos)

GAVIOTA SOMBRÍA
Larus fuscus

Identificación

El dorso y la parte superior de las alas son oscuros, desde gris pizarra hasta casi negro. La cabeza, la cola y las partes inferiores son blancas. El pico es robusto, amarillo y con una mancha roja; y las patas son amarillas. La longitud total varía de 50 cm a 67 cm; la longitud del ala, de 40 cm a 43 cm. El macho pesa 880 g y la hembra, 755 g.

Distribución

Cría en Islandia, Bretaña, Gran Bretaña, norte de Europa, península Escandinava y oeste de Rusia. En la Península, es escasa, muy localizada como reproductora y cría únicamente en 2 o 3 localidades costeras. Ha aumentado mucho como invernante; es común durante el invierno en las ciudades de las costas atlántica y cantábrica, algo menos en Andalucía oriental y escasa en la costa de Levante. También puede verse en algunas ciudades del interior, especialmente en Madrid y Badajoz, en cuyos vertederos inverna en grandes números. La colonización de estas dos ciudades se remonta a menos de diez años y es un proceso que va en aumento: en Madrid, se ha pasado de los 45 individuos invernantes de 1988 (o 1989) a los 750 de 1996.

Hábitat

Es común en playas y puertos; es abundante en algunos vertederos de basuras, y más escasa en ríos, lagos y estanques.

Biología

Se reproduce en el período que va de abril a junio. La hembra pone 2 o 3 huevos al año, de los que sólo llegan a dejar el nido 1 o 2 pollos. El joven, muy parecido al de las gaviotas patiamarilla y argéntea, está uniformemente moteado de pardo oscuro, tiene el pico negro y las patas de color carne. Tiene costumbres diurnas. Es colonial durante la reproducción, también se concentra en grupos en los dormideros, normalmente en embalses y playas, y se desplaza hacia los vertederos en bandos. Se alimenta en vertederos de basura (Badajoz y Madrid) y sobrevuela las ciudades en sus desplazamientos entre comedero y dormidero. También se alimenta en puertos y en algunos ríos (Manzanares y Guadiana), pero su carácter, más arisco que el de la gaviota reidora o el de la patiamarilla, le impide posarse en los puentes de los ríos que cruzan las ciudades.

(F. J. CANTOS)

Tipo	Chordata, cordados
Clase	Aves, aves
Orden	Charadriiformes, charadriformes
Familia	Laridae, gaviotas

Larus fuscus

Cat. **Gavià fosc**
Eusk. **Kaio iluna**
Gal. **Gaivota escura**
Por. **Gaivota-d´asa-escura**
Fr. **Goéland brun**
It. **Gabbiano zafferano**
Ing. **Lesser black-backed Gull**

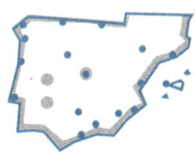

E F M A M J
J A S O N D

GAVIOTA PATIAMARILLA
Larus cachinnans

Tipo	**Chordata, cordados**
Clase	**Aves, aves**
Orden	**Charadriiformes, charadriformes**
Familia	**Laridae, gaviotas**

Identificación

El dorso y la parte superior de las alas son de color gris uniforme; las puntas

Larus cachinnans matando una paloma

Cat. **Gavià argentat de potes grogues**
Eusk. **Kaio hauskara**
Gal. **Gaivota chara**
Por. **Gaivota-argentea**
Fr. **Goeland leucophée**
It. **Gabbiano reale mediterraneo**
Ing. **Yellow-legged Gull**

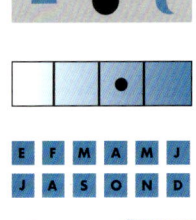

| E | F | M | A | M | J |
| J | A | S | O | N | D |

de las alas, negras con unas manchas blancas. La cola, la cabeza y las partes inferiores son blancas. El pico es robusto, amarillo y con una mancha roja; las patas son amarillas. La longitud total varía de 55 cm a 67 cm y la del ala, de 44 cm a 47 cm. El macho pesa 1 300 g y la hembra, 1 000 g.

Distribución

Se encuentra en las costas del Mediterráneo y en el centro de Asia. En la península Ibérica, es la gaviota más común de las ciudades costeras y, por lo general, es muy escasa en las zonas urbanas del interior. Reproductora especialmente abundante en ciudades costeras de Cataluña y Baleares, también cría en ciudades próximas a grandes lagos, como Bañolas.

Hábitat

Es abundante en playas y puertos, jardines, lagos y estanques. Se ha producido un importante aumento de población durante las últimas décadas, asociado a los desperdicios de los puertos en una primera fase y a la proliferación de vertederos urbanos después.

Biología

Se reproduce desde abril hasta principios de julio en tejados de edificios o en farolas, generalmente próximos al puerto. En Barcelona, los primeros datos de cría urbana en 1981 se localizaban en lugares más bien próximos al mar y, sin embargo, los datos actuales indican una importante dispersión hacia zonas más interiores. Las hembras ponen 2 o 3 huevos al año (a veces hasta 4 o 5), de los que sólo llegan a dejar el nido 1 o 2 pollos.

Es colonial y gregaria. No obstante, una de las principales causas de muerte de los pollos en el nido es la predación por gaviotas, muchas veces de su propia especie y colonia, especialmente si la densidad es alta. Es parcialmente migradora: una parte de la población realiza movimientos hasta considerables distancias y otra parte parece ser sedentaria; existe, según parece, una importante dispersión juvenil. Para descansar y dormir, utiliza estructuras urbanas de todo tipo. Es una especie oportunista; la mayoría de individuos se alimenta en los vertederos próximos a la ciudad, pero algunos se nutren de desperdicios en los puertos o directamente de los cubos y contenedores de basura. Puede actuar como un verdadero predador sobre otras especies, por ejemplo, sobre gaviotas de Audouin o sobre palomas domésticas.

Interacción con el ser humano

Es comensal, ya que se alimenta de sus desperdicios.

Por las molestias que produce durante el período de cría en ciudades donde es abundante como reproductora (ej., La Coruña) o por el gran número de individuos invernales, en ocasiones se toman medidas para controlar su población. En Barcelona, por ejemplo, se retiran ocasionalmente nidos de los tejados, mientras que en La Coruña se las ahuyenta con halcones. Sin embargo, estas medidas no eliminan la causa del incremento poblacional desmesurado, que reside en una gestión inadecuada de los residuos sólidos urbanos.

(F. J. Cantos)

GAVIOTA ARGÉNTEA
Larus argentatus

Identificación

El dorso y la parte superior de las alas son de color gris uniforme. La cola, la cabeza y las partes inferiores se presentan blancas. Las puntas de las alas son negras con manchas blancas. El pico, amarillo, tiene una mancha roja. Las patas rosadas son el mejor recurso para distinguir a esta especie de la gaviota patiamarilla, con la que mantiene una gran similitud. La longitud total varía de 55 cm a 69 cm; la longitud del ala es de 45 cm en el macho y de 42 cm en la hembra. El macho pesa 1 100 g y la hembra, 900 g.

Distribución

Cría en el norte de Europa y el norte de Asia; como invernante, se extiende hacia el sur. Esta especie tiene 6 subespecies reconocidas como mínimo. Actualmente sufren un gran aumento, probablemente a causa de la proliferación de los vertederos urbanos. No cría en la península Ibérica, pero es invernante esporádica y aparece durante el invierno en algunas ciudades de las costas cantábrica y atlántica; hay apariciones más raras en otras ciudades costeras o del interior. Es escasa, rara y esporádica en la Península, pero abundante y en expansión en los países en los que cría.

Hábitat

Se presenta en playas, puertos y edificios portuarios.

Biología

En Gran Bretaña y Francia, anida con gran frecuencia en los tejados de numerosas ciudades costeras. Cría de abril a junio; la hembra pone 2 o 3 huevos, de los que sólo llegan a dejar el nido 1 o 2 pollos.

Es colonial durante la reproducción y forma grupos con numerosos efectivos en los dormideros o cuando se alimenta en vertederos. En la península Ibérica, se alimenta en los puertos; en otras zonas acude con frecuencia a los vertederos de basura próximos a las grandes ciudades, además de frecuentar zonas portuarias y ríos. Es una especie oportunista: durante el período reproductor depreda los huevos y polluelos de otras especies o incluso de la propia. Parece estar implicada en la transmisión de *Salmonella* y otros agentes infecciosos al ganado pero, según parece, no transmite ninguna enfermedad al hombre.

(F. J. Cantos)

Tipo	Chordata, cordados
Clase	Aves, aves
Orden	Charadriiformes, charadriformes
Familia	Laridae, gaviotas

Larus argentatus

Cat. **Gavià argentat de potes rosades**
Eusk. **Kaio Hauskara**
Gal. **Gaivota crara**
Por. **Gaivota-argentea**
Fr. **Goéland argenté**
It. **Gabbiano reale**
Ing. **Herring Gull**

PALOMA BRAVÍA
Columba livia

Tipo	**Chordata, cordados**
Clase	**Aves, aves**
Orden	**Passeriformes, paseriformes**
Familia	**Columbidae, tórtolas y palomas**

Identificación

La forma ancestral típica tiene un plumaje gris azulado, con verde y violáceo

Columba livia

Cat. **Colom roquer**
Eusk. **Aitz-uso**
Por. **Pombo-das-rochas**
Fr. **Pigeon biset**
It. **Piccione selvatico**
Ing. **Rock Dove, Feral Pigeon**

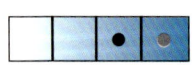

lustroso en los lados del cuello. Tiene el obispillo blancuzco, dos franjas alares anchas y blanco debajo de las alas. En la base del pico aparece una rugosidad muy característica denominada cera. Mide 33 cm de longitud total y 22 cm de longitud del ala, pesa 275 g como media y el macho es un poco mayor que la hembra. Las poblaciones urbanas presentan distintos tipos de plumajes, que varían desde el modelo silvestre (conocido a veces con el término anglosajón *Blue-Bar*) hasta el melánico y el albino, con predominio de marrones y de azulados con grandes manchas negras. La proporción entre unos y otros tipos varía según las ciudades.

Distribución

Es cosmopolita. Los orígenes de su domesticidad se remontan a los tiempos de los romanos, que la criaban como alimento. Las palomas de las ciudades son, en su mayoría, descendientes de ejemplares escapados de la cautividad o soltados por instituciones ciudadanas con un supuesto ánimo de adorno. En la actualidad, sin embargo, las poblaciones están totalmente adaptadas a este ambiente y los nuevos ejemplares proceden de la misma población. Vive en todas las ciudades de la península Ibérica e islas Baleares.

Hábitat

Es común en jardines, solares, cementerios, playas y puertos, y abundante en calles y edificios. Es más escasa en parques forestales, ríos, lagos y estanques y, por lo general, su abundancia depende de la posibilidad de encontrar alimento.

Biología

Se reproduce en agujeros de repisas de edificios, durante todo el año pero sobre todo en abril y mayo. Sin embargo, los parámetros reproductivos varían entre los distintos morfotipos. Los juveniles recién salidos del nido son más pequeños que los adultos y tienen la cera gris y menos evidente. Es una especie gregaria, sedentaria y de costumbres diurnas. Aunque se alimenta de forma discontinua durante la mayor parte del día, tiende a aprovechar las horas matinales para comer y la tarde para descansar. En general, el área de deambulación es bastante pequeña (1,5-5 ha) y hay poco intercambio entre grupos adyacentes. Existen, no obstante, movimientos de inspección entre zonas alternativas, de tal forma que, si las palomas encuentran una zona más favorable, abandonan la primera en favor de esta última. Esta especie aprovecha cualquier tipo de alimento, desde restos de pan, semillas o brotes tiernos hasta tortilla de patatas. En la ciudad, puede ser presa de la gaviota patiamarilla.

Interacción con el ser humano

La paloma bravía es huésped de numerosos parásitos y portadora de *Salmonella*.

● Nota

En algunas ciudades puede llegar a ser una plaga. Por ejemplo en Barcelona, donde su densidad de casi 3 000 palomas por kilómetro cuadrado es de las mayores del mundo.

(J. C. SENAR)

PALOMA TORCAZ
Columba palumbus

Identificación

El color general es un gris azulado uniforme con una ancha franja blanca a través del ala que es muy visible durante el vuelo. El cuello es de color vinoso, con reflejos verdes y púrpuras, y una mancha blanca a cada lado. Es mayor que las demás palomas. Mide de 40 cm a 41 cm de longitud total y pesa 500 g como media.

Distribución

Se extiende por el noroeste de África, Asia occidental, la mayor parte de Europa y el norte de la India. En la península Ibérica, se encuentra en todas las ciudades hasta los 1 700 m de altitud. Sin embargo, no se produce la ocupación masiva de las ciudades, típica de otras regiones de Europa, donde la destrucción del hábitat natural cercano fue causa de que algunas subpoblaciones entraran en el casco urbano. Las primeras observaciones en ciudades europeas se efectuaron en París, en 1830; en fechas posteriores entró en Londres (1834), Berlín (1847), Oldenburg (1853), Milán (1886), Estocolmo (1938), Viena (1940), Budapest (1960) y Múnich (1970). Éste es un buen ejemplo de especie cuyo proceso de sinurbanización está bien documentado.

Hábitat

Especie típica de las zonas con extenso arbolado, frecuenta los parques forestales y los jardines cercanos a bosques. Pese a ser escasa en hábitats urbanos, cuando está presente alcanza densidades de 2,8 parejas/ha, superiores a las del medio silvestre.

Biología

Se reproduce en copas de árboles de gran tamaño y ocasionalmente en edificios. En marzo, comienza el aporte de material al nido y las cópulas se llevan a cabo en abril. La hembra pone 2 huevos blancos en cada puesta y tiene 2 o 3 puestas al año. El pichón es más pardo que los adultos y carece de manchas en el cuello.

Es una especie gregaria que vive en bandos más o menos grandes, especial-

Tipo	Chordata, cordados
Clase	Aves, aves
Orden	Columbiformes, columbiformes
Familia	Columbidae, tórtolas y palomas

mente durante la migración y la invernada, ya que entonces pueden llegar a ser enormes, y aunque no es verdadera-

Columba palumbus

mente colonial, a veces crían varias parejas, unas cercanas a otras. Es migradora parcial: las aves septentrionales se mueven hacia el Sur en invierno y muchas de ellas acuden entonces a la Península. Tiene costumbres diurnas y durante el crepúsculo se reúne en grandes árboles, edificios u otros dormideros. Suele alimentarse en la periferia de las ciudades, sobre todo en el suelo, en campos cultivados y encinares. Su dieta se compone de frutos y semillas (de *Robinia*, almez, etc.) y en particular de bellotas; también consume plantas herbáceas, yemas de fresno y otras plantas y, aunque en menor proporción, moluscos, gusanos e insectos.

Observación

Con prismáticos, entre las copas de los árboles o en vuelo, en los grandes parques suburbanos. Cuando vuela, es fácil de identificar por su conspicua franja alar blanca.

(J. DOMÈNECH)

Cat. **Tudó**
Eusk. **Pagausoa**
Gal. **Pombo**
Por. **Pombo-torquaz**
Fr. **Pigeon ramier**
It. **Colombaccio**
Ing. **Woodpigeon**

E	F	M	A	M	J
J	A	S	O	N	D

TÓRTOLA TURCA
Streptopelia decaocto

Tipo	Chordata, cordados
Clase	Aves, aves
Orden	Columbiformes, columbiformes
Familia	Columbidae, tórtolas y palomas

Identificación

Esta tórtola tiene las partes superiores de un color uniforme, pardo pálido

Streptopelia decaocto

Cat. **Tòrtora turca**
Eusk. **Usapal turkiarra**
Gal. **Rula turca**
Por. **Rola turca**
Fr. **Tourterelle turque**
It. **Tortora dal collare orientale**
Ing. **Collared Dove**

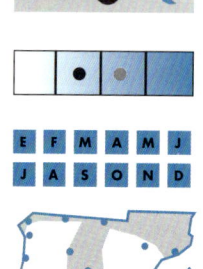

sucio, con medio collar estrecho y negro en la parte posterior del cuello. La cabeza y las partes inferiores son más pálidas y más grises, con matices rosado vinosos, especialmente en el pecho. Los ojos son rojos y las primarias negruzcas destacan sobre el resto del plumaje. La longitud total oscila entre 27 cm y 28 cm, y el peso varía entre 160 g y 200 g.

Distribución

El área de distribución natural de esta especie abarca Corea, China y el sur de Asia, desde Birmania hasta Asia Menor. Su expansión se inició colonizando Estambul en el s. XVIII; de ahí se extendió a principios de siglo hacia los Balcanes y luego, a partir de los años cincuenta, hacia el oeste de Europa. En la Península, las primeras citas se

remontan a 1960, en Asturias. En Santander y Gijón, se citó su cría entre 1970 y 1980, y hoy la especie vive en todas las ciudades de la mitad norte de la Península, hasta los 1 300 m de altitud. Está ausente de las islas Baleares.

Hábitat

Es localmente común en jardines y parques, especialmente si hay zonas de coníferas, donde su densidad de reproducción es de una pareja por hectárea; en invierno, puede llegar a ser abundante en estos hábitats. También se encuentra en paseos con árboles y, accidentalmente, se observa posada en postes o cables de calles sin árboles.

Biología

Se reproduce desde principios de marzo hasta finales de octubre en parques y jardines, especialmente si éstos tienen coníferas. El nido suele disponerse en un árbol de hoja perenne (principalmente en pinos y cipreses) y algunas veces en edificios. La hembra puede realizar 2 o 3 puestas al año de 2 huevos cada una.

Vive en solitario o en parejas, excepto en invierno, ya que entonces forma pequeños bandos. Es sedentaria y se alimenta de granos y semillas.

Observación

Suele ser muy confiada y es fácil de observar en parques y jardines, así como en tejados, cables y antenas de TV de zonas próximas a éstos.

TÓRTOLA COLLARIZA
STREPTOPELIA RISORIA

Esta tórtola es muy similar a la turca, pero su plumaje es de un color ocre cremoso y no muestra contraste con las primarias oscuras. Es una especie introducida cuya presencia en la ciudad se debe a que huyó o fue liberada de la cautividad. Pueden encontrarse individuos aislados en cualquier parte de la Península y en algunas zonas urbanas, especialmente en la zona de Levante, donde puede llegar a formar pequeños grupos.

(J. DOMÈNECH)

TÓRTOLA
Streptopelia turtur

Tipo	**Chordata, cordados**
Clase	**Aves, aves**
Orden	**Columbiformes, columbiformes**
Familia	**Columbidae, tórtolas y palomas**

Identificación

Las partes superiores son de color rojizo arenoso, con los centros de las plumas negros, y tiene una mancha listada de blanco y negro a ambos lados del cuello. La garganta y el pecho son de un color rosado suave, y tiene el pico y las patas rojizos. La longitud total oscila entre los 26 cm y los 29 cm, y el peso es de unos 160 g. Es más pequeña que una paloma y se distingue de ésta por sus formas mucho más gráciles y por su cola negra bien escalonada con bordes blancos.

Distribución

La tórtola se distribuye por el noreste de África, por toda Europa, excepto la parte septentrional, y por el oeste de Asia. En la península Ibérica, cría de un modo abundante en muchas localidades, especialmente en el oeste peninsular y en el cuadrante suroeste, pero es más bien escasa en las ciudades.

Hábitat

Puede llegar a ser común en parques forestales con abundancia de árboles grandes. Es mucho más escasa en los jardines urbanos, pero puede frecuentar jardines vecinales de la periferia urbana.

Biología

Se reproduce desde finales de mayo hasta junio y en las ciudades suele nidificar a mayor altura de lo que es habitual para la especie. Muchas veces lo hace en las copas de los árboles más altos de la zona. En ocasiones los nidos pueden encontrarse próximos, aunque no forman auténticas colonias. El nido es una simple plataforma construida con delgadas ramitas trenzadas y con un tapizado de diversos materiales como hierbas o raíces, donde la hembra realiza 2 puestas de 2 huevos cada una. Los jóvenes son más pardos y apagados que los adultos y carecen de marcas en el cuello.

Vive solitaria, en parejas o en pequeños bandos. Es estival; llega a la Península en abril y se marcha a principios de octubre. Se alimenta de semillas y, en raras ocasiones, de algunos animales, principalmente moluscos.

Observación

No es difícil de observar debido a su costumbre de utilizar posaderos visibles. Los mejores lugares son las zonas arboladas, especialmente cercanas al agua, donde se observa a menudo posada sobre cables o antenas de TV. Al pararse en cualquier posadero, abre la cola como un abanico para detener casi en seco su vuelo, momento en el que el dibujo blanco y negro de la cola es muy visible.

(J. DOMÈNECH)

Streptopelia turtur

Cat. **Tórtora**
Eusk. **Usapal arrunta**
Gal. **Rula común**
Por. **Rôla**
Fr. **Tourterelle des bois**
It. **Tortora**
Ing. **Turtle Dove**

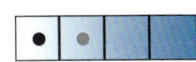

COTORRA DE KRAMER
Psittacula krameri

Tipo	**Chordata, cordados**
Clase	**Aves, aves**
Orden	**Psittaciformes, psitaciformes**
Familia	**Psittacidae, loros y cotorras**

Identificación

Cotorra de cabeza redondeada, con la cola larga y en forma estilizada de

Psittacula krameri

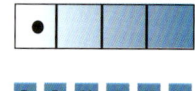

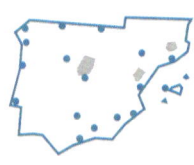

cuña, y de plumaje verde pálido prácticamente uniforme. El macho tiene un collar, que nace debajo del pico, de color negro, y que casi se cierra en la nuca, donde toma un color rosáceo; la parte posterior del píleo y la nuca tienen tonalidades azuladas. La hembra es similar, pero no presenta los tonos azules ni el collar. Ambos sexos tienen el anillo ocular y el pico rojos, y las patas verdes. La longitud total oscila entre los 40 cm y los 41 cm.

Distribución

El área de distribución original de esta especie se extendía por el centro de África y el sureste de Asia. Después ha sido introducida en varias zonas de África, del Próximo y del Lejano Oriente, en EE UU y en algunos países de Europa. En la península Ibérica fue introducida, probablemente de forma involuntaria, a partir de la fuga o abandono de ejemplares cautivos a mediados de la década de los setenta y a principios de los ochenta se produjo un aumento importante de sus efectivos; sin embargo, continúa siendo una especie escasa y localizada cuyas poblaciones no parecen experimentar gran incremento.

Hábitat

Suele vivir en y alrededor de parques, jardines y huertos. La disponibilidad de agujeros para instalar el nido es un factor limitante para la reproducción de esta especie; además, prefiere los árboles superiores a 10 m de altura –que no son muy frecuentes en las ciudades–, por lo que posee un área de deambulación mayor (con frecuencia se observa a este ave a 5 km o incluso 20 km de su núcleo central, por ejemplo, en Barcelona, el parque de la Ciudadela). El hecho de ser más selectiva en cuanto a hábitat que la cotorra gris limita sus posibilidades tróficas y de asentamiento.

Biología

Se reproduce en agujeros, normalmente en árboles. En Inglaterra, a veces cría en tejados o muros. Las hembras ponen 3 o 4 huevos en cada puesta. En el suelo de la cavidad elegida, en ocasiones la hembra construye un tapizado interior con desechos, restos vegetales y plumas. Durante los primeros días la hembra se ocupa de empollar los huevos y es alimentada por el macho. Los pollos son posteriormente alimentados por ambos progenitores mediante regurgitación. Abandonando el nido a las 8 semanas.

La cotorra de Kramer es una especie poco estabilizada y, si bien en estado natural tiende a ser sedentaria, en la península Ibérica puede seguir movimientos erráticos en busca de recursos alimentarios. Tiene un modo de vida gregario, es muy oportunista y se alimenta de semillas y frutos.

(J. Domènech)

COTORRA GRIS DE LA ARGENTINA
Myopsitta monachus

Identificación

Esta cotorra tiene la frente y el pecho grises, la parte baja del pecho amarillenta y el resto del cuerpo verde. Las alas son verdes con tonos azulados. La cola es larga y en forma de cuña; es de color verde y las plumas más externas pueden tener partes inferiores amarillas. Mide de 27 cm a 30 cm de longitud.

Distribución

Su distribución original comprendía desde el centro de Bolivia hasta el sur de Brasil y centro de Argentina. Después ha sido introducida en Europa y zonas de Suramérica, y también en EE UU. En la península Ibérica, existen poblaciones en Andalucía, Baleares, Cataluña, Madrid, Murcia y Valencia. Aunque la mayoría son locales y escasas, tienen tendencia al crecimiento. En algunas ciudades, como Barcelona, la población está creciendo de forma bastante rápida (observaciones esporádicas en 1975, casi 50 en 1985, más de 200 en 1991 y más de 800 en 1994). Estas poblaciones se han originado a partir de individuos huidos de la cautividad o liberados por sus propietarios.

Hábitat

Vive en parques, jardines y calles, siempre que haya palmeras y otros árboles favorables para nidificar. En ocasiones, las ciudades actúan como centro de dispersión de individuos a zonas rurales cercanas.

Biología

Se reproduce de agosto a diciembre, normalmente en palmeras del género Phoenix; ocasionalmente cría en otros lugares, como por ejemplo eucaliptos, antenas de TV o incluso edificios. Construye el nido con ramas más o menos curvas; dicha construcción puede incluir una o varias cámaras, con una o más parejas.
Nidifica en solitario o en colonias, pero es una especie altamente social. Los miembros de un nido comunal lo defienden de forma cooperativa frente a posibles depredadores mediante ataques y gritos. Es sedentaria. Tiene costumbres diurnas. La dieta, muy variada,

Tipo	Chordata, cordados
Clase	Aves, aves
Orden	Psittaciformes, psitaciformes
Familia	Psittacidae, loros y cotorras

incluye semillas, frutos, flores y larvas de insectos, e incluso hierba o pan suministrado por las personas. Es com-

Cotorra argentina

petidora del mirlo por los frutos de las palmeras y ocasionalmente compite con la paloma doméstica por los lugares de nidificación en edificios. No se han observado interacciones con el gorrión común, si bien esta especie cría a menudo entre las ramas de los nidos de cotorras.

Interacción con el ser humano

Puede causar molestias por contaminación acústica y destrucción de plantas y ramas de árboles en jardines o cultivos.

Observación

El momento adecuado para observarla es la mañana, momento del día en que esta especie es más activa. Es fácil de identificar por los gritos que revelan su presencia.

● Nota

Es sorprendente que, pese a tratarse de una especie propia de las zonas tropicales, sea capaz de soportar temperaturas muy bajas, ya que, por ejemplo, existe una colonia establecida en Bruselas, donde las temperaturas invernales descienden hasta –15 °C.

(J. DOMÈNECH)

Cat. **Cotorra de pit gris**
Gal. **Periquito de peito cinzento**
Por. **Periquito-cinzento-da Argentina**
It. **Pappagallo monaco**
Ing. **Monk parakeet**

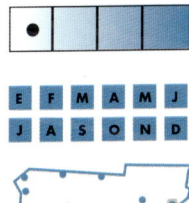

E	F	M	A	M	J
J	A	S	O	N	D

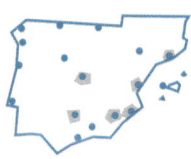

LECHUZA COMÚN
Tyto alba

Tipo	**Chordata, cordados**
Clase	**Aves, aves**
Orden	**Strigiformes, rapaces nocturnas**
Familia	**Tytonidae, lechuzas**

Identificación

Está desprovista de *orejas*, las partes superiores son anaranjadas, moteadas

Tyto alba

Cat. **Òliba**
Eusk. **Hontza zuria**
Gal. **Curuxa común**
Por. **Coruja-das-torres**
Fr. **Chouette effraie**
It. **Barbagianni**
Ing. **Barn Owl**

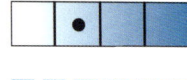

E	F	M	A	M	J
J	A	S	O	N	D

de gris negruzco y de blanco, y las partes inferiores blancas, a veces con algunas motas negras. Los ojos son negros y el disco facial tiene una forma típica parecida a un corazón. Las hembras son ligeramente mayores que los machos, pero tienen la misma coloración. La longitud total varía de 33 cm a 39 cm y la longitud alar, de 26 cm a 31 cm en ambos sexos. El peso varía de 290 g a 450 g en las hembras y de 280 g a 365 g en los machos.

Distribución

Es una especie cosmopolita que vive en Europa, África, América del Sur y del Norte (excepto la parte más septentrional), en la península Arábiga, India e Indochina. Se encuentra en casi toda la Península y en las islas Baleares, excepto en las zonas frías y de alta montaña.

Hábitat

Está muy ligada a construcciones que le ofrezcan refugio y de ahí que sea común en edificios. También vive en parques forestales umbrosos, pero es más escasa.

Biología

Nidifica en huecos profundos de edificios, en muros, bajo tejados, bóvedas, desvanes, pajares, etc., siempre en lugares oscuros. Muy ocasionalmente anida en huecos de árboles viejos. Aunque puede criar en cualquier estación del año, habitualmente lo hace entre febrero y noviembre. El número de crías al año puede variar entre 1 y 12, aunque más habitualmente varía entre 3 y 6. Los pollos son altriciales y nidícolas. El primer plumón es de un gris blanquecino y el segundo plumón es blanco; los pollos vuelan entre los 50 y los 55 días y su independencia se produce entre los 70 y los 90 días. La lechuza común es solitaria y vive en parejas territoriales, aunque en ocasiones pueden encontrarse varios individuos en zonas propicias, tales como catedrales y castillos. Es sedentaria y estrictamente nocturna. Se alimenta principalmente de roedores (ratón común, *Mus spretus*, ratón de campo, *Apodemus sylvaticus* y otros) y de aves pequeñas (fundamentalmente, del gorrión común, *Passer domesticus*). Puede ser presa ocasional de gatos domésticos.

Interacción con el ser humano

Es de destacar su utilidad como depredador de ratones y otros roedores.

Observación

Es fácil verla volar en zonas iluminadas cercanas a los lugares de cría. También se identifica rápidamente gracias a su peculiar grito.

● Nota

Es conocida la leyenda acerca de su afición al aceite de las lámparas. Antiguamente se la consideraba un ave de mal agüero.

(J. A. DONAZAR)

AUTILLO
Otus scops

Tipo	**Chordata, cordados**
Clase	**Aves, aves**
Orden	**Strigiformes, rapaces nocturnas**
Familia	**Strigidae, estrígidos**

Identificación
Es el búho con *orejas* más pequeño de nuestra fauna (tiene el tamaño de un mirlo). Tiene el iris amarillo y un plumaje mimético, pardo grisáceo y rayado de negro. Cuando se alarma, el autillo adopta una postura alargada y a menudo se adosa al tronco de un árbol. Las hembras son ligeramente mayores que los machos, pero tienen el mismo plumaje. La longitud total varía de 20 cm a 21 cm; y la longitud alar, de 14,5 cm a 16 cm. El peso medio es de 98 g en las hembras y de 83 g en los machos.

Distribución
Se extiende por las zonas templadas de Europa y Asia, y por el Mediterráneo africano. Está presente en toda la Península, pero es más escaso en las regiones húmedas y montañosas.

Hábitat
Siendo común en zonas arboladas de ambientes mediterráneos, en la ciudad frecuenta sobre todo los jardines y parques forestales umbrosos. También se encuentra, aunque es más escaso, en cementerios y parques forestales secos.

Biología
Se reproduce de abril a julio en huecos de árboles, muros agujereados, y en viejos nidos de córvidos. No construye un nido propiamente dicho. El número de crías anuales varía de 4 a 5. Los pollos son altriciales y nidícolas. Al tercer día abren los ojos y están recubiertos de plumón blanco durante el primer estadio. A los 6 días nacen las primeras plumas y la independencia se adquiere entre los 30 y los 40 días. Los jóvenes adquieren a edad muy temprana la conducta de quedar inmovilizados ante un eventual peligro. Es estival y está presente en la Península de abril a agosto. Es solitario y vive en parejas territoriales. Es de costumbres nocturnas y se le puede ver volando alrededor de alguna farola

Otus scops

encendida. Se alimenta principalmente de insectos y de otros artrópodos; también consume micromamíferos (roedores e insectívoros), reptiles y pequeñas aves. A su vez, es presa de gatos domésticos, de cárabos y de lechuzas comunes.

Interacción con el ser humano
Es un ave beneficiosa, ya que muestra un elevado consumo de invertebrados.

Observación
Es fácil de identificar por el canto, un silbido persistentemente repetido, muy similar al del sapo partero o al ruido de un sonar. Por el contrario, su plumaje es difícil de distinguir de la corteza de los árboles.

(J. A. DONAZAR)

Cat. **Xot**
Eusk. **Apo-hontza**
Gal. **Moucho das orellas**
Por. **Mocho-pequeno-d'orellas**
Fr. **Hibou petit-duc**
It. **Assiolo**
Ing. **Scops Owl**

MOCHUELO COMÚN
Athene noctua

Tipo	**Chordata, cordados**
Clase	**Aves, aves**
Orden	**Strigiformes, rapaces nocturnas**
Familia	**Strigidae, estrígidos**

Athene noctua

Cat. **Mussol comú**
Eusk. **Mozolo arrunta**
Gal. **Moucho común**
Por. **Môcho-galego**
Fr. **Chouette chevêche**
It. **Civetta**
Ing. **Little Owl**

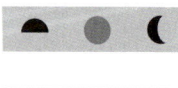

Identificación
Esta rapaz nocturna sin *orejas* tiene un plumaje mimético en el dorso compuesto por pequeñas motas blancas sobre un fondo achocolatado, y el pecho y el vientre blancos y manchados de pardo. El iris es amarillo. Las hembras son ligeramente mayores que los machos, pero tienen el mismo plumaje. La longitud total varía de 23 cm a 27,5 cm y la longitud alar oscila entre los 15 cm y los 17 cm. El peso varía de 120 g a 207 g en las hembras y de 108 g a 210 g en los machos.

Distribución
Se extiende por el centro y el sur de Europa, el centro de Asia y el norte de África, incluidos algunos puntos aislados del Sáhara. En la península Ibérica, vive en zonas urbanas tanto costeras como del interior, por lo general a menos de 800 m de altitud. Está ausente de las Baleares.

Hábitat
En la ciudad, frecuenta parques forestales, jardines, cementerios, solares y edificios, hábitats en los que siempre es bastante escaso. Es algo más frecuente en hábitats similares de las zonas periurbanas y de pequeñas poblaciones. Puede llegar a ser común en zonas periurbanas de ambientes muy mediterráneos. Prefiere vivir en zonas en donde no nieve en invierno, ya que con nieve en el suelo no puede desarrollar su estrategia de caza.

Biología
Se reproduce de marzo a agosto en huecos de edificios y árboles, en taludes y escombreras, raramente a ras del suelo. El número de crías anuales varía de 1 a 5. Los pollos son altriciales y nidícolas; tienen un plumón blanco durante el primer estadio y vuelan entre los 30 y los 35 días.
Es solitario y vive en parejas territoriales. Es sedentario y principalmente nocturno, aunque puede desplegar su actividad a cualquier hora del día. Su alimentación en la ciudad es desconocida, pero es muy probable que se base en micromamíferos e invertebrados; también es posible que consuma pequeñas aves y murciélagos. En el suelo, captura gusanos.

Interacción con el ser humano
Es un ave beneficiosa por depredar roedores e invertebrados.

Observación
Es fácil de observar durante el crepúsculo, ya que entonces se posa en lugares destacados, como postes, tejados, vallas y extremos de ramas. Durante el día, se puede observar mientras toma el sol en la boca de oquedades.

(J. A. DONAZAR)

CÁRABO COMÚN
Strix aluco

Identificación

Es un búho de tamaño mediano que tiene la cabeza grande y redondeada, y las alas relativamente cortas. El iris es negro y el plumaje moteado, sobre un fondo que varía de gris a pardo rojizo. Las hembras son ligeramente mayores que los machos, pero tienen el mismo plumaje que éstos. La longitud total oscila entre los 41 cm y los 46 cm; la longitud alar, entre los 27 cm y los 29,5 cm. Los machos son algo menores que las hembras. El peso varía de 395 g a 475 g en las hembras y de 331 g a 450 g en los machos.

Distribución

La especie se distribuye por las zonas templadas de Europa y Asia. En África, únicamente se la encuentra en el Magreb mediterráneo. Ocupa toda la Península. Está ausente de las islas Baleares.

Hábitat

Se encuentra ocasionalmente en parques forestales umbrosos y en edificios.

Biología

Se reproduce de febrero a julio en huecos de árboles añosos y en oquedades de edificios. Sólo ocasionalmente cría en edificios de áreas totalmente urbanizadas. El número de crías anuales varía de 1 a 5. Los pollos son altriciales y nidícolas; tienen un plumón blanco durante el primer estadio, vuelan entre los 28 y los 37 días, y adquieren la independencia entre los 75-90 días. Es una especie solitaria que vive en parejas territoriales; esta territorialidad es causa de que el número de parejas instaladas en grandes parques siempre sea bajo (aproximadamente, una pareja por km²). Es sedentario, si bien algunos individuos no reproductores se ausentan de los parques durante el invierno. Su ritmo de actividad es estrictamente nocturno. En el centro de las ciudades, se alimenta principalmente de aves (hasta el 90 % del total de presas) y más específicamente de gorriones comunes, mientras que en zonas suburbanas, las ratas grises forman una parte importante de la dieta.

Tipo	Chordata, cordados
Clase	Aves, aves
Orden	Strigiformes, rapaces nocturnas
Familia	Strigidae, estrígidos

Strix aluco

Interacción con el ser humano

Es de destacar su utilidad como depredador de ratas y otros roedores.

Observación

Aunque la observación directa es difícil, la especie se identifica fácilmente por su canto.

● Nota

Existe la posibilidad de que las aves adultas ataquen a las personas que se acerquen demasiado al nido durante la noche o que recojan pollos caídos del árbol. Los ataques pueden ser peligrosos, ya que tienen como objetivo el rostro. Hay que abstenerse, por tanto, de acercarse a los nidos.

(J. A. DONAZAR)

Cat. **Gamarús**
Eusk. **Urubi**
Gal. **Avelanoia**
Por. **Coruja-do-mato**
Fr. **Chouette hulotte**
It. **Alloco**
Ing. **Tawny Owl**

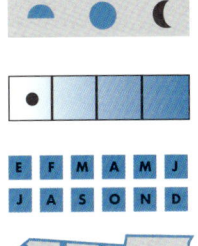

E	F	M	A	M	J
J	A	S	O	N	D

VENCEJO COMÚN
Apus apus

Tipo	Chordata, cordados
Clase	Aves, aves
Orden	Apodiformes, vencejos y colibrís
Familia	Apodidae, vencejos

Identificación

El plumaje es negruzco; las alas, largas y en forma de guadaña, y la cola, corta

Apus apus

Cat. **Falciot negre**
Eusk. **Sorbeltz**
Gal. **Vencello común**
Por. **Andorinhâo-preto**
Fr. **Martinet noir**
It. **Rondone**
Ing. **Swift**

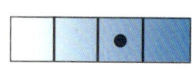

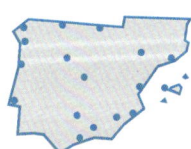

y ahorquillada. La longitud del ala es de 17 cm y pesa 39 g. Su vuelo es muy rápido y da rápidos aleteos manteniendo las alas tiesas. Emite un chillido agudo y penetrante en vuelo y en el nido.

Distribución

Está presente en toda Europa, parte de Asia central y norte de África. Se encuentra en toda la península Ibérica e islas Baleares.

Hábitat

Vuela en espacios abiertos sobre todo tipo de terreno, desde parques y jardines hasta solares y playas. Nidifica en agujeros de edificios, preferentemente en los antiguos, porque su diseño arquitectónico facilita la existencia de oquedades.

Biología

Anida de mayo a julio. En las inmediaciones del nido suele desplazarse en grupos con un vuelo raudo y muy ruidoso. Tiene 1 cría al año. El pollo nace totalmente desnudo y a los pocos días se cubre de un plumón gris; posteriormente, aparecen las plumas definitivas. Los pollos están adaptados para sobre-

vivir a un ayuno de nueve días (sin comer ni beber), lo que les permite superar los períodos de tiempo adverso (lluvias y tiempo frío) durante los cuales los adultos no encuentran alimento. Durante los primeros dos años, los jóvenes duermen en vuelo. Al llegar la noche, ascienden y permanecen en zonas en las que las corrientes de aire facilitan su sustentación, disminuyendo el número de aleteos y entrando en una especie de *sopor*. Este comportamiento también lo adoptan a veces los adultos. Los techos de vuelo en cielo diáfano se sitúan entre 2 000 y 3 000 metros. Es una especie social: forma colonias de cría muy numerosas y se alimenta en grupos aunque no de una forma coordinada. Es estival y diurno, a pesar de que en la ciudad se observa sobre todo durante las primeras horas de la mañana y últimas de la tarde; durante el día se observan algunos individuos, pero en números sensiblemente menores. Se alimenta de insectos aéreos (aeroplancton) y, si bien no suele alimentarse en la ciudad, puede hacerlo sobre enjambres de hormigas en vuelo nupcial y pulgones. La interacción con otras especies urbanas se reduce a una posible competencia por los lugares de cría con otras aves, como palomas y gorriones, que también utilizan oquedades en paredes. Cuando los espacios de cría son abundantes, estas especies pueden coexistir sin conflictos.

Interacción con el ser humano

Es un ave beneficiosa ya que se alimenta de insectos: hormigas, pulgones, mariposas nocturnas, etc. En un período reproductor, una pareja de vencejos con pollos puede destruir unos 20 000 insectos y arañas.

● Nota

Se las ha llamado *aves del diablo* por su coloración negra. La creencia de que si un vencejo cae a tierra, no puede despegar debido a sus cortas patas es errónea. Responde al hecho de que los vencejos que se encuentran en el suelo son animales enfermos que no pueden levantar el vuelo.

(J. D. RODRÍGUEZ TEIJEIRO)

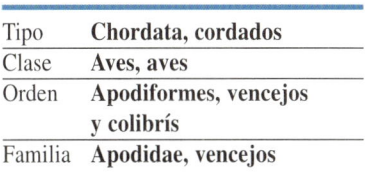

VENCEJO PÁLIDO
Apus pallidus

Identificación

Tiene las alas largas en forma de guadaña, y la cola corta y ahorquillada. Durante el vuelo, que es muy veloz, da rápidos aleteos y mantiene las alas tiesas. El plumaje es negruzco, aunque con buena luz puede verse que es más marrón que el vencejo común y que tiene un mayor contraste entre las primarias, más oscuras, y el resto del ala y el cuerpo. La longitud del ala es de 17 cm y pesa 38 g. Emite un sonido más melodioso que el vencejo común.

Distribución

Está presente en toda la cuenca mediterránea, Próximo Oriente y África. Se encuentra en todas las ciudades costeras mediterráneas y las del cuadrante sureste de la Península hasta Cáceres. Su límite son los 500 m de altitud. También se encuentra en las Baleares.

Hábitat

Utiliza los edificios de las ciudades para ubicar el nido y el espacio aéreo de la ciudad para los vuelos de interacciones sociales. Se alimenta en espacios abiertos, sobre hábitats similares a los del vencejo común. A excepción de Cáceres y alguna otra ciudad donde es más común que esta última especie, no suele abundar en el medio urbano.

Biología

Anida en todo tipo de edificios, pero sobre todo en los antiguos porque su diseño arquitectónico favorece la existencia de oquedades. En algunas ciudades utiliza con preferencia edificios costeros. Los nidos suelen estar situados en lugares donde el ave pueda llegar volando, a diferencia del vencejo común, que puede desplazarse andando un trecho hasta el agujero de entrada. Se reproduce de marzo a octubre y tiene 1 o 2 crías al año. El pollo nace totalmente desnudo y a los pocos días se cubre de un plumón gris; posteriormente, aparecen las plumas definitivas. Es social pero no forma colonias tan numerosas como las del vencejo

Tipo	Chordata, cordados
Clase	Aves, aves
Orden	Apodiformes, vencejos y colibrís
Familia	Apodidae, vencejos

común. Es de costumbres diurnas, aunque en la ciudad se observa principalmente a primeras horas de la mañana y

Apus pallidus

al atardecer. Se alimenta de insectos aéreos (aeroplancton). La ciudad no es su lugar habitual de alimentación, pero a veces la utiliza para alimentarse de pulgones y de hormigas en vuelo nupcial. No hay interacción con otras especies urbanas.

Interacción con el ser humano

Es beneficioso ya que se alimenta de insectos.

Observación

Cuando el sol no está muy alto, la luz facilita la identificación al crear más contraste entre la parte dorsal oscura de las primarias y el resto del cuerpo, lo que evita confundirlo con el vencejo común.

(J. D. RODRÍGUEZ TEIJEIRO)

Cat. **Falciot pàl·lid**
Eusk. **Sorbeltz arre**
Gal. **Vencello apardado**
Por. **Andorinhâo pálido o andorinhâo do mar**
Fr. **Martinet pâle**
It. **Rondone pallido**
Ing. **Pallid Swift**

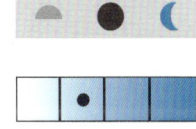

VENCEJO REAL
Apus melba

Tipo	Chordata, cordados
Clase	Aves, aves
Orden	Apodiformes, vencejos y colibrís
Familia	Apodidae, vencejos

Apus melba

Cat. **Ballester**
Eusk. **Malkor-sorbeltz**
Gal. **Andurón**
Por. **Andorinhâo-de-ventre-branco**
Fr. **Martinet alpin**
It. **Rondone alpino**
Ing. **Alpine Swift**

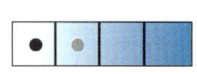

Identificación
Las alas son largas y en forma de guadaña; la cola, corta y ahorquillada. Es de mayor tamaño que el vencejo común. La garganta y el vientre son blancos y están separados por una banda oscura. La longitud del ala es de 22 cm y pesa 88 g. Emite un trino fuerte, con ascensos y descensos.

Distribución
Está presente en África, Europa (por debajo de los 48º de latitud) y Asia, desde Palestina hasta la India. Se encuentra en toda la Península con la excepción de las ciudades de la cornisa cantábrica. En la costa gallega atlántica, se puede observar en puntos concretos. También vive en las islas Baleares. No comenzó a nidificar en edificaciones humanas hasta la década de los sesenta. La colonización es espontánea. Es más bien escaso, aunque durante la última década han aumentado sus colonias en Barcelona y parece que así ocurre en otras ciudades.

Hábitat
Espacios abiertos sobre todo tipo de terreno, ya que se alimenta de insectos aéreos (aeroplancton).

Biología
Se reproduce de marzo a octubre en las partes altas de edificios, sobre todo en zonas periféricas de las ciudades; según parece, prefiere que las entradas al nido no sean redondas, por las que pueda pasar holgadamente y que ofrezcan una salida despejada. Las parejas tienen 1 cría cada año. Los estadios de crecimiento son similares a los del vencejo común.
Es una especie social, aunque no forma colonias tan numerosas como las del vencejo común; la discontinuidad de las colonias probablemente se deba a que es más exigente en la búsqueda de lugares adecuados para la cría. Es un ave estival que tiene hábitos diurnos, aunque en la ciudad se observa a primera hora de la mañana y al atardecer. Pueden ser observados con facilidad mientras vuelan por la noche aprovechando la iluminación de la ciudad cerca de las colonias. Tiene una dieta insectívora; la ciudad no es su lugar de alimentación habitual aunque puede serlo ocasionalmente.

Interacción con el ser humano
Es un ave beneficiosa, ya que se alimenta de insectos.

(J. D. Rodríguez Teijeiro)

ABUBILLA
Upupa epops

Tipo	**Chordata, cordados**
Clase	**Aves, aves**
Orden	**Coraciiformes, coraciformes**
Familia	**Upupidae, upúpidos**

Identificación

Es un ave de tamaño mediano, con plumaje corporal rosadoanaranjado, y las alas y la cola negras con líneas blancas. Posee una llamativa cresta desplegable con puntos negros en los extremos de las plumas. El pico es proporcionalmente muy largo, fino y algo curvado hacia abajo. En vuelo, recuerda una mariposa con un diseño blanco y negro en las alas muy visible. El macho tiene el pecho rosado y el vientre levemente estriado de oscuro, sobre todo en los costados. La hembra posee una coloración más apagada, con el babero claro, en ocasiones blanco, el pecho más marrón y con abundantes líneas oscuras en el vientre. La longitud total varía de 26 cm a 28 cm y el peso, de 58 g a 80 g.

Distribución

Está presente en una amplia área que abarca Asia, África y Europa. Se encuentra en ciudades de toda la península Ibérica y Baleares con hábitats propicios para su alimentación, si bien es más abundante en el área de clima mediterráneo. Es un ave estival en la península Ibérica, aunque en la vertiente mediterránea y la mitad sur existen poblaciones sedentarias.

Hábitat

Prefieren las zonas con árboles dispersos y suelo descubierto donde encontrar invertebrados. Es frecuente en grandes solares y parques forestales secos. Es un ave escasa, sobre todo en grandes ciudades. No obstante, por su tamaño, coloración contrastada, canto inconfundible y amplio radio de movimientos, si está presente, es fácil de observar.

Biología

Nidifica en todo tipo de agujeros con dimensiones adecuadas, árboles, edificios, muros e incluso entre montones de piedras o escombros. Se reproduce de marzo a junio y puede criar 1 o 2 polladas. Es un ave solitaria que puede verse en parejas durante la época de reproducción y en pequeños grupos durante el invierno o la migración. Se alimenta principalmente de invertebra-dos del suelo, sobre todo de insectos, aunque también consume con frecuencia reptiles pequeños (culebras ciegas y lagartijas).

Upupa epops

Interacción con el ser humano

Es una especie muy beneficiosa puesto que se alimenta de gran cantidad de larvas de insectos y en especial de grillos-topo, especies que son muy dañinas para los cultivos.

Observación

Los mejores momentos son las primeras horas de la mañana, sobre todo durante la primera mitad de la primavera. Las áreas donde son más fácilmente observables son sus zonas típicas de alimentación, como las áreas tapizadas con hierba corta y los descampados. El canto es inconfundible, es un monótono *puuu-puuu-puuu* emitido a gran volumen desde posaderos elevados.

● Nota

Cuando están en el nido, las hembras y los pollos segregan por la glándula uropigial un líquido de olor nauseabundo que es usado como defensa cuando son acosados por un depredador.

(M. MARTÍN-VIVALDI)

Cat. **Puput**
Eusk. **Argi-oilarra**
Gal. **Bubela**
Por. **Poupa**
Fr. **Huppe**
It. **Upupa**
Ing. **Hoopoe**

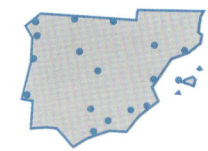

E F M A M J
J A S O N D

ALONDRA COMÚN
Alauda arvensis

Tipo	**Chordata, cordados**
Clase	**Aves, aves**
Orden	**Passeriformes, paseriformes**
Familia	**Alaudidae, aláudidos**

Identificación
Tiene un plumaje pardo listado y bordes blancos en la cola. Tiene las partes superiores marrones, muy listadas de

Alauda arvensis

Cat. **Alosa vulgar**
Eusk. **Pirripio**
Gal. **Laberca**
Por. **Laverca**
Fr. **Alouette des champs**
It. **Lodola**
Ing. **Skylark**

negro, y las partes inferiores blanco ocráceas, con el pecho marcadamente listado. Los bordes posteriores de las alas muestran un color blancuzco en vuelo. Tiene una cola corta y redondeada, a menudo prominente. La longitud total varía de 17 cm a 18 cm y el peso, de 23 g a 45 g. Los jóvenes difieren de los adultos únicamente en que tienen las partes superiores más oscuras.

Distribución
Se extiende por Asia, el norte de África y Europa. Se encuentra en toda la Península y es abundante sobre todo en el norte y el centro. Hay un aporte importante de aves invernantes y de paso. No cría en las Baleares, donde

sólo hay individuos invernantes y de paso.

Hábitat
Tiene un modo de vida muy asociado al suelo de zonas abiertas, campos baldíos, grandes solares y zonas aeroportuarias. Es escasa en la ciudad, excepto en época de paso.

Biología
La reproducción en la ciudad es poco frecuente. Cría en el suelo, en grandes solares y campos baldíos de la periferia; también en zonas aeroportuarias, y más raramente en el centro de la ciudad. La formación de parejas se inicia en febrero. La hembra realiza 2 o 3 puestas de 3, 4 o más huevos cada una. La incubación dura entre 11 y 14 días. Los jóvenes abandonan muy pronto el nido, cuando cuentan tan sólo con 9 o 10 días de edad y aún no pueden volar. A las tres semanas de nacer, las jóvenes alondras ya pueden volar y comer por sí mismas.

Es solitaria, si bien suele formar bandos en otoño e invierno. En la Península, es una especie sedentaria y en invierno se produce un importante aumento de la población con los individuos invernantes procedentes de países del centro y norte de Europa (Alemania, Francia, Países Bajos, Finlandia, etc.). Tiene costumbres diurnas, aunque ocasionalmente canta de noche en días despejados de primavera y con luna llena. Se alimenta de semillas, granos, insectos, gusanos e incluso de pequeños caracoles.

Observación
Es especialmente fácil en invierno, por el mayor número de individuos. También en época de reproducción, por su espectacular vuelo de canto; entonces es fácil observar a la alondra mientras se remonta y se cierne al tiempo que canta. Este vuelo es utilizado por las hembras para valorar la potencia de los machos.

(J. DOMÈNECH)

GOLONDRINA COMÚN
Hirundo rustica

Identificación

Tiene las partes superiores de color azul metálico. Las partes inferiores son blancas y con una banda pectoral negra; la garganta y la frente, de color castaño rojizo oscuro. Las alas son negruzcas y tienen el extremo de color azul metálico oscuro. La cola es negruzca y con pequeñas manchas blancas en los extremos de las rectrices internas. Las patas y el pico son negros. Las rectrices externas son mayores en los machos (macho: 9,8 cm; hembra: 8,6 cm), carácter de especial importancia en la elección de la pareja. La longitud total es de 19 cm; la longitud del ala, de 12 cm; y el peso, de entre 20 g y 20,5 g.

Distribución

Es cosmopolita y es la más extendida de las golondrinas. Su distribución abarca desde el círculo polar en Fenoescandia, Alaska y Siberia hasta más al sur del Trópico de Cáncer, en México, Sudán, China y Vietnam. En la Península e islas Baleares, vive en ciudades tanto costeras como del interior hasta los 1 000 m de altitud.

Hábitat

Vive en ambientes antrópicos; es más común en entornos rurales y cada vez más escasa en las ciudades. Cría en el interior de edificios, preferentemente antiguos y tranquilos, donde construye su típico nido en forma de taza adosada a la pared. Utiliza la ciudad para alimentarse, reposar y reproducirse. Está adaptada al ambiente humano desde hace cientos o incluso miles de años (ya fue citada por Aristóteles).

Biología

Se reproduce desde febrero hasta septiembre y se llevan a cabo 2 o incluso 3 puestas al año. Los pollos permanecen en el nido durante 21 días. Las hembras seleccionan a los machos por la longitud de la cola, que les indica la resistencia de éste a los parásitos y enfermedades, y su capacidad de aportar alimento a las crías.
En la ciudad, la golondrina anida en solitario o en agrupaciones de pocos

Tipo	**Chordata, cordados**
Clase	**Aves, aves**
Orden	**Passeriformes, paseriformes**
Familia	**Hirundinidae, aviones y golondrinas**

nidos; en los ambientes más rurales de la periferia, es más gregaria y cría en granjas, establos y graneros. Tolera la

Hirundo rustica

presencia humana. Es un ave migradora que muestra una acusada filopatria. Las llegadas a la Península se producen a partir de enero y las poblaciones más sureñas parten en el período de julio y agosto. Inverna en el África transahariana. Tiene un vuelo fuerte y ágil (8 m/s), con frecuentes quiebros. Es estrictamente diurna. Se alimenta exclusivamente de insectos que atrapa al vuelo.

Interacción con el ser humano

Reporta beneficios por la gran cantidad de insectos que ingiere.

Cat. **Oreneta vulgar**
Eusk. **Enara o Arrunta**
Gal. **Anduriña común**
Por. **Andorinha-das-chaminés**
Fr. **Hirondelle de cheminée**
It. **Rondine**
Ing. **Swallow**

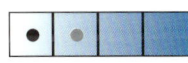

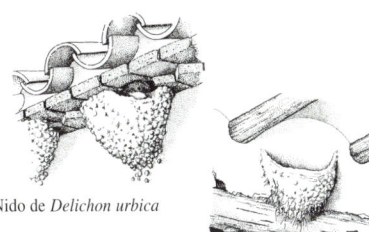

Nido de *Delichon urbica*

Nido de *Hirundo rustica*

● Nota

Existen varios refranes que aluden a esta especie. Por ejemplo, «Una golondrina no hace verano» o «Más caga un buey que cien golondrinas».

(F. DE LOPE)

AVIÓN COMÚN
Delichon urbica

Tipo	**Chordata, cordados**
Clase	**Aves, aves**
Orden	**Passeriformes, paseriformes**
Familia	**Hirundinidae, aviones y golondrinas**

Identificación
Su plumaje es negro, blanco y azulado. El pico es corto, triangular y plano; y

Delichon urbica

Cat. **Oreneta cuablanca**
Eusk. **Enara azpizuria o Enar ipur-zuri**
Gal. **Anduriña do cu branco**
Por. **Andorinha-dos-beirais**
Fr. **Hirondelle de fenêtre**
It. **Balestruccio**
Ing. **House Martin**

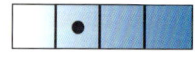

el cuello, corto. Tiene las alas largas y afiladas, la cola corta y ahorquillada, y los tarsos cortos y emplumados. En Europa existe una variación gradual norte/sur en cuanto a tamaño. Su longitud es de 14 cm; su envergadura, de entre 25 cm y 28 cm; y su peso, de 16 g.

Distribución
Su área de cría, amplísima, se extiende por Eurasia y el norte de África. En Europa, sólo está ausente en el extremo norte de Escandinavia. En la Península e islas Baleares, se encuentra en ciudades tanto costeras como del interior, hasta los 1 000 m de altitud. Es más abundante en el sur y el oeste de la Península.

Hábitat
Es el ave urbana por excelencia. Cría en aleros de edificios altos o bajos. Vuela a media altura por calles, solares, parques, plazas, etc. Utiliza la ciudad para alimentarse, reposar y reproducirse; en tiempo lluvioso y/o ventoso puede realizar recorridos fuera de las ciudades en busca de alimento. Está adaptado a la ciudad desde hace mucho

tiempo (las primeras menciones se remontan al siglo XIII). En ellas, probablemente los edificios sustituyeron a su hábitat ancestral de roquedos.

Biología
Se reproduce de marzo a septiembre según la localidad. Construye nidos de barro en aleros generalmente resguardados de la lluvia y del viento. Realiza de 2 a 3 puestas al año de 3 a 5 huevos por puesta. Los pollos son altriciales y permanecen en el nido durante 21 o 22 días; desde el decimosegundo al decimoquinto día, el peso de los polluellos alcanza el valor máximo (21 g). Cuando realizan su primer vuelo, los polluelos ya tienen aproximadamente el 90 % de su longitud alar definitiva. El tarso y la longitud de la cabeza y del pico son las estructuras que crecen más temprano.

El avión común es migrador y presenta una marcada filopatria, ya que ocupa la misma localidad año tras año. El paso primaveral se observa desde febrero; en otoño, las partidas hacia el sur se producen en octubre e incluso en noviembre. Algunos individuos invernan en el litoral costero del sur de la Península. Es fundamentalmente gregario y estrictamente diurno. Su vuelo es fuerte y ágil. Se alimenta exclusivamente de insectos y atrapa sus presas al vuelo; hospeda chinches parásitos y, aunque en raras ocasiones, puede ser presa de urracas en estado de pollo.

Interacción con el ser humano
Reporta beneficios al hombre por la enorme cantidad de insectos que consume. Tolera muy bien la presencia humana.

Observación
Es muy confiado en el lugar de nidificación y cuando recoge barro para construir el nido.

● Nota
«Los aviones son buena vianda para el falcón si es tiempo de ellos» (López de Ayala, s. XIV).

(F. DE LOPE)

LAVANDERA BOYERA
Motacilla flava

Identificación

Es un ave de pequeño tamaño, bastante terrestre, con la cola y las patas largas. El plumaje nupcial del macho tiene un capirote gris oscuro, una ceja blanca, las mejillas de color gris negruzco y la garganta blanca. Tiene partes superiores pardo verdosas y la cola parda, con bordes blancos muy visibles. El pecho y el abdomen son de un color amarillo vivo, y los flancos amarillentos. El pico y las patas son pardos. La hembra es más parda, especialmente el capirote y dorso, y tiene colores más apagados. En plumaje no nupcial, ambos sexos son pardo verdosos, tienen la ceja más amarillenta y partes inferiores más parduscas. La longitud total varía de 16 cm a 17 cm y el peso de 15 g a 19 g.

Tipo	Chordata, cordados
Clase	Aves, aves
Orden	Passeriformes, paseriformes
Familia	Motacillidae, bisbitas y lavanderas

Motacilla flava

Distribución

Se extiende por Asia, Europa, el noroeste de África y el extremo noroeste de América del Norte. Se encuentra en las ciudades de toda la Península y Baleares. En estas zonas es escasa, si bien algo más común durante el paso migratorio.

Hábitat

Se encuentra en parques y jardines, orillas de ríos, estanques y lagos. Vive casi siempre asociada a zonas con agua, aunque durante la migración se reparte de un modo más laxo.

Biología

La reproducción en la ciudad es ocasional; esta especie anida en el suelo, entre la hierba, factor que dificulta la nidificación en zona urbana. Las hembras realizan 1 o 2 puestas al año de 5 a 6 huevos cada una.
Es una especie solitaria, aunque en otoño puede formar pequeños grupos al atardecer para ir al dormidero o antes de migrar. Es estival u ocasionalmente migrante (cuando encuentra un lugar apropiado para reproducirse en la ciudad); el paso más visible es el prenupcial, de marzo a mediados de mayo (en menor grado hasta principios de junio). En la ciudad se alimenta de insectos, pequeños moluscos y lombrices.

Interacción con el ser humano

El ser humano favorece su presencia por la creación de estanques y balsas artificiales.

Cat. **Cuereta groga**
Eusk. **Buztanikara ori**
Gal. **Lavandeira verdeal**
Por. **Alvéola amarela**
Fr. **Bergeronnette printanière**
It. **Cutrettola**
Ing. **Yellow Wagtail**

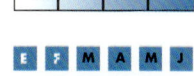

Ejemplar macho (**1**) y hembra (**2**) de *Motacilla flava*

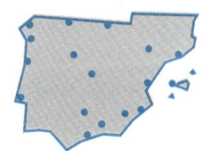

Observación

Es la más escasa de las tres lavanderas. Cuando está presente, es fácil de observar porque es un ave terrestre propia de zonas abiertas, próximas a balsas y estanques. Como las otras lavanderas, mueve la cola de arriba abajo cuando anda.

(J. DOMÈNECH)

265

LAVANDERA CASCADEÑA
Motacilla cinerea

Tipo	**Chordata, cordados**
Clase	**Aves, aves**
Orden	**Passeriformes, paseriformes**
Familia	**Motacillidae, bisbitas y lavanderas**

Identificación

Es un ave de tonos grises azulados o pizarrosos por encima y amarillos por

Motacilla cinerea

Cat. **Cuereta torrentera**
Eusk. **Butzamikara oribetz**
Gal. **Lavandera cincenta**
Por. **Alvéola-cinzenta**
Fr. **Bergeronette des misseaux**
It. **Ballerina gialla**
Ing. **Grey Wagtail**

debajo. Tiene una cola bastante larga, con ribetes blancos, y en el suelo suele agitarla de arriba abajo en un movimiento típico de las lavanderas. El pecho es amarillo en verano y ocráceo en invierno. El obispillo es de color amarillo verdoso. La longitud total oscila entre 17 cm y 19 cm y el peso, entre 14 g y 16 g. El macho tiene una conspicua ceja blanca y una lista también blanca que se extiende desde la cabeza hasta debajo de las mejillas; estas últimas son de color gris oscuro. En verano, tiene el mentón y la garganta negros y en invierno los tiene blancuzcos. La hembra tiene un tinte más verdoso por encima y la garganta blancuzca.

Distribución

La especie se encuentra en el noroeste de África, en Europa meridional y en las regiones montañosas de Asia central y oriental. Está difundida por toda la Península y es más común en invierno. En las Baleares se la encuentra únicamente como invernante. La colonización de la ciudad es espontánea.

Hábitat

Está asociada a zonas con agua y es habitual en parques, jardines y patios. También frecuenta las orillas de ríos, lagos y estanques, e incluso las rocas de los rompeolas.

Biología

Se reproduce de abril a julio en cavidades próximas al agua, bajo tejas, puentes y muros de presas; también cría en jardines, incluso lejos del agua. La hembra realiza 2 o 3 puestas al año de 4 a 6 huevos cada una. Los jóvenes se parecen a los adultos, pero son más verdosos por encima y más amarillentos por debajo.

Vive solitaria o en parejas; es menos gregaria y más arisca que otras lavanderas y únicamente forma grupos en los dormideros. Es una especie sedentaria, pero a veces realiza movimientos transhumantes. Hay individuos invernantes, lo que explica la mayor abundancia de la especie en invierno. Se alimenta de insectos.

Interacción con el ser humano

Su presencia se ve favorecida por la construcción de balsas, presas y fuentes artificiales.

(J. DOMÈNECH)

Ejemplar macho (**1**) y hembra (**2**) de *Motacilla cinerea*

LAVANDERA BLANCA
Motacilla alba

Identificación

Se trata de un ave blanca, negra y gris, de cola larga y con aspecto esbelto. El píleo, la garganta y el pecho son negros; el dorso y el obispillo son de color gris claro; las alas son negruzcas, con una doble franja alar blanca, y la cola negra, con las rectrices externas blancas. La frente, los lados de la cabeza y el vientre son blancos. La longitud total varía de 18 cm a 19 cm. El peso es de 23 g. La hembra es más gris por encima, menos negra en cabeza y pecho. En invierno, ambos sexos tienen negro en el píleo, la garganta blanca y el peto negro, en forma de media luna.

Distribución

Se extiende por Europa, Asia y el noroeste de África. Se encuentra en las ciudades de toda la península Ibérica; es más abundante en la zona norte y noroeste, y en zonas frescas y húmedas del interior. En las Baleares existen individuos invernantes. Es común y más abundante localmente si forma dormideros; actualmente hay dormideros importantes en Madrid, Barcelona, Bilbao, Salamanca y Sevilla.

Hábitat

Vive en parques, jardines y huertos, y es especialmente común en zonas con agua, ríos, fuentes o estanques.

Biología

Se reproduce a partir de abril en zonas muy variadas, y por lo general nidifica en oquedades de edificios, tapias y árboles. La hembra realiza 1 o 2 puestas al año de 5 a 6 huevos cada una. Es una especie solitaria y defiende territorios en invierno si el medio es poco productivo. Fuera de la época de cría es gregaria. Al atardecer se reúne en dormideros y forma grandes bandos en árboles de parques o avenidas con otros individuos que vienen de fuera de la ciudad. Es sedentaria, pero existe un aporte adicional de individuos invernantes (en gran parte de Europa, donde es migradora parcial). Tiene costumbres diurnas, pero en algunas ocasiones caza a la luz de farolas al anochecer, a menudo en las inmediaciones de un

Tipo	**Chordata, cordados**
Clase	**Aves, aves**
Orden	**Passeriformes, paseriformes**
Familia	**Motacillidae, bisbitas y lavanderas**

dormidero urbano. Se alimenta de insectos (especialmente dípteros), lombrices y moluscos.

Motacilla alba

Interacción con el ser humano

Está más ligada al hombre en ambientes de alta montaña. En zonas áridas, está más circunscrita a la proximidad de los cursos de agua.

Aspecto del *Motacilla alba*: (**1**) del macho en verano, (**2**) del macho y la hembra en invierno y (**3**) del joven.

Observación

Es fácil de observar en zonas abiertas cercanas al agua y también en lugares de acumulación de estiércol (ej., en zoológicos). Normalmente se la observa en el suelo, mientras camina agitando la cola de arriba abajo; a veces también se posa en árboles, tapias, hilos telegráficos, tejados, caminos y jardines abiertos.

(J. Doménech)

Cat. **Cuereta blanca vulgar**
Eusk. **Buztanikara**
Gal. **Lavandeira branca**
Por. **Alvéola-branca**
Fr. **Bergeronette grise**
It. **Ballerina bianca**
Ing. **White Wagtail**

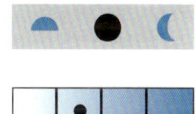

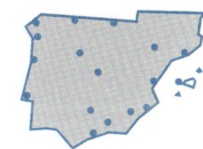

| E | F | M | A | M | J |
| J | A | S | O | N | D |

PETIRROJO
Erithacus rubecula

Tipo	**Chordata, cordados**
Clase	**Aves, aves**
Orden	**Passeriformes, paseriformes**
Familia	**Turdidae, túrdidos**

Erithacus rubecula

Cat. **Pit-roig**
Eusk. **Txantxangorri**
Gal. **Paporrubio común**
Por. **Pisco-de-peito-ruivo**
Fr. **Rougegorge**
It. **Pettirosso**
Ing. **Robin**

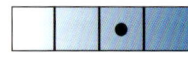

Identificación
Es un ave rechoncha y cuellicorta con el píleo y la frente de un vivo color anaranjado. Las partes superiores son de un pardo oliváceo uniforme matizado de rojo. Mide 14 cm de longitud total y pesa 16 g. Los jóvenes están moteados de pardo y carecen del color anaranjado.

Distribución
Ocupa gran parte del Paleártico. En la península Ibérica, se la encuentra en ciudades tanto costeras como del interior, hasta los 1 000 m de altitud, durante el invierno. Para reproducirse, necesita de zonas con cierta humedad, en las que es más común.

Hábitat
Vive en parques forestales, jardines y cementerios, donde es un ave muy abundante (es una de las aves más frecuentes de los parques y jardines urbanos). Aunque precisa de zonas con una cobertura vegetal abundante, también frecuenta en ocasiones calles, solares, edificios, playas y orillas fluviales.

Biología
Se reproduce en primavera, en jardines de casas con abundante matorral y en otras zonas humanizadas provistas de cierta cobertura vegetal. Tiene de 4 a 6 crías al año.
Es una especie solitaria y es fuertemente territorial, tanto en verano como en invierno. En invierno, por ejemplo, las aves territoriales atacan a intrusos de su propia especie y a los de otras especies, como la tarabilla común (*Saxicola torquata*) y el colirrojo tizón (*Phoenicurus ochruros*). En invierno, los territorios pertenecen a un solo individuo; en primavera, a una pareja. Tiene una dieta omnívora (frutos carnosos e insectos) durante todo el ciclo anual. También se alimenta de residuos humanos. Es posible observarlo mientras consume restos de pequeños animales aplastados en la carretera.

Interacción con el ser humano
Por su tendencia a utilizar los jardines de las zonas fuertemente humanizadas, puede decirse que es una especie comensal del hombre.

Observación
Al alba y al atardecer es fácilmente identificable por los cantos de demarcación del territorio; otro signo de su presencia lo constituyen sus reclamos sonoros, que son muy característicos. En el área mediterránea es muy abundante en invierno, mientras que en el norte de la Península es más abundante en primavera y en verano.

(M. CUADRADO)

RUISEÑOR COMÚN
Luscinia megarhynchos

Identificación
El cuerpo es de coloración parda uniforme, más clara por debajo; la cola, algo larga, es de color castaño rojizo. Las alas son pardas, con los bordes externos pardo rojizos. Las partes inferiores son blancas y con un tinte gris pardusco más acentuado en pecho y flancos. Las infracobertoras caudales son de color crema. El pico es marrón oscuro, más claro en la base inferior; las patas son gris parduscas, claras, algo rosadas. La longitud total varía de 16 cm a 17 cm; la longitud del ala, de 82 cm a 86 cm en el macho y de 77 cm a 83 cm en la hembra; pesa 23 g.

Distribución
Se extiende por el norte de África, por Europa meridional y central, y por gran parte de Asia. Está presente en toda la Península, aunque es más abundante en áreas mediterráneas e interiores secas y más escaso en la Iberia húmeda. Es más bien escaso en la ciudad y por ser difícil de ver, aunque no de oír, es posible que pase frecuentemente inadvertido.

Hábitat
Prefiere la periferia de las ciudades. Vive en matorrales suburbanos, parques y grandes jardines, cementerios y zonas residenciales, siempre en zonas con maleza, y evita las coníferas.

Biología
Se reproduce a partir de mediados de mayo en el estrato arbustivo de zonas ajardinadas; a veces cría junto al suelo, al abrigo del matorral denso. Realiza 1 puesta al año, a veces 2, de 4 o 5 huevos cada una. Los jóvenes tienen partes superiores pardo rojizas con ribetes pardos y oscuros y manchas claras; las partes inferiores son blancuzcas con orlas pardas; las alas y la cola son como las de los adultos pero con puntitas claras.
Es una especie solitaria y de costumbres diurnas, aunque durante la época de reproducción puede oírse su canto incluso por la noche. Ave estival, llega a principios de abril y se marcha a finales de septiembre. Además de las pare-

Tipo	**Chordata, cordados**
Clase	**Aves, aves**
Orden	**Passeriformes, paseriformes**
Familia	**Turdidae, túrdidos**

jas reproductoras, existen individuos migrantes que hacen escala en la ciudad para descansar y alimentarse antes de seguir su ruta. Es insectívoro pero

Luscinia megarhynchos

también se alimenta de lombrices y de algunos frutos silvestres.

Observación
Es difícil de ver. Los momentos más apropiados son las primeras y las últimas horas del día, y los mejores lugares, las zonas de vegetación abundante y mucha humedad, especialmente cerca del agua, donde se le observa por entre las hierbas a baja altura o incluso andando por el suelo. Tiene un canto típico muy melodioso. En verano, cuando ceba a los pollos, no canta y es más difícil de localizar.

● Nota
Su canto, bien conocido, es muy apreciado. Cuando alguien canta melodiosamente se dice que «canta como un ruiseñor».

(J. DOMÈNECH)

Cat. **Rossinyol**
Eusk. **Urretxindor**
Gal. **Reiseñor**
Por. **Rouxinol-comum**
Fr. **Rossignol philomèle**
It. **Usignolo**
Ing. **Nightingale**

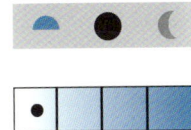

COLIRROJO TIZÓN
Phoenicurus ochrurus

Tipo	Chordata, cordados
Clase	Aves, aves
Orden	Passeriformes, paseriformes
Familia	Turdidae, túrdidos

Phoenicurus ochrurus

Cat. **Cotxa fumada**
Eusk. **Buztangorri illun**
Por. **Rubirruvio-preto**
Fr. **Rougequeue noir**
It. **Codirosso spazzaca-mino**
Ing. **Black Redstart**

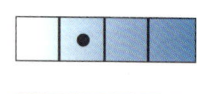

Identificación
Ambos sexos, a todas las edades, tienen la cola rojiza. El macho adulto es de color negro intenso con una mancha alar blancuzca. Las hembras y los jóvenes machos son de color gris marronáceo. La longitud total es de 14 cm y el peso, de 16 g.

Distribución
Es cosmopolita y se distribuye por África, Asia y Europa. Vive en todas las ciudades de la Península y de Baleares, sobre todo en la mitad norte. Es común y puede ser muy abundante localmente, sobre todo en invierno y en el área mediterránea. Como reproductor, evita las zonas costeras de relieve suave y las altiplanicies continentales; no se reproduce en las islas Baleares.

Hábitat
Es un ave originaria de zonas montañosas, pero se ha adaptado muy bien a las zonas urbanas, especialmente en los últimos años. Es abundante en cementerios y solares, y común en parques forestales, jardines y edificios; es más escaso en calles, orillas de ríos y estanques, playas y puertos. Durante el invierno es frecuente en zonas marginales.

Biología
Se reproduce en primavera, en áreas boscosas y umbrías. Es posible que también críe en jardines urbanos y suburbanos. Utiliza grietas y agujeros de muros, edificios o árboles. Construye el nido con hierba seca, ramitas, musgo, etc. El número de crías al año varía de 4 a 6. Tiene 2 puestas anuales. La hembra incuba los huevos durante un período de 13 a 17 días. Los jóvenes machos adquieren el plumaje adulto después de la segunda muda (es decir, al segundo año, después de la primera primavera), en lo que se llama *maduración retardada del plumaje.*
Es una especie solitaria y territorial en invierno y primavera. La población española es residente; en invierno, se observan muchos individuos migradores procedentes del centro y del norte de Europa. El paso migratorio se realiza de octubre a noviembre, e inician sus movimientos de retorno a sus zonas de cría de febrero a abril. Se alimenta de artrópodos durante la primavera y el invierno. Durante esta última estación, también consume frutos del matorral mediterráneo. Compite con petirrojos y tarabillas por los territorios invernales.

(M. CUADRADO)

MIRLO COMÚN
Turdus merula

Tipo	**Chordata, cordados**
Clase	**Aves, aves**
Orden	**Passeriformes, paseriformes**
Familia	**Turdidae, túrdidos**

Identificación

El macho tiene plumaje negro, anillo orbital y pico amarillos, ligeramente anaranjados, y patas pardo negruzcas. La hembra es de un color pardo oscuro uniforme por encima y de un pardo rojizo más claro por debajo; tiene la garganta blancuzca, moteada, y el pico pardo. La cola es relativamente larga en ambos sexos. Existen casos de albinismo. La longitud total varía de 24 cm a 25 cm; la longitud del ala extendida, de 12 cm a 14 cm. El peso es de unos 100 g.

Distribución

Se extiende por el oeste de África, por Europa, excepto el norte de Escandinavia, y por varias zonas de Asia. Existen individuos invernantes en ciudades mediterráneas y del norte de África. En la península Ibérica e islas Baleares viven en ciudades tanto costeras como del interior, si bien en alguna ciudad, como Córdoba, puede ser especialmente escaso. En Ibiza, es ave de paso y se encuentra algún ejemplar invernante.

Hábitat

Alcanza sus mayores densidades en parques y jardines de tipo centroeuropeo. También se encuentra y es común en jardines de otros tipos, en parques forestales secos y cementerios, siempre que haya zonas extensas de césped con arbolado caducifolio. Los primeros datos de mirlos urbanos se remontan al período de 1820 a 1830, en el oeste de Alemania. En una primera etapa, los mirlos invernan en la ciudad y, después de un proceso que puede durar hasta 20 años, llegan a sedentarizarse.

Biología

Anida en árboles, a veces en edificios o sobre otros objetos artificiales, a mayor altura que los mirlos forestales (1 m - 9 m). La densidad reproductora también es mayor en las ciudades. Se reproduce de mediados de marzo a mediados de agosto (período más extenso que en las zonas forestales) y puede realizar 2, 3 o incluso 4 puestas al año, con 4 o 5 huevos por puesta.

Vive en solitario o en parejas, aunque en invierno puede formar pequeños grupos. Los mirlos urbanos tienen

Macho de *Turdus merula*

menos tendencia a migrar que los forestales. El mirlo es un ave diurna y una de las primeras en iniciar (y en concluir) su actividad, especialmente con cantos. En invierno, es activo antes del alba y después del ocaso. Se alimenta sobre todo en el suelo y es fundamentalmente insectívoro (larvas e insectos), aunque también consume lombrices, moluscos y, en otoño e invierno, bayas, bellotas y otros frutos. Los mirlos urbanos ingieren más hormigas y lombrices, y menos orugas y miriápodos que los forestales. Es presa de gatos y sobre todo de córvidos (especialmente de urracas), que devoran sus huevos y polluelos. En la ciudad, hay menos depredadores y mayor supervivencia que en el bosque; también hay una mayor agresividad intraespecífica.

Interacción con el ser humano

Los mirlos urbanos permiten que el hombre se les acerque a una distancia de entre 2 y 5 metros, mientras que en el medio forestal ya huyen a los 50 m.

(J. Doménech)

Cat. **Merla**
Eusk. **Zozo**
Gal. **Merlo común**
Por. **Merlo-preto**
Fr. **Merle noir**
It. **Merlo nero**
Ing. **Blackbird**

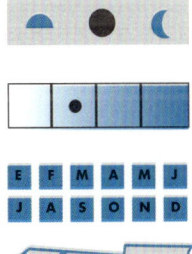

E	F	M	A	M	J
J	A	S	O	N	D

CURRUCA CAPIROTADA
Sylvia atricapilla

Tipo	**Chordata, cordados**
Clase	**Aves, aves**
Orden	**Passeriformes, paseriformes**
Familia	**Sylvidae, currucas**

Macho de *Sylvia atricapilla*

Cat. **Tallarol de casquet**
Eusk. **Txinbo kaskabeltz**
Gal. **Papuxa das amoras**
Por. **Toutinegra-de-barrete-preto**
Fr. **Fauvette à tête noire**
It. **Capinera**
Ing. **Blackcap**

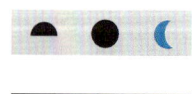

| E | F | M | A | M | J |
| J | A | S | O | N | D |

Identificación

Es un ave de pequeño tamaño que tiene el pico fino y las alas redondeadas. Las partes superiores son de color pardo grisáceo, y los lados de la cabeza y las partes inferiores, gris ceniza. El píleo es de color oscuro (negro lustroso en el macho; pardo rojizo en la hembra) hasta el nivel de los ojos. Mide 14 cm de longitud total y pesa 18 g. Los jóvenes de ambos sexos tienen un píleo pardo rojizo similar al de las hembras.

Distribución

Se extiende por Europa y el norte de África. Vive en todas las ciudades de la Península. Durante el invierno, es muy abundante en el área mediterránea. En el norte de la Península, es más abundante durante la primavera y el verano.

Hábitat

Abunda en parques forestales y jardines, y es común en cementerios y orillas de ríos, lagos y estanques. Aunque también se encuentra en muchos otros lugares, frecuenta especialmente las zonas con arbolado o matorral frondoso; es muy abundante en parques que presenten olivos o acebuches, así como otras especies de matorral mediterráneo productoras de frutos carnosos. Cuanto más seca es la región, más humedad exige esta especie.

Biología

Se reproduce durante la primavera en zonas provistas de una cobertura vegetal profusa y en jardines con importante presencia de matorral. Tiene de 4 a 6 crías al año. Puede realizar 1 o quizá 2 puestas al año.

La población española es sedentaria; en invierno, la mayor parte de los individuos observados son migrantes que provienen del norte y centro de Europa. Es un ave diurna y crepuscular. En primavera, es solitaria y territorial, y compite por el espacio con otras especies de la familia de las currucas. Durante el invierno, se alimenta casi exclusivamente de frutos carnosos del matorral mediterráneo y en primavera, principalmente de artrópodos.

Observación

Es una especie de difícil observación por su carácter esquivo y sus hábitos crípticos, pero en primavera es fácil oír su canto.

(M. CUADRADO)

CURRUCA CABECINEGRA
Sylvia melanocephala

Identificación

Es un ave de pequeño tamaño que tiene el pico fino, las alas redondeadas y un dibujo distintivo. Muestra una garganta de color blanco puro, partes superiores grises, unas rectrices externas blancas y un conspicuo anillo ocular de color rojo que pierde intensidad en invierno. El macho, muy fácil de identificar, tiene un capirote negro que se extiende por debajo del ojo y la hembra, un capirote pardo grisáceo. Mide de 13 cm a 14 cm de longitud total y pesa de 13 g a 15 g.

Distribución

Es circunmediterránea y se extiende por el suroeste de la península Ibérica y el noroeste de África. Vive en toda la Península hasta unos 500 m de altitud, excepto en el centro y en el norte. También está presente en Baleares.

Hábitat

Aunque es ubiquista o generalista en la naturaleza, se encuentra principalmente en parques forestales y, en menor medida, en jardines urbanos. Cría e inverna principalmente en zonas de matorral seco con especies vegetales productoras de frutos carnosos; también frecuenta otras zonas, como sotobosques de parques densos, a condición de que haya cierta cobertura vegetal.

Biología

Se reproduce durante la primavera en nidos situados sobre vegetación diseminada con 2 puestas anuales. Las parejas tienen de 3 a 6 crías al año.

Es sedentaria, aunque los jóvenes pueden realizar algunos movimientos de dispersión. Es especialmente activa durante el día y al atardecer. En invierno, tiene una dieta frugívora basada en los frutos carnosos de diver-sas especies del matorral mediterráneo, especialmente el lentisco; durante la primavera, consume insectos y arañas. Es una especie solitaria. Territorial sólo en primavera, compite por el espacio con otras especies de la familia Sylvidae.

Observación

Es posible observarla durante todo el día, en cualquier época del año. Los seres humanos provocan una intensa reacción vocal en los territorios defendidos por las currucas.

(M. Cuadrado)

Tipo	Chordata, cordados
Clase	Aves, aves
Orden	Passeriformes, paseriformes
Familia	Sylvidae, currucas

Sylvia melanocephala

Cat. **Tallarol capnegre**
Eusk. **Txinbo burubeltz**
Gal. **Papuxa cabecinegra**
Por. **Toutinegra-de-cabeça-preta**
Fr. **Fauvette mélanocé-phale**
It. **Occhiocotto**
Ing. **Sardinian Warbler**

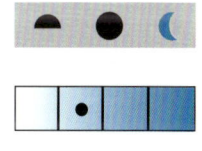

| E | F | M | A | M | J |
| J | A | S | O | N | D |

MOSQUITERO PAPIALBO
Phylloscopus bonelli

Tipo	**Chordata, cordados**
Clase	**Aves, aves**
Orden	**Passeriformes, paseriformes**
Familia	**Sylvidae, currucas**

Identificación

Se trata de un mosquitero de tonos muy grisáceos con las partes superiores de color gris pálido, la cabeza de un gris

Phylloscopus bonelli

Cat. **Mosquiter pàl·lid**
Eusk. **Txiio lepozuri**
Gal. **Picafollas abuado**
Por. **Felosa-de-Bonelli**
Fr. **Pouillot de Bonelli**
It. **Lui bianco**
Ing. **Bonelli´s Warbler**

más claro, las partes inferiores blancuzcas y una pincelada de amarillo brillante en el vértice flexor del ala. Muestra una mancha alar amarillenta que destaca sobre el resto del ala. La mancha amarillenta del obispillo suele ser difícil de ver, pero ayuda a distinguir a esta especie del resto de mosquiteros. Tiene el pico y las patas pardos. Es fácil de confundir con el mosquitero común. Su longitud total es de 11,5 cm y su peso, de 7 g a 8 g.

Distribución

Se extiende por el noroeste de África, y por Europa llega hasta Alemania por el norte y hasta Asia Menor por el este. Está presente en casi toda la Península. En época de migración, también se encuentra en Baleares. Es más común durante el paso migratorio, especialmente durante el prenupcial, en primavera.

Hábitat

Vive en parques forestales umbrosos, jardines urbanos y cementerios. Prefiere bosques poco húmedos y es prácticamente el único paseriforme nidificante en pinares de repoblación.

Biología

La invernada se realiza en África y los primeros en llegar, en marzo, son los machos, que empiezan a defender el territorio con sus cantos. Posteriormente, llegan las hembras y se forman las parejas. La reproducción en la ciudad es un fenómeno raro. En medios naturales, acostumbra anidar a ras del suelo, recubriendo el nido con hojas; este hecho reduce sus posibilidades de criar en parques y jardines muy cuidados, que no suelen tener cobertura vegetal a ras del suelo a excepción del césped. Hay 1 puesta al año, a partir de finales de abril, de 4 a 6 huevos (normalmente, 5). La incubación dura unos 14 días. Los jóvenes son muy similares a los adultos, pero muestran tonos menos contrastados, especialmente en el obispillo.

Vive solitario o en grupos familiares después de la época de cría. Es insectívoro, pero en otoño consume algunos frutos silvestres.

Observación

El mosquitero papialbo es un ave confiada que sólo realiza vuelos largos en el último momento. Se le observa revoloteando entre el follaje, a veces entre arbustos bajos, a la búsqueda de insectos. Es más fácil de observar en primavera, debido al paso prenupcial.

(J. DOMÈNECH)

MOSQUITERO COMÚN
Phylloscopus collybita

Identificación

Es un mosquitero con las partes superiores de color pardo oliváceo y las partes inferiores de color blanco ocráceo con un ligero matiz amarillo limón. El pico y las patas son casi siempre negruzcos. Sacude continuamente las alas y la cola mientras se alimenta. Es fácil de confundir con el mosquitero papialbo. La longitud total es de 11 cm y el peso oscila entre 6 g y 9 g.

Tipo	Chordata, cordados
Clase	Aves, aves
Orden	Passeriformes, paseriformes
Familia	Sylvidae, currucas

Phylloscopus collybita

Distribución

Se extiende por el noroeste de África, por la mayor parte de Europa y por Asia. Es un reproductor común en el noroeste de la Península, más escaso y localizado cuanto más nos dirigimos hacia el sur y hacia el este. Es común en la Península y en Baleares durante la invernada y la migración. En zonas urbanas, hay importantes variaciones anuales de densidad y es más abundante durante los días fríos de invierno.

Hábitat

Vive en parques forestales umbrosos, jardines y cementerios. En invierno, es más común y puede encontrarse en rompeolas, playas, calles con arbolado e incluso visitando los balcones.

Biología

Se reproduce de abril a julio en zonas de matorral o de sotobosque, y nidifica casi siempre a poca altura. La hembra construye el nido muy oculto entre el follaje. Posee forma casi esférica con entrada lateral muy amplia. Los materiales de construcción son muy variados, entre los que destacan tallos, hierbas, hojas y musgo. A menudo lo instala sobre una base de hojas muertas y otros restos vegetales, forrándolo con un denso tapiz de plumas. Realiza de 1 a 2 puestas al año de 4 a 6 (o más) huevos cada una. La segunda puesta generalmente tiene un número menor de huevos. La incubación dura 14 días. El cuidado y la alimentación de los pollos los realiza casi íntegramente la hembra.

Vive en solitario, en parejas y, esporádicamente, en tríos. En la ciudad, podemos encontrar individuos sedentarios, invernantes y migrantes, estos últimos más abundantes en otoño, durante el paso posnupcial. Es un ave diurna, pero también puede ser muy activa al anochecer, cuando abundan los insectos de los que se alimenta.

Observación

Es un ave confiada y fácil de observar, especialmente en invierno; por lo general, permite que el observador se le aproxime a poca distancia mientras revolotea sin parar en busca de insectos entre el follaje.

(J. DOMÈNECH)

Cat. **Mosquiter comú**
Eusk. **Txiio arrunta**
Gal. **Picafollas común**
Por. **Felosa-comum**
Fr. **Pouillot véloce**
It. **Lui piccolo**
Ing. **Chiffchaff**

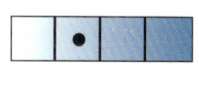

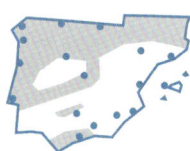

RUISEÑOR BASTARDO
Cettia cetti

Tipo	**Chordata, cordados**
Clase	**Aves, aves**
Orden	**Passeriformes, paseriformes**
Familia	**Sylvidae, currucas**

Identificación
Es un pájaro de pequeño tamaño, tonos pardos y cola redondeada. La lista supercilar es corta, las partes superiores

Cettia cetti

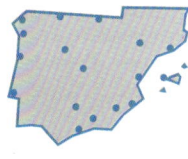

son de un pardo rojizo oscuro y las partes inferiores, blanco grisáceas, con flancos e infracobertoras listadas transversalmente. La cola es amplia, marcadamente redondeada, y a menudo la lleva levantada. El macho es algo más corpulento que la hembra, pero tiene el mismo plumaje. La longitud total varía de 13 cm a 14 cm. El macho pesa 13 g y la hembra, 12 g.

Distribución
Se extiende por Asia occidental, el sur de Europa y el noreste de África. Está presente en toda la Península, excepto en las zonas altas y secas.

Hábitat
Su presencia en la ciudad es muy rara; vive en baldíos suburbanos y jardines vecinales, y es algo más frecuente en cursos de agua con vegetación ribereña densa (especialmente si esta última está formada por carrizos).

Biología
En zonas urbanas, tan sólo cría de modo ocasional, normalmente en cursos de agua que discurren por el interior de la ciudad. La época de reproducción se inicia a finales de marzo o principios de abril, si bien en febrero los machos ya pueden empezar a defender sus territorios. El nido suele emplazarse a 30 o 50 cm del suelo, bajo la densa vegetación. Suele realizar 1 puesta, a veces 2, de 4 a 5 huevos cada una. Los jóvenes se parecen mucho a los adultos pero son menos rojizos por encima y más grises por debajo.

Es un ave solitaria y sedentaria, aunque en invierno las poblaciones de la península Ibérica aumentan con el aporte de individuos invernantes transpirenaicos. Fundamentalmente insectívoro en primavera y verano, durante el invierno su dieta es más variada e incluye algunas semillas.

Casi siempre anda o trepa por la vegetación, cerca del suelo con gran rapidez. En tierra, o posado sobre las ramas de un arbusto, suele agitar constantemente la cola hacia abajo. En general vuela a poca altura para moverse entre los arbustos. Es una especie afectada por los inviernos especialmente crudos, momento en que se reducen sus poblaciones sedentarias.

Interacción con el ser humano
En ocasiones, se ve favorecido por el hombre al crear éste zonas que responden a sus preferencias, tales como balsas, fuentes y estanques con vegetación lacustre.

Observación
El canto es fácil de oír y de identificar, pero el ave es difícil de observar. En todo caso, es más fácil observar a esta especie en invierno, cuando aumenta el número de efectivos.

(J. DOMÈNECH)

PAPAMOSCAS GRIS
Muscicapa striata

Tipo	**Chordata, cordados**
Clase	**Aves, aves**
Orden	**Passeriformes, paseriformes**
Familia	**Muscicapidae, papamoscas**

Identificación

Muestra un plumaje pardo ceniciento con el píleo moteado y el pecho blancuzco, ligeramente listado. Las alas son pardas, con márgenes externos blancos en las secundarias; la cola es parda, con partes inferiores blanco grisáceas. El pico y las patas son negros. Suele agitar las alas y la cola cuando está posado, mientras mantiene una característica postura erguida. Frecuentemente vuela desde un posadero para cazar y vuelve al mismo sitio. La longitud total varía de 13 cm a 14 cm y pesan de 13 g a 19 g.

Distribución

Se extiende por el noroeste de África, por toda Europa y por gran parte de Asia occidental. Vive en toda la península Ibérica y en las islas Baleares, excepto en algunas ciudades del interior. Es común durante el paso migratorio, especialmente en el oeste peninsular.

Hábitat

Se encuentra en parques, jardines y cementerios, especialmente si son tranquilos y con abundantes flores. Es una de las especies más comunes en jardines urbanos.

Biología

Llega de sus cuarteles invernales africanos a finales de abril y se reproduce de finales de mayo a finales de junio. Nidifica en ramas, troncos de árboles, agujeros y grietas de muros, bajo tejas. Ambos sexos participan en la construcción del nido, si bien la hembra hace un mayor esfuerzo. El nido tiene forma de copa de tamaño variable y está construido con materiales muy diversos, entre los que destacan pequeñas ramas y raíces, hierbas, líquenes, fibras, partes pilosas de las plantas y telarañas. Es tapizado con materiales más finos, como son plumas, hojas secas y fibras de variado origen. Realiza 1 o 2 puestas al año (normalmente 2) de 3 a 5 huevos cada una. Los jóvenes tienen partes superiores ligera-

mente manchadas de pardusco amarillento, las alas más rojizas y el abdomen más blanco que los adultos. Por lo general, es una especie solitaria

Muscicapa striata

pero forma pequeños grupos durante la migración. Es común y extendida sin llegar a ser abundante, excepto en algunas zonas concretas que, casi siempre, tienen abundantes áreas cubiertas de flores. Ave estival, está presente de mayo a octubre, aunque en otoño hay un importante paso migrador. Se alimenta básicamente de insectos, en especial de mariposas y polillas, a los que caza en vuelo. Como es el caso de muchas otras aves, los gatos son sus principales depredadores en la ciudad.

Observación

Es fácil de observar por su costumbre de situarse en posaderos visibles: cables, tapias, antenas de TV, etc.

(J. DOMÈNECH)

Cat. **Papamosques gris**
Eusk. **Euli-txori gorrizta**
Gal. **Papamoscas apardado**
Por. **Papa-moscas-cinzento**
Fr. **Gobe-mouches gris**
It. **Pigliamosche**
Ing. **Spotted Flycatcher**

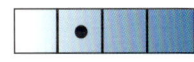

HERRERILLO COMÚN
Parus caeruleus

Tipo	**Chordata, cordados**
Clase	**Aves, aves**
Orden	**Passeriformes, paseriformes**
Familia	**Paridae, páridos**

Identificación

El herrerillo común tiene el vientre y el pecho amarillos, y la cabeza azulada y blanca. El pico es corto y fuerte. Mide

Parus caeruleus

Cat. **Mallerenga blava**
Eusk. **Amilotx urdina**
Gal. **Ferreiro becachis**
Por. **Chapim-azul**
Fr. **Mésange bleue**
It. **Cinciarella**
Ing. **Blue Tit**

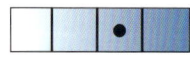

11,5 cm de longitud total y 6,5 cm de ala. Pesa entre 9 g y 12 g. La cola mide 51 mm en el macho y 50 mm en la hembra. Los machos son algo mayores y presentan un color azulado en la cabeza, las alas y la cola; en las poblaciones españolas, también muestran una marcada mancha vertical en el vientre. Los juveniles tienen los colores más apagados, especialmente el amarillo y el azul.

Distribución

Se distribuye por toda Europa. Se encuentra en las poblaciones de toda la Península y de la isla de Mallorca.

Hábitat

Es abundante en parques forestales umbrosos, común en parques forestales secos, y escaso en jardines y cementerios. También puede ocupar sotos y arboledas desarrolladas de ríos, lagos y estanques, aunque suele ser escasa. Frecuenta, casi exclusivamente, zonas con árboles caducifolios, especialmente si están bien desarrollados.

Biología

Nidifica en orificios de árboles o de muros de piedra en arboledas de jardines forestales. La única puesta al año se lleva a cabo a finales de abril y consta de 5 a 12 huevos.

Durante la primavera, es territorial y durante el otoño y el invierno, forma bandos laxos con otros individuos de la misma especie y con otros carboneros o reyezuelos. Es sedentaria y tiene costumbres diurnas. En primavera y verano, se alimenta de insectos y en otoño e invierno, se nutre de bayas y semillas.

Interacción con el ser humano

En otoño e invierno, es fácilmente atraído a comederos y cajas-nido.

● Nota

En el norte de Europa, ha desarrollado la costumbre de picotear las chapitas metálicas de las botellas que los lecheros dejan en las puertas de las casas para comer la nata.

HERRERILLO CAPUCHINO
PARUS CRISTATUS

El herrerillo capuchino tiene un pico corto y fino, y una coloración gris pardusca. Presenta una característica cresta de pequeñas plumas blancas y negras en la cabeza. Mide unos 11,5 cm de longitud y pesa de 10,5 g a 13 g. Se distribuye por Europa. En la Península, se encuentra ocasionalmente en parques forestales y cementerios. Está ausente de las islas Baleares. Construye el nido en febrero y marzo, en orificios que excava en la madera muerta. La hembra realiza una puesta anual de 3 a 7 huevos. Es gregario y social.

(L. M. Carrascal)

CARBONERO COMÚN
Parus major

Identificación

El carbonero común es de color amarillo en el vientre y el pecho, con una banda longitudinal negra que baja desde la garganta por el pecho y el vientre hasta la base de la cola. Esta banda es más ancha en los machos. La cabeza es de color negro y tiene las mejillas blancas. La longitud total es de 14 cm y la del ala, de unos 73 mm. El peso oscila entre los 16 g y los 21 g. En los juveniles, el amarillo es más apagado y el blanco de las mejillas es menos puro.

Distribución

Se distribuye por toda Europa y el Asia paleártica. Se encuentra en las ciudades de toda la Península y de las islas Baleares, sin límite de altitud.

Hábitat

Es abundante en parques forestales y en ríos, lagos y estanques con denso arbolado. Es común en jardines y cementerios, y escaso en las calles. Es el más abundante de los páridos en zonas urbanas.

Biología

Se reproduce en jardines y parques con árboles viejos provistos de huecos. Nidifica a finales de marzo y sitúa el nido en orificios de árboles y muros de piedra. La puesta se realiza a finales de abril; entre el 20 % y el 25 % de los casos, hay una segunda puesta. El número de crías al año suele oscilar entre 6 y 12.

En primavera, es territorial y durante el verano, suelen verse grupos familiares. Durante el otoño y el invierno, forma grupos laxos con individuos de la misma o de otras especies. Es sedentario y de costumbres diurnas. En primavera y verano, es insectívoro y en otoño e invierno, también come semillas y bayas. Sus nidos pueden ser depredados por ratas y ratones. Los gatos cimarrones depredan esta especie más frecuentemente que otros *Parus,* ya que pasa bastante tiempo en el suelo o en las zonas bajas de la vegetación.

Tipo	**Chordata, cordados**
Clase	**Aves, aves**
Orden	**Passeriformes, paseriformes**
Familia	**Paridae, páridos**

Observación

Se les puede atraer fácilmente a comederos y cajas-nido. Para observar estas aves, conviene buscarlas en zonas bien

Parus major

pobladas de árboles caducifolios y con hierba u hojarasca abundante en el suelo.

● Nota

Las hembras valoran la calidad de cada macho según el grosor de la banda negra del pecho. En algunas zonas, se lo denomina *chichipán*, en alusión a su canto característico.

CARBONERO GARRAPINOS
PARUS ATER

El carbonero garrapinos mide unos 115 mm de longitud. Tiene una coloración gris parduzca con un contrastado patrón blanco (mejillas y nuca) y negro en la cabeza. El peso varía de 8 g a 10 g. Aparece en todas las ciudades de la Península, excepto en el sur de Portugal. Está ausente de las islas Baleares. Se encuentra, aunque es más bien escaso, en parques forestales, jardines y cementerios con coníferas. Nidifica durante los meses de marzo y abril, y lo hace en orificios del suelo, en muros de piedra, farolas, árboles, etc. La hembra realiza 2 puestas anuales de 6 a 10 huevos cada una. Es gregario y social.

(L. M. Carrascal)

Cat. **Mallerenga carbonera**
Eusk. **Kaskabeltz handia**
Gal. **Abelleiro**
Por. **Chapim-real**
Fr. **Mésange charbonnière**
It. **Cinciallegra**
Ing. **Great Tit**

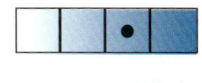

AGATEADOR COMÚN
Certhia brachydactyla

Tipo	**Chordata, cordados**
Clase	**Aves, aves**
Orden	**Passeriformes, paseriformes**
Familia	**Certhidae, agateadores y trepadores**

Identificación

El agateador común es un pájaro pequeño de color pardusco que tiene el

Certhia brachydactyla

Cat. **Raspinell comú**
Eusk. **Gerri-txori arrunta**
Gal. **Rubideiro común**
Por. **Trepadeira**
Fr. **Grimpereau des jardins**
It. **Rampicchino**
Ing. **Short-toed Treecreeper**

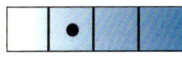

pico largo, fino y ligeramente curvado, y las patas muy cortas. Casi siempre se le observa trepando por los troncos. El dimorfismo es poco aparente y muy sutil. Ambos sexos miden de 11 cm a 13 cm de longitud total; el macho pesa 9,5 g y la hembra, 8,6 g. La longitud del ala es de 6,3 cm en el macho y de 6,1 cm en la hembra; la longitud del pico es de 1,9 cm en el macho y de 1,7 cm en la hembra. La cola es de 6 cm en ambos sexos.

Distribución

Es endémico del suroeste de Europa. Vive en todas las ciudades de la península Ibérica. Está ausente de las islas Baleares.

Hábitat

Es común en parques forestales y escaso en jardines y cementerios. En estos últimos sólo se le encuentra si hay arbolado viejo. En parques arbolados de carácter forestal es frecuente pero no abundante (la presencia es superior al 50 % con 1 o 2 parejas). En parques más abiertos, su presencia disminuye. En los núcleos urbanos sin arbolado, es inexistente. La abundancia

en la ciudad es de 0,5 a 7 aves por cada 10 ha.

Biología

Se reproduce de abril a junio en grandes parques con arbolado maduro, tanto de coníferas como de caducifolios. Nidifica en marzo, en orificios de troncos o en agujeros de vallas de piedra cubiertas por vegetación. La puesta y la incubación se llevan a cabo en abril y suele haber una segunda puesta. Las puestas tienen 5 huevos como media.

Suele desplazarse en solitario por los troncos, especialmente en la mitad inferior. A veces aparece como acompañante de bandos mixtos de páridos y/o reyezuelos. Es sedentario (siempre que haya árboles maduros para nidificar) y de costumbres diurnas. Se alimenta exclusivamente de insectos, incluidas sus larvas y pupas, y de arácnidos. Busca su alimento en grietas de la corteza de troncos y grandes ramas, así como en el musgo y el líquen. Sus nidos pueden ser depredados por comadrejas y ratas, especialmente cuando se establecen a baja altura. Puede competir con el herrerillo común por los lugares de nidificación y es depredado ocasionalmente por gatos.

Interacción con el ser humano

Es independiente del hombre, pero es muy confiado ante la presencia humana: sólo huye a menos de 3 m.

Observación

Se le localiza por su canto o por su reclamo, formados ambos por notas agudas y un poco nasales. Conviene buscar en los troncos más gruesos que tengan la corteza rugosa y acercarse lentamente, con movimientos delicados, hasta unos 5 m de distancia.

● Nota

Durante el invierno pueden juntarse varios animales para dormir, formando densas agregaciones que parecen *bolas de plumas*. Esta conducta se desarrolla para minimizar las pérdidas de calor.

(L. M. Carrascal)

URRACA
Pica pica

Identificación
Es inconfundible por su plumaje blanco y negro, y su larga cola; de cerca, se observan reflejos verdes, azules y violáceos en las plumas oscuras, especialmente en la cola. Los machos son algo mayores que las hembras, pero esta diferencia no se aprecia a simple vista. La longitud del ala varía de 17 cm a 20 cm, y la longitud de la cola, de 22 cm a 25 cm. El macho pesa 220 g y la hembra, 175 g.

Distribución
Se extiende por Europa, Asia y oeste de Norteamérica; algunas poblaciones viven en las ciudades del norte de África y de Arabia Saudí. Está presente en la mayoría de las ciudades de la península Ibérica.

Hábitat
Es habitual en jardines arbolados, solares y parques forestales. Prefiere la periferia a la ciudad propiamente dicha, especialmente para reproducirse, y de ahí que sea más fácil observarla en los centros urbanos fuera de la época de cría. El número de urracas que se reproduce en la ciudad es bajo, pero se constata una colonización lenta y progresiva de los medios urbanos. La urraca ha acompañado desde hace siglos a las actividades agrícolas y ganaderas; este carácter antropófilo la predispone a acercarse al medio urbano, donde carece de depredadores. Otros factores que explican este acercamiento son el incremento de árboles en las ciudades y su dieta no especializada.

Biología
Se reproduce de abril a mayo en la periferia de las grandes ciudades y, ocasionalmente, en grandes parques urbanos. La hembra pone de 5 a 7 huevos al año, de los que suele prosperar menos de la mitad. Los ejemplares de primer año pueden distinguirse por tener la cola algo menor y los reflejos del plumaje menos aparentes.
Ave social, mantiene una intensa relación de pareja; en invierno, forma dormideros comunes y bandadas de jóvenes y ejemplares sin pareja. Es una

Tipo	**Chordata, cordados**
Clase	**Aves, aves**
Orden	**Passeriformes, paseriformes**
Familia	**Corvidae, córvidos**

especie sedentaria y oportunista que aprovecha los desperdicios e incluso la carroña. Como otros córvidos, esconde alimentos para recuperarlos más tarde.

Pica pica

En las ciudades, se observa una estacionalidad alimentaria. En verano, las urracas se alimentan de invertebrados descomponedores que encuentra en la superficie del suelo, mientras que en invierno son más granívoras y vegetarianas. También consume huevos de otras aves y puede convertirse en uno de los depredadores de huevos más importantes de la ciudad, aunque su incidencia sobre otros pájaros sea realmente baja.

Interacción con el ser humano
Muestra una escasa tolerancia a la proximidad de los seres humanos: su distancia de huida puede alcanzar un centenar de metros. Sin embargo, en ambientes rurales es posible ver aún urracas domesticadas (pollos criados en mano) que siguen volando libremente a sus padres humanos adoptivos.

● Nota
El interés de las urracas por los objetos brillantes es una verdad exagerada, basada en la curiosidad del animal y en su conducta de almacenamiento de comida.

Cat. **Garsa**
Eusk. **Mika**
Gal. **Pega**
Por. **Pega**
Fr. **Pie**
It. **Gazza**
Ing. **Magpie**

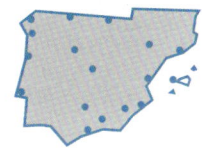

(F. URIBE)

GRAJILLA
Corvus monedula

Tipo	**Chordata, cordados**
Clase	**Aves, aves**
Orden	**Passeriformes, paseriformes**
Familia	**Corvidae, córvidos**

Identificación

Tiene un plumaje básicamente negro, con la nuca y la zona de los oídos grises. La cabeza muestra un pico fuerte y

Corvus monedula

Cat. **Gralla**
Eusk. **Bele txikia**
Gal. **Corvo cereixeiro**
Por. **Gralha-de-nuca-cinzenta**
Fr. **Choucas des tours**
It. **Taccola**
Ing. **Jackdaw**

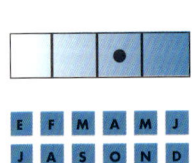

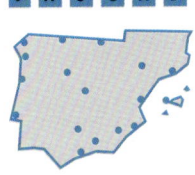

unos ojos de un llamativo gris azulado. Las patas son fuertes, y el vuelo es potente y ágil. La longitud total varía de 32 cm a 34 cm; la longitud del ala, de 16 cm a 19 cm. El macho pesa 230 g y la hembra, 206 g. Además de ser mayores que las hembras, los machos tienen el color gris de la nuca más claro que éstas.

Distribución

Vive en Europa y Asia, y es abundante en el centro y el sur de Europa. Es bastante frecuente en el centro y el sur de la Península, y escasa en Galicia y la zona del Cantábrico. Es muy abundante en algunas ciudades, mientras que en otras no está presente; las razones de esta ausencia no han sido investigadas, pero es posible que obedezcan a la disponibilidad de lugares adecuados para

nidificar. Está adaptada a la ciudad desde tiempos inmemoriales.

Hábitat

Anida y descansa en edificios antiguos, donde puede llegar a ser abundante. También lo hace en arboledas, sobre todo en parques forestales umbrosos. Utiliza los vertederos de basura de la periferia para alimentarse.

Biología

Se reproduce de mediados de abril a principios de julio en cavidades y huecos de tejados de edificios antiguos; también cría en el interior de entabicados y en huecos de troncos de árboles viejos. Tienen de 2 a 5 crías al año. Es una especie sedentaria y muy gregaria que suele criar en colonias y alimentarse en bandos. Es omnívora, pero se alimenta principalmente de materia vegetal, sobre todo de cereales, aceitunas, garbanzos y frutos. Pese a su abundancia en algunos vertederos urbanos, obtiene la mayor parte de su alimento en el exterior de la ciudad. Compite con otras especies, principalmente con la paloma doméstica y los cernícalos común y primilla, por las cavidades de edificios aptas para la construcción de nidos.

Interacción con el ser humano

Es comensal en la ciudad. Los daños que provoca a la agricultura son importantes en zonas donde la población de grajillas es numerosa y los cultivos son de elevado valor económico (maíz y garbanzo). La grajilla ha sido declarada plaga en algunos municipios; también ha sido incluida en el catálogo de parásitos del olivo.

● Nota

Se dice que su afición por los objetos brillantes la lleva a transportar al nido colillas encendidas. Es cierto que a veces ha llegado a provocar incendios (se ha descrito algún caso en el sur de Inglaterra), pero ello es debido a su costumbre de llenar completamente chimeneas y otras cavidades de edificios con brozas y ramas para construir el nido.

(M. SOLER)

GRAJA
Corvus frugilegus

Identificación

Es de un color negro lustroso con irisaciones. El rostro y la base del pico son calvos y blanquecinos en los adultos. El pico, relativamente fino, tiene forma de daga. El fémur cuenta con plumas salientes que parecen calzas cuando camina. Hay diferencias significativas aunque no muy evidentes entre macho y hembra. La longitud total oscila entre 45 cm y 48 cm; y la envergadura, entre 89 cm y 93 cm. El peso promedio es de 470 g en el macho y de 400 g en la hembra.

Distribución

Se encuentra en Europa central y meridional; localmente, en Escandinavia y en algunas zonas de Asia. En la Península, es nidificante en la provincia de León. Es invernante en Navarra, Aragón, Huesca, Logroño, Burgos, Madrid, Toledo, Valladolid, Zamora, Gerona e islas Baleares. La población leonesa, que cuenta con unos 3 000 ejemplares, es sedentaria.

Hábitat

Habita en parques y jardines con vegetación herbácea; es más escasa junto a ríos, lagos y estanques. Depende de la presencia de choperas (*Populus sp.*) que superen los 20 m de altura. Está adaptada al contacto con el hombre y su aclimatación a la ciudad se remonta a unos 30 años. Al extenderse la ciudad y englobar pueblos cercanos, quedaron incluidas las parcelas arboladas en las que vivían las colonias; ello no impide que éstas se mantengan.

Biología

Se reproduce en la periferia de los núcleos urbanos, en choperas o alamedas parcialmente rodeadas de espacios abiertos. Cría de marzo a junio. De 3 huevos por nido, prosperan 1 o 2 pollos al año. Los jóvenes muestran aún plumas en el rostro hasta la primera muda completa. El plumaje adulto se adquiere al cabo de dos años o más, aunque algunas grajas ya pueden reproducirse a partir del primer año. La graja mantiene grupos sociales en las colonias de cría durante todo el año.

Tipo	Chordata, cordados
Clase	Aves, aves
Orden	Passeriformes, paseriformes
Familia	Corvidae, córvidos

Dentro de la colonia, las parejas y familias mantienen su independencia con el resto del grupo. Su actividad comien-za media hora antes del alba y

Corvus frugilegus

termina media hora antes del ocaso. Consume frutos, semillas e insectos. Compite con grajillas y estorninos cuando se alimenta en vertederos de basura.

Interacción con el ser humano

Actúa como comensal del hombre en los vertederos de basuras, pero el ser humano depreda huevos y pollos de la graja durante la época de cría. Los daños que la graja produce a la agricultura quedan compensados por su acción sobre hormigas y otros insectos perjudiciales.

Observación

La colonia de grajas del campus de la Universidad de León (frente al edificio de Biología) permite observar con detenimiento su comportamiento reproductor. Los nidos permanecen en la colonia hasta la primavera siguiente y son muy visibles cuando los árboles no tienen hojas.

● Nota

Se considera ave de mal agüero, relacionada con desgracias en la agricultura o en la familia. Para justificar su caza, se cuenta la leyenda de que este ave puede volar con una mazorca de maíz en el pico y una en cada pata.

(V. Ena)

Cat. **Graula**
Eusk. **Ipar-bele**
Por. **Gralha-calva**
Fr. **Corbeau freux**
It. **Corvo nero**
Ing. **Rook**

E	F	M	A	M	J
J	A	S	O	N	D

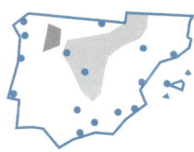

CORNEJA NEGRA
Corvus corone

Tipo	Chordata, cordados
Clase	Aves, aves
Orden	Passeriformes, paseriformes
Familia	Corvidae, córvidos

Identificación

Es un ave paseriforme de gran tamaño y de plumaje totalmente negro con las patas y el pico fuertes. En vuelo, mues-

Corvus corone

Cat. **Cornella negra**
Eusk. **Belabeltza**
Gal. **Corvo viavaz**
Por. **Gralha-preta**
Fr. **Corneille noire**
It. **Cornacchia nera**
Ing. **Carrion crow**

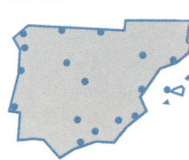

tra una cola casi cuadrada. El macho es mayor que la hembra. La longitud total es de 49 cm en el macho y de 40 cm en la hembra. El peso es de 600 g en el macho y de 550 g en la hembra.

Distribución

Se extiende por el centro y el oeste de Europa. En la Península, vive en ciudades tanto costeras como del interior y está ausente de las Baleares. La cantidad de individuos varía mucho de unas zonas a otras: depende de la existencia de parques y jardines que cumplan las características de su hábitat típico.

Hábitat

Está adaptada a la ciudad desde hace mucho tiempo. Puede ser común en parques forestales, y es más escasa en jardines y calles con árboles. Sus hábi-

tats típicos son los linderos de bosques y los campos con árboles dispersos, pero también cría en ciudades con amplias zonas arboladas en las que pueda instalar su nido.

Biología

Se reproduce de principios de abril a finales de junio en parques, jardines y calles, siempre que haya árboles dispersos y el ave no sea perseguida por la gente. Suele haber de 2 a 4 crías al año. Durante la época de cría, vive solitaria o en parejas; por las mismas fechas, los jóvenes que no crían vuelan en bandadas más o menos numerosas. En las ciudades donde nidifican, las cornejas defienden los territorios en los que realizan todas sus actividades; para dormir se reúnen en un grupo de árboles concreto. Las reuniones en los dormideros comunales superan a veces los 300 individuos. Es una especie sedentaria. Se alimenta principalmente en los basureros y también acuden a éstos las cornejas que no habitan en la ciudad, que son mayoría. Las cornejas ciudadanas también buscan artrópodos y otros invertebrados en parques y jardines; las que habitan en poblaciones más pequeñas con abundantes huertos comen cereales, fruta y productos de otros cultivos. En la ciudad, carece prácticamente de depredadores, con la excepción ocasional de las urracas, que saquean sus nidos. Las cornejas, a su vez, depredan los nidos de las urracas, las palomas, las tórtolas y otras aves que anidan en árboles, aunque casi nunca los de la perdiz, como se le achaca.

Interacción con el ser humano

Es comensal. Con frecuencia se la acusa de ser dañina para la agricultura y la caza pero, a decir verdad, los daños que produce son mínimos. Si bien es cierto que consume cereales y algunos frutos, también lo es que se alimenta únicamente del cereal que crece en el borde de los cultivos y que aprovecha totalmente las espigas que vuelca.

(M. SOLER)

CUERVO
Corvus corax

Identificación

Es el paseriforme de mayor tamaño, y tiene un plumaje totalmente negro y una silueta distintiva: la cabeza es grande con relación al cuerpo, y el pico, muy grande con relación a la cabeza y el cuerpo. Las patas y el pico son muy fuertes. En vuelo, muestra una peculiar cola cuneiforme. La longitud total es de 69 cm en el macho y de 55 cm en la hembra. El macho pesa 1 300 g y la hembra, 950 g. El único dimorfismo sexual es el mayor tamaño de los machos.

Distribución

Ave cosmopolita, vive en Norteamérica, Asia, África, Europa y Oceanía. En otros tiempos, era abundante en varias ciudades de Europa (en Londres, por ejemplo), pero debido a su mala fama fue muy perseguido y hoy no está presente en casi ninguna de las ciudades donde abundó durante siglos. Aunque en otras épocas era un ave frecuente en las ciudades de la Península, hoy sólo habita en algunos pueblos de montaña. Con todo, frecuenta al amanecer los vertederos de algunas ciudades, especialmente en zonas montañosas. A excepción de las visitas a los vertederos, su presencia en las ciudades es accidental.

Hábitat

Son frecuentes en los vertederos de basura y su presencia es accidental en parques forestales umbrosos y edificios.

Biología

Hasta principios de este siglo criaba en la parte alta de los edificios y los árboles de gran tamaño de las ciudades. Hoy se reproduce únicamente en ambientes naturales, de principios de marzo a mediados de junio. Es social en los dormideros comunales y cuando se alimenta de carroñas grandes, pero es bastante territorial cuando cría. Es sedentario. Es una especie muy generalista, ubiquista y adaptable que no ha resistido, sin embargo, la persecución sufrida en las ciudades. Es bastante más huidizo que otros córvidos.

Interacción con el ser humano

Su fama de ave de mal augurio, basada en su color negro, en su relación con los cadáveres y en su costumbre de seguir a los ejércitos, fue causa de una persecución implacable.

● Nota

Es capaz de imitar el habla humana a la perfección y de memorizar frases enteras. En los dormideros de cuervos, al atardecer, pueden oírse todo tipo de sonidos: ladridos de perros, cantos de gallos, etc.

(M. Soler)

Tipo	Chordata, cordados
Clase	Aves, aves
Orden	Passeriformes, paseriformes
Familia	Corvidae, córvidos

Corvus corax

Cat. **Corb**
Eusk. **Erroia**
Gal. **Corvo carnazal**
Por. **Corvo**
Fr. **Grand corbeau**
It. **Corvo imperiale**
Ing. **Raven**

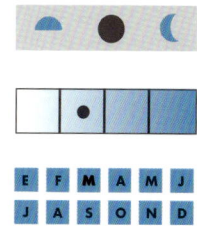

| E | F | M | A | M | J |
| J | A | S | O | N | D |

ESTORNINO PINTO
Sturnus vulgaris

Tipo	**Chordata, cordados**
Clase	**Aves, aves**
Orden	**Passeriformes, paseriformes**
Familia	**Sturnidae, estorninos**

Identificación
Tiene el plumaje negro, con reflejos púrpura, bronce y verde en dorso, pecho y cabeza. El pico es relativa-

Sturnus vulgaris

Cat. **Estornell vulgar**
Eusk. **Araba-zozo**
Gal. **Estorniño pinto**
Por. **Estorninho-malhado**
fr. **Étourneau sansonnet**
It. **Storno**
Ing. **European Starling**

| E | F | M | A | M | J |
| J | A | S | O | N | D |

mente largo y fuerte, y la cola corta. El vuelo es rápido y directo. Las alas son puntiagudas, parduscas y con ribetes claros en los márgenes externos de las plumas. El plumaje invernal está densamente moteado de blanco cremoso; en época de cría, gran parte de las manchas desaparecen (sobre todo en los machos), pero continúan siendo conspicuas en el dorso, las cobertoras alares y sobre todo en las infracoberto-ras caudales. En verano, tiene el pico amarillo limón y las patas rosadas; en invierno, el pico y las patas oscuros. La longitud total varía de 20 cm a 21 cm. El macho pesa 79,5 g y la hembra, 78 g.

Distribución
Originario de Europa y Asia, fue introducido en EE UU y Australia. Inverna en África pero no se reproduce allí. En invierno, se encuentra en las ciudades de toda la Península. Los dormideros invernales en las ciudades constituyen un fenómeno reciente (en la Península, desde la segunda mitad de este siglo), atribuible en parte a la desaparición de hábitats adecuados en medios rurales. A veces, se producen grandes concentraciones invernales, de hasta cientos de miles de individuos, en los dormideros de las zonas urbanas. Como reproductor, está en proceso de colonización de la Península. Cría en algunas zonas del Cantábrico y en el cuadrante noreste, especialmente en núcleos urbanos pequeños o en la periferia de los grandes.

Hábitat
Los grandes dormideros se forman en árboles de jardines o de parques forestales; a veces también en cementerios, orillas fluviales, avenidas con árboles, etc. Se reproduce principalmente en edificios con cavidades.

Biología
Instala los nidos en los agujeros de los muros o debajo de las tejas; también cría en huecos de árboles, puentes, torres de conducción eléctrica, etc. La primera puesta se realiza de mediados de marzo a principios de abril y la segunda, de finales de abril a mediados de mayo; cada año nacen 5 crías por pareja como media.
Es una especie muy gregaria que cría en colonias, se agrupa en dormideros y come en bandos. Los estorninos que nacen en la Península son sedentarios, aunque efectúan movimientos posreproductores; de octubre a febrero invernan en la Península individuos procedentes de países nórdicos. El estornino pinto se alimenta básicamente de invertebrados, y también de frutas y semillas. Los pollos, y alguna vez los adultos, son presa de gatos domésticos y ratas. Compite con gorriones, palomas y vencejos por los lugares de cría.

Interacción con el ser humano
Es comensal pero en algunas ciudades, se le considera plaga por los daños causados a los árboles o por las molestias que producen sus excrementos.

● Nota
Su capacidad de aprendizaje vocal está comprobada en individuos cautivos, capaces de imitar muy bien no sólo sonidos domésticos (teléfono, etc.) sino también palabras.

(A. Motis)

ESTORNINO NEGRO
Sturnus unicolor

Tipo	**Chordata, cordados**
Clase	**Aves, aves**
Orden	**Passeriformes, paseriformes**
Familia	**Sturnidae, estorninos**

Identificación

Los individuos de esta especie tienen una estructura corporal muy similar al estornino pinto. El plumaje es completamente negro, con reflejos púrpura, especialmente en el pecho, el dorso y la cabeza. En época de cría, el pico es amarillo y las patas son de un rosa intenso; en invierno, el pico y las patas son oscuros. Hay una fase mate, sin reflejos, de color negro ceniza. Los machos son algo mayores y tienen más reflejos que las hembras; en época de cría, el macho tiene la base del pico azulada y la hembra, rosada. Es ligeramente mayor que el estornino pinto. La longitud total es de 20 cm a 21 cm. El macho pesa 90 g y la hembra, 86 g.

Distribución

La mayor parte de la población mundial habita en la península Ibérica. En proceso de expansión, colonizó Francia durante la década de los ochenta. Se encuentra en toda la Península, excepto en la franja pirenaica y cantábrica. A mediados de siglo, habitaba únicamente en la mitad oeste de la Península. También vive en Baleares.

Hábitat

Vive en parques forestales, jardines, cementerios y edificios. No se reparte uniformemente por el territorio; puede ser muy abundante en lugares concretos. Aunque cría e inverna, sobre todo en la periferia de las zonas urbanas, también se ha introducido en el interior de algunas grandes ciudades, especialmente en parques y jardines (caso del Retiro, en Madrid).

Biología

Se reproduce principalmente en edificios con cavidades. Instala nidos en los agujeros de los muros o debajo de las tejas; también cría en huecos de árboles, puentes, torres de conducción eléctrica, etc. La primera puesta se realiza en abril y la segunda, de mediados de mayo a principios de junio; cada pareja tiene 6 crías al año como media. Es sedentario. Especie gregaria, cría en colonias a menudo más numerosas que las del estornino pinto, aunque en zonas poco adecuadas o de colonización reciente puede haber parejas aisladas; también come en grupo y forma concentraciones invernales no muy alejadas de las zonas de cría. A veces se une a las bandadas de estorninos pintos invernantes y comparte con ellos el dormidero. Se alimenta principalmente de invertebrados, y también de frutas y semillas. Interacciona con otras especies de la ciudad de un modo similar al estornino pinto.

Sturnus unicolor

Interacción con el ser humano

Es comensal. Aunque en localidades muy concretas puede resultar un perjuicio para los tejados donde cría, no provoca los problemas que plantea el estornino pinto con sus dormideros multitudinarios.

● Nota

La antigua relación de esta especie –o quizá del estornino pinto– con el hombre queda evidenciada en un toponímico, el pueblo de Estorninos, cerca de Alcántara, en la provincia de Cáceres.

(A. MOTIS)

Cat. **Estornell negre**
Eusk. **Araba-zozo beltz**
Gal. **Estorniño negro**
Por. **Estorninho-preto**
Fr. **Étourneau unicolore**
It. **Storno nero**
Ing. **Spotless Starling**

E F M A M J
J A S O N D

GORRIÓN COMÚN
Passer domesticus

Tipo	**Chordata, cordados**
Clase	**Aves, aves**
Orden	**Passeriformes, paseriformes**
Familia	**Ploceidae, plocéidos**

Identificación

Es un gorrión de tamaño mediano grande. El macho tiene la nuca de color castaño, el píleo gris y un babero

Passer domesticus

Cat. **Pardal comú**
Eusk. **Txolarre**
Gal. **Gorrión**
Por. **Pardal-ladrão**
Fr. **Moineau domestique**
It. **Passera europea**
Ing. **House Sparrow**

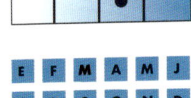

negro; la hembra es de color pardusco apagado por encima y blanco sucio por debajo, sin marcas distintivas. La longitud varía de 160 mm a 165 mm y el peso, de 24 g a 38 g. Las hembras son menores en promedio.

Distribución

Es cosmopolita y fue introducido por el hombre en gran parte de su área de distribución actual durante los siglos XVIII y XIX. La especie tiene su origen en la zona de los ríos Tigris y Éufrates, y de la costa oriental del Mediterráneo; desde allí fue extendiéndose por los alrededores de este mar y posteriormente, con el avance de la cultura occidental, a los demás continentes del mundo. Vive en todas las ciudades y pueblos de la península Ibérica e islas Baleares.

Hábitat

No se encuentra fuera de lugares habitados por el hombre. En las ciudades, es común y a veces abundante en jardines, orillas de ríos, lagos y estanques, edificios y calles. También es común en parques forestales secos, solares, playas y puertos, y más escaso en parques forestales umbrosos. Instala el nido en agujeros de edificios, árboles y otros elementos del mobiliario urbano, siempre en puntos alejados del suelo.

Biología

Se reproduce de abril a agosto en todo tipo de zonas urbanas o suburbanas. Suele tener 2 crías al año, aunque el número de polluelos anuales puede oscilar de 1 a 4. El pollo es nidícola y permanece en el nido de 12 a 18 días. El joven adquiere el plumaje definitivo del adulto durante el otoño del primer año.

Es gregario durante todo el año y colonial durante la nidificación; las colonias constan desde unos pocos hasta varios centenares de nidos. Es sedentario. Se alimenta de restos de comida de origen humano, de semillas silvestres, de piensos compuestos y de granos de cereal. Durante la época de cría (primavera y verano), se convierte en un gran consumidor de insectos. A su vez, es presa de gatos, ratas y otros vertebrados mediano grandes, tales como córvidos y, ocasionalmente, de rapaces diurnas y estrigiformes.

Interacción con el ser humano

Es comensal. El origen de este comensalismo está íntimamente relacionado con el origen de la agricultura entre los ríos Tigris y Éufrates, en la zona de Oriente Medio, hace de unos 12 000 a 14 000 años.

GORRIÓN MORUNO
PASSER HISPANIOLENSIS

El macho tiene el píleo castaño rojizo intenso. Mide unos 160 mm. Vive en la mitad Sur de la Península.

GORRIÓN CHILLÓN
PETRONIA PETRONIA

Coloración parduzca listada con mancha amarilla en la garganta. Mide unos 140 mm.

(J. C. ALONSO)

GORRIÓN MOLINERO
Passer montanus

Identificación
Es el único gorrión del género *Passer* en el que tanto el macho como la hembra poseen el característico *babero* negro. Dicho babero es menor que en el gorrión común; ambos sexos también tienen una mancha negra en la mejilla de fondo blancuzca, y el píleo y la nuca castaños. Las partes superiores son de un color castaño pardo apagado y las inferiores, blancuzcas. Su tamaño es algo menor que el del gorrión común. Mide unos 150 mm de longitud total y pesa entre 19 g y 26 g. La hembra es algo menor que el macho.

Distribución
Es cosmopolita: vive en Asia, Europa, Oceanía y Norteamérica. Originario de Asia, fue introducido por el hombre en muchas zonas de su actual área de distribución. Comenzó a expandirse por Eurasia hace miles de años y, mucho más recientemente, durante los siglos XVIII, XIX y XX, fue introducido en los otros continentes. Vive en toda la península Ibérica, salvo en el sureste, y en las islas Baleares.

Hábitat
Más campestre y menos urbano que el gorrión común, suele evitar el interior de las grandes ciudades. Es moderadamente común pero irregular en hábitats periurbanos, tales como parques forestales secos, jardines, solares, cementerios y edificios abandonados. Es más escaso en paseos y avenidas, orillas de ríos, lagos y estanques, playas, puertos y parques forestales umbrosos.

Biología
Se reproduce de abril a agosto en edificios abandonados, corrales, cobertizos y casetas, aunque prefiere utilizar agujeros en árboles secos, taludes y puentes. Suele tener 2 crías al año, pero el número de polluelos anuales puede oscilar de 1 a 4. Los pollos son nidícolas y permanecen en el nido de 15 a 20 días. Es una especie gregaria, pero sus colonias y bandos son bastante menores que los del gorrión común. Por lo general sedentario, es parcialmente migrador en algunas zonas de su área

Tipo	**Chordata, cordados**
Clase	**Aves, aves**
Orden	**Passeriformes, paseriformes**
Familia	**Ploceidae, plocéidos**

de distribución. Se alimenta de cualquier resto aprovechable de origen humano, de semillas silvestres, de piensos compuestos y de granos de cereal.

Passer montanus

Durante la época de cría (primavera-verano), come gran cantidad de insectos. A su vez, es presa de gatos, ratas y otros vertebrados de tamaño entre mediano y grande, tales como córvidos, y ocasionalmente de rapaces y estrigiformes. En encuentros con el gorrión común, es dominado por éste debido a su menor tamaño.

Interacción con el ser humano
Comensal, aunque no de forma tan marcada como el gorrión común. El comensalismo del gorrión molinero se remonta a la implantación de la agricultura en el valle del río Huang Ho, en China, hacia el año 5 000 a.C.

Observación
Es menos confiado que el gorrión común y su voz también es menos audible que la de este último, lo que se debe en parte a su menor grado de gregarismo.

(J. C. ALONSO)

Cat. **Pardal xarrec**
Eusk. **Errota-txolarre**
Gal. **Gorrión orelleiro**
Por. **Pardal-montez**
Fr. **Moineau friquet**
It. **Passera mattugia**
Ing. **Tree Sparrow**

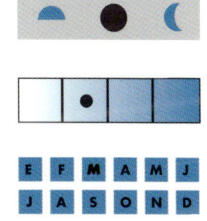

| E | F | M | A | M | J |
| J | A | S | O | N | D |

PINZÓN VULGAR
Fringilla coelebs

Tipo	**Chordata, cordados**
Clase	**Aves, aves**
Orden	**Passeriformes, paseriformes**
Familia	**Fringillidae, fringílidos**

Identificación

El pinzón vulgar se distingue por una marcada franja alar blanca doble y, en vuelo, por sus rectrices externas blan-

Macho de *Fringilla coelebs* alimentando un joven

Cat. **Pinsà comú**
Eusk. **Txonta**
Gal. **Pimpín común**
Por. **Tentilhâo-comum**
Fr. **Pinson des arbres**
It. **Fringuello**
Ing. **Chaffinch**

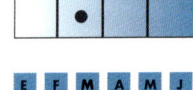

| E | F | M | A | M | J |
| J | A | S | O | N | D |

cas. El macho es pardo rosado por debajo, tiene el manto castaño, el obispillo verdoso, y el píleo y la nuca de color azul pizarra. La hembra es de color pardo oliváceo claro por encima y más pálido por debajo. La longitud total es de 15 cm en ambos sexos, y pesa entre 19 g y 24 g. El vuelo es raudo, ondulado, con un rápido batir de alas y casi siempre a bastante altura.

Distribución

Se extiende por Europa (excepto el norte de Escandinavia), el norte de África y la zona occidental de Asia. Se encuentra en todas las ciudades de la Península, y en Mallorca y Menorca. También puede verse en Ibiza de paso.

Hábitat

Vive en parques forestales, sobre todo si son umbrosos y no secos. Prefiere zonas de bosque caducifolio o mixto antes que coníferas, y jardines urbanos.

Biología

Se reproduce en árboles o arbustos altos y la hembra realiza 1 o 2 puestas al año de 4 a 5 huevos cada una, en un nido profundo y bien definido en forma de copa, construida con musgo mezclado con otros materiales, especialmente hierbas, raíces, plumas, líquenes y trozos de corteza unidos con telarañas. El material del tapizado interior se compone de raíces, plumas y restos vegetales, como partes pilosas de las plantas. Es gregario excepto cuando cría. En otoño e invierno, puede formar grandes bandos, a veces mixtos, con pájaros como pardillos, escribanos, jilgueros, etc. Es sedentario y su número aumenta en invierno, cuando acuden a la Península aves procedentes del resto de Europa; es entonces cuando llega a ser común en muchos parques y jardines de nuestras ciudades. Es un ave territorial. Tiene un ritmo de actividad diurno. Se alimenta de vegetales (semillas variadas, granos y algunos frutos), insectos y gusanos. Es un gran consumidor de orugas defoliadoras.

Observación

Es uno de los fringílidos que más fácilmente se observan en el suelo, mientras buscan su alimento. En invierno, la presencia y el gran número de invernantes europeos facilitan la observación. Cuando el animal se posa en el suelo, es fácil observar las rémiges externas blancas. También es fácil de distinguir su reclamo compuesto por una nota única, un resonante *pinc*.

● Nota

El macho es un ave apreciada por los pajareros debido a su canto y a su colorido.

(J. DOMÈNECH)

VERDECILLO
Serinus serinus

Identificación

Es de pequeño tamaño. La coloración general es amarillenta con listas pardo verdosas. Se distingue de otros fringílidos similares por su pico corto y rechoncho, el obispillo muy amarillo y la ausencia de franjas de color en las alas y la cola. La longitud total es de 11 cm; la longitud del ala, de 6,5 cm a 7,4 cm; y el peso, de 9 g a 12 g. El macho tiene la frente, la lista ocular, la garganta y el pecho muy amarillos, mientras que la hembra muestra una profusión de listas pardas.

Distribución

Es un ave circunmediterránea. Durante el siglo XIX y buena parte del XX, se expandió por toda Europa central utilizando zonas ajardinadas y parques. Recientemente está mostrando cierta regresión en estas zonas. Vive en toda la Península, incluso en ciudades de alta montaña.

Hábitat

Es muy abundante en parques forestales secos, jardines y cementerios; algo menos en calles, solares y edificios. Necesita de zonas abiertas.

Biología

Se reproduce de abril a agosto, principalmente en parques y jardines, pero también en otros tipos de zonas ajardinadas, y muestra una especial preferencia por criar en cipreses (*Cupressus sp.*). Hay 2 puestas al año de 3 a 4 pollos cada una. El tamaño de la puesta disminuye según avanza la estación de nidificación. El éxito reproductor es muy bajo (sobre el 33%). El período de incubación dura entre 12-14 días, y los pollos tardan en salir del nido entre 14-16 días. Los jóvenes salen del nido con un plumaje listado; hacia septiembre, después de la primera muda, ya adquieren un plumaje muy similar al del adulto. El verdecillo es una especie social a lo largo de todo el año. Hay una población sedentaria y otra invernante que se superpone a la primera, especialmente en las provincias mediterráneas, con

Tipo	**Chordata, cordados**
Clase	**Aves, aves**
Orden	**Passeriformes, paseriformes**
Familia	**Fringilidae, fringílidos**

numerosos ejemplares procedentes de Alemania, Francia, Bélgica y Suiza. Una pequeña parte de la población reproductora, especialmente la de la

Ejemplar macho de *Serinus serinus*

mitad norte, migra hacia el Sur y algunos individuos llegan a cruzar el Estrecho. El verdecillo se alimenta de pequeñas semillas de plantas herbáceas, especialmente crucíferas y compuestas; ello explica que guste de las zonas abiertas con abundantes plantas ruderales.

Observación

Durante la primavera, es fácil ver a los machos cuando cantan en las copas de los árboles o los cables eléctricos e inician desde allí su típico vuelo de mariposa. En otoño e invierno, los verdecillos forman bandos numerosos en zonas abiertas donde se alimentan de plantas ruderales, y no es difícil entonces atraerlos a los comederos con semillas de nabo.

(J. C. SENAR)

Cat. **Gafarró**
Eusk. **Txirriskilla**
Gal. **Xirín**
Por. **Serino**
Fr. **Serin cini**
It. **Vercellino**
Ing. **Serin**

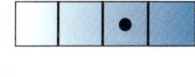

VERDERÓN
Carduelis chloris

Tipo	**Chordata, cordados**
Clase	**Aves, aves**
Orden	**Passeriformes, paseriformes**
Familia	**Fringilidae, fringílidos**

Identificación

El verderón tiene una coloración verde olivácea, con el obispillo verde amarillento y una franja amarilla en las alas

Carduelis chloris

Cat. **Verdum**
Eusk. **Txorrum**
Por. **Verdilhão**
Fr. **Verdier**
It. **Verdone**
Ing. **Greenfinch**

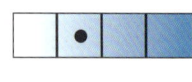

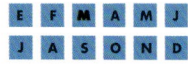

E	F	M	A	M	J
J	A	S	O	N	D

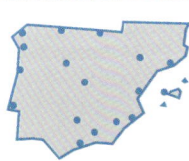

y la cola. El pico es robusto. Mide 14,5 cm de longitud total y la hembra es de un color más apagado que el macho, con más gris y menos amarillo. Los juveniles muestran un plumaje pardo listado hasta septiembre, mes durante el cual adquieren apariencia adulta después de la muda.

Distribución

Se extiende por toda Europa, a excepción del norte de Escandinavia. Fue introducido con éxito en Australia, Nueva Zelanda y las Azores. En el norte de Europa, se está extendiendo hacia las regiones septentrionales al amparo de las zonas humanizadas. Se encuentra en las ciudades de toda la Península y de Baleares, tanto costeras como del interior, pero a altitudes más

bien bajas. En la Península, si bien es especie común, no aparece en grandes números, hecho que contrasta con otros países europeos, donde la especie es muy común. Las poblaciones ibéricas son de menor tamaño, pero tienen un pico mayor que las centroeuropeas y difieren genéticamente de éstas.

Hábitat

Es común en parques forestales y solares, y relativamente abundante en jardines, especialmente si hay árboles grandes, matorrales y setos abundantes, y espacios soleados y abiertos.

Biología

Se reproduce de finales de marzo a principios de agosto. Anida en setos, arbustos y pequeños árboles, como por ejemplo cipreses. Las hembras tienen dos puestas de unos 4 huevos cada una. La incubación se prolonga entre los 12 y los 14 días, y los jóvenes permanecen en el nido de 13 a 16 días.

Es una especie social durante todo el año y de actividad diurna. Aunque es una especie sedentaria, la población total aumenta en invierno, cuando llegan a la Península verderones procedentes de Bélgica y del norte de Francia. En otoño, parece realizar pequeños movimientos locales para concentrarse en áreas de muda. En invierno, puede formar dormideros con varias decenas de individuos. Se alimenta principalmente de semillas grandes, como las de acedera (*Rumex* sp.) y de mercurial (*Mercurialis* sp.), o las de olmos (*Ulmus* sp.) y cedros (*Cedrus* sp.). La adaptabilidad de su pico le permite, sin embargo, alimentarse de cualquier tipo de semilla, lo que hace posible atraerlo a comederos surtidos de semillas de girasol, cañamón o maní crudo y pelado.

Observación

Es fácil identificarlo durante las mañanas soleadas de primavera por su típico canto terminado con un *tsurríí* nasal, que emite desde la parte alta de las copas de los árboles.

(J. C. SENAR)

JILGUERO
Carduelis carduelis

Identificación
Tiene un marcado contraste de negro y amarillo en las alas, y de blanco y negro en la cola. La cabeza es blanca y negra, y la cara es roja. El dorso es pardo leonado y el obispillo, blancuzco. Tiene el pico bastante largo y fino para tratarse de un fringílido. La longitud total es de 12 cm y la longitud del ala, de 7 cm a 9 cm. El macho pesa 20 g y la hembra, 18 g.

Distribución
Se encuentra en toda Europa. Ha sido introducido en Australia, Tasmania, Nueva Zelanda, Argentina y las Bermudas, donde es actualmente común en ciudades y jardines. Vive en todas las ciudades de la Península y Baleares, sin límite de altitud.

Hábitat
Gusta de zonas abiertas; es muy abundante en jardines abiertos y cementerios, y un poco menos en parques forestales abiertos y solares. Es escaso en calles urbanas.

Biología
Cría de mayo a julio en el extremo de las ramas de árboles de muy distintos tipos, por lo general en zonas ajardinadas abiertas, a una altura de entre 3 m y 10 m. Hay dos nidadas al año de unos 4 pollos cada una. La incubación dura de 11 a 13 días y los jóvenes salen del nido entre los 13 y los 16 días. Los jóvenes tienen la cabeza y las partes superiores de color ocráceo grisáceo, listadas y moteadas de pardo; en septiembre, ya son como los adultos. Es una especie social. Es sedentaria, aunque en invierno llegan a la Península efectivos transpirenaicos. El oeste de la Península recibe jilgueros que, en su mayoría, proceden del oeste de Europa (Gran Bretaña, Bélgica, etc.) mientras que los del este de España tienden a proceder de lugares como Alemania o Suiza. Se alimenta principalmente de semillas herbáceas de compuestas (cardos, diente de león, etc.).

Tipo	Chordata, cordados
Clase	Aves, aves
Orden	Passeriformes, paseriformes
Familia	Fringillidae, fringílidos

Carduelis carduelis

Observación
A menudo se observa mientras canta en posaderos visibles, en el punto más alto de las copas de los árboles, con un típico movimiento de vaivén de derecha a izquierda.

● Nota
Es un ave típicamente mantenida en cautividad por su canto y colorido, lo que casi le costó la extinción en Inglaterra durante el siglo pasado. Se cuenta que en una sola localidad del sureste, dentro de la ruta migratoria, se habían llegado a capturar más de 132 000 ejemplares en un solo año. La Sociedad Británica para la protección de las aves la tomó como su especie abanderada en sus campañas de protección, y hoy ya vuelve a ser una especie abundante en todo el sur de Inglaterra.

(J. C. SENAR)

Cat. **Cadernera**
Eusk. **Karnaba**
Gal. **Xílgaro**
Por. **Pintassilgo-comum**
Fr. **Chardonneret**
It. **Cardellino**
Ing. **Goldfinch**

LÚGANO
Carduelis spinus

Tipo	**Chordata, cordados**
Clase	**Aves, aves**
Orden	**Passeriformes, paseriformes**
Familia	**Fringillidae, fringílidos**

Identificación
El obispillo, la franja alar, los lados de la cola y la lista detrás del ojo son amarillos. El dorso y los flancos son pardos

Carduelis spinus

Cat. **Lluer**
Eusk. **Altza-txorru**
Gal. **Pincaouro**
Por. **Pintassilgo-verde**
Fr. **Tarin des aulnes**
It. **Lucarino**
Ing. **Siskin**

E	F	M	A	M	J
J	A	S	O	N	D

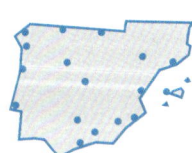

y están listados de un color más oscuro. La longitud total es de 12 cm y la longitud del ala, de 7 cm. El macho pesa 13 g y la hembra, 12 g. El macho es de color verde amarillento, con píleo y barbilla negros. La hembra es más verdosa, con menos amarillo y sin negro en la cabeza, tiene el pecho y el vientre de color blancuzco amarillento y profusamente listado de pardo.

Distribución
Se distribuye en dos grandes áreas separadas: una en Europa y parte de Rusia (hasta Omsk) y la otra en el extremo este de Asia (este de China y Japón). Se puede observar en ciudades de toda la Península y de Baleares, pero únicamente en invierno y durante los años de migraciones masivas.

Ejemplares macho (**1**)
y hembra (**2**) de
Carduelis spinus

Hábitat
Es abundante durante el invierno en parques, jardines, cementerios y solares, algo menos en playas y ocasionalmente en calles arboladas.

Biología
En la Península y en Baleares, es un ave exclusivamente invernante y su abundancia varía mucho de unos años a otros. Los años de elevada productividad de coníferas en el centro y el norte de Europa suponen un gran éxito reproductor y una elevada supervivencia de los juveniles, lo que se traduce en una gran abundancia de individuos posreproductores. Al llegar el otoño, y si la temperatura no es alta, estos individuos inician una migración en masa hacia el suroeste a la que se denomina *irrupción*. El ciclo de fructificación de las coníferas es de 2 a 5 años y coincide con la llegada de abundantes luganos a nuestras ciudades. Dentro de una misma población, existen dos tipos de individuos: los residentes y los transeúntes. Los residentes pueden permanecer en la misma zona casi todo el invierno, mientras que los transeúntes se desplazan por un área que a veces cubre centenares de kilómetros cuadrados. Los residentes muestran mejor condición física, son dominantes y tienen las alas más redondeadas que los transeúntes. Es una especie muy social; el grado de dominancia de los machos está correlacionado con la extensión de la mancha negra de la barbilla. Muestra una especial predilección por las semillas de cenizos (*Chenopodium sp.*) y conizas (*Inula sp.*) y por las semillas que extrae de las pequeñas piñas de aliso (*Alnus glutinosa*). En años de irrupción, es presa fácil de gatos y otros depredadores.

Observación
Es muy confiado y deja que se le acerquen hasta unos pocos metros. Si se le coloca alimento en el jardín, por ejemplo cacahuetes crudos y pelados, semillas de negrillo o de nabina, se convierte en un visitante asiduo durante todo el invierno.

(J. C. SENAR)

MAMÍFEROS

MURCIÉLAGOS

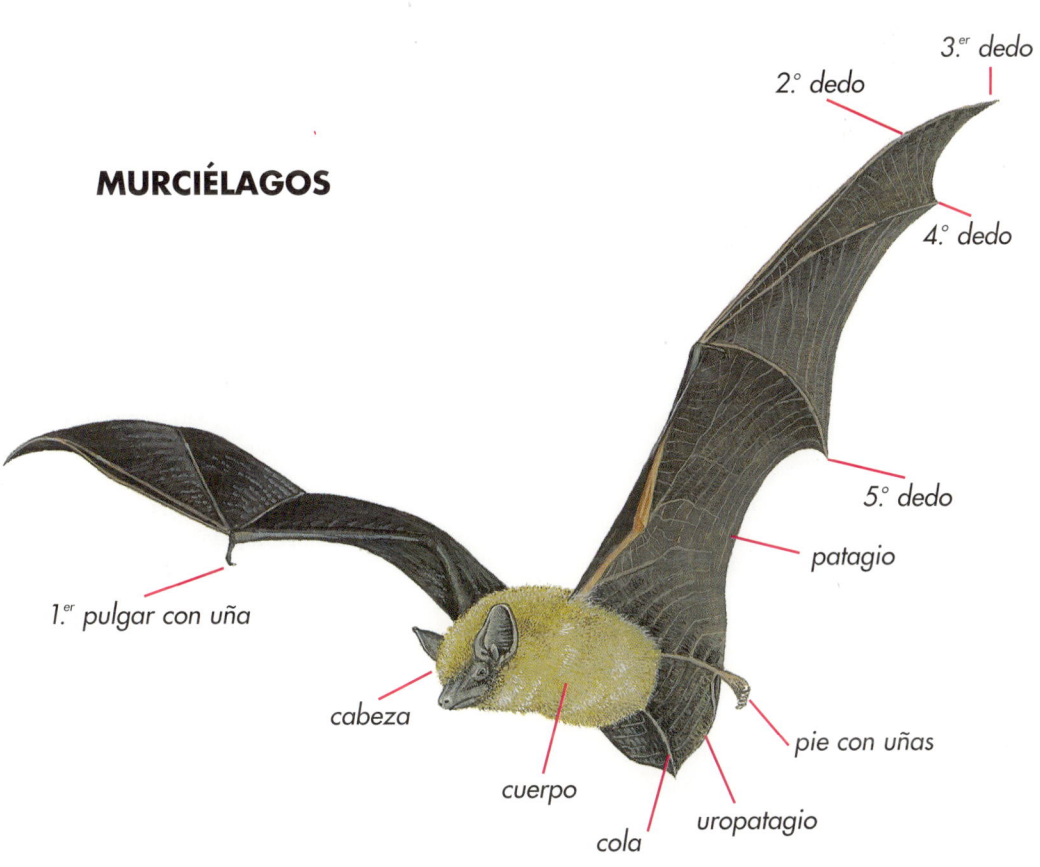

3.er dedo

2.° dedo

4.° dedo

5.° dedo

patagio

1.er pulgar con uña

cabeza

pie con uñas

cuerpo

cola

uropatagio

ERIZOS
Familia Erinaceidae

Tipo	Chordata, cordados
Clase	**Mammalia, mamíferos**
Orden	**Insectivora, insectívoros**

Erinaceus europaeus

Cat. **Eriçons**
Eusk. **Triku**
Gal. **Ourizos**
Por. **Ouriços**
Fr. **Hérissons**
It. **Riccios**
Ing. **Hedgehogs**

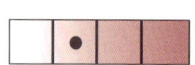

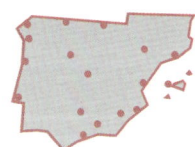

Identificación

Son los insectívoros ibéricos de mayor tamaño. Tienen un cuerpo rechoncho en el que no se aprecia el cuello. El dorso está cubierto de púas de 2 cm a 2,5 cm de longitud, pardas y con porciones proximal y distal amarillentas; un pelaje pardo, oscuro o amarillento recubre el resto del cuerpo. Las extremidades son cortas, plantígradas y con cinco dedos provistos de uñas bien desarrolladas. La cola es corta. Las orejas se presentan redondeadas y los ojos, muy oscuros.

Distribución

Se distribuyen por Europa y África. Presentes en toda la península Ibérica e islas Baleares.

Hábitat

Se puede encontrar en zonas periféricas colindantes con campos de cultivo, eriales y bosquetes caducifolios o semicaducifolios. También puede ser observado en grandes zonas ajardinadas provistas de hojarasca y de un estrato arbóreo desarrollado.

Biología

Se reproducen de abril a septiembre en la periferia de las ciudades y en zonas ajardinadas urbanas con una superficie de cierta importancia. La hembra tiene 1 o 2 camadas y de 8 a 16 crías al año. Las crías nacen totalmente desnudas; en muy poco tiempo les crecen unas púas blanquecinas que a las 2 semanas se sustituyen por las definitivas. El desarrollo de las crías es rápido y el destete se realiza al cabo de 3 o 4 semanas; poco después se vuelven independientes y alcanzan la madurez sexual el primer año de vida. Tienen costumbres solitarias. Son sedentarios e hibernan de octubre a abril, aunque en días cálidos el letargo puede interrumpirse; en localidades de clima benigno, la hibernación puede acortarse o no presentarse en absoluto. Por lo general, son crepusculares y nocturnos, si bien las hembras lactantes (y todos los erizos poco antes de la hibernación) despliegan una actividad diurna. Fundamentalmente insectívoros, también consumen otros invertebrados, algunos vegetales y excepcionalmente carroña. Se defienden de los predadores enrollándose sobre sí mismos para quedar protegidos por las púas.

Interacción con el ser humano

Son útiles para la agricultura por consumir caracoles e insectos. En zonas suburbanas y cultivadas se les persigue injustamente como presuntos predadores de huevos de perdices y codornices. En Extremadura, tenían interés culinario hasta fechas recientes. Es posible que el erizo común sea el micromamífero que sufre mayor número de atropellos en las carreteras españolas. Se les acusa de ser propagadores de la glosopeda.

ERIZO COMÚN
ERINACEUS EUROPAEUS

Las púas de la frente forman una V con el vértice hacia delante. Son de mayor tamaño y de coloración más oscura que el erizo moruno. Dado que estos caracteres diferenciales no siempre son fiables, cuando se trate de animales muertos lo mejor es observar el cráneo: en la parte posterior del paladar hay una espina ósea bien diferenciada y los huesos nasales presentan un estrechamiento central. La longitud de cabeza y cuerpo es de 22 cm a 29,5 cm; el peso oscila entre los 700 g y los 800 g. Está en toda la Península y no se encuentra en las Baleares.

ERIZO MORUNO
ATELERIX ALGIRUS

Las púas de la frente forman una línea recta. Es de menor tamaño y de coloración más clara que el erizo moruno. Si observamos el cráneo, podemos comprobar que el paladar se prolonga en una lámina que incluye la espina ósea de la parte posterior y que los huesos nasales no muestran un estrechamiento central. La longitud de cabeza y cuerpo es de 19,5 cm a 25 cm. El peso oscila entre los 650 g y los 700 g. En la península Ibérica, se encuentra en la franja mediterránea, desde el Ampurdán (Gerona) hasta el cabo de Gata (Almería) y en las islas Baleares.

(J. M. VARGAS, L. J. PALOMO)

Atelerix algirus

Erinaceus europaeus

MUSARAÑA COMÚN
Crocidura russula

Tipo	**Chordata, cordados**
Clase	**Mammalia, mamíferos**
Orden	**Insectivora, insectívoros**
Familia	Soricidae, **musarañas**

Crocidura russula

Cat. **Musaranya vulgar**
Eusk. **Satitou arrunta**
Gal. **Furaño común**
Por. **Monganho domês-
tico**
Fr. **Crocidure commune**
It. **Topino petti rosso**
Ing. **White-toothed
Shrew**

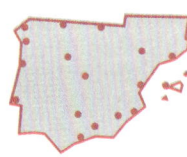

Identificación
Este insectívoro de pequeño tamaño tiene el hocico puntiagudo y los ojos pequeños y negros; la cola, con unos pelos largos que sobresalen, mide aproximadamente la mitad de la longitud de cabeza y cuerpo. La coloración es parda por encima y gris en la región ventral. La longitud total varía de 10 cm a 13 cm; la de cabeza y cuerpo, de 6,5 cm a 8,5 cm, y el peso, de 7 g a 13 g.

Distribución
Se extiende por el norte y sur de Europa y por el norte de África y, en general, por toda la cuenca mediterrá-

nea. Vive en todas las ciudades de la Península, aunque preferentemente en zonas de características más mediterráneas.

Hábitat
Acepta cierto grado de antropismo pero no penetra en los habitáculos urbanos. Vive y se reproduce en parques y jardines, especialmente cuando hay vegetación herbácea densa. Se encuentra en las proximidades de las viviendas humanas, especialmente en invierno. También en esta época se instala entre montones de leña o en guaridas de ratones.

Biología
Tiene dos máximos de reproducción (uno en primavera y otro en otoño), un descenso estival bastante acusado y un paro reproductor en invierno. Las camadas suelen ser de 4 crías (intervalo: 2-6) y hay 2 o 3 camadas al año. Forma pequeños grupos familiares y jerarquizados, pero se torna solitaria cuando deja las crías. Es una especie sedentaria y fundamentalmente diurna, aunque también puede estar activa durante la noche. Se alimenta de insectos y de otros invertebrados, como caracoles y lombrices. Su principal predador suele ser la lechuza común.

Interacción con el hombre
No tiene una relación directa con el hombre ni con otros mamíferos pero, por ser un depredador importante de insectos y otros invertebrados, es una especie útil.

● Nota
Cuando se desplazan con las crías, las musarañas acostumbran hacerlo de forma que cada cría muerde la cola de la precedente y la primera, la cola de la madre.

(J. GOSÁLBEZ)

MONA DE GIBRALTAR
Macaca sylvana

Identificación

Tiene el tronco robusto y macizo, y carece de cola. El pelaje es denso, pardo grisáceo, pardo rojizo o rubio. El vientre, el pecho y la cara interna de las extremidades son de color blanco sucio o amarillento. La cara está desnuda y es de color carne oscuro. La frente y la coronilla están cubiertas de pelos de color pardo dorado en la punta. El macho tiene la cara más oscura y los caninos más desarrollados. La longitud total varía entre 56 cm y 75 cm. El peso oscila entre 12 kg y 16 kg en los machos, y de 9 kg a 12 kg en las hembras.

Distribución

Es la única especie de macaco que vive fuera de Asia y hay poblaciones aisladas en los montes del Atlas, en Argelia, Marruecos y en el sur de la península Ibérica. La mona de Gibraltar es el único primate no humano que se encuentra en libertad en Europa. La única población europea, que cuenta actualmente con 70 individuos, vive en el Peñón de Gibraltar. Es muy probable que esta especie ya viviera allí cuando los ingleses tomaron el Peñón en 1704, ya que seguramente fue introducida en la Península por los árabes o incluso por los romanos. Desde esta fecha, los ingleses han compensado repetidas veces su decreciente número llevando individuos desde Marruecos y Argelia.

Hábitat

Una de las dos colonias vive en la parte más alta del Peñón y la otra vive en las afueras de la ciudad, donde está muy adaptada al hombre. Se encuentran ejemplares a veces en calles y jardines de la ciudad. Ocasionalmente, de madrugada, entran en parques y jardines para alimentarse.

Biología

Esta especie es polígama y los apareamientos se llevan a cabo de octubre a marzo. Tras 6 meses de gestación, los partos se efectúan de abril a septiembre. La hembra suele parir 1 cría al año y son más oscuras que los adultos.

Tipo	Chordata, cordados
Clase	Mammalia, mamíferos
Orden	Primates, primates
Familia	Cercopithecidae, cercopitécidos

Es una especie social que vive en grupos de 10 a 15 individuos compuestos de varios machos y hembras. Es sedentaria y de costumbres crepusculares. Utiliza una locomoción cuadrúpeda, trepa con facilidad a árboles y rocas, y emplea el salto para pasar de un árbol a otro. Es principalmente vegetariana y consume una amplia gama de partes de plantas: frutos, hojas, cortezas, raíces, semillas y frutos. También se alimenta ocasionalmente de invertebrados y de reptiles pequeños.

Macaca sylvana

Interacción con el ser humano

Es comensal: la población de Gibraltar es parcialmente alimentada por las autoridades británicas y por los visitantes. Es frecuente ver individuos de esta especie que piden comida a las puertas de la ciudad.

● Nota

Una leyenda inglesa dice que mientras habiten monas en Gibraltar, el Peñón seguirá siendo inglés.

(A. Omedes)

Cat. **Mona de Gibraltar o Macaco de berbería**
Eusk. **Tximu**
Por. **Macaco de Gibraltar**
Fr. **Magot**
Ing. **Barbary macaque, Barbary ape o Rock ape (en Gibraltar)**

MURCIÉLAGOS DE HERRADURA
Género *Rhinolophus*

Tipo	**Chordata, cordados**
Clase	**Mammalia, mamíferos**
Orden	**Chiroptera, murciélagos**
Familia	**Rhinolophidae, rinolófidos**

Rhinolophus hipposideros

Cat. **Rats penats de ferradura**
Eusk. **Ferra-saguzar**
Gal. **Morcegos de ferradura**
Por. **Morcegos de ferradura**
Fr. **Rhinolophes fer à cheval**
It. **Rinolofos**
Ing. **Horseshoe Bats**

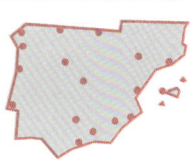

Identificación

Estos murciélagos se caracterizan por la presencia en la nariz de un complejo foliáceo compuesto por tres partes: una anterior, situada horizontalmente en torno a las aberturas nasales y denominada *herradura*; otra vertical y posterior, denominada *hoja* o *lanceta*; y otra central, llamada *silla*, cuya porción vertical o proceso conectivo se une a la hoja. Las orejas son grandes y están desprovistas de trago.

Distribución

Se extienden por el sur de Europa, el norte de África y Asia. Viven en toda la península Ibérica y en Baleares, pero casi siempre en números reducidos. Aunque existen referencias muy anti-

guas, es difícil determinar a qué época se remonta la aclimatación de estas especies a la ciudad.

Hábitat

Son bastante comunes en parques forestales umbrosos y más raros en jardines urbanos y cementerios. En la época de actividad utilizan construcciones como bodegas y desvanes para el descanso diurno.

Biología

Se reproducen en desvanes, bodegas, túneles y otras edificaciones en las que impera una temperatura templada. Tienen 1 cría al año; los nacimientos se suceden desde mayo hasta julio; las crías alcanzan la madurez sexual a partir del tercer año. Los apareamientos se llevan a cabo en otoño y en invierno. Son gregarios durante la época de actividad y forman colonias uni o multiespecíficas. Son sedentarios; pueden realizar breves desplazamientos entre los refugios estivales y los de hibernación, pero no suelen superar los 50 km de recorrido. Suelen iniciar su actividad durante el crepúsculo. Sus presas principales son las mariposas y los coleópteros; suelen cazarlos en parques forestales, donde eligen perchas entre las ramas para lanzarse sobre ellos. A su vez, estos murciélagos son presas habituales de algunas rapaces durante el crepúsculo.

Interacción con el ser humano

Son beneficiosos por su dieta insectívora.

Observación

Durante el invierno, pueden observarse en bodegas, túneles, desvanes y cavidades. El silencio durante la observación es fundamental; también lo es la utilización de filtros rojos en los sistemas de iluminación, ya que la luz blanca puede despertarlos.

MURCIÉLAGO GRANDE DE HERRADURA
RHINOLOPHUS FERRUM-EQUINUM

La longitud de cabeza y cuerpo varía de 5 cm a 7 cm; la longitud de la cola, de 3 cm a 4 cm; la del antebrazo, de 5,5 cm a 6 cm. Esta especie suele ser gregaria durante la invernada.

MURCIÉLAGO PEQUEÑO DE HERRADURA
RHINOLOPHUS HIPPOSIDEROS

La longitud de cabeza y cuerpo varía entre 3,5 cm y 4,5 cm; la longitud de la cola, entre 3 cm y 3,3 cm, y la del antebrazo, entre 3,5 cm y 4 cm. El peso varía de 4 g a 10 g. Es más frecuente en el norte y sur de la Península que en la zona mesetaria del centro. El peso oscila entre 13 g y 30 g. Durante la invernada, esta especie vive en solitario.

(O. DE PAZ)

1 **1**

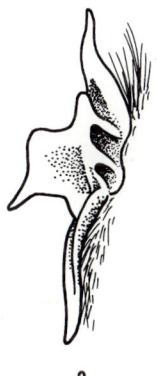

2 **2**

Vistas frontal y lateral del trago en *Rhinolophus ferrum equinum* (**1**) y *Rhinolophus hipposideros* (**2**).

MURCIÉLAGO RIBEREÑO
Myotis daubentonii

Tipo	**Chordata, cordados**
Clase	**Mammalia, mamíferos**
Orden	**Chiroptera, murciélagos**
Familia	**Vespertilionidae, vespertiliónidos**

Myotis daubentonii

Cat. **Rat penat clar d'aigua**
Eusk. **Ur-saguzarra**
Gal. **Morcego das ribeiras**
Por. **Morcego de agua**
Fr. **Vespertilion de Daubenton**
It. **Vespertilio di Daubenton**
Ing. **Daubenton Bat**

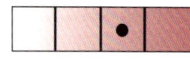

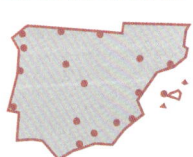

Identificación
Es un murciélago de reducidas dimensiones cuyas orejas muestran una pequeña escotadura en su borde externo. El trago, largo y recto, llega a alcanzar la mitad de la oreja. La coloración es pardo oscura en la parte dorsal y mucho más clara en la parte ventral. La longitud total varía entre 7 cm y 9,5 cm; la longitud del antebrazo, entre 3,3 cm y 4,4 cm. El peso oscila entre 6 g y 15 g.

Distribución
Se extiende por toda Eurasia. Se encuentra en toda la península Ibérica; no se ha citado en las Baleares.

Hábitat
Vive en jardines con estanques y en otros biotopos próximos a cursos de agua, como ríos, lagos y lagunas. Se refugia en grietas tanto naturales como de edificios, y es especialmente común bajo los puentes de los ríos. La especie está en proceso de expansión gracias al incremento de las zonas urbanas.

Biología
Las colonias de cría se establecen en grietas de edificios o en juntas de dilatación de puentes. Nace 1 cría al año; los nacimientos se producen desde mayo hasta julio; los apareamientos se llevan a cabo desde septiembre hasta noviembre. Las hembras son sexualmente maduras a partir del primer año. Es gregario y forma colonias de pocos individuos, por lo general de 30 a 40. Según parece, no se asocia con otras especies, aunque puede compartir su refugio con otros murciélagos. Suele ser considerada una especie sedentaria, aunque a veces recorre decenas de kilómetros para desplazarse de los refugios de verano a los de invierno. Murciélago exclusivamente nocturno, su actividad se inicia después del crepúsculo. Se alimenta principalmente de dípteros –sobre todo de mosquitos– y de lepidópteros nocturnos; se especula sobre la posibilidad de que deprede pequeños alevines, ya que en sus contenidos estomacales han podido observarse pequeñas escamas de peces. Suele cazar sobre remansos de ríos, lagunas y estanques.

Interacción con el ser humano
Es beneficioso por su dieta insectívora.

Observación
Las noches de verano son el momento adecuado.

● Nota
El peligro de transmisión de la rabia es prácticamente nulo: en una sola ocasión y sólo en un individuo se detectó el virus de la rabia.

(O. DE PAZ)

MURCIÉLAGOS RATONEROS
Género *Myotis*

Identificación

Son murciélagos de gran tamaño y con el hocico corto y ancho. El trago es afilado, de color claro y alcanza en altura la mitad de la oreja. La membrana lateral comienza en la base de los dedos y el calcáneo supera la mitad de la longitud del uropatagio. La cabeza y el cuerpo miden entre 8,5 cm y 11 cm; la cola, de 5 cm a 7 cm y el antebrazo, de 5,3 cm a 6,8 cm. Pesan entre 20 g y 40 g.

Distribución

Se encuentra en el centro y sur de Europa y Asia Menor. Se les encuentra en todas las ciudades de la Península y Baleares.

Hábitat

No suelen alimentarse en la ciudad sino en zonas forestales aledañas. Sin embargo, frecuentan parques forestales umbrosos, ríos, lagos, estanques y, en raras ocasiones, jardines urbanos. Se refugian en desvanes y construcciones subterráneas, donde pueden llegar a ser muy abundantes.

Biología

Se reproducen en desvanes y en construcciones subterráneas, como sótanos o bodegas abandonadas. Las colonias reproductoras están compuestas principalmente por hembras gestantes y sus crías; los machos suelen ocupar otros refugios. Tienen 1 cría al año y los nacimientos se producen desde mayo hasta julio; las crías alcanzan la madurez sexual a partir del segundo año. Los apareamientos se llevan a cabo durante los meses de agosto y septiembre.

Son muy gregarios durante la época de actividad. Forman colonias que a veces superan el millar de individuos; en ciertas ocasiones, en estas colonias se juntan varias especies. Son migradores y los desplazamientos entre los refugios de verano y los de invierno superan el centenar de kilómetros. El mayor recorrido conocido en Europa se ha observado entre dos poblaciones del sur y centro de España, con un trayecto de 390 km. Son muy nocturnos y sus

Tipo	**Chordata, cordados**
Clase	**Mammalia, mamíferos**
Orden	**Chiroptera, murciélagos**
Familia	**Vespertilionidae, vespertiliónidos**

salidas se inician en plena oscuridad. Se alimentan principalmente de coleópteros, ortópteros y arácnidos. A su vez,

Myotis myotis

pueden ser presa de lechuzas comunes y de otras rapaces nocturnas.

Observación

Los lugares apropiados son minas, cavidades y desvanes. Se pueden observar durante el día, en los meses de actividad. Conviene guardar silencio y utilizar filtros rojos para los sistemas de iluminación.

MURCIÉLAGO RATONERO MEDIANO
MYOTIS BLYTHI

Suele presentar una mancha blanca, pequeña pero conspicua, sobre la cabeza.

MURCIÉLAGO RATONERO GRANDE
MYOTIS MYOTIS

Tiene el hocico más ancho y corto, la cola proporcionalmente más corta y las orejas más largas y estrechas que el ratonero mediano.

(O. DE PAZ)

Cat. **Rats penats orelluts**
Eusk. **Arratoi-belarri**
Gal. **Morcegos de orellas de rato**
Por. **Morcegos rato**
Fr. **Murins**
It. **Vespertilios**
Ing. **Mouse-eared Bats**

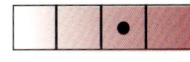

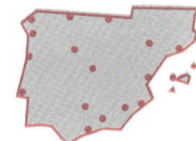

OREJUDO MERIDIONAL
Plecotus austriacus

Tipo	**Chordata, cordados**
Clase	**Mammalia, mamíferos**
Orden	**Chiroptera, murciélagos**
Familia	**Vespertilionidae, vespertiliónidos**

Plecotus austriacus

Cat. **Rat penat gris**
Eusk. **Hego-belarri handia**
Gal. **Morcego orelludo gris**
Por. **Morcego orelhudo cinzento**
Fr. **Oreillard méridional**
It. **Orecchione meridionale**
Ing. **Grey Long-eared Bat**

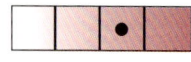

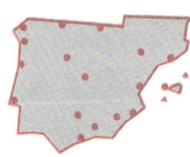

Identificación
Las orejas de esta especie, desmesuradamente largas, se unen en la base; tienen un trago muy largo, triangular y con el extremo redondeado. El pelaje es pardo grisáceo en la parte dorsal y gris pálido en la ventral. La longitud de cabeza y cuerpo varía entre 4,5 cm y 5,5 cm; la longitud de la cola, entre 4 cm y 5 cm y la del antebrazo, entre 3,7 cm y 4,3 cm. El peso oscila entre los 8,5 g y los 12 g.

Distribución
Longitudinalmente se extiende desde las islas de Cabo Verde hasta el oeste de China y latitudinalmente, desde el norte de África hasta el sur de Europa. En la península Ibérica, predomina en la región mediterránea y es muy raro en el suroeste de la Península. Se encuentra también en Baleares.

Hábitat
Vuela por los jardines urbanos, donde elige zonas clareadas y bien iluminadas. Descansa y cría en campanarios y en otros edificios. Muy común en ciudades y poblaciones rurales, es mucho más raro en zonas muy arboladas, lo que explica su ausencia o escasez en los grandes parques forestales.

Biología
Se reproduce con frecuencia en los campanarios de las iglesias o en su falso techo. En varias ocasiones se ha observado que criaba tras los retablos de las iglesias. El apareamiento se lleva a cabo a finales de verano y los partos se suceden de mayo a junio. Tienen 1 cría al año.

Es gregario y forma pequeños grupos de menos de un centenar de individuos en los que predominan las hembras. Es una especie sedentaria cuyos movimientos estacionales no superan los 20 km. Estrictamente nocturno, inicia su actividad bien entrada la noche. Se alimenta de pequeños escarabajos, mariposas nocturnas y dípteros, a los que suele dar caza en espacios abiertos; en raras ocasiones, persigue a sus presas alrededor de las farolas.

Interacción con el ser humano
Es prácticamente nula, aunque sus excrementos pueden llegar a producir daños en los tapices y los cuadros de las iglesias.

Observación
Puede ser observado durante los días de invierno en campanarios. Conviene guardar silencio y utilizar filtros rojos en la fuente de iluminación.

(O. DE PAZ)

PIPISTRELOS
Género *Pipistrellus*

Tipo	**Chordata, cordados**
Clase	**Mammalia, mamíferos**
Orden	**Chiroptera, murciélagos**
Familia	**Vespertilionidae, vespertiliónidos**

Identificación

Estos murciélagos de pequeño tamaño tienen las orejas cortas, triangulares y con las puntas redondeadas; el trago es más ancho que largo y su extremo final es romo. Las alas son largas y estrechas. La membrana lateral se inicia en la base de los dedos del pie. El lóbulo poscalcáneo está dividido por un cartílago transverso en forma de T. La longitud de cabeza y cuerpo oscila entre 3,3 cm y 5 cm y la cola entre 2,5 cm y 4 cm.

Distribución

Se extiende por Europa, a excepción del norte de Escandinavia, por el norte y el oeste de África y alcanzan Asia por China. Viven en toda la península Ibérica e islas Baleares, desde el nivel del mar hasta más de 1 000 m de altitud.

Hábitat

Son los murciélagos más cosmopolitas, comunes y abundantes de nuestro territorio. Muestran una marcada preferencia por el medio urbano. De hecho, están en expansión gracias al incremento de las ciudades y de la potente iluminación nocturna de éstas. Son especialmente abundantes en jardines urbanos y calles provistas de arbolado; no tanto en parques forestales, playas y puertos. Crían e invernan en edificios urbanos y ocasionalmente en oquedades de árboles.

Biología

Las colonias de cría se localizan preferentemente en grietas de edificios y puentes. El apareamiento se realiza a comienzos de otoño y los partos se producen escalonadamente en junio y en julio. Tienen 1 o 2 crías al año. Durante el período de actividad, forman importantes agrupaciones de varios centenares de individuos, mientras que en la época invernal se refugian de forma aislada o en pequeños grupos. Aunque son sedentarios, efectúan a veces desplazamientos de 10 km a 20 km. La actividad diaria se inicia antes del ocaso y termina después del amanecer. El período de hibernación suele ser corto, generalmente de diciembre a febrero. Se alimentan de

Pipistrellus pipistrellus

mosquitos y de pequeñas mariposas nocturnas.

Interacción con el ser humano

Es mínima; se reduce a pequeños perjuicios causados por los excrementos.

MURCIÉLAGO COMÚN
PIPISTRELLUS PIPISTRELLUS

Los incisivos superiores presentan dos cúspides. La altura del segundo incisivo superior es mayor que la mitad del primero. La longitud del antebrazo oscila entre 2,7 cm y 3,3 cm. Los ultrasonidos de máxima intensidad se sitúan en los 50 kHz de frecuencia.

MURCIÉLAGO DE BORDE CLARO
PIPISTRELLUS KUHLII

Presenta una línea blanquecina muy marcada en el borde del patagio, ausente o muy tenue en el murciélago común. Los incisivos superiores presentan una sola cúspide. La altura del segundo incisivo superior es sensiblemente inferior a la mitad del primero. La longitud del antebrazo varía entre 3,1 cm y 3,7 cm. La frecuencia de máxima intensidad se sitúa en 40 kHz.

(O. DE PAZ)

Cat. **Rates-pinyades**
Eusk. **Saguazaz**
Gal. **Morcegos**
Por. **Morcegos**
Fr. **Pipstrelles**
It. **Pipistrelli**
Ing. **Pipistrelles**

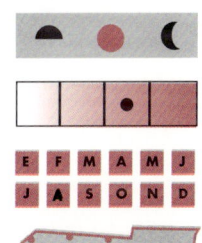

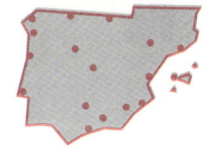

Vista frontal de la mandíbula superior en *Pipistrellus kuhlii* (**1**) y en *Pipistrellus pipistrellus* (**2**).

MURCIÉLAGO HORTELANO
Eptesicus serotinus

Tipo	**Chordata, cordados**
Clase	**Mammalia, mamíferos**
Orden	**Chiroptera, murciélagos**
Familia	**Vespertilionidae, vespertiliónidos**

Eptesicus serotinus

Cat. **Rat penat dels graners**
Eusk. **Baratz-saguzarra**
Gal. **Morcego das hortas**
Por. **Morcego das hortas**
Fr. **Sérotine commune**
It. **Serotino comune**
Ing. **Serotine**

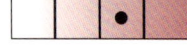

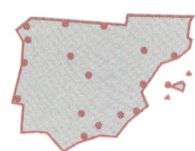

Identificación

Este murciélago de gran tamaño tiene las orejas cortas y triangulares, y el trago, ancho, corto y ligeramente curvado hacia la parte interna. La membrana lateral comienza en la base de los dedos del pie. El calcáneo tiene una longitud próxima a la mitad del uropatagio. Las dos últimas vértebras caudales sobresalen del uropatagio. La longitud de cabeza y cuerpo varía de 6 cm a 8 cm; la longitud de la cola, de 4,5 cm a 6,5 cm y la del antebrazo, de 4,8 cm a 5,8 cm. El peso oscila entre los 18 g y los 30 g.

Distribución

Se extiende desde Portugal hasta Corea y latitudinalmente desde el norte de África hasta Dinamarca. En la península Ibérica e islas Baleares, vive en ciudades hasta los 500 m de altura y especialmente en las de altitud más baja.

Hábitat

Su biotopo característico son las zonas lagunares y de huerta, aunque también está muy ligado al ambiente urbano. Su aclimatación a la ciudad obedece a la mayor abundancia de refugios, ya que esta especie cría principalmente en edificios. Es común en jardines y parques forestales secos, y es especialmente abundante en ríos, lagos y estanques. También vuela con frecuencia en torno a las farolas de las calles.

Biología

Se reproduce en edificios, principalmente en falsos techos o desvanes; también cría en grietas y oquedades de muros. Tiene 1 cría al año y los nacimientos se producen de mayo a julio; la madurez se adquiere el primer año de vida. Los apareamientos se llevan a cabo a finales de verano.

Es gregario pero las colonias de reproducción no son muy numerosas, ya que en raras ocasiones superan el centenar de individuos; durante el invierno, se refugia de forma aislada. Es sedentario, aunque puede efectuar pequeños desplazamientos (10 km a 20 km) de naturaleza dispersiva. Es estrictamente nocturno. Sus presas principales son coleópteros y lepidópteros nocturnos a los que da caza durante la noche, bajo las farolas de las calles.

Observación

Se encuentran bajo las farolas por la noche durante los meses de verano.

● Nota

Con respecto al peligro de transmisión de la rabia, aunque la posibilidad de mordedura es insignificante, el peligro existe, ya que éste es el murciélago europeo que con mayor frecuencia contrae el virus de la enfermedad.

(O. DE PAZ)

MURCIÉLAGO RABUDO
Tadarida teniotis

Identificación

Los rasgos más destacados de este murciélago de gran tamaño son la forma de la cola y de la cabeza. La cola es en gran parte libre y sobrepasa la membrana interfemoral; en la cabeza, las orejas se proyectan hacia delante y sobrepasan el hocico en la parte superior. La longitud de cabeza y cuerpo varía de 8 cm a 9,5 cm; la del antebrazo, de 5,7 cm a 6,4 cm y la de la cola, de 4,5 cm a 6 cm. El peso oscila entre los 25 g y 40 g.

Tipo	Chordata, cordados
Clase	Mammalia, mamíferos
Orden	Chiroptera, murciélagos
Familia	Molossidae, molósidos

Tadarida teniotis

Distribución

Longitudinalmente se extiende desde Portugal hasta China y latitudinalmente, desde el norte de África hasta Europa central. En la península Ibérica vive en ciudades situadas hasta los 500 m de altitud, aunque se tienen pocos datos de áreas extensas, como la cornisa cantábrica y los valles del Ebro y del Duero. También se encuentra en Baleares.

Hábitat

Vuela por parques forestales y jardines, donde suele ser bastante abundante; también en ríos, lagos y estanques, donde no lo es tanto. Cría en edificaciones antiguas como acueductos o monasterios y en puentes de gran altura. Durante el día, se refugia en edificaciones de estos mismos tipos, si bien tiende a hacerlo en la periferia o fuera de la ciudad.

Biología

Se reproduce en grietas y fisuras de edificaciones antiguas y puentes de gran altura. Tiene 1 cría al año; los partos se producen desde mayo hasta junio; las hembras alcanzan la madurez sexual el primer año de vida.
Es gregario y forma grupos pequeños cuyo número de individuos suele ser inferior a 20. Relativamente sedentario de acuerdo con algunos autores, gran migrador según otros, lo cierto es que sus hábitos migradores en la península Ibérica no se conocen con certeza. Su actividad se inicia una vez entrada la noche; en ocasiones, se le observa cazando durante las noches invernales. Se alimenta de grandes insectos, como coleópteros y mariposas nocturnas, que captura volando por encima de las cubiertas arbóreas.

Observación

A pesar de su abundancia, suele pasar inadvertido. El momento apropiado son las noches de verano en parques y jardines, cerca de edificaciones antiguas. La parte dominante de sus sonidos de ecolocación (unos chasquidos que suenan como *chick*) dura unos 20 microsegundos y puede oírse sin el uso de detectores de ultrasonidos.

● Nota

En Sicilia se le denomina *taddarita* y se le considera la encarnación del mal.

(O. DE PAZ)

Cat. **Rat penat cuallarg**
Eusk. **Saguzar buztanlu-zea**
Gal. **Morcego rabudo**
Por. **Morcego de cola libre**
Fr. **Molosse de Cestoni**
It. **Molosso di Cestoni**
Ing. **European Free-tailed Bat**

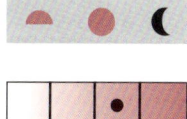

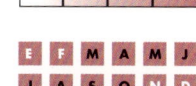

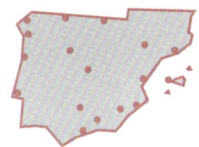

ARDILLA
Sciurus vulgaris

Tipo	**Chordata, cordados**
Clase	**Mammalia, mamíferos**
Orden	**Rodentia, roedores**
Familia	**Sciuridae, ardillas**

Identificación

Es un roedor de tamaño mediano, con cola larga y cubierta de largos pelos. En invierno, son muy característicos

Sciurus vulgaris

Cat. **Esquirol**
Eusk. **Kattagorri, katardia**
Gal. **Esquio**
Por. **Esquilo**
Fr. **Écureil**
It. **Scoiattolo**
Ing. **Red Squirrel**

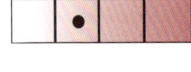

E	F	M	A	M	J
J	A	S	O	N	D

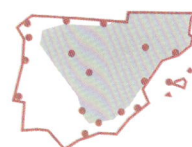

los largos penachos de pelos en el extremo de las orejas. La longitud total (incluida la cola) es de 20,7 cm a 22,8 cm. El peso (en otoño) oscila entre los 260 g y los 300 g. Se distinguen dos tipos de coloración: el rojizo, que se caracteriza por tener uñas blancas, cola roja o marrón y piel rojiza o marrón castaño, y el oscuro, que tiene uñas negras, cola marrón oscuro y un pelaje que varía del marrón oscuro al marrón casi negro. La parte ventral es siempre blanquecina.

Distribución

Se encuentra en Europa. En la península Ibérica, está distribuida de forma irregular. Está ausente de las islas Baleares.

Desde la década de los setenta ha sido introducida con éxito, por motivos estéticos, en parques relativamente extensos y aislados en el casco urbano de algunas ciudades.

Hábitat

Es habitual en parques forestales tanto periféricos como del interior del casco urbano, donde realiza todo su ciclo vital. Es más rara en jardines grandes. Prefiere los bosques de coníferas a los caducifolios o encinares debido a que las coníferas proporcionan alimento durante la mayor parte del año.

Biología

Para reproducirse instala un nido en un árbol, construido con ramas, que contiene un lecho de musgo, corteza y restos de lana. La época de cría se extiende de enero a agosto. La hembra pare 2 camadas al año de 3 a 5 crías cada una. A partir de los 10-12 meses de edad, adquieren el tamaño adulto y pueden reproducirse.

La ardilla es solitaria y no forma grupos sociales. Es sedentaria y una vez se ha establecido en una área determinada, reside en ella durante toda su vida. El reposo diurno y nocturno se realiza en un nido esférico distinto al nido de cría y también situado en un árbol. Altamente oportunista, puede ingerir una gran variedad de alimentos. Muestra predilección por los piñones de coníferas, avellanas, hayucos, bellotas, castañas y zarzamoras; también consume brotes, yemas, flores, bayas, cortezas y setas. Ocasionalmente ingiere insectos, caracoles y, en primavera, huevos y pollos de aves. Es presa ocasional de gatos domésticos y perros, de aves rapaces, como el azor, y de mamíferos carnívoros, como la gineta.

Interacción con el ser humano

En los parques en los que se las alimenta y protege, las ardillas se familiarizan con las personas.

Observación

Es conveniente permanecer inmóvil y oculto en zonas con nidos visibles o con restos de piñas consumidas en el suelo. El mejor momento es a primeras horas de la mañana, especialmente en los meses de enero a abril.

(J. Piqué, J. D. Rodríguez-Teijeiro, D. Camps)

RATA NEGRA, RATA CAMPESTRE
Rattus rattus

Identificación

Este roedor de tamaño mediano tiene el cuerpo alargado y más grácil que la rata común. El hocico es más puntiagudo, los ojos son negros y grandes, y las orejas son de mayor tamaño que las de la rata común; si se doblan hacia delante, las orejas sobrepasan los ojos. La cola es muy larga, más que la longitud de cabeza y cuerpo, y está cubierta de escamas. Tiene una coloración variable; la parte dorsal suele ser gris oscura y la ventral, gris clara, aunque algunos individuos tienen el dorso gris parduzco y el vientre gris o blanco. La longitud total varía de 36 cm a 45 cm; la de cabeza y cuerpo, de 17,6 cm a 21 cm. El peso oscila entre los 135 g y los 240 g

Distribución

Es una especie cosmopolita en los trópicos y las zonas templadas. Está presente en núcleos urbanos y rurales de toda la Península e islas Baleares.

Hábitat

Las relaciones de competencia con la rata común, que ocupa las zonas más antrópicas (alcantarillas, metros, solares), obligan a la rata negra a ocupar espacios más abiertos: parques forestales umbrosos, jardines, ríos, lagos y estanques, playas, puertos y también edificios. En las zonas en las que contactan ambas especies, se produce una segregación de sus hábitats respectivos. Cría también en la parte alta de los edificios (buhardillas), en parques, jardines y otras zonas exteriores. La rata negra alcanzó su densidad máxima en las ciudades europeas durante la Edad Media; sin embargo, existen

Tipo	**Chordata, cordados**
Clase	**Mammalia, mamíferos**
Orden	**Rodentia, roedores**
Familia	**Muridae, ratas y ratones**

datos de su presencia desde el Pleistoceno.

Biología

Puede reproducirse durante todo el año, si bien muestra dos máximos, uno en primavera y otro en otoño, y un mínimo en invierno. Las camadas suelen ser de 8 a 9 crías (intervalo: 5 a 11) y hay de 3 o 4 camadas al año. Especie social, forma pequeños grupos familiares jerarquizados. Es sedentaria. Es fundamentalmente crepuscular y nocturna, aunque en ciertas ocasiones se la encuentra durante el día. Se alimenta de productos almacenados y es frecuente en almacenes de cereales. Se producen relaciones de competencia con otros roedores antrópicos, principalmente con la rata común; debido a la competencia de esta última, la rata negra no es una especie común en la ciudad.

Interacción con el ser humano

Es comensal, si bien puede transmitir parásitos y enfermedades. Considerada la causante de la peste negra durante la Edad Media, en realidad es el huésped de la pulga vectora de dicha enfermedad.

Observación

Es difícil de observar en actividad; los mejores momentos son los atardeceres de otoño. Es común, en cambio, encontrar sus restos como excrementos (oscuros y con forma ovoide alargada) o material raído.

(J. GOSÁLBEZ)

Cat. **Rata negra, rata traginera**
Eusk. **Arratoi beltza**
Gal. **Rata cincenta**
Por. **Rato preto**
Fr. **Rat noir**
It. **Ratto nero**
Ing. **Black rat**

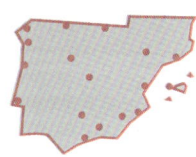

RATÓN COMÚN
Mus musculus

Tipo	**Chordata, cordados**
Clase	**Mammalia, mamíferos**
Orden	**Rodentia, roedores**
Familia	**Muridae, múridos**

Mus musculus

Cat. **Ratolí domèstic**
Eusk. **Etxe-sagua**
Gal. **Rato caseiro**
Por. **Ratinho caseiro**
Fr. **Souris**
It. **Topolino casalino**
Ing. **House Mouse**

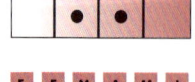

E	F	M	A	M	J
J	A	S	O	N	D

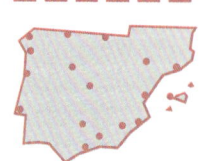

Identificación

Este roedor de pequeño tamaño y de figura grácil tiene el hocico puntiagudo, los ojos negros y pequeños, y las orejas pequeñas y redondeadas. La cola, revestida de escamas, tiene una longitud similar a la longitud de cabeza y cuerpo. La coloración es variable; la parte dorsal suele ser oscura, gris o gris parduzca, y la parte ventral, clara. Las formas asilvestradas tienden a ser claras y las comensales, oscuras y en ocasiones, prácticamente negras. La longitud total varía entre 14 cm y 20 cm; la de cabeza y cuerpo, entre 7 cm y 10 cm; y el peso, entre 12,5 g y 29 g. El ratón blanco de laboratorio es la variedad albina de esta especie.

Distribución

Es cosmopolita y su distribución está ligada a la presencia del hombre. En la peninsula Ibérica y Baleares está presente en todos los núcleos urbanos y hay formas asilvestradas en las zonas de regadío.

Hábitat

Es abundante en almacenes de alimentos y solares. Es común en jardines, ríos, lagos, estanques, edificios y redes metropolitanas, y más escaso en parques forestales y calles. Introducido en hábitats urbanos desde los orígenes de las ciudades, se conoce su presencia en Europa desde hace 10 000 años.

Biología

Cría principalmente en almacenes, pero también en bibliotecas y habitáculos humanos cercanos a fuentes de alimento. Puede reproducirse durante todo el año, si bien muestra dos máximos, uno en primavera y otro en otoño, y un mínimo en invierno. Las camadas suelen ser de 7 a 8 crías, aunque pueden llegar hasta 11, y hay 3 o 4 camadas al año.

Es una especie sedentaria y social que vive en pequeños grupos familiares jerarquizados. Suele ser crepuscular y nocturna, aunque se la encuentra esporádicamente durante el día. Se alimenta principalmente de productos almacenados y restos de alimentos. Aprovecha los restos de comida dejados por las personas en jardines, parques, playas, orillas fluviales, etc. Compite con otros roedores antrópicos, pero la relación de competencia es débil.

Observación

Es difícil de observar en actividad, pero no imposible si se tiene paciencia y se mantiene un silencio absoluto. Los mejores lugares son los almacenes y granjas; los mejores momentos, los crepúsculos de otoño.

RATÓN DE CAMPO
APODEMUS SYLVATICUS

Este roedor de pequeño tamaño tiene la cabeza proporcionalmente grande. Los ojos son grandes, negros y prominentes; las orejas son grandes y los pies posteriores, largos; la cola es larga, por lo general más que la longitud de cabeza y cuerpo. La coloración del dorso es pardo grisácea con tonos amarillentos y el vientre, blanco. La longitud total varía entre 18 cm y 23 cm; la de cabeza y cuerpo entre 9 cm y 11 cm; y el peso, entre 19 g y 33 g. Vive en Europa, Asia y norte de África, y tiene una distribución circunmediterránea. Se encuentra en toda la península Ibérica. Acepta cierto grado de antropismo pero no penetra en los habitáculos urbanos. Vive en parques y jardines, especialmente si hay pinos y encinas. Tiene dos máximos de reproducción: uno en primavera y otro en otoño. Hay 2 o 3 camadas al año de unas 5 crías. Forma pequeños grupos familiares y jerarquizados. Es sedentario, básicamente crepuscular y nocturno. Se alimenta de semillas (piñones, bellotas) y de vegetación herbácea; también puede recurrir a restos de comida.

(J. GOSÁLBEZ)

Apodemus sylvaticus

RATA COMÚN, RATA GRIS, RATA DE ALCANTARILLA Rattus norvegicus

Tipo	Chordata, cordados
Clase	Mammalia, mamíferos
Orden	Rodentia, roedores
Familia	Muridae, ratas y ratones

Identificación

Este roedor de tamaño mediano tiene el cuerpo robusto y la cabeza bien destacada. Las orejas son pequeñas, redon-

Rattus norvegicus

Cat. **Rata comuna**
Eusk. **Arratoi comuna**
Gal. **Rata común**
Por. **Ratazana**
Fr. **Surmulot**
It. **Surnolotto**
Ing. **Brown rat**

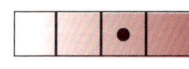

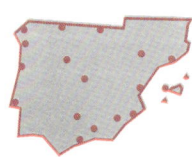

deadas, están abatidas hacia delante y no alcanzan los ojos. Las patas, tanto las anteriores como las posteriores, no son muy largas en comparación con el cuerpo. La cola, robusta y cubierta de escamas, es más corta o igual que la longitud de la cabeza y el cuerpo. La coloración es gris blancuzca en la parte ventral, y gris parduzca oscura en la parte dorsal, más rojiza en los individuos viejos. La longitud total varía de 32 cm a 48 cm; la de cabeza y cuerpo, de 17 cm a 26 cm. El peso varía entre 180 g y 415 g. Los ejemplares que viven en las alcantarillas pueden alcanzar longitudes de cabeza y cuerpo de 30 cm a 35 cm y unos 500 g de peso. La rata blanca de laboratorio es la variedad albina de esta especie.

Distribución

Especie cosmopolita, su distribución está ligada a la presencia del hombre.

En la península Ibérica y Baleares, está ampliamente distribuida por las zonas bajas y su presencia disminuye en las zonas más montañosas. Es una especie abundante en zonas urbanas, en otros lugares habitados y en zonas de regadío. A veces provoca plagas locales. Aunque no hay datos muy concretos, se cree que la rata común llegó a la Península durante la segunda mitad del s. XVIII.

Hábitat

Vive principalmente en alcantarillas pero también en parques forestales umbrosos, jardines urbanos, ríos, lagos, estanques, playas, puertos, solares y líneas de metro. Por lo general, habita en zonas próximas a las fuentes de alimento; se la ve en las calles cuando sale de las alcantarillas para comer.

Biología

Se reproduce principalmente en alcantarillas pero también cría en bodegas, almacenes y solares abandonados. Puede reproducirse durante todo el año, si bien muestra dos máximos, uno en primavera y otro en otoño, y un mínimo en invierno. Las camadas suelen ser de 9 crías (intervalo: 11-14) y hay 3 o 4 camadas al año. Los jóvenes tienen una coloración general gris oscura.
Especie social, la rata común forma grupos familiares jerarquizados. Es sedentaria y fundamentalmente crepuscular y nocturna, pero se la encuentra durante el día en ciertas ocasiones. Se alimenta de productos almacenados y de desechos. Compite con otros roedores antrópicos, pero la relación de competencia es débil.

Interacción con el ser humano

Transmite enfermedades que pueden afectar al hombre.

Observación

No es fácil observarla en actividad; la observación es más factible en basureros, granjas y otras zonas con restos de alimentos. Los mejores momentos son los atardeceres de otoño.

(J. GOSÁLBEZ)

ZORRO, RAPOSO
Vulpes vulpes

Tipo	**Chordata, cordados**
Clase	**Mammalia, mamíferos**
Orden	**Carnivora, carnívoros**
Familia	**Canidae, cánidos**

Identificación

De aspecto perruno, tiene el hocico puntiagudo y la cola larga y muy poblada. El dorso es rojizo y el vientre, generalmente blanquecino. La longitud total es de 110 cm en los machos y de 100 cm en las hembras. Los machos pesan 6 kg y las hembras, 5 kg.

Distribución

Se encuentra en Norteamérica, norte de Asia y Europa y norte de África. Es un animal urbano, principalmente en Gran Bretaña. En la península Ibérica, es ocasional en los suburbios de las ciudades, tanto de la costa como del interior. Es más común en algunos vertederos de la periferia. El aumento de las observaciones tal vez se deba a la disminución de la persecución tradicional y a la abundancia de basura en las ciudades. Está ausente de Baleares.

Hábitat

Habitan en sotos de ríos, grandes parques periurbanos y vertederos; en algunas ciudades, acude a los contenedores de basura.

Biología

Se reproduce en primavera, fuera de la ciudad. La hembra pare de 2 a 4 crías al año. Vive en solitario o en parejas. En la ciudad se alimenta de roedores y de basura. La interacción con otras especies urbanas es prácticamente nula en nuestro país.

Interacción con el ser humano

Es comensal.

● Nota

La gente alimenta a los zorros en las ciudades británicas, donde ocasionalmente pelean con los gatos y a veces los matan.

LOBO
CANIS LUPUS

Tiene un aspecto robusto, como de perro grande, y una coloración general parda con manchas negras en la parte frontal de las patas anteriores y en el extremo de la cola. Los ojos son amarillos. Los ejemplares ibéricos son

pequeños y oscuros en relación con los de áreas más septentrionales. Los machos son algo mayores que las hembras. En la península Ibérica, se

Vulpes vulpes

encuentra en todo el noroeste, así como en Extremadura y Sierra Morena. Aunque su número se ha incrementado en los últimos lustros, continúa siendo escaso. Se acerca a los vertederos de las ciudades y de los pueblos. En las áreas humanizadas es casi exclusivamente nocturno, aunque prolonga su actividad después del amanecer. En la ciudad se alimenta en los vertederos y en ocasiones se nutre de despojos de granjas. El lobo vive en grupos, que en España suelen limitarse a la pareja y a los descendientes del año. Es sedentario y es más fácil de ver en otoño y en el primer invierno, cuando los lobatos acompañan a sus padres. En general, los lobos que viven cerca de las ciudades pasan inadvertidos, aunque con frecuencia matan perros. Las observaciones son posibles por la noche, en vertederos, utilizando un faro pirata. Las huellas son muy similares y difíciles de discriminar de las de un perro grande.

Cat. **Guineu**
Eusk. **Azeri arrunta**
Gal. **Raposo**
Por. **Raposo**
Fr. **Renard**
It. **Volpe**
Ing. **Red Fox**

E	F	M	A	M	J
J	A	S	O	N	D

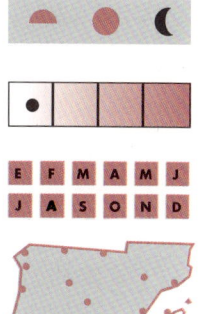

(M. Delibes)

MUSTÉLIDOS
Familia Mustelidae

Tipo	Chordata, cordados
Clase	Mammalia, mamíferos
Orden	Carnivora, carnívoros

Identificación

Por regla general tienen el cuerpo alargado y las patas cortas y provistas de cinco dedos con uñas no retráctiles. Entre los mustélidos se cuentan los car-

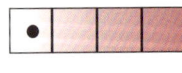

Lutra lutra

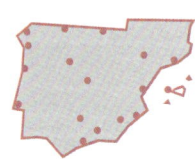

níveros menores (algunas comadrejas adultas apenas alcanzan los 40 g). Los machos suelen ser mayores que las hembras.

Distribución

Están distribuidos por todo el mundo con excepción de Australasia y la Antártida. Pueden encontrarse en todas las ciudades de la península Ibérica.

Hábitat

Ciertas especies son casi exclusivamente terrestres, como los tejones, otras trepan con facilidad, como las martas, y algunas son excelentes nadadoras, como las nutrias y los visones.

Biología

Son sedentarios. Son nocturnos excepto la comadreja y el armiño, que son poli-

fásicos, es decir, crepusculares y diurnos además de nocturnos. Algunas especies son cazadoras estrictas, como el armiño, mientras que los tejones y las martas son frugívoros, y las nutrias comen peces y crustáceos.

GARDUÑA
MARTES FOINA

El cuerpo es alargado, las patas son cortas y la cola es larga y poblada. Tiene un babero blanco característico, generalmente bifurcado al llegar al pecho, y orejas triangulares. Mide de 75 cm a 80 cm y pesa alrededor de 1,5 kg. Los machos son algo mayores que las hembras. En la península Ibérica se la puede encontrar en parques forestales y en hábitats de la periferia de las ciudades. Está ausente de Baleares. Aunque el celo es durante el verano, se reproduce en primavera. Tiene una sola camada al año de 3 o 4 crías. Es solitaria, sedentaria y nocturna. Se alimenta de huevos de aves (palomas sobre todo), micromamíferos, frutos de los parques y basura. Es comensal del hombre. Es más fácil oírla que verla, en verano, por la noche, suelen oírse los gritos y carreras de los jóvenes en los tejados. Llega a causar daños en algunas ciudades porque muerde los cables eléctricos y duerme con cierta frecuencia en los motores de los coches.

NUTRIA
LUTRA LUTRA

Está muy bien adaptada a la natación: cuerpo alargado y fusiforme, orejas diminutas, patas cortas con los dedos palmeados, narinas prominentes. Mide de 100 cm a 110 cm y pesa entre 6 kg y 7,5 kg, la hembra es algo menor que el macho. En la península Ibérica, es ocasional en ciudades pequeñas del interior (ej., en Burgos), donde suele pasar inadvertida. Está ausente de las Baleares. Se la encuentra en ríos, siempre que mantengan cierto aire natural en sus márgenes. Es solitaria, sedentaria y nocturna. Puede observarse en lugares tranquilos, aunque la observación es difícil y azarosa.

ARMIÑO
MUSTELA ERMINEA

El armiño es similar a la comadreja pero es de mayor tamaño y tiene el rabo más largo y terminado en un pincel negro. En invierno muda el pelo y se vuelve completamente blanco, conservando tan sólo el pincel terminal negro. El macho tiene una longitud total media de 37 cm y la hembra, de 32 cm; los machos pesan más de 350 g y las hembras, unos 250 g. Tiende a ser escaso en su área de distribución ibérica, con excepción de algunas zonas pirenaicas. Frecuenta bloques de piedras, orillas de ríos con vegetación densa, etc. Se reproduce en primavera y ocasionalmente al final del verano. Nacen alrededor de media docena de crías por parto. Es sedentario y tiene una actividad polifásica, aunque lo más frecuente es que sea crepuscular y nocturno. Tanto los machos como las hembras son solitarios. Presumiblemente, en la ciudad consume ratas, ratones y aves. Es capturado ocasionalmente por rapaces nocturnas. Aunque las observaciones suelen ser casuales, en pueblos y ciudades se recomiendan como zonas de observación las orillas de los ríos.

VISÓN AMERICANO
MUSTELA VISON

Es un mustélido de cuerpo largo y estrecho, con las patas cortas y la cola relativamente larga y bien poblada. Tiene las orejas redondeadas. El pelo es sedoso, largo y brillante, de coloración bastante variable, en general pardo oscuro o negro, con manchas blancas en el mentón y a veces en el pecho. Los pies están ligeramente palmeados. La longitud total de los machos varía entre 49 cm y 68 cm, mientras que la de las hembras oscila entre 42 cm y 58 cm. En la península Ibérica, hay visones americanos en la naturaleza desde la década de los años sesenta, como consecuencia de fugas de las granjas de peletería. Está ausente de Baleares. Es una especie semiacuática, muy buena nadadora, que al seguir el curso de los ríos, ocupa pueblos y ciudades. En la ciudad de Madrid, los visones han colonizado el río Manzanares y pueden ser vistos desde las terrazas de algunos restaurantes. Donde se implantan, estos animales llegan a ser moderadamente comunes. El visón es solitario, sedentario y de costumbres generalmente nocturnas y crepusculares, aunque puede ser visto a cualquier hora del día. La dieta es muy variada. Se alimenta de pequeños mamíferos, peces, anfibios, crustáceos, aves, etc. En la ciudad, también puede comer desperdicios, y es probable que cace ratas y ratones.

(M. DELIBES)

Martes foina

Lutra lutra

TEJÓN
Meles meles

Tipo	**Chordata, cordados**
Clase	**Mammalia, mamíferos**
Orden	**Carnivora, carnívoros**
Familia	**Mustelidae, mustélidos**

Identificación

Es de aspecto macizo, con las patas cortas y robustas y con uñas fuertes, especialmente las delanteras, que uti-

Tejón ante su guarida

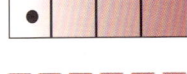

liza para escarbar. La cola es corta y tiene un antifaz característico, negro sobre fondo blanco. El pelaje es cerdoso y con poca lana inferior. El dorso es de color más claro que el abdomen. Los ojos y las orejas son pequeños, estas últimas con reborde blanco. El macho mide 95 cm y la hembra, 85 cm de longitud total. El peso es de 9 kg en el macho y de 8 kg en la hembra.

Distribución

Se encuentra en Eurasia. Es raro en las ciudades de la península Ibérica, pero es común en algunas europeas, sobre todo en las británicas. Está ausente de Baleares.

Hábitat

Habita en parques forestales y jardines (en Gran Bretaña, vive en parques, edificios viejos y túneles de metro).

Biología

El celo puede tener lugar en cualquier mes del año, pero los nacimientos suelen concentrarse al final del invierno. Cría una sola vez al año, con camadas de 2 a 3 cachorros. Son completamente adultos a los 2 años de edad.
En invierno, los tejones reducen su actividad, aunque sólo en lugares muy fríos llegan a interrumpirla por completo. Suele vivir en grupos pero se alimenta en solitario. Puede ocurrir que varias familias de tejones ocupen una misma madriguera. Es sedentario y nocturno. Es omnívoro y se alimenta de insectos y sus larvas, frutos, raíces, lombrices, caracoles y basuras; ocasionalmente depreda los nidos de aves que crían en el suelo.

Interacción con el ser humano
Es comensal.

Observación

Conviene observarlos de noche y a contra viento para evitar que nos identifique por el olfato. El lugar apropiado es la salida de la tejonera.

● Nota

En el interior de una tejonera, en Inglaterra, se encontraron 250 pelotas de golf que los animales probablemente habían ido recogiendo a lo largo de los años.

(M. Delibes)

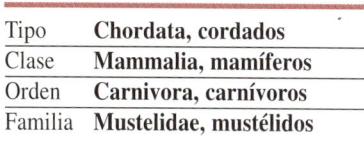

COMADREJA
Mustela nivalis

Tipo	**Chordata, cordados**
Clase	**Mammalia, mamíferos**
Orden	**Carnivora, carnívoros**
Familia	**Mustelidae, mustélidos**

Identificación

Es un animal de pequeño tamaño. Se dice que la comadreja es una copia en pequeño del armiño. El cuerpo es alargado y la cola, corta y poco poblada. Las patas son muy cortas. El dorso es de color pardo más o menos rojizo y el vientre, blanco. Los machos son notablemente mayores que las hembras. La longitud total es de 28 cm en los machos y de 24 cm en las hembras. Los machos pesan entre 80 g y 100 g, y las hembras entre 40 g y 60 g.

Distribución

Se encuentra en Europa, Asia y norte de África. En la península Ibérica, se observa ocasionalmente en ciudades, tanto costeras como del interior. Fuera de las ciudades, su abundancia varía según la disponibilidad de alimentos y es especialmente común con las plagas de topillos. Está ausente de Baleares.

Hábitat

Habita en parques forestales umbrosos y hábitats con un mínimo de cobertura vegetal de la periferia de las ciudades.

Biología

Cría ocasionalmente en parques umbrosos y en hábitats adecuados de la periferia. La época de reproducción es variable y hay varias camadas a lo largo del año cuando el alimento es abundante. La hembra pare de 4 a 6 crias por camada.

La comadreja es solitaria, sedentaria y polifásica en cuanto a ritmo de actividad: puede ser diurna, crepuscular y nocturna. Se alimenta principalmente de roedores; también de aves pequeñas y huevos. Por su tamaño y estructura de cuerpo puede penetrar en las madrigueras de ratón, por más estrechas que éstas sean.

Interacción con el ser humano

Es mínima. Los individuos cautivos consiguen casi doblar su esperanza de vida (de 5-6 años a 9).

Mustela nivalis

Observación

Se puede contemplar en parques extensos y en la periferia de la ciudad; es frecuente a lo largo de tapias con huecos entre las piedras, por donde se mueve de un hueco a otro con rapidez.

● Nota

A veces entra en gallineros o palomares y mata a las aves mordiéndolas en el cuello, lo que le ha dado cierto renombre de animal feroz que se alimenta exclusivamente de la sangre de sus víctimas.

(M. Delibes)

Cat. **Mostel, mostela**
Eusk. **Erbiñude**
Gal. **Donociña**
Por. **Doninha**
Fr. **Belette**
It. **Donnola**
Ing. **Weasel**

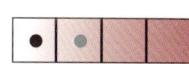

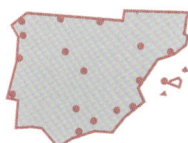

GINETA
Genetta genetta

Tipo	**Chordata, cordados**
Clase	**Mammalia, mamíferos**
Orden	**Carnivora, carnívoros**
Familia	**Viverridae, vivérridos**

Identificación

Recuerda a un gato pero tiene el hocico más apuntado, las orejas de mayor tamaño, las patas más cortas y la cola

Genetta genetta

Cat. **Gat mesquer**
Eusk. **Katagineta**
Por. **Gineto, gineta**
Fr. **Genette**
Ing. **Genet**

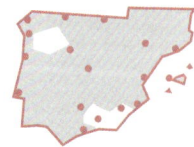

más larga. Son muy identificativos el pelaje moteado de negro sobre fondo gris amarillento y, sobre todo, la cola, en la que aparecen de 8 a 11 anillos negros muy bien marcados. Tiene una característica bigotera negra, largas vibrisas y una mancha blanca bajo cada ojo. Las uñas son semirretráctiles. Los machos son un poco mayores que las hembras. La longitud total varía de 90 cm a 1 m en los machos, y de 85 cm a 95 cm en las hembras; la longitud de la cola es de 43 cm a 48 cm en los machos y de 40 cm a 46 cm en las hembras. El peso es de unos 2 kg en los machos y de 1,7 kg en las hembras.

Distribución

Se distribuye por gran parte de África, así como en la península Ibérica, la mitad meridional de Francia y parte de Oriente Medio. Está presente y es común en toda la Península excepto en las ciudades, donde es más bien escasa. Se encuentra también en las islas Baleares. Es probable que fuera introducida en Europa por el hombre.

Hábitat

Es rara en las ciudades aunque puede encontrarse en sotos de ríos, en parques periurbanos y en urbanizaciones abiertas con arbolado. Aunque no lo hace con frecuencia, puede utilizar construcciones humanas.

Biología

Es probable que se reproduzca en troncos huecos de árboles en algunas ciudades, aunque siempre en la periferia. Cría todo el año, pero con más frecuencia en primavera. En cada ocasión nacen 2 o 3 pequeños. En el caso de perder la camada, puede volver a reproducirse 2 y hasta 3 veces durante el año. Las crías nacen con los ojos cerrados y las orejas plegadas, pero con el diseño propio de los adultos. Solitaria, la gineta parece tolerar sin embargo la presencia de congéneres más fácilmente que otros carnívoros no sociales. Es un animal sedentario y estrictamente nocturno que se alimenta fundamentalmente de ratones, aunque también de insectos y de pajarillos en los dormideros y, menos comúnmente, de frutos (aprecia mucho los higos). Por lo que se sabe, no interactúa con otros mamíferos urbanos, salvo con sus presas.

Interacción con el ser humano

Apenas interactúa con el hombre, aunque éste utiliza sus pieles.

Observación

Es difícil de observar a causa de sus hábitos nocturnos y discretos. Son características sus letrinas o cagarruteros, generalmente ubicadas en lugares prominentes, como tejados, puentes, bifurcaciones de grandes árboles, rocas altas, etc.

● Nota

Se ha dicho que fueron los árabes quienes introdujeron la gineta en Europa, e incluso que su nombre proviene de los *jinetes* (zenetes) árabes, que llevaban pieles de esta especie en sus monturas; sin embargo, esta historia tiene poco fundamento y es casi seguro que la introducción ocurriera mucho antes.

(M. DELIBES)

JABALÍ
Sus scrofa

Identificación
Es similar al cerdo pero más esbelto, con las patas más largas y el hocico más prolongado. El pelo es áspero y más largo que el del cerdo. Los colmillos están bien desarrollados. Los machos alcanzan dimensiones notablemente mayores que las hembras. La longitud total del macho puede llegar a 180 cm y la de la hembra, a 150 cm. El macho pesa unos 120 kg y la hembra, hasta 60 kg.

Distribución
Se encuentra en Europa, norte de África y sur de Asia; ha sido introducido en otros países, por ejemplo en EE UU. En la península Ibérica, se le encuentra ocasionalmente en la periferia de las grandes ciudades. Está ausente de Baleares.

Hábitat
Vive en grandes parques umbrosos y en bosques de la periferia. El aumento general de las poblaciones le lleva a colonizar bosques periurbanos y a alimentarse en los cultivos de la periferia, especialmente los de maíz. En otras latitudes, como los trópicos, los jabalíes penetran en los pueblos.

Biología
Las hembras entran en celo de noviembre a febrero y las crías nacen de marzo a mayo, después de 4 meses de gestación. Las crías, de las que puede haber hasta 14 por camada, tienen un pelaje claro listado de oscuro y se denominan rayones. Cuando crecen son rojizos y se llaman jabatos.
El jabalí vive en solitario o forma pequeñas piaras. Es sedentario y de hábitos nocturnos. Especie omnívora, se nutre de raíces, bayas, bellotas, hongos y animales pequeños. Con el hocico y los colmillos hozan el suelo en busca de alimentos; como consecuencia, dejan unas señales muy características. También pueden alimentarse de carroña y de nidos de ratones.

Interacción con el ser humano
Puede causar daños en jardines y cultivos, especialmente en los de maíz y también, aunque no tanto, en los de frutales.

Observación
Se debe estar al acecho, desde árboles o torres altas, de noche, en zonas de baños o en cultivos.

(M. DELIBES)

Tipo	Chordata, cordados
Clase	Mammalia, mamíferos
Orden	Artiodactyla, artiodáctilos
Familia	Suidae, súidos

Sus scrofa

Cat. **Porc senglar**
Eusk. **Basurdea**
Gal. **Porco bravo**
Por. **Javalí**
Fr. **Sanglier**
It. **Cinghiale**
Ing. **Wildboar**

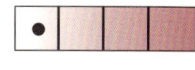

E	F	M	A	M	J
J	A	S	O	N	D

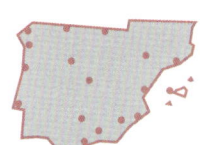

GLOSARIO

altricial
se refiere a un tipo de reproducción de aves en el cual las crías eclosionan del huevo desvalidas.

áptero
desprovisto de alas.

bando
agregación de aves de una misma especie.

bentónico
se dice de los animales que viven en el fondo de los mares y lagos.

bimodal
ritmo biológico que presenta dos períodos de nivel más alto de actividad. Puede tratarse también de una distribución de frecuencias en la que un carácter muestra dos intervalos de valores máximos.

braquíptero
de patas relativamente cortas.

circadiano
fenómeno que se asocia aproximadamente a un ritmo de 24 horas.

comensal
dícese de aquellos animales que obtienen un beneficio de su relación con otros animales (en el caso de esta Guía, la relación es con el ser humano) sin que a éstos les suponga ningún coste.

cosmopolita
se dice de una especie o grupo de especies que vive por todo el planeta y en todos los climas, aunque no necesariamente en todos los medios.

fenología
estudio de la estacionalidad de los fenómenos biológicos en los animales.

filopatria
fidelidad a un territorio.

gametos
células reproductoras maduras, sean femeninas o masculinas.

hidrófilo
se aplica a organismos que prefieren ambientes húmedos.

imago
véase metamorfosis.

larva
véase metamorfosis.

metamorfosis
conjunto de transformaciones a lo largo del proceso de desarrollo de algunos animales que asegura el paso de la forma larvaria inicial a la forma adulta definitiva, conocida como *imago* en algunos grupos.

nectobentónico
se refiere a organismos marinos ligados al fondo del mar pero que invierten ciertos períodos de actividad alejados del substrato.

ninfa
véase pupa.

nidícola
aves cuyos pollos eclosionan desprovistos de plumaje y ciegos, por lo que deben ser alimentados en el nido durante bastante tiempo.

nidífugo
aves cuyos pollos eclosionan con los ojos abiertos y protegidos con plumón, por lo que pueden abandonar rápidamente el nido.

omnívoro
animales cuya dieta es muy variada o poco selectiva.

ooteca
especie de caparazón que en algunas especies de insectos rodea la puesta de huevos cuando ésta es múltiple.

pelágico
organismo marino que pasa una gran parte o toda su vida independiente del fondo del mar.

pupa
estadio intermedio entre larva y adulto que se caracteriza por la inmovilidad y la ausencia de alimentación.

rupícola
organismo asociado a rocas y piedras.

saprófago
animal que se alimenta de materias orgánicas en descomposición.

sésil
se dice de los animales fijados a un substrato.

termófilo
organismo que es atraído por medios cálidos.

AUTORES

PERE ABELLÓ
Institut de Ciències del Mar (CSIC)
Passeig Joan de Borbó, s/n
08039 Barcelona
Teléfono (93) 221 64 16
E-mail pere@icm.csic.es

ORIOL ALAMANY SESÉ
Llull, 182, P1
08005 Barcelona
Teléfono/Fax (93) 300 82 28
E-mail alamany@redestb.es
www page http://www.redest.es/
personal/alamany

JUAN CARLOS ALONSO
*Museo Nacional de Ciencias Naturales
(CSIC)*
C/ José Gutiérrez Abascal, 2
28006 Madrid
Teléfono (91) 561 86 00
Fax (91) 564 50 78
E-mail alonso@cc.csic.es

VÍCTOR ALVÀ CELMA
Institut de Ciències del Mar (CSIC)
Passeig Joan de Borbó, s/n
08039 Barcelona
Teléfono (93) 221 64 16
Fax (93) 221 73 40
E-mail valva@icm.csic.es

JUAN A. AMAT
Estación Biológica de Doñana (CSIC)
Apartado 1056
41080 Sevilla
Teléfono (95) 423 23 40
Fax (95) 462 11 25
E-mail aguilar@cica.es

CARMEN BACH PIELLA
*Departament de Biologia Animal,
Vegetal i Ecologia
Facultat de Ciències
Universitat Autònoma de Barcelona*
08193 Bellaterra (Barcelona)
Teléfono (93) 581 27 69
Fax (93) 581 13 21
E-mail bach@zoo.uab.es

MANUEL BALLESTEROS
*Departamento de Biología Animal
Facultad de Biología
Universitat de Barcelona*
Avda. Diagonal, 645
08028 Barcelona
Teléfono (93) 402 14 35
Fax (93) 411 08 87

JOSÉ BARRIENTOS
*Departament de Biologia Animal,
Vegetal i Ecologia
Unitat de Zoologia
Facultat de Ciències
Universitat Autònoma de Barcelona*
08193 Bellaterra (Barcelona)
Teléfono (93) 581 13 18
Fax (93) 581 13 21

XAVIER BELLÉS ROS
*Centre d'Investigació i Desenvolupament
(CSIC)*
C/Jordi Girona, 18
08034 Barcelona
Teléfono (93) 400 61 24
Fax (93) 204 59 04
E-mail xbragr@cid.csic.es

DAVID CAMPS
Museu de Zoologia
Ap. 593
08080 Barcelona
Teléfono (93) 319 69 12
Fax (93) 310 49 99

FRANCISCO J. CANTOS
*Oficina de Anillamiento
Dirección General de Conservación
de la Naturaleza*
Gran Vía de San Francisco, 4
28005 Madrid
Teléfono (91) 347 61 45

MIGUEL CARLES-TOLRÀ
Avda. Príncipe de Asturias, 30, ático 1.ª
08012 Barcelona
Teléfono (93) 218 72 75

LUIS MARÍA CARRASCAL DE LA PUENTE
*Departamento de Ecología Evolutiva
Museo Nacional de Ciencias Naturales
(CSIC)*
C/ José Gutiérrez Abascal, 2
28006 Madrid
Teléfono (91) 411 13 28 ext. 1219
Fax (91) 564 50 78
E-mail carrascal@pinar1.csic.es

JORDI CORBERA
C/ Gran, 90
08310 Argentona
E-mail corbera@bcn.servicom.es

ADOLFO CORDERO RIVERA
*EUET Forestal
Area de Ecoloxia
Universidade de Vigo
Campus Universitario*
36005 Pontevedra
Teléfono (986) 80 19 26
Fax (986) 80 19 07
E-mail acordero@uvigo.es

ANTONIO CRUZ SUÁREZ
C/ Salvador Busquets, 45, 2.ª
08222 Terrassa (Barcelona)
Teléfono (93) 786 08 94

MARIANO CUADRADO
*Estación Biológica de Doñana (CSIC)
Pabellón del Perú*
Avda. de María Luisa, s/n
Apartado de Correos 1056
41080 Sevilla
Teléfono (95) 423 23 40
Fax (95) 462 11 25
E-mail macuagu@cica.es

MIGUEL DELIBES
*Estación Biológica de Doñana (CSIC)
Pabellón del Perú*
Avda. de María Luisa, s/n
Apartado de Correos 1056
41080 Sevilla
Teléfono (95) 423 23 40
Fax (95) 462 11 25
E-mail decastro@ebdo3.ebd.csic.es

JOSÉ A. DÍAZ
*Departamento de Biología Animal I
(Vertebrados)
Facultad de Biología
Universidad Complutense*
28040 Madrid
Teléfono (91) 394 49 49
Fax (91) 394 49 47
E-mail jadiaz@eucmax.sim.ucm.es

DARÍO J. DÍAZ COSIN
*Departamento de Biología Animal I
Facultad de Biología
Universidad Complutense*
28040 Madrid
Teléfono (91) 394 49 53
Fax (91) 394 49 47
E-mail dadico@eucmax.sim.ucm.es

IGNACIO DOADRIO
*Museo Nacional de Ciencias Naturales
(CSIC)*
C/ José Gutiérrez Abascal, 2
28006 Madrid
Teléfono (91) 561 86 00
Fax (91) 564 50 78
E-mail barbus@pinar1.csic.es

JORDI DOMÈNECH GIMENO
Museu de Zoologia
Apdo. 593
08080 Barcelona
Teléfono (93) 319 69 12
Fax (93) 310 49 99

JOSÉ ANTONIO DONAZAR SANCHO
*Estación Biológica de Doñana
Pabellón del Perú*
Avda. María Luisa, s/n
41013 Sevilla
Teléfono (95) 423 23 40
Fax (95) 462 11 25
E-mail donazar@cica.es

VICENTE ENA
*Área de Ecología
Facultad de Biología
Universidad de León*
24071 León
Teléfono (987) 29 15 64
Fax (987) 29 14 79

XAVIER ESPADALER
*Departament de Biologia Animal,
Vegetal i Ecologia
Universitat Autònoma de Barcelona*
08193 Bellaterra (Barcelona)
Teléfono (93) 581 13 16
Fax (93) 581 13 12

MIGUEL GAJU RICART
Departamento de Biología Animal
Sección de Zoología
Facultad de Ciencias
Universidad de Córdoba
Avda. S. Alberto Magno, s/n
14004 Córdoba
Teléfono (957) 21 86 04
Fax (957) 21 86 06

SECUNDINO GALLEGO TRIGO
C/ Ricard Güell, 1, 3.º 2.ª
08950 Esplugues de Llobregat
(Barcelona)
Teléfono (93) 371 49 84

ANTONI GARCÍA RUBIES
Centre d'Estudis Avançats de Blanes
(CSIC)
Camí de Sta. Bàrbara, s/n
17300 Blanes (Girona)
Teléfono (972) 33 61 01
Fax (972) 33 78 06
E-mail tonigr@ceab.es

JOSEP MARIA GILI SARDÀ
Institut de Ciències del Mar (CSIC)
Plaça del Mar, s/n
08039 Barcelona
Teléfono (93) 221 64 16
Fax (93) 221 73 40
E-mail gili@icm.csic.es

JOAQUIM GOSÁLBEZ NOGUERA
Departament de Biologia Animal
Facultat de Biologia
Universitat de Barcelona
Avda. Diagonal, 645
08028 Barcelona
Telèfono (93) 402 14 51
Fax (93) 411 08 87
E-mail quim@porthos.bio.ub.es

FERNANDO HIRALDO CANO
Estación Biológica de Doñana
Apartado 1056
41080 Sevilla
Teléfono (95) 423 23 40
Fax (95) 462 11 25
E-mail hiraldo@cica.es

MARIANO LUIS LARRAZ AZCÁRATE
C/ Santa Marta, 11, 3.º dcha.
31005 Pamplona-Navarra
Teléfono (948) 23 69 13
Fax (948) 43 03 01

FLORENTINO DE LOPE REBOLLO
Departamento de Zoología
Facultad de Ciencias (Biológicas)
Universidad de Badajoz
Avda. Elvas, s/n
06071 Badajoz
Teléfono (924) 28 94 12
Fax (924) 27 13 04
E-mail sbba@ba.unex.es

DANIEL MARTÍN SINTES
Centre d'Estudis Avançats de Blanes
(CSIC)
Camí de Sta. Bàrbara, s/n
17300 Blanes (Girona)
Teléfono (972) 33 61 01
Fax (972) 33 78 06
E-mail dani@azathoth.ceab.es

MANUEL MARTÍN-VIVALDI MARTÍNEZ
Dept. Biología Animal y Ecología
Facultad de Ciencias
Universidad de Granada
18071 Granada
Teléfono (958) 24 30 82
Fax (958) 24 32 38
E-mail mvivaldi@goliat.ugr.es

M. PILAR MIER DURANTE
Dept. Biología Animal
Fac. Biología
Universidad de León
24071 León
Teléfono (987) 29 15 19
Fax (987) 29 15 12

RAFAEL MOLERO BALTANÁS
Departamento de Biología Animal
Sección de Zoología, Facultad de Ciencias
Universidad de Córdoba
Avda. S. Alberto Magno, s/n
14004 Córdoba
Teléfono (957) 21 86 04
Fax (957) 21 86 06

ANNA MOTIS BERTA
Departament de Biologia Animal
(Vertebrats)
Facultat de Biologia
Universitat de Barcelona
Avda. Diagonal, 645
08028 Barcelona
Teléfono (93) 402 11 00

JOSEP MARIA OLMO VIDAL
Llibertat, 25, 3.º 2.ª
08012 Barcelona

ANNA OMEDES
Museu de Zoologia
Apdo. 593
08080 Barcelona
Teléfono (93) 319 69 12
Fax (93) 310 49 99

ADOLFO OUTEIRO RODRÍGUEZ
Departamento de Bioloxia Animal
Facultade de Veterinaria
Campus Universitario
27002 Lugo
Teléfono (982) 25 22 31 ext. 22315
Fax (981) 25 21 95

LUIS JAVIER PALOMO MUÑOZ
Departamento de Biología Animal
Facultad de Ciencias
Universidad de Málaga
29071 Málaga
Teléfono (95) 213 18 61
Fax (95) 213 20 00
E-mail j_palomo@ccuma.uma.es

OSCAR DE PAZ
Departamento de Biología Animal
Campus Universitario, Carretera N-II,
km 33,600
28871 Alcalá de Henares (Madrid)
Teléfono (91) 885 49 28
Fax (91) 885 50 80

JOSEP PIQUER
Museu de Zoologia
Apdo. 593
08080 Barcelona
Teléfono (93) 319 69 12
Fax (93) 310 49 99

JUAN MANUEL PLEGUEZUELOS GÓMEZ
Departamento de Biología Animal
Facultad de Ciencias
Universidad de Granada
18071 Granada
Teléfono (958) 24 30 82
Fax (958) 24 32 38

JOAN LLUÍS PRETUS
Departament d'Ecologia
Facultat de Biologia
Universitat de Barcelona
Avda. Diagonal, 645
08028 Barcelona
Teléfono (91) 402 15 16
Fax (93) 411 14 38
E-mail pretus@porthos.bio.ub.es

MANUEL PUIGCERVER OLIVAN
Departament de Didàctica de les
Ciències Experimentals i la Matemàtica
E.U. de Formació del Professorat
Universitat de Barcelona
Passeig de la Vall D'Hebron, 171
Edifici de Llevant
08035 Barcelona
Teléfono (91) 403 50 36
Fax (91) 403 50 13
E-mail puigcerv@porthos.bio.ub.es
E-mail emmpo05d@d5.ub.es

JOSÉ DOMINGO RODRÍGUEZ TEIJEIRO
Departament de Biologia Animal
(Vertebrats)
Facultat de Biologia
Universitat de Barcelona
Avda. Diagonal, 645
08028 Barcelona
Teléfono (93) 402 14 48
Fax (93) 411 08 87
E-mail jdom@porthos.bio.ub.es

XAVIER RUIZ
Dept. Biologia Animal
Facultat de Biologia
Universitat de Barcelona
Avda. Diagonal, 645
08028 Barcelona
Teléfono (93) 402 14 52
Fax (93) 411 08 87

FRANCISCO SÁNCHEZ TORTOSA
Departamento de Biología Animal
Facultad de Ciencias
Universidad de Córdoba
14071 Córdoba
Teléfono (957) 21 86 08
Fax (957) 21 86 06
E-mail ba1satof@uco.es

VÍCTOR SARTO MONTEYS
Laboratori d'Entomologia/Secció
Protecció dels Vegetals
DARP - Laboratori de Sanitat Agrària
Via circulació Nord, tram 6,
cantonada carrer 3
Zona Franca
08040 Barcelona
Teléfono (93) 223 47 09
Fax (93) 223 41 06

MARÍA VICTORIA SECO FERNÁNDEZ
Dept. de Ingeniería Agraria
Escuela Superior y Técnica de Ingeniería
Agraria
24071 León

JUAN CARLOS SENAR JORDÀ
Museu de Zoologia
Apdo. 593
08080 Barcelona
Teléfono (93) 319 69 12
Fax (93) 310 49 99

ANTONI SERRA SORRIBES
Dept. de Biologia Animal
Fac. de Biologia
Universitat de Barcelona
Avda. Diagonal, 645
08028 Barcelona
Teléfono (93) 402 14 44
Fax (93) 411 08 87
E-mail toni@porthos.bio.ub.es

MANUEL SOLER
Departamento de Biología Animal
y Ecología
Facultad de Ciencias
Universidad de Granada
18071 Granada
Teléfono (958) 24 30 82
Fax (958) 24 32 38
E-mail msoler@goliat.ugr.es

MIGUEL TEJEDO MADUEÑO
Estación Biológica de Doñana
Apartado 1056
41080 Sevilla
Teléfono (95) 423 23 40
Fax (95) 462 11 25
E-mail tejedo@ebdo3.ebd.csic.es

JOSÉ LUIS TELLERÍA
Departamento Biología Animal I
(Zoología de Vertebrados)
28040 Madrid

XAVIER TURON BARRERA
Departament de Biologia Animal
(Invertebrats)
Facultat de Biologia
Universitat de Barcelona
Avda. Diagonal, 645
08028 Barcelona
Teléfono (93) 402 14 41
Fax (93) 411 08 87
E-mail xaviert@porthos.bio.ub.es

FRANCESC URIBE
Museu de Zoologia
Apdo. 593
08080 Barcelona
Teléfono (93) 319 69 12
Fax (93) 310 49 99

MARÍA JESÚS URIZ LESPE
Centre d'Estudis Avançats de Blanes
Camí de Sta. Bàrbara, s/n
17300 Blanes (Girona)
Teléfono (972) 33 61 01
Fax (972) 33 78 06
E-mail iosune@ceab.es
www page: http://www.ceab.es

JUAN MARIO VARGAS YÁÑEZ
Departamento de Biología Animal
Facultad de Ciencias
Universidad de Málaga
29071 Málaga
Teléfono (95) 213 18 61
Fax (95) 213 20 00
E-mail jmvy@ccuma.uma.es

MARÍA CRISTINA VICENTE
Unitat de Zoologia
Dept. de Biologia Animal,
Vegetal i Ecologia
Edifici C
08193 Bellaterra
Teléfono (93) 581 13 21
Fax (93) 581 20 03
Télex 52044 EDUCI E

AMADOR VIÑOLAS SABORIT
Museu de Zoologia
Apdo. 593
08080 Barcelona
Teléfono (93) 319 69 12
Fax (93) 310 49 99
E-mail leaam@cid.csic.es

TOMÁS YÉLAMOS
Museu de Zoologia
Apdo. 593
08080 Barcelona
Teléfono (93) 319 69 12
Fax (93) 310 49 99

PROCEDENCIA DE LAS FOTOGRAFÍAS

A continuación indicamos los autores de las fotografías de la obra, con el número de página y su situación en ella (*s* superior, *i* inferior, *d* derecha, *iz* izquierda, *c* central).

Alamany, Oriol. 15, 16, 18, 19, 20, 22, 23, 31, 32, 35s, 35i, 36s, 36i, 37c, 37i, 38s iz, 38s d, 38c, 39i iz, 40i, 41c, 41i, 42, 56, 62, 66, 67, 78, 79, 85, 98, 109, 115, 123, 126, 127, 128, 134, 136, 142, 143, 148, 149, 152, 153, 155, 157, 162, 163s, 163c, 169, 172, 178, 188, 193, 194, 195, 199, 207, 212, 215, 216, 218, 219, 220, 221, 222, 224, 225, 226, 227, 228, 230, 231, 232, 233, 234, 235, 236, 237, 238, 239, 240, 242, 243, 244, 245, 246, 247, 248, 249, 250, 251, 252, 253, 254, 255, 256, 257, 258, 259, 260, 261, 262, 263, 264, 265, 266, 267, 268, 269, 270, 271, 272, 273, 274, 276, 277, 278, 279, 281, 282, 283, 284, 285, 286, 288, 289, 290, 291, 292, 293, 295, 296, 299, 300, 305, 308, 312, 313, 314, 316, 318, 319.

Andrada, Javier / Incafo. 310.

Arias, Josè Luis. 302, 303.

Bellés, Xavier. 124.

Borràs, Antoni. 14, 25, 28, 29s, 30, 37s.

Borrero, Juan Manuel. 196, 197, 198, 280, 287.

Corbera, Jordi. 48, 50, 54, 59, 70, 72, 74, 92, 102, 104, 106, 108, 180, 182, 184, 186, 190, 209.

Dantart, Lluís. 118, 174.

De Paz, Oscar. 307.

Folch, Ramón/ERF. 9

Gaju, Miquel. 112.

Garcia-Rubies, Antoni. 192, 202, 203, 204, 206, 208, 210.

Gili, Josep Maria. 52.

Guillén, Antonio. 306.

Kay, Paul/Firo Foto. 200.

Liosi, Alan / Sincronia. 241.

Martínez, Juan Carlos. 80, 88, 110, 154, 170.

Muñoz-Ramos, Gregori. 58, 60.

Parellada, Xavier. 84, 214, 217, 298.

Sarto, Victor. 64, 82, 86, 116, 120, 125, 129, 130, 132, 137, 144, 146, 150, 158, 160, 166, 168.

Senar, Juan Carles. 29i, 33, 38i, 39s, 39 i d, 40s, 275, 294.

Serra, Antonio. 176.

Trujillo, Domingo. 304.

Agradecimientos

Queremos agradecer a K. Altonaga (Euskal Herriko Unibertsitatea, Donostia), A. Bea (EKOS Estudios Ambientales S. L., Donostia), E. Ballesteros (Centre d'Estudis Avançats-CSIC, Blanes), P. Cassagnau (Université Paul Sabatier, Toulouse, Francia), M. M. Gama Assalino (Universidade de Coimbra, Coimbra, Portugal), M. Larraz (Pamplona), M. da L. Mathias (Universidade de Lisboa, Lisboa, Portugal) y J. A. Quartau (Universidade de Lisboa, Lisboa, Portugal) el interés que han mostrado por nuestro proyecto y su ayuda, que nos ha sido de gran valor.

Damos también las gracias con gran satisfacción a Ramon Folch por presentar este libro con tanto cariño e interés.

Estamos también muy agradecidos a una serie de personas que han colaborado en la ilustración fotográfica de esta obra: J. Andrada (Incafo), J. L. Arias, X. Bellés, A. Borrás, J. M. Borrero, J. Corbera, Ll. Dantart, M. Gaju, T. García, J. M. Gili, A. Guillén, A. Liosi (Sincronía), O. de Paz, J. C. Martínez, X. Parellada, V. Sarto y J. C. Senar, A. Serra, D. Trujillo.

Desde aquí queremos poner de manifiesto asimismo la inestimable colaboración y paciencia de los autores a lo largo del proceso de preparación de este libro. Queremos disculparnos con ellos si en algún momento les hemos hecho trabajar demasiado o les ha parecido que no todo su trabajo se ha aprovechado. Pedimos su comprensión, ya que la coordinación de una obra de este tipo, tan heterogénea y a la vez con tanta información, es altamente compleja y no siempre se pueden seguir las directrices trazadas desde un principio.

ÍNDICE DE NOMBRES

Los nombres castellanos van en **negrita**, los de otras lenguas en redonda y los científicos en *cursiva*.

Otros títulos para la biblioteca del naturalista:

FRUTOS SILVESTRES DE LA PENÍNSULA IBÉRICA
Ángel M. Romo

PECES DE MAR DE LA PENÍNSULA IBÉRICA
Jordi Corbera, Antoni Garcia y Ana Sabatés

ÁRBOLES DE LA PENÍNSULA IBÉRICA Y BALEARES
Ángel M. Romo

UN AÑO EN LA VIDA DE LA ESPAÑA SALVAJE
B. Cardelús, S. Casado y A. Ortega

LOS BOSQUES IBÉRICOS
M. Costa, C. Morla y H. Sainz

OBSERVAR EL CIELO
David H. Levy

ROCAS Y FÓSILES
A. B. Busbey III, R. R. Coenraads, P. Willis y D. Roots

LA VIDA PRIVADA DE LAS PLANTAS
David Attenborough

En preparación:

GUÍA DEL NATURALISTA DE LOS PIRINEOS
César Pedrocchi

OBSERVAR MARIPOSAS
Albert Masó y Manel Pijoan

AVES DE LA PENÍNSULA IBÉRICA
Francesc Jutglar y Albert Masó